Hannes Hofbauer
FEINDBILD RUSSLAND

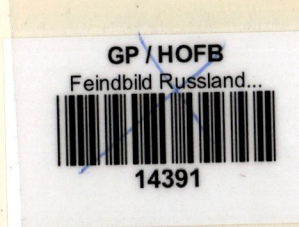

Bibliografische Information der Deutschen Bibliothek
Die Deutsche Bibliothek verzeichnet diese Publikation in der Deutschen Nationalbibliografie;
detaillierte bibliografische Daten sind im Internet über http://dnb.ddb.de abrufbar.

4., unveränderte Auflage 2017
© 2016 Promedia Druck- und Verlagsgesellschaft m. b. H., Wien
Alle Rechte vorbehalten
Gestaltung und Satz: Gregor Kneussel
Umschlaggestaltung: Stefan Kraft
Druck: CPI – Clausen & Bosse, Leck
Printed in Germany
ISBN: 978-3-85371-401-0

Fordern Sie einen Gesamtprospekt des Verlages an:
Promedia Verlag
Wickenburggasse 5/12
A-1080 Wien
E-Mail: promedia@mediashop.at
Internet: www.mediashop.at

HANNES HOFBAUER

FEIND BILD RUSS LAND

Geschichte einer Dämonisierung

Der Autor:

Hannes Hofbauer, geboren 1955 in Wien, studierte Wirtschafts- und Sozialgeschichte an der Universität Wien und arbeitet als Publizist und Verleger. Im Promedia Verlag sind von ihm zuletzt erschienen: *Verordnete Wahrheit, bestrafte Gesinnung. Rechtsprechung als politisches Instrument* (2011) und *Die Diktatur des Kapitals. Souveränitätsverlust im postdemokratischen Zeitalter* (2014).

Inhalt

Vorwort 9
Russische Reichsbildung 11
Länder sammeln 12
Das Russlandbild im Westen 13
Überdehnte Expansion 16
»Kaiser aller Reußen/Russen« 20
Eurasisches Herzland 23
Napoleons großer Feldzug 25
Allianz gegen Russland: Vom Krimkrieg zum deutsch-russischen Zerwürfnis ... 26
Befreier oder Barbaren:
Konträre Russenbilder im 19. Jahrhundert 30
Von den Liberalen gehasst, von den Reaktionären verehrt 33
Aufruf zum Krieg gegen die Barbaren 35
Im Krieg gegen Russland (1914–1945) 39
Von der britischen »Heartland«-Theorie zur deutschen Kriegserklärung 40
Die Ukraine zwischen den Fronten 45
Vom »Drang nach Osten« zum »Volk ohne Raum« 50
Deutsche Großraumpläne 56
Vom heißen zum Kalten Krieg (1945–1991) 61
Von Bretton Woods zum Containment 68
Schwierige Zeiten für US-Hegemonie: die 1970er Jahre 74
Amerikanische Mission unter antikommunistischer Flagge 80
Waffen in Stellung bringen 82
Moskau tappt in die Falle: Afghanistan 87
Keynesianismus auf Amerikanisch 91
Moskau bankrott 93
Auf die Knie! Die Ära Jelzin (1991–1999) 98
Das Ende der Sowjetunion 100
Von der IWF-gesteuerten Schocktherapie 106
… zum militärischen Vormarsch der NATO 112
Jelzin'sche Nachwehen 119

Stabilisierung in Moskau (2000–2012) 123
Konsolidierung der Macht 125
Administrative Re-Zentralisierung 127
Ökonomische Integrationsversuche 130
Der starke Staat 134
Das Ende der Entspannung 137
Das georgische Abenteuer 141

Soft Power: das Konzept »Farbrevolution« 145
Den Anfang macht die Bundesrepublik 146
Zivilgesellschaftliches Intervenieren 148
Das Geld kommt aus dem Westen 150
An Russlands Grenzen 154
Wer revoltiert? 156
Proteste in Russland 157
Moskau ist gewarnt 161

Kampf um die Ukraine 164
Die Europäische Union prescht vor: das Assoziierungsabkommen 2013 169
Vom Majdan zum Bürgerkrieg 184
Die Ukraine zerfällt – die Krim wird bzw. bleibt russisch 190
Massaker in Odessa und Repression in Kiew 196
Krieg im Donbass 202
Die Volksrepubliken 208
Aus Fronten werden Grenzen 211
Vom Einsatz gegen »Terroristen« zum Stellvertreterkrieg gegen Russland 217
Bringt Minsk II den Frieden? 219
Wirtschaftlich am Ende 224

Sanktionsregime gegen Moskau 230
Prophylaxe gegen den Anschluss der Krim 232
Von Personensanktionen zum Wirtschaftskrieg 236
Olympia-Boykott 241
Mobbing und Russen-Bashing 243
Sanktions- und Embargofolgen für den Westen 248
Moskau reagiert 251
Die große Schlacht um Öl und Gas 258

Zäsuren westlicher Russophobie (ab 1999) 267
Gegen Putin, die Inkarnation des Bösen 272
Russland eindämmen 275
Medienmeute losgelassen 277
»Medizinische Diagnose« statt politischer Analyse 281
Feind-Freund-Wahrnehmung 284
Die Putin-Versteher 286
Russland-Deutung: national, etatistisch, eurasisch 290

Literaturverzeichnis 296

Vorwort

Pünktlich zum Gedenkjahr an den Ausbruch des Ersten Weltkrieges schwoll im Westen die lange vorhandene russophobe Grundstimmung zu manifestem Russenhass an. Ende 2013 eskalierte die Ukrainekrise, kurz darauf war zwischen Washington, Brüssel und Berlin die Feindortung erfolgt. Die transatlantische Gemeinschaft nahm Moskau ins Visier, erließ Einreiseverbote gegen Diplomaten, verhängte Sanktionen, sperrte Konten, schloss Russland aus Gremien aus, boykottierte politische, kulturelle und sportliche Großereignisse und mobbte sogenannte »Russlandversteher« in den eigenen Reihen. Stellvertreterkriege in der Ukraine und in Syrien verfestigten das gegenseitige Misstrauen. Ein altes Feindbild war neu erstanden.

Feindbilder – das wissen wir bereits aus der Friedensforschung der späten 1960er Jahre[1] – begleiten militärische Aggressionen oder gehen diesen voraus bzw. bereiten das Publikum an der Heimatfront auf entsprechende Maßnahmen vor. Sie sind Instrumente einer »psychischen Herrschaftssicherung zur Herstellung einer Massenloyalität«,[2] wie es der Soziologe Hans Nicklas auf den Punkt bringt.

»Auf der Basis von Feindbildern«, so der Friedensforscher Dieter Senghaas, »läßt sich jegliche Verteidigungsmaßnahme potentiell rechtfertigen«. Ihre Propagierung bestimmt »das Spektrum möglicher Konflikterwartungen.«[3] Was Senghaas im Kontext der NATO-Aufrüstungspolitik in Zeiten des Kalten Krieges analysiert, kann mühelos auf andersgeartete geopolitische Konfliktfelder übertragen werden. Die EU-Osterweiterung von NATO und Europäischer Union seit den 1990er Jahren stellt dafür ein beredtes Zeugnis aus. Solange diese in ihren Anfängen nicht auf Widerstand in Moskau stieß und in der Person des damaligen Präsidenten Boris Jelzin sogar einen indirekten Unterstützer fand, war vom »bösen Russen« im Westen nichts zu hören. Erst als sich das Land unter Wladimir Putin nach dem Jahr 2000 zu konsolidieren begann, schlug die

---

[1] Vgl. Dieter Senghaas, Aggressivität und Gewalt. Thesen zur Abschreckung. In: Herbert Marcuse u. a. (Hg.), *Aggression und Anpassung in der Industriegesellschaft*. Frankfurt/Main 1968, S. 128 ff. Zit. in: Imad Mustafa, *Feindbild Islam. Die politische Instrumentierung »orientalischer Feindbilder« in den Medien*, Frankfurt/Main 2008 (Magisterarbeit), S. 7

[2] Hans Nicklas, Die politische Funktion von Feindbildern. Thesen zum subjektiven Faktor in der Politik. In: Gert Sommer/Johannes Becker (Hg.), *Feindbilder im Dienste der Aufrüstung. Beiträge aus Psychologie und anderen Humanwissenschaften*. Marburg 1992, S. 34. Zit. in: Mustafa 2008, S. 18

[3] Dieter Senghaas, Zur Analyse von Drohpolitik in den Internationalen Beziehungen. In: ders. (Hg.), *Rüstung und Militarismus*. Frankfurt/Main 1972, S. 42

westliche Freude über das Ende der kommunistischen Epoche in Skepsis um, der die Feindbildkonstruktion folgte.

Auch die Suche nach den historischen Wurzeln des scheinbar ewigen negativen Russlandbildes bestätigt den Zusammenhang zwischen geopolitischem Konflikt, hinter dem in aller Regel wirtschaftliche Interessen stehen, und der Herstellung eines Feindbildes. Das westliche Klischee vom »barbarischen, asiatischen Russen« taucht zum ersten Mal Ende des 15. Jahrhunderts beim Krakauer Philosophen Jan z Głogowa (Johannes von Glogau) auf, just in jenen Jahren, als der Deutsche Orden gegen den erstarkenden Moskauer Zaren Iwan III. Krieg führt.

Über 500 Jahre lang wechseln einander seither positive und negative Zuordnungen zu Russland und den Russen ab, wobei die negativen im Zeitenlauf deutlich überwiegen. Diese Tatsache hat mich auch dazu gebracht, das Buch »Feindbild Russland« zu nennen, wohl wissend, dass es Epochen gegeben hat, in denen dieses Bild nicht oder nur für einen Teil der Gesellschaften in Westeuropa Gültigkeit in Anspruch nehmen kann.

Zur Zeit der Drucklegung dieses Buches Anfang 2016 beherrscht die Lage im Nahen Osten die außenpolitische Diskussion. Ob das militärische Eingreifen Moskaus in den Konflikt seit Ende September 2015 die Kräfteverhältnisse wesentlich verschiebt, ist nicht absehbar, noch weniger eine ernst gemeinte Allianz für eine friedliche Lösung. Anstatt des Abbaus bestehender Feindbilder steht deren Multiplizierung an. Maßgebliche Stimmen wie jene von Papst Franziskus warnen bereits vor einem sich schleichend breitmachenden dritten Weltkrieg. Für das Verhältnis des Westens zu Russland stehen die Zeichen weiter auf Konfrontation.

Um ein Buch wie das vorliegende zu schreiben, bedarf es neben dem Studium möglichst mannigfaltiger Lektüre und dem Sammeln von Informationen aller Art vor allem auch ständiger Diskussionen mit Kennerinnen und Kennern historischer und aktueller Zusammenhänge. Stellvertretend für eine Vielzahl von KollegInnen und FreundInnen, die meine Arbeit auf solch diskursive Weise begleitet und damit erst möglich gemacht haben, möchte ich an dieser Stelle meiner Lebensgefährtin Andrea Komlosy danken. Ihre wirtschafts- und sozialhistorische Expertise ebenso wie die Aufmerksamkeit, mit der sie aktuelle Ereignisse verfolgt, sind in den Text eingegangen.

Hannes Hofbauer
Wien, im Februar 2016

Russische Reichsbildung

Beginnen wir unseren historischen Rückblick mit dem Jahr 1480. Es steht für eine bedeutende Zäsur in der russischen Geschichte. Jahrhunderte waren vergangen, seitdem der schleichende Niedergang der Kiewer Rus zur Mitte des 11. Jahrhunderts die mittelalterliche Reichsbildung in Vergessenheit geraten ließ. Vom Glanz des einstigen Kiew mit seinen 100 000 EinwohnerInnen war schon lange vor der Ankunft der Mongolen nicht mehr viel übrig geblieben. Die Eroberung der alten Hauptstadt im Dezember 1240 durch die »Goldene Horde« gilt bis heute als russisches Trauma.

240 Jahre später schüttelte ein Regent aus dem Moskauer Zweig der Rurikiden-Familie die mongolisch-tatarische Oberherrschaft ab. Unter ihr hatte sich zwar eine gewisse politische Autonomie und religiöse Selbstverwaltung behaupten können, die Tributpflicht gegenüber dem Khanat blieb jedoch ökonomisch bestimmend. Unter Iwan III. fanden die Tributzahlungen an die Tataren, die sich zu Herrschaftsträgern[4] der »Goldenen Horde« entwickelt hatten und in deren Fußstapfen getreten waren, im Jahr 1480 ein Ende. Dies war nicht zuletzt der Zersplitterung tatarischer Reiche in die Khanate Kasan, Astrachan und Krim geschuldet. Ihre Raubzüge und Sklavenjagden blieben indes für ein weiteres Jahrhundert eine bestimmende Konstante im Leben der Moskowiter. So überfielen noch im Mai 1571 Einheiten der Krimtataren Moskau und brannten es nieder. Die oberherrschaftliche Stellung der turksprachigen Tataren-Khane endete allerdings 1480.

Bereits einige Jahre vor dem Ende der Tributpflicht, die in der russischen Literatur als »Tatarenjoch« bezeichnet wird, sandte Iwan III. kräftige Zeichen einer Konsolidierung der slawisch-russischen Herrschaft an das eurasische Kernland. 1472, knapp zwei Jahrzehnte nach der Eroberung Konstantinopels durch die Osmanen (1453), ehelichte er die letzte byzantinische Prinzessin, Sophia Palaiologa, genannt Zoe. Durch diese Verbindung sah sich der russische Führer in den Rang eines byzantinischen »Selbstherrschers« gehoben, einen Titel, mit dem sich Iwan III. in die (ost)römisch-christliche Traditionslinie setzte. Wie der Kaiser im Westen Europas legte sich das russische Fürstengeschlecht einen Doppeladler als Wappentier zu und ließ sich mit »Großfürst und Zar«, der russischen

---

4 Hans-Heinrich Nolte, *Kleine Geschichte Rußlands*. Stuttgart 2003, S. 65

Entsprechung von Cäsar, ansprechen.⁵ Es sollte noch weitere 100 Jahre dauern, bis mit der Einsetzung eines Moskauer Patriarchen im Jahre 1589 die politische und territoriale Konsolidierung Russlands auch kulturell und religiös ihre Entsprechung fand. Seit damals postuliert das Moskauer Patriarchat mit seiner Erhebung zum »Dritten Rom« einen christlich-universellen Herrschaftsanspruch. Die orthodoxe Mission kennt im Gegensatz zur weströmisch-katholischen nicht Feuer und Schwert, war also weniger gewalttätig.⁶ Sie beruhte im Kern auf wirtschaftlichem Druck. Religiöse Toleranz und die Kooptierung von nicht-russischen Eliten gehörten bis ins 18. Jahrhundert zur Herrschaftspraxis. Erst unter dem Einfluss des Westens kam es zu Zwangsmissionierungen von muslimischen Tataren an der Wolga und von »heidnischen Völkern« in Sibirien.⁷ Sie verliefen allerdings weit weniger aggressiv als in den Amerikas.⁸ Vertreibungen von Andersgläubigen fanden kaum statt, was auch einen ökonomischen Sinn hatte. Dem orthodoxen Herrscher waren Steuer- und Tributleistungen der Untertanen wichtiger als ethnische oder religiöse Homogenität.

Länder sammeln

Das legendäre »Sammeln der russischen Erde«, wie es in jeder Historiografie Russlands ausführlich dargestellt ist, kann in erster Linie als Machtkampf des Moskauer Fürsten und Zaren um die Ausschaltung herrschaftlicher Konkurrenten interpretiert werden. Die ganzen 1470er Jahre hindurch benötigte Iwan III., um die im russischen Nordwesten bestehenden autonomen slawischen Fürstentümer unter Moskauer Kontrolle zu bringen. Jaroslawl, Rostow Weliki, Wladimir sowie die lange Zeit bedeutende, selbstständig agierende Stadtrepublik Nowgorod wurden gewaltsam annektiert und dem Moskauer Reich eingegliedert. Die Einnahme Twers gelang parallel zur Überwindung der mongolisch-tatarischen Oberhoheit im Jahre 1478. Der Aufstieg Moskaus zum Zentrum der russischen Welt war damit historisch besiegelt.

Gegen Ende seiner Regentschaft setzte Iwan III. das Ländersammeln im Nordwesten fort, indem er militärische Konflikte mit dem polnischen-litauischen Nachbarn eskalieren ließ. Die unter litauischer Heerführung kämpfende Allianz aus livländischer Konföderation und Deutschem Orden, Teilen der

---

5 Offiziell wurde der Zarentitel erst 1547 anerkannt. Nolte 2003, S. 59; vgl. auch Andreas Kappeler, Russlands zentralasiatische Kolonien. In: Bert Fragner/Andreas Kappeler (Hg.), *Zentralasien. 13. bis 20. Jahrhundert. Geschichte und Gesellschaft*. Wien 2006, S. 139
6 Nolte 2003, S. 65f.
7 Hans-Heinrich Nolte, Deutsche Ostgrenze, russische Südgrenze, amerikanische Westgrenze. Zur Radikalisierung der Grenzen in der Neuzeit. In: Joachim Becker/Andrea Komlosy (Hg.), *Grenzen weltweit. Zonen, Linien, Mauern im historischen Vergleich*. Wien 2004, S. 62f.
8 Gespräch mit Alexej Klutschewsky am 30. September 2015

mongolischen Streitkräfte und Khan Achmat erlitt 1503 eine schwere Niederlage.[9] Weite weißrussische Gebiete fielen daraufhin der Moskauer Kontrolle anheim. Kurz darauf erfolgte die Eingliederung Pskows und Rjasans in den Moskauer Staat unter dem Sohn Iwan des III., Wassili III., in den Jahren 1510 bis 1521. Eine Generation später saß Wassilis Sohn Iwan IV., genannt Grosny, der Schreckliche, auf dem Zarenthron. Seine Expansionsstrategie ließ er im Inneren von einem repressiven Regime begleiten, für das er eine eigene Verwaltungseinheit schuf, die Opritschnina.[10] De facto war dies eine dem Zaren hörige Truppe von 5000 kampfbereiten Gardisten. Sie trugen schwarze Kleider und führten einen Hundekopf mit sich, der den »Feinden des Zaren« (den Hunden) zeigen sollte, wie sie mit ihnen umzugehen beabsichtigten. Die ordensmäßig organisierte Opritschnina wütete in weiten, aber genau abgegrenzten Teilen des Landes. Ihre Mitglieder gingen insbesondere gegen die Häupter jener Bojarenfamilien vor, die der Zar des Verrats im Krieg gegen die Livländer bezichtigte. An die Stelle der geschwächten Bojaren setzte Iwan IV. einen willigen Dienstadel, gut entlohnte Staatsbeamte. Und ganz nebenbei presste die Opritschnina noch aus dem Volk heraus, was die vergleichsweise selbstverwalteten Bauerngemeinden (*mir*) dem Zaren nicht zu geben bereit waren. Die Schreckensherrschaft im Inneren gegen Adel und Volk nutzte Iwan IV. für seine Erweiterungspläne im Nordwesten wie im Osten. Noch zur Herrschaftszeit Grosnys kamen die Wolga, Astrachan und die fruchtbaren Schwarzerde-Böden unter die Fittiche Moskaus. Ende des 16. Jahrhunderts stand das Tor zur Kolonisierung Sibiriens offen.

Zu dieser Zeit lebten fast 7 Mio. Menschen unter dem russischen Doppeladler im Einflussbereich des Moskauer Zaren; über 90 % von ihnen von der Landwirtschaft.

Das Russlandbild im Westen

Feindschaft erzeugt Feindbilder. Mit dieser ebenso einfachen wie historisch unstrittigen Tatsache erklärt sich bereits der Kern jenes Russland und die Russen diffamierenden Bildes, das während des 16. Jahrhunderts im Westen Europas vorherrschte. Zwischen 1492 und 1582 führten Moskau und Polen-Litauen bzw. das bis 1561 unter Deutscher Ordensherrschaft stehende Livland insgesamt sechs Kriege gegeneinander. Während der Hälfte dieser Zeit (von 1492–1494, 1500–1503, 1507–1508, 1512–1522, 1534–1537 und 1558–1582) sprachen die Waffen. Dementsprechend gestaltete sich die Wahrnehmung des Feindes. Das im Westen des Kontinents verbreitete Bild vom »asiatischen, barbarischen Russland« ist in

---

9 Christoph Schmidt, Bäuerliche Freiheit gegen Schollenpflicht. Schweden und Polen als konträre Muster auf dem Weg in die Neuzeit. In: Andrea Komlosy/Hans-Heinrich Nolte/Imbi Sooman (Hg.); *Ostsee 700–2000. Gesellschaft, Wirtschaft, Kultur*. Wien 2008, S. 61, 72
10 Nolte 2003, S. 61

dieser Epoche grundgelegt. Und es waren vor allem polnische Intellektuelle, die es verbreiteten und ideologisierten. Der Krakauer Philosoph und Mathematiker Jan z Głogowa (Johannes von Glogau) ergänzte im Jahre 1494 eine kosmografische Ausgabe des klassischen Ptolomaios-Atlas und bezeichnete darin Moskau als »asiatisches Sarmatien«.[11] Der Zeitpunkt dieser mutmaßlich ersten Orientalisierung Russlands in der europäischen Geistesgeschichte ist bemerkenswert. Johannes von Glogau reagierte mit der Zuordnung Moskaus als »asiatisch« auf den ersten Krieg der polnisch-litauischen Union gegen Iwan III. Die militärische Auseinandersetzung zweier in der Folge sich gegenseitig als »natürliche Feinde« betrachtenden Reiche und Fürstenhäuser lag somit am Ursprung der Entstehung eines Vorurteils, das über die folgenden 500 Jahre immer wieder die Wahrnehmung Russlands im Westen Europas geprägt hat. Und »asiatisch« war schon damals abwertend gemeint, obwohl die Herkunft des Wortes (*asu*) auf das Assyrische zurückgeht und keinerlei negative Konnotation aufweist. Im Gegenteil: dort bedeutet es nichts anderes als »hell« bzw. beschreibt den Ort, wo, vom Zentrum des assyrischen Reiches im mesopotamischen Zweistromland des Euphrat und Tigris aus betrachtet, die Sonne aufgeht. Dem entgegen steht im Assyrischen das Wort *erp*, was so viel wie »dunkel, finster, düster« heißt – dort, wo die Sonne untergeht.[12] In den Begriffen »Morgenland« und »Abendland« spiegelt sich noch dieselbe Herkunft. Im später über die griechische Mythologie verbreiteten »Europa« dürfte der assyrische Wortstamm *erp* stecken.

Den Siegeszug der Zuordnung des Asiatischen als barbarisch und fremd konnte die Etymologie des Begriffes nicht aufhalten. Er orientierte sich am damaligen militärischen Feindbild. Und den Feind galt es nicht nur auf dem Schlachtfeld, sondern auch philosophisch und geistig zu bekämpfen. Ein wesentlicher Kampfplatz dafür war die Kirchenkanzel, denn parallel zur Asiatisierung Russlands und der Russen wurde das sich konsolidierende Moskau von seinen Gegnern als Hort des Antichristen definiert. Die meisten westeuropäischen Autoren des 16. Jahrhunderts sahen die östlich von Polen-Litauen siedelnden Slawen als außerhalb des »orbis christianus« – des christlichen Erdkreises – lebende Menschen. Ihnen galten Polen-Litauen und Livland als Bollwerke der Christenheit.[13]

Es war nicht die Geografie, die Russland außerhalb Europas imaginierte, denn die meisten diesbezüglichen Gelehrten folgten seit der Neuzeit der antiken Tradition, nach der die Grenze zwischen Europa und Asien am Don bzw. am Asowschen Meer verlief; Moskau lag ohne Zweifel im »europäischen Sarmatien«;

---

11 Ekkehard Klug, Das »asiatische« Russland. Über die Entstehung eines europäischen Vorurteils. Nach einem Gastvortrag am Seminar für osteuropäische Geschichte der Universität Köln, gehalten am 12. Dezember 1986, S. 273
12 Immanuel Geiss, Identität Europas. In: *Universitas. Zeitschrift für Wissenschaft und Kultur*, Nr. 9/2004 (Stuttgart)
13 Andreas Kappeler, *Ivan Groznyj im Spiegel der ausländischen Druckschriften seiner Zeit. Ein Beitrag zur Geschichte des westlichen Rußlandbildes*. Bern/Frankfurt am Main 1972, S. 242

erst mit der Einnahme des Khanats Astrachan im Jahre 1556 griff das Moskauer Zarenreich auch auf asiatische Gebiete über.[14] Das Bild vom »asiatischen Russland« entstand infolge politischer Interessen. Es war eine polnische Erfindung, die dazu diente, den »Erzfeind des Jagiellonenstaates gleichsam als ein ›Reich des Bösen‹ hinzustellen.«[15] Die Krakauer Universität als führende Lehrstätte jener Tage produzierte die im Kampf gegen Moskau benötigte Ideologie. Als intellektuelle Drehscheibe strahlte sie auch in den deutschen Sprachraum aus; gerade die Vorlesungen des Johannes von Glogau waren stark von deutschen Studenten besucht. Eine später erstellte Studie listet für die Jahre 1460 bis 1520 fast 60 deutsche Gelehrte auf, die an der Universität Krakau ihre Ausbildung erhalten hatten.[16] Sie trugen das negative Russlandbild in den Westen des Kontinents. Eigene, in sogenannten Felddruckereien hergestellte Flugschriften verbreiteten während der zweiten Hälfte des 16. Jahrhunderts antirussische Propaganda in mehreren Sprachen.[17] Polnische Autoren gaben die Linie vor.

Als ideales Instrument der Feindbildkonstruktion diente die Religion. Seit dem großen Schisma von 1054 galten die oströmisch Betenden den Päpsten in Rom als Schismatiker. Die russisch-orthodoxe Kirche bildete dabei keine Ausnahme. Im Gegenteil: Jenseits der sogenannten »Vormauer der Christenheit« – *antemurale christianitatis*[18] –, deren Verteidigung sowohl das polnische Königreich als auch die ungarischen Herrscher für sich in Anspruch nahmen, anerkannte die katholische Kirchenlehre keine christliche Gemeinschaft. Die orthodoxen Metropolien und erst recht das Patriarchat des »Dritten Rom«, Moskau, galten als Horte der Abtrünnigen. So entwarf der einflussreiche Gelehrte und Rektor der Krakauer Universität, Johannes Sacranus, im Jahr 1500 in seiner Schrift *Elucidarius errorum ritus Ruthenici* die Vorstellung, bei den Russen handle es sich um ein »Ketzervolk mit Verbindungen zu den Türken«.[19] Schlimmer hätte man ein weströmisches Feindbild in jenen Zeiten nicht zeichnen können.

Anfang des 16. Jahrhunderts hielt der osmanische Vormarsch die abendländischen Herrscherhäuser in Atem. 1517 eroberte Sultan Selim I. Palästina, 1526 rissen die Türken dann die »Vormauer der Christenheit« im ungarischen Mohács nieder, 1529 standen sie vor Wien. Der katholischen Propaganda waren Türken und Russen gleichermaßen hassenswert. Dies kam an prominenter Stelle zum

---

14 Konstanty Zantuan, The Discovery of Modern Russia: Tractatus de duabus Sarmatiis. In: *Russian Review* 27 (1968), S. 327f.; zit. in: Klug 1986, S. 271f.
15 Klug 1986, S. 274
16 Gustav Bauch, Deutsche Scholaren in Krakau in der Zeit der Renaissance, 1460-1520, in: *78. Jahresbericht der schlesischen Gesellschaft für vaterländische Cultur.* Breslau 1901, S. 2f. In: Klug 1986, S. 274
17 Andreas Kappeler, Die deutschen Flugschriften über die Moskowier und Iwan den Schrecklichen im Rahmen der Rußlandliteratur des 16. Jahrhunderts. In: Mechthild Keller (Hg.), *Russen und Rußland aus deutscher Sicht. 9.–17. Jahrhundert.* München 1985, S. 170
18 Vgl. Wolfgang Geier, *Europabilder. Begriffe, Ideen, Projekte aus 2500 Jahren.* Wien 2009, S. 35
19 zit. in: Klug 1986, S. 275

Ausdruck, als im Jahr 1518 während des Reichstages zu Augsburg Erasmus Ciołek, der Bischof von Płock, eine Brandrede gegen die »Moskowier« hielt. Niemand geringerer als der polnische König Sigismund I. übertrug dem Bischof von Płock das Wort. Und dieser griff vor versammeltem Reichstag den Moskauer Zaren frontal an, indem er ihn mit der türkischen Bedrohung auf eine Stufe stellte: »Es existiert noch ein zweiter, nicht geringerer Feind, der in Richtung auf das feste Siebengestirn diesseits des Eismeeres verharrt, der Herzog von Roxolanen, den wir den Moskowier nennen; dieser ist für ödes Heidentum und fluchwürdiges Schisma berüchtigt. Tagtäglich bedrängt er überdies einen Teil des Reiches, nämlich die Provinz der Litauer, durch große Kriegsleidenschaft.«[20] 460 Jahre später war es der höchste Repräsentant der katholischen Kirche, Papst Johannes Paul II. – auch er polnischer Abstammung –, der am Katholikentag in Wien die Verbindung von Türken- und Russengefahr herstellte. In seiner Rede am 10. September 1983 erinnerte er an den 300. Jahrestag der Türkenbelagerung und warnte zugleich vor der neuen Gefahr aus dem Osten: dem russischen Kommunismus.

Zurück ins 16. Jahrhundert. Der Reichstag war die höchstrangige politische Veranstaltung des Heiligen Römischen Reiches, die man sich vorstellen konnte, eine dortige Feindnennung entsprechend bedeutsam. Das Bild vom barbarischen und unchristlichen Russen hat sich im 16. Jahrhundert weit über das Heilige Römische Reich hinaus bis nach England[21] festgesetzt und kreierte dort sogar eine Theatermode unter dem Kürzel »*Moscovite monsters*«. Seit damals fräste es sich – wie auch jenes des muslimischen Türken als Feind der Christenheit – in das historische Gedächtnis Westeuropas ein.

Überdehnte Expansion

Im Krieg um Livland, eine päpstliche Bastion an der Ostsee, die dem Deutschen Orden als Kolonie anvertraut worden war und das auf dem Gebiet des heutigen Estland und Lettland liegt, erschöpften sich die Heere Moskaus. 25 Jahre lang, von 1558 bis 1582, führte Iwan IV. seine Soldaten in Richtung Nordwesten. Um die Skepsis der Bojaren und Adeligen gegenüber diesem Waffengang zu brechen, errichtete er ein wahrhaftes Terrorregime im Inneren und zog den Krieg in die Länge. Am Ende lag die Wirtschaft danieder, ganze Landstriche waren verwüstet, die Bevölkerung von Hunger und Krankheiten dezimiert. Die soziale und wirtschaftliche Misere spiegelte sich in der politischen Schwäche des Zarenthrons. Anstatt neue Gebiete zu erobern, verlor Russland den Zugang zur Ostsee, und die Newa mündete nicht mehr auf russischem Gebiet ins Meer. Nach 1561 übernahmen Polen und Schweden die Herrschaft in Livland. Historiker nennen

---

20 zit. in: Klug, S. 279
21 vgl. Karl-Heinz Ruffmann, *Das Rußlandbild im England Shakespeares*. Göttingen 1952, S. 82

die Jahrzehnte nach dem Tod Iwan IV. die »Zeit der Wirren«.[22] Herrschaftsgeschichtlich ist damit jene relativ führungslose Epoche zwischen dem Aussterben der Rurikiden 1598 und der ersten Thronbesteigung eines Romanow 1613 gemeint. Es war auch die Zeit, in der polnische Truppen bis Moskau vordrangen und kurzfristig den Kreml und Kitaj-Gorod einnahmen.[23]

Die Wahl des damals erst 16jährigen Michail Romanow zum Zaren auf der Moskauer Versammlung der Adeligen, dem sogenannten *Sobor*, zeugt von der Schwäche der Zentralmacht. Michail, der in jenen kalten Januartagen des Jahres 1613 auf den russischen Herrscherthron gehievt wurde, entstammte einer vergleichsweise unbedeutenden Bojarenfamilie; der *Sobor* war überzeugt davon, mit seiner Wahl die Position des Zaren im eigenen Interesse lokaler Adelsfamilien und Städte schwach halten zu können. Die Geschichte sollte jedoch zeigen, dass der Bojarensprössling eine dreihundertjährige Herrscherfamilie begründete, die erst von den Räten der Oktoberrevolution 1917 beendet werden konnte.

Anfang des 17. Jahrhunderts sah sich das gerade erst einmal 100 Jahre alte Zarentum mit widerstreitenden Machtansprüchen konfrontiert. Auf dem Boden der heutigen Ukraine bedrohten Kirche auf der einen und Kosaken auf der anderen Seite die Ansprüche Moskaus.

Im damals unter polnisch-litauischer Verwaltung stehenden, heute weißrussischen Brest gelang dem römischen Papst ein genialer Schachzug, als er 1596 die Union von Brest verkündete, die Katholisierung der orthodoxen Kirche im litauisch-polnischen Herrschaftsgebiet. Diese kirchenpolitische Anbindung an den Westen war die Grundlage für die Herausbildung einer entsprechenden Orientierung ukrainischer Christen in Abgrenzung zu ihren orthodoxen Glaubensbrüdern, die östlich des polnischen Herrschaftsgebietes unter dem Moskauer Patriarchat lebten. Damit war die ukrainische Christenheit in eine west-unierte und eine russisch-orthodoxe Gemeinde gespalten.[24]

Mit der Anerkennung des Papstes als oberstem und einzigem Vertreter Gottes auf Erden und Roms als Zentrum der Christenheit begab sich die unierte Kirchenhierarchie – trotz starkem Widerstand vor allem der Lemberger orthodoxen Bruderschaft[25] – unter die weströmische Logik und Herrschaft. Die Beibehaltung orthodoxer liturgischer Besonderheiten konnte nicht darüber hinwegtäuschen, dass das Jahr 1596 die wichtigste Zäsur in der Kirchengeschichte seit dem großen Schisma 1054 symbolisiert. Rom konnte mit der Union von

---

22 Vgl. z. B. Manfred Hilderheimer, *Geschichte Russlands: Vom Mittelalter bis zur Oktoberrevolution*. München 2013, S. 281; siehe auch: Nolte 2033, S. 68f.
23 Nolte 2003, S. 71
24 Stefan Donecker, Konfessionalisierung und religiöse Begegnungen im Ostseeraum. In: Komlosy/Nolte/Sooman 2008, S. 98
25 Gespräch mit Alexej Klutschewsky am 30. September 2015

Brest im Kampf mit Moskau um die slawisch-orthodoxen Seelen seinen Einfluss erweitern und auch geopolitisch einen Markstein setzen, den in späteren Jahrhunderten die Habsburger in Galizien zu nutzen wussten. Wer erlebt hat, mit welcher Verbitterung, ja mit welchem Hass 400 Jahre später die Nachfahren der in sowjetischen Zeiten verbannten und verbotenen unierten griechisch-katholischen Popen Anfang der 1990er Jahre um orthodoxe Gotteshäuser kämpften, der erahnt die historische Bedeutung des weströmischen Ausgriffs nach Osten. Im Kapitel über die Ukraine wird uns die Aktualität dieses Themas begegnen.

Zurück zur Union von Brest, dem Ausgangspunkt einer ersten Verwestlichung ostslawischer Siedlungsgebiete: Es dauerte nicht lange, bis als Reaktion darauf erste Stimmen in Westeuropa laut wurden, die auch das Bild von Russland als Hort des Antichristen in Frage zu stellen begannen. Wenn sich Kleinrussen (Ukrainer) in Richtung Rom bekehren lassen, so lautete das Motto, kann man auch Russen nicht pauschal den Vorwurf machen, schismatisch zu sein und sie aus dem System der Christenheit ausschließen. Ein eindrückliches Zeugnis eines solchen, nach der Union von Brest nun positiv gewendeten Russlandbildes liefert ein französischer Militär, der 1607 aus Russland heimkehrt. Jacques Margeret, der sein Traktat über den Aufenthalt in Moskau König Heinrich dem IV. von Frankreich widmet, notiert darin: »Russland ist einer der besten Wegbegleiter der Christenheit« und sein Zar »gut gegen die Skythen und andere Mohammedaner« gerüstet.[26] Die westeuropäische Wahrnehmung Russlands beginnt sich im 17. Jahrhundert zu ändern; die Hinwendung der west-ukrainischen Kirche nach Rom spielte dabei eine wichtige Rolle. Genauso wesentlich für den Meinungsumschwung waren schwankende Allianzen westlicher Mächte gegen die Türken. Im Abwehrkampf gegen die Hohe Pforte in Konstantinopel brauchte man die Russen fallweise als Verbündete.[27]

Während Moskau durch die Katholisierungsbemühungen im Westen seines Herrschaftsbereiches unter Druck geriet, waren es im Süden die Kosaken, die für das Zarenreich eine Herausforderung darstellten. Auch diese Auseinandersetzung spielte sich auf dem Territorium der heutigen Ukraine ab. Kosake bezeichnete einen Grenzer, der im Gebiet zwischen dem Einflussbereich Moskaus und den tatarischen, häufig nomadisierenden Muslimen lebte und keiner adeligen Herrschaft zu Abgaben oder Fron verpflichtet war.[28] Kosaken waren leicht bewaffnet, oft als Händler unterwegs oder ernährten sich von Fischfang an den Ufern des Dnepr. Im 16. und 17. Jahrhundert bildeten sie stabile Gemeinschaften,

---

26 Jacques Margeret, Estat de L'Empire de Russie et Grande Duché de Moscovie. Paris 1669, VI. Zit in: Klug 1986, S. 289
27 Andreas Kappeler, Russland und Europa – Russland in Europa; in: Thomas Ertl/Andrea Komlosy/Hans-Jürgen Puhle (Hg.), *Europa als Weltregion. Zentrum, Modell oder Provinz?* Wien 2014, S. 100
28 Nolte 2003, S. 75

die sich selbst verwalteten. Entlang ihres Herrschaftsgebiets entstanden befestigte Burgen (*samok*) und Forts (*gorodok*). Die größte und langlebigste dieser Kosakenfestungen hielt sich an den Stromschnellen des Dnepr nahe der heutigen Stadt Saporoschschje/Saporischschja. Die sogenannte »Saporoschschjer Sitsch«, was so viel wie »der Ort hinter den Stromschnellen, an dem die Bäume gefällt wurden« heißt,[29] ist die historisch am besten dokumentierte Kosakensiedlung, die auf der Insel Chortyzja mitten im Dnepr liegt. Ein von allen wehrfähigen Männern gewählter Hetman führte das Gemeinwesen, das durch die natürlichen Gegebenheiten des breiten, mäandernden und von Stromschnellen durchzogenen Flussbettes gegen äußere Feinde geschützt war. Die heute musealisierte und touristisch genützte, in den Löß der Dnepr-Böschung gehauene Festung bietet interessierten Zusehern Reiterspektakel aller Art und dient politisch dem neu erwachten ukrainischen Nationalgefühl. Eine aufwendig gestaltete Ausstellung stellt die Saporoschschjer Kosaken des 17. Jahrhunderts als Vorläufer einer modernen ukrainischen Staatlichkeit dar, die schon vor 350 Jahren eine politische Eigenständigkeit behauptete. Die Dnepr-Kosaken zur Mitte des 17. Jahrhunderts kämpften gleichermaßen gegen die polnische Adelsrepublik – die sogenannte *Rzeczpospolita* – und den Moskauer Zaren. Den polnischen Magnaten waren sie verhasst, weil massenhaft vor Repressionen flüchtende Bauern in den Kosakenheeren Unterschlupf fanden und sich diese dann in zahllosen Aufständen gegen Polen wandten. Die Kosaken behaupteten gegenüber den polnischen Landesherren ihre Unabhängigkeit. Gleichwohl zogen sie fallweise auch im Verbund mit polnischen Adeligen gegen Osmanen und Russen. Ihr berühmtester Hetman, Bohdan Chmelnyzkyj, zerschlug 1648 das polnische Kronheer und führte einen allgemeinen ukrainischen Aufstand gegen Polen, Juden und Jesuiten.[30] Daraus entstand im Osten der heutigen Ukraine eine von Warschau und Moskau sowie auch vom Krimkhanat unabhängige Kosakenrepublik. Nach kriegerischen Auseinandersetzungen zwischen Polen, Russland und Schweden, die um Gebiete der heutigen Ukraine geführt wurden, bildete der Fluss Dnepr ab den 1670er Jahren die Grenze zu Russland, wobei bemerkenswerter Weise auch das rechtsufrige Kiew unter Moskauer Verwaltung kam. Im Vertrag von Andrussowo aus dem Jahr 1667 schlossen Moskau und Polen-Litauen einen Waffenstillstand, der auf mittlere Sicht das Ende der polnisch-litauischen Vorherrschaft im osteuropäischen Raum bedeutete und Russland Gebietsgewinne zusprach. Im »Ewigen Frieden« von 1686 fand die Jahrhunderte lange Feindschaft zwischen Russland und Polen (vorläufig) ihr Ende.

---

29 siehe: *Guide of the Museum of the History of Zaporozhzhyan Cossaks. The national reserve »Khortitsya«*. Saporoschschje o.J. (2004), S. 8
30 Nolte 2003, S. 77

»Kaiser aller Reußen/Russen«

Mit Beginn des 18. Jahrhunderts wird Russland zu einem globalen Spieler in Europa. Im Norden schlagen zaristische Verbände nach jahrelangen, verlustreichen Schlachten die Armee des Schwedenkönigs Karl XII. aus dem Feld (1709); und im Süden beginnen die großen russisch-türkischen Kriege um das Erbe des schwächelnden Osmanischen Reiches. Die Eroberung der türkischen Festung Asow an der Mündung des Don im Jahr 1696 stellt insofern eine historische Zäsur dar, als Russland damit erstmals – wenn auch vorläufig nur für 15 Jahre – einen Zugang zum Schwarzen Meer erhält. Ein jahrzehntelanges Ringen um den Ausbruch aus dem Binnenlandcharakter Russlands in Richtung Süden war damit eröffnet.

Im Norden stellt sich die Lage geopolitisch betrachtet ähnlich dar. Auch hier geht es um den Zugang zur Welt und ihren Märkten über das Meer. Mit dem Sieg in der Schlacht von Połtawa Ende 1709 gegen die technisch überlegenen, aber an Soldaten quantitativ unterlegenen Schweden festigt Russland seinen Zugang zur Ostsee, den es wenige Jahre zuvor mit der Eroberung der schwedischen Festung Nyenschanz, an der unteren Newa gelegen, erreichen konnte. Hier an der Newa-Mündung legt Zar Peter I. ab 1703 die Grundsteine für Sankt-Petersburg, das 1712 zur Haupt- und Residenzstadt des Russischen Reiches wird.

Der schon im zarten Alter von zehn Jahren als Zar titulierte Peter war jahrelang von seiner Halbschwester Sofija und seiner Mutter Natalja in Regierungsgeschäften begleitet worden, bis er 1694 die Alleinherrschaft antrat. Er war der erste russische Herrscher, der in den Jahren 1697 bis 1698 nach Westeuropa reiste. Mit einer Delegation von fast 300 Begleitern machte er sich für 18 Monate auf eine der seltsamsten Reisen der Weltgeschichte. Zar Peter lernte Artillerietechnik in Königsberg, besuchte Werften in Amsterdam und Eisenproduktionsstätten in England, traf den brandenburgischen Kurfürsten Friedrich II. (der als Friedrich I. zum Preußenkönig wurde) in Berlin und schmiedete mit dem sächsischen Kurfürsten August dem Starken Pläne gegen Schweden, die kurz darauf in die Tat umgesetzt wurden. Seine Eindrücke von auf Pfählen errichteten holländischen Städten inspirierten ihn später angesichts der Sumpflandschaft des Newa-Deltas beim Bau von Russlands »Tor zum Westen«.

Peters Politik der Verwestlichung Russlands umfasste alle Bereiche. Und sie war gewalttätig. Den Auftakt machte eine öffentliche Hinrichtungsorgie von 1182 Palastgardisten, sogenannten Strelizen,[31] einer Einheit, die seit den 1550er Jahren exekutive Funktionen wahrgenommen hatte. Der als begeisterter

---

31 Seit ihrer Gründung Mitte der 16. Jahrhunderts entwickelte sich die Elitetruppe mehr und mehr zu einem Staat im Staate. Nach mehreren Aufständen warf ihr Peter der Große Verschwörung vor und hielt ein martialisches Blutgericht. Siehe: Mathias Schreiber, Tyrannischer Aufklärer. In: Uwe Klußmann/Dietmar Pieper (Hg.), *Die Herrschaft der Zaren. Russlands Aufstieg zur Weltmacht*. München 2013, S. 62

Handwerker bekannte Zar war sich nicht zu schade, bei den Hinrichtungen selbst Hand anzulegen. Mit Kleidervorschriften und Barterlass erzwang er die Durchsetzung westeuropäischer Modevorschriften in den Städten. Und für den Aufbau seiner neuen Hauptstadt an der Newa-Mündung musste das Volk bluten. Erstmals in der russischen Geschichte wurde eine Kopfsteuer erlassen, die Bauern und Knechte zu »Steuerseelen« machte, womit sie alle Rechte verloren. Das traditionelle russische Recht, nach dem Bauern ihren Gutsherren wechseln und von dessen Hof abziehen durften – so sehr dies auch fallweise durch sogenannte »Verbotsjahre« eingeschränkt wurde –, war schon mit dem Gesetzbuch von 1649 aufgehoben worden. Seit damals ist der russische Bauer an die Scholle gebunden und kann mit dem Land verkauft werden, er ist leibeigen. Peter I. verschärft nun mit der Einführung der Kopfsteuer diese Praxis, indem er alle unfreien Knechte und noch freien Bauern zu »Steuerseelen« erklärt. Als solche sind sie nicht mehr an die Scholle – also den Ort –, sondern an den Gutsherren direkt gebunden. Das heißt, Grundbesitz ist gar nicht mehr notwendig, um »Steuerseelen« sein eigen zu nennen, was Kaufleute animieren sollte, Manufaktur- Produktionsstätten zu gründen, auf denen dann Leibeigene (auch fern der Landwirtschaft) tätig waren.

Doch mit der Kopfsteuer allein war es für den Zaren nicht getan. Die neue Hauptstadt Sankt-Peterburg erforderte mehr; der Aufbau einer russischen Flotte, die dereinst Wache am Schwarzen Meer und an der Ostsee schieben sollte, musste bezahlt werden. Dafür wurde u. a. eine eigene Galeerensteuer aufgelegt, die Gutsherren zu vermehrten Abgaben verpflichtete. Und diese gaben den Druck nach unten weiter.

Politisch spiegelte sich die neue Ordnung von Peter I. im Aufbau einer strengen Zentralisierung der Macht wider. Auch dabei folgte er dem westeuropäischen Vorbild, wo das absolutistische Zeitalter im 17. Jahrhundert Einzug hielt. Ziel war die Etablierung einer unbeschränkten Staatsgewalt und die Zurückdrängung des adeligen, ständischen und kirchlichen Einflusses. Um zu dieser damals als modern eingestuften Staatlichkeit zu kommen, schaffte Peter I. die Duma der Bojaren, die seit dem 11. Jahrhundert als beratendes Gremium dem Moskauer Großfürsten bzw. Zaren zur Seite gestanden war, im Jahr 1711 ab. Auch schwächte der Imperator die orthodoxe Kirche, indem er 1721 das Amt des Patriarchen schließen ließ und stattdessen einen Synod als Kirchenbehörde einsetzte, der in die staatliche Verwaltung eingegliedert wurde und dessen Prokurator er selbst ernannte. Im selben Jahr 1721 nahm der mittlerweile 49jährige Romanow den Titel »Imperator und Selbstherrscher« an und ließ sich als »Kaiser aller Russen – von Moskau, Kiew, Nowgorod, Wladimir, Kasan und Astrachan« huldigen.

Die russische Reichsbildung – nun »Rossija« statt dem bis dahin gebräuchlichen »Rus« oder »Moskowien« – war auf ihrem ersten Höhepunkt angelangt.

Im Westen war man von dem »modernen« Zaren an der Newa, der streng genommen nun den Titel »Imperator« trug, anfangs begeistert. Seine Europa-Euphorie und die zur Schau gestellte Lernbegierde auf seiner »großen Gesandtschaft« in den Jahren 1697 und 1698 schmeichelten vor allem den deutschen Fürsten und Meinungsträgern. Die harte Hand gegen den aufmüpfigen Adel und die Einführung einer zentralen Steuergesetzgebung entsprachen der auch im Westen üblichen absolutistischen Staatsform. Die Modernität jener Epoche spiegelte sich in der Selbstherrschaft des Monarchen.

Der entscheidende Punkt für das in Westeuropa weit verbreitete positive Russland-Bild zu Ende des 17. Jahrhunderts lag jedoch weniger in der Bewunderung der petrinischen Reformen und der Europa-Liebe des Herrschers begründet, sondern basierte schlicht auf einer – relativ kurzfristigen – militärischen Allianz. Russland stand im Krieg gegen die Osmanen auf der Seite des Heiligen Römischen Reiches. Mit der sogenannten Zweiten Türkenbelagerung Wiens im Jahr 1683 hatte der osmanische Vormarsch nach Westen einen neuen Höhepunkt erreicht. Ihn zurückzuschlagen galt als oberste Christenpflicht. Das russische Zarenreich wiederum stand an anderer Front, im Süden, gegen die Osmanen. Es ging um den Zugang zum Schwarzen Meer und die Befreiung von der Last ständiger Tataren-Einfälle. Diese nahmen seit Jahrhunderten ihren Ausgang vom Khanat der Krim, das in engem Bündnis mit der Hohen Pforte stand. Die Militärallianz des Russischen Imperiums mit dem Heiligen Römischen Reich entsprang dem gemeinsamen geopolitischen Interesse, die Osmanen zurückzudrängen.

In dieser historischen Situation am Ende des 17. Jahrhunderts erreichte die Russophilie im Westen einen Höhepunkt, der Zar erschien vielen als Retter der Christenheit und Freund der Moderne. »Ich sehe gar nicht, wie ein großer Fürst einen schöneren Plan machen kann als den, seine Staaten blühend zu machen und die Pflanzung, die ihm Gott anvertraut hat, zur Vollkommenheit zu entwickeln,« schmiert der große deutsche Philosoph Gottfried Wilhelm Leibniz dem Herrscher in Sankt-Petersburg Honig ums Maul. Und weiter: »Der Große Zar der Russen zeigt eine außerordentliche Höhe seines Genies und seines Heldenmutes nicht nur in den Angelegenheiten des Krieges, sondern auch in der Regierung, indem er Pläne faßt und ausführt, an die keiner seiner Vorfahren mit Erfolg zu denken gewagt hat.« Des Weiteren rühmt Leibniz in seinem 1697 an Peter den Großen verfassten Brief die Kraft, die der Zar »gegen den gemeinsamen Feind« (die Osmanen, d. A.) aufwendet und vermerkt, wie wichtig die von den Russen mit der siegreichen Schlacht um die an der Mündung des Don gelegenen Festung Asow eröffnete zweite Front im Osten für das Überleben der Christenheit ist.

In den Worten Leibniz' liest sich das folgendermaßen: »Das ist umso beachtenswerter, als die Not drängend ist und man Anlass hat zu glauben, dass ohne diese Ablenkung unsere Angelegenheiten in Ungarn eine schlechte Wendung genommen hätten.«[32] Mit »Ablenkung« ist wohl der russische Sieg über die Osmanen am Don gemeint, während die »Angelegenheiten in Ungarn« das Zurückschlagen der Türken nach ihrer gescheiterten Offensive vor Wien anspricht.

Das positive Russlandbild im Westen verblasste nach dem Friedensschluss von Karlowitz 1699 schnell. Dieser beendete zwar den Krieg, fand jedoch keine Antwort auf die drängende Frage Russlands nach Zugang zum Schwarzen Meer. Schon 1711 eroberten die Osmanen die Festung Asow zurück und ab 1721 tobten insgesamt elf russisch-türkische Kriege um Land und Meereszugang sowie die Schutzmachtfunktion über die orthodoxen Christen unter dem Halbmond. Erst 100 Jahre nach Karlowitz war die Krim russisch. Im Jahr 1783 gehörte das Khanat der Vergangenheit an und Russland verfügte über einen strategischen Hafen am Schwarzen Meer.

Eurasisches Herzland

Die Konsolidierung zaristischer Macht verband sich das gesamte 18. Jahrhundert hindurch mit Gebietserweiterungen. Die geopolitischen Konkurrenten im Konzert der europäischen Reiche waren alarmiert.

Eine Prinzessin aus dem deutschen Adelsgeschlecht Anhalt-Zerbst stand wie keine andere für das Vorrücken Russlands. Nach der Ermordung ihres Gatten bestieg sie als Katharina II. – von der Nachwelt »die Große« genannt – 1762 den Zarenthron in Vertretung ihres damals achtjährigen Sohnes. Für 35 Jahre sollte sie das Zepter bis zu ihrem Tod im Jahr 1796 nicht mehr aus der Hand geben.

Auf das von inneren Querelen geschwächte Polen, in dem verschiedene Adelsgeschlechter sich Jahrzehnte lang gegenseitig und damit auch die Reichstage (*Sejm*) blockierten, übten Katharina II. und ihr preußisches Gegenüber Friedrich II. gehörigen politischen Druck aus. Dort in Warschau hatte die katholische Gegenreformation bereits früher sämtlichen Nichtkatholiken, insbesondere Protestanten im Norden und Orthodoxen im Osten und Südosten, ihre religiösen und politischen Rechte aberkannt, was Berlin und Sankt-Petersburg, die sich als unausgesprochene Schutzmächte der Diskriminierten verstanden, gehörig empörte. Versuche, in dieser Frage zu einer Einigung zu kommen, scheiterten auch daran, dass der einstige Günstling und Geliebte Katharinas und spätere polnische König, Stanisław Poniatowski, sich von seiner Förderin abwandte.

---

32 Waldemar Guerrier, Leibniz in seinen Beziehungen zu Russland und Peter dem Großen. St. Petersburg/Leipzig 1873 (Nachdruck: Hildesheim 1975), S. 14f.; in: Hans-Heinrich Nolte/Bernhard Schalhorn/Bern Bonwetsch (Hg.), *Quellen zur Geschichte Russlands*. Stuttgart 2014, S. 91/92

Mit einem Truppeneinmarsch im Jahr 1766 wollte Russland den religiösen und politischen »Dissidenten«, wie die Nichtkatholiken genannt wurden, zu Hilfe kommen.[33] Dies war zugleich der Anfang vom Ende der polnischen Staatlichkeit. Die Teilung des Landes geschah auf Vorschlag Friedrich II. Russland, Preußen und Österreich bedienten sich in den Jahren 1772, 1793 und 1795, wobei der größte Teil Polens mit fast zwei Dritteln der Landmasse und der Hälfte der Bevölkerung an Russland fiel. Nach der dritten polnischen Teilung grenzte das Zarenreich direkt an Preußen und Österreich.

Die Expansion im Osten und Süden schritt zeitgleich und mit ebensolchem Tempo voran. Hier war es das im schleichenden, aber konstanten Rückzug aus Europa befindliche Osmanische Reich, das sich russischen Eroberungsplänen gegenübersah. Katharina II. hatte für diesen Vormarsch, gemeinsam mit einem ihrer Höflinge, Grigori Potjomkin, ein großes Dessin entworfen. Der als »Griechisches Projekt« in die Geschichtswissenschaft eingegangene Plan sah die Schaffung eines orthodoxen Reiches vor, das von der Tundra und den Steppen Eurasiens bis zum Schwarzen Meer und nach Konstantinopel ans östliche Mittelmeer reichen sollte.[34] In dieser Dimension blieb das »Griechische Projekt« ein Wunschbild russisch-weltherrschaftlicher Pläne; mehrere Kriege gegen die Türken fügten dem Zarenreich jedoch Mosaikstein für Mosaikstein neue Gebiete hinzu. Die nördliche Bergkette des Kaukasus wurde 1763 eingenommen, im Frieden von Küçük Kaynarca 1774 erhielt das Russische Reich von der Hohen Pforte über die Flussmündungen von Dnepr und Don Zugang zum Schwarzen Meer. Das letzte Khanat, das sich in der Herrschaftstradition der Mongolen verstand, das Krim-Khanat, verschwand 1783 von der Landkarte, und nach einem weiteren Waffengang gegen die Türken Ende der 1780er Jahre kam die gesamte Nordostküste des Schwarzen Meeres unter russische Kontrolle. Die planmäßige Gründung der Stadt Odessa im Jahr 1794 an der Stelle des türkischen Hafens Hacıbey war als Tor zur Welt am Rande neurussischer Siedlungsgebiete gedacht, die zum Neurussischen Gouvernement wurden.

Auch im Inneren des Russischen Reiches änderte sich in der zweiten Hälfte des 18. Jahrhundert Beträchtliches. Die Ansiedlung von Kolonisten, viele von ihnen aus deutschsprachigen Ländern, diente der Urbarmachung von Wald- und Sumpfgebieten. Und in weiten Teilen der heutigen Ukraine setzte sich nach und nach die russische Gesetzgebung durch. Die Befreiung des Adels vom Dienst am Hof auf der einen Seite und die Ausdehnung der Leibeigenschaft auf ukrainische Gebiete auf der anderen Seite ließen die als soziales Gleichgewicht verstandene

---

33 Peter Rehder (Hg.), *Das neue Osteuropa von A bis Z*. München 1993, S. 505, 693
34 Edgar Hösch, Das sogenannte »griechische Projekt« Katharinas II. Ideologie und Wirklichkeit der russischen Orientpolitik in der zweiten Hälfte des 18. Jahrhunderts. In: *Jahrbücher für Geschichte Osteuropas*, Band 12 (Neue Folge), München 1964, S. 168f.

Gerechtigkeit (*prawda*) zwischen Gutsherren und Untertanen zerbrechen, was zu bäuerlichen Aufständen führte.[35] Deren heftigster fand unter der Führung des Donkosaken Jemeljan Pugatschow statt und wurde von Katharina II. blutig niedergeschlagen. Anfang des 19. Jahrhunderts führte die russische Verwaltung Regie von Kamtschatka im fernen Osten bis zur Krim am Schwarzen Meer, und tief hinein in polnische Gebiete bis ins Baltikum.

Napoleons großer Feldzug

Den Westmächten war das von Sankt-Peterburg aus gesteuerte Russland zu mächtig geworden. Aus dem eurasischen Herzland, das fern vom Zugang zu Meeren und Weltmärkten rund um sein Zentrum Moskau kreist, wurde innerhalb eines Jahrhunderts ein Reich, das östlich an den Pazifik, südlich ans Schwarze Meer und nördlich – neben dem unzugänglichen Eismeer – an die Ostsee grenzte. Der Ausbruch aus einer vorgeblich naturräumlich gegebenen Isolation konnte vor der Welt und den europäischen Mächten nicht augenscheinlicher vollzogen werden.

Ende des 18. Jahrhunderts erschütterte der Sturm auf die Pariser Bastille Europa. Die Französische Revolution ließ die Herrscherhäuser auf dem ganzen Kontinent erzittern. Instinktiv formten Kaiser, Könige und andere Fürstenhäuser Koalitionen gegen die Revolutionäre von Paris. Auch der Zar von Moskau folgte der internationalen Reaktion gegen die Französische Republik. Nachdem diese von innen ausgehöhlt und im Macht- und Expansionsstreben Napoleons zerborsten war, wandten sich die Herrscherhäuser wieder den alten Feindschaften zu. Nach wechselnden Bündnissen gegen Großbritannien und Frankreich schloss Zar Alexander I., ein Enkel von Katharina II., am 7. Juli 1807 Frieden mit Napoleon. In einem geheimen Zusatzprotokoll zum Frieden von Tilsit wurde Frankreich die Kontrolle über Deutschland und Spanien anheim gestellt, während Russland schwedische und türkische Gebiete einnehmen durfte, ohne in Konflikt mit Paris zu geraten.

Alexander I. nahm dies als Freibrief. Im fünften russisch-türkischen Krieg besetzten Truppen des Zarenreiches die rumänischen Donaufürstentümer Moldau und Walachei, die seit dem 15. Jahrhundert dem Osmanischen Reich tributpflichtig waren.[36] Im Jahr 1810 erklärt Sankt-Peterburg die beiden Fürstentümer als annektiert und lässt sich die Gebietsgewinne im Frieden von Bukarest 1812 bestätigen.

---

35 Nolte 2003, S. 115
36 Hannes Hofbauer/Viorel Roman, *Bukowina, Bessarabien, Moldawien. Vergessenes Land zwischen Westeuropa, Rußland und der Türkei*. Wien 1993, S. 57, 182f.

Nur wenige Wochen danach, im Sommer 1812, überschreitet Napoleon mit der mutmaßlich stärksten Armee der Weltgeschichte, die fast 500 000 Soldaten umfasst, die russische Grenze. Der russisch-französische Vertrag von Tilsit wie auch seine Zusatzabkommen sind damit Makulatur. Die personell und technisch wesentlich schwächeren und vom Angriff überraschten zaristischen Truppen ziehen sich in den russischen Raum zurück. Die legendär gewordene Strategie der verbrannten Erde lässt die Franzosen rasch bis nach Moskau vordringen, wo sie eine fast gänzlich leere Stadt vorfinden, die am 15. September 1812 in Flammen aufgeht, nachdem sie der russische Gouverneur Rostoptschin in Brand stecken hatte lassen.[37] Damit verloren die Franzosen jede Möglichkeit, ihre immer noch mehr als 100 000 Mann zählende Armee zu versorgen und über den Winter zu bringen. Der Rest ist Weltgeschichte. Im verlustreichsten Rückzug einer großen Armee erschöpft sich das Napoleonische Heer völlig und wird in der Folge auch aus deutschen Landen vertrieben. Am 30. März 1814 rücken Soldaten des Zaren in Paris ein. Tags darauf reitet Alexander I. gemeinsam mit dem Preußenkönig Friedrich Wilhelm II. und dem österreichischen Feldmarschall Karl Philipp zu Schwarzenberg über die Champs-Élysées. Er lässt sich von deutschen Fürstenhäusern als Befreier feiern, womit politisch eine Phase der Reaktion eingeleitet wird. Der Zar wird zum Sinnbild der Bewahrung einer monarchischen Ordnung.[38] Vage versprochene Verfassungsänderungen und Demokratisierungen fanden nicht statt, was vielerorts die Kluft zwischen Adel und Volk vertiefte.

Am Wiener Kongress des Jahres 1815 wurde eine post-napoleonische Neuordnung des Kontinents beschlossen und die Grenzen neu gezogen. Russland endet nun im Westen an der Oder, nachdem ihm Kongresspolen zugestanden wurde. Im äußersten Osten rücken russische Grenzsteine über die Beringstraße auf den amerikanischen Kontinent vor. Die Einigung auf dem als »tanzender« Kongress titulierten Großereignis wird geopolitisch durch die Gründung der »Heiligen Allianz« der Herrscherhäuser Österreichs, Preußens und Russlands begleitet. Von der Aufbruchsstimmung der Französischen Revolution bleibt nichts übrig.

Allianz gegen Russland:
Vom Krimkrieg zum deutsch-russischen Zerwürfnis

Vom Osmanischen Reich verweigerte Schutzrechte für orthodoxe Popen und Gläubige, wie sie Russland als Reaktion auf die Entfernung eines silbernen Sternes von der Geburtskirche Jesus in Bethlehem gefordert hatte, waren der formale Auslöser für den Waffengang am nördlichen Ufer des Schwarzen Meeres. Er fand

---

37 Dies berichtet Napoleon in einem Brief an seine Frau Marie-Louise am 16. September 1812. Zit. in: Klußmann 2013, S. 113

38 Peter Jahn, Befreier und halbasiatische Horden. Deutsche Russenbilder zwischen Napoleonischen Kriegen und Erstem Weltkrieg. In: *Unsere Russen, unsere Deutschen. Bilder vom Anderen 1800 bis 2000.* Berlin 2007, S. 17

als »Krimkrieg« seinen Platz in den Geschichtsbüchern und dauerte von 1853 bis 1856. Während dieser Zeit fanden, bedingt durch technische Neuerungen und die schlechte Versorgungslage, die blutigsten und verlustreichsten Schlachten zwischen dem Napoleonischen Russlandfeldzug (bis 1815) und dem Ersten Weltkrieg (ab 1914) statt.

Geo- und machtpolitisch ging es, wie schon seit dem Ende des 17. Jahrhunderts, um die Aufteilung des Osmanischen Reiches, das von innen langsam erodierte und von außen immer mehr unter Druck kam. Erstmals tauchte im Osten Europas ein neuer »globaler Spieler« auf: Großbritannien. Das britische Herrscherhaus war entschlossen, seine und die Interessen der erstarkenden britischen Industrie im Raum zwischen Balkan und Schwarzem Meer wahrzunehmen und dafür auch entsprechend militärisch aufzutreten. Einem solchen Plan stand in erster Linie Russland entgegen. Also trieb man in London die Kriegspläne gegen Sankt-Petersburg voran. Vorerst geschah dies indirekt, indem man Konstantinopel dazu drängte, Russland den Krieg zu erklären. Am 1. Oktober 1853 war es soweit. Fünf Monate später fuhren britische und französische Flottenverbände über die Dardanellen ins Schwarze Meer ein, landeten in der Bucht von Jewpatorija auf der Krim und nahmen die Hauptstadt Sewastopol ein. Odessa wurde einen ganzen Tag lang beschossen und dabei zerstört. Nach drei Jahren Schlachtengeheul standen 150 000 Soldaten aus Frankreich, Großbritannien und Sardinien auf der Krim. Russlands Armee war gedemütigt, die Schwarzmeerflotte versenkt.

Der Krimkrieg beendete die Vision von einem »Griechischen Projekt«, wie es Katharina II. imaginiert hatte. Der Zugang zum Mittelmeer, eine der wesentlichen Triebkräfte zaristischer Expansionsbestrebungen, blieb Russland verwehrt. Der Frieden von Paris 1856 goss die auf dem Schlachtfeld erlittene Demütigung in einen Vertrag. Darin verlor das Zarenreich seinen Zugang zur Donaumündung, Teile Bessarabiens sowie die Schutzmachtfunktion über Christen im Osmanischen Reich. Die 40 Jahre zuvor rund um den Wiener Kongress gegründete »Heilige Allianz« aus Österreich, Preußen und Russland zerbrach. Sankt-Petersburg stand isoliert wie kaum zuvor auf der Weltbühne. Und das Russlandbild im Westen des Kontinents, aber auch in Deutschland, wandelte sich schlagartig. Nun fand sich Russlandhass nicht mehr nur unter Revolutionären und national orientierten studentischen Burschenschaften, die den Idealen der Französischen Revolution anhingen, sondern auch herrschende Kreise – allen voran das britische Königshaus und sein Regierungskabinett – entwarfen das Bild vom russischen Feind und dichteten ihm entsprechend negative Charaktereigenschaften an.

Die Einbußen im Westen konnte das Zarenreich durch den Vormarsch in Zentralasien nicht adäquat kompensieren. Zwar unterwarfen russische Truppen zwischen 1864 und 1885 turksprachige Gebiete südlich von Sibirien bis hin zum Hindukusch,[39] aber die Expansion stieß bald an innere und äußere Grenzen. Im Inneren kämpfte der Zar mit Aufständen eben eroberter Völkerschaften und deren Eliten; der äußere Widerstand war indes bedeutsamer, denn an der Nordgrenze Afghanistans begann der britische Einflussbereich, der weitere russische Erweiterungspläne Ende der 1880er Jahre zum Stillstand brachte. Der Vertrag von Sankt Petersburg 1907 schrieb die Demarkationslinie zwischen dem Zarenreich und dem Britischen Empire fest. Afghanistan wurde darin das Schicksal eines Pufferstaates zugedacht.

In den 1870er Jahren nutzte Russland nationale Erhebungen am Balkan, die sich gegen die Hohe Pforte und die Verwaltung des Sultans richteten, für einen weiteren Versuch, Einfluss in Südosteuropa zu erhalten. Dabei geriet es in direkte Konkurrenz mit Österreich-Ungarn, dem Deutschen Reich und Großbritannien. Im Februar 1878 standen zaristische Soldaten vor den Toren Konstantinopels. Und wieder war es das britische Königshaus, diesmal im Verein mit den Habsburgern aus Wien, das den Osmanen zu Hilfe eilte. London drohte dem Zaren mit einer Kriegserklärung und unterstrich dies durch eine massive Präsenz der britischen Flotte in den Dardanellen. Das hielt die Russen ab, das Zentrum Ostroms und der Osmanen im Sturm zu nehmen. Der Friedensschluss zwischen dem Zaren und dem Sultan vom 3. März 1878 in San Stefano bestätigte die territorialen Verluste des Osmanischen Reiches auf dem Balkan und die Gebietsgewinne Bulgariens, Serbiens und Montenegros. Er sollte nicht lange halten. Denn durch das Erstarken Russlands und seiner mit ihm sympathisierenden slawischen Staaten alarmiert trat Berlin auf den Plan und richtete nur drei Monate später eine große internationale Konferenz aus. Am 13. Juni 1878 fanden sich die Vertreter der europäischen Großmächte zur Eröffnung des Berliner Kongresses ein und gaben sich ein koloniales Stelldichein.[40] Der Zar verlor an eben gewonnenem Einfluss, San Stefano wurde revidiert, die Osmanen – wenngleich stark geschwächt – im europäischen Spiel gehalten. Die in Berlin vereinbarte Neuordnung Südosteuropas brachte die internationale Bestätigung der staatlichen Anerkennung für Serbien, Montenegro und Rumänien. Großbritannien entriss dem »kranken Mann am Bosporus« Zypern. Österreich-Ungarn wurde das Besatzungsrecht für Bosnien-Herzegowina eingeräumt. Die Kartografen hatten Hochsaison; Europas Landkarte musste neu gezeichnet werden.

---

39 Nolte 2003, S. 142
40 vgl. Hannes Hofbauer, *Experiment Kosovo. Die Rückkehr des Kolonialismus*. Wien 2008, S. 35

Die Parteinahme des österreichischen Kaisers für den Sultan rund um die russische Balkanpolitik entfremdete Wien von Sankt-Peterburg. So verwundert es nicht, dass die sogenannte Bulgarische Krise des Jahres 1885/86, im Zuge derer der russische Einfluss zurückgedrängt wurde, einen geopolitischen Frontenwechsel auslöste. Der nur für wenige Jahre – seit 1881 – bestehende und auf den Herrscherfamilien Romanow, Hohenzollern und Habsburg fußende Dreikaiserbund zerbrach. Zwar unterzeichneten der deutsche Kanzler Otto von Bismarck und der russische Außenminister Nikolaj de Giers im Juni 1887 ein gegenseitiges Stillhalte- oder Neutralitätsabkommen, ein als »Rückversicherungsvertrag« bekannt gewordenes Protokoll. Seine Geheimhaltung war indes schon der damals vorherrschenden antirussischen Stimmung im Deutschen Reich geschuldet. Und als Kaiser Wilhelm II. Bismarck schließlich im März 1890 entließ,[41] war an eine Verlängerung des Rückversicherungsvertrages nicht mehr zu denken. Das änderte die deutsch-russische Beziehung grundlegend. Der Russland-Historiker Hans-Heinrich Nolte misst diesem Kurswechsel historische Bedeutung bei, wenn er schreibt, dass innerhalb von zwei Jahren aus Bundesgenossen potenzielle Gegner wurden. Er erklärt auch die wirtschaftspolitischen Hintergründe für diese bedeutende geopolitische Wende: »Auslösend für die Veränderung war vor allem die deutsche Führung, welche aufgrund ihrer durch Industrialisierung und Bevölkerungsexplosion überproportional angestiegenen Machtmittel glaubte, auf das auch im deutschen Nationalismus unpopuläre Freundschaftsverhältnis mit dem Haus Romanow nicht mehr angewiesen zu sein.«[42] Russland wandte sich notgedrungen Frankreich zu und schmiedete ein Bündnis mit Paris. Es kann davon ausgegangen werden – und eine Reihe von Historikern bestätigt dies mit ihrer Arbeit –, dass mit dem 1894 beschlossenen französisch-russischen »Zweiverband« die geopolitischen Weichen am Vorabend des Ersten Weltkrieges neu gestellt wurden.

41 http://www.wilhelm-der-zweite.de/kaiser/kritik_bismarck.php (17.4.2015)
42 Nolte 2003, S. 146

Befreier oder Barbaren:
Konträre Russenbilder im 19. Jahrhundert

In der wechselhaften Vorstellung, die sich Westeuropäer und insbesondere Deutsche über Russen und Russland im 19. Jahrhundert machten, spiegelt sich nicht nur die Geschichte des Kontinents wider, sondern auch die soziale und politische Differenz, die mit der Französischen Revolution offenkundig geworden war. Der Russe als Projektion unterschiedlicher gesellschaftlicher Ansichten konnte mal als Sinnbild des Befreiers von als national erlebter Unterdrückung, mal als Bewahrer der alten Feudalordnung und in wieder anderen Zusammenhängen als Bedrohung derselben auftauchen. Was in all den unterschiedlichen Zuordnungen auffällig ist, ist seine starke Präsenz. Vor allem in deutschen Landen war die Bezugnahme auf Russland und die Russen, ob durch die Herrschaft oder das Volk, seit den napoleonischen Kriegen eine Konstante. Als Freund oder Feind, als Guter oder Böser: Der Russe schien allgegenwärtig.

Die Grundlagen dieser Art von Fremdwahrnehmung bildeten sich in der Französischen Revolution heraus. Mit ihr wurde das Bild von der Gottgegebenheit fürstlicher Herrschaft gesellschaftlich überwunden.[43] Und dies war notwendig, um Debatten darüber überhaupt führen zu können. Wenn einmal die allumfassende Zuständigkeit Gottes in Frage gestellt ist, müssen Antworten auf die Fragen nach den Ursachen von politischen, sozialen, wirtschaftlichen, nationalen oder kulturellen Prozessen und Differenzen im Diesseits gesucht werden. Historische Verantwortung wird zuordenbar, Klasseninteressen werden wahrnehmbar, Nationen formieren sich.

Der napoleonische Feldzug in die Tiefe Russlands (1812), sein Scheitern und die anschließend als »Befreiungskriege« (1813/14) in die Literatur eingegangenen Schlachten prägten das Bild von Russland und den Russen bis zur Revolution von 1848 und darüber hinaus. Spätestens mit der dreitägigen »Völkerschlacht« bei Leipzig, die 100 000 Tote auf dem Feld zurückließ, vermischte sich das Blut deutscher, österreichischer und russischer Soldaten in der Kriegspropaganda zu einer gemeinsamen Opfergabe, die für den Sieg über Napoleon notwendig war. In deutschen Landen überwog die Dankbarkeit gegenüber den russischen Truppen für die Hilfe bei der Befreiung vom französischen Joch. Dafür ertrugen die

---

43 Immanuel Wallerstein, *Der Siegeszug des Liberalismus (1789–1914). Das moderne Weltsystem* IV. Wien 2012, S. 169

Bürger die harten Lasten des Krieges, Einquartierungen und Plünderungen.[44] Der preußische Hof mit seinem Stab sowie die adeligen Gutsherren und Großagrarier, die von der Kapitulation Napoleons durch Gebietsgewinne direkt profitierten, wussten ohnedies, was sie den zaristischen Truppen schuldig waren. Daraus entstand ein in adeligen Kreisen positives Russlandbild, das sich danach praktisch ohne Unterbrechungen über die turbulenten Revolutionszeiten im Jahr 1848 bis zum Zusammenbruch der Monarchien Anfang des 20. Jahrhunderts halten sollte.

Parallel zum Image als Befreier haftete dem russischen Soldaten jedoch bei jenen, die ihn hautnah am Schlachtfeld zu spüren bekommen haben, das Bild des grauenhaften Schlächters an. Die zig-tausenden Toten, die die Heerstraßen säumten, prägten sich tief ins kollektive Gedächtnis nicht nur französischer, sondern auch deutscher und österreichischer Erzählungen ein. Die Brutalität von Kosaken-Überfällen war sprichwörtlich; sie ließen Angstbilder von Russen entstehen, vor denen der politische Nutzen der Befreiung von napoleonischer Herrschaft abstrakt erschien. Konkret galt »der Russe« deutschen Bürgern und Bauern nach den Franzosenkriegen als barbarisch. In einer Beschreibung aus dem Jahre 1824 wird dies deutlich: »Die meisten Soldaten verschmachteten daher an den Heerstraßen oder endigten ihr jammervolles Leben unter den Peitschenhieben wilder Kosaken und den ausgesuchten Martern, womit rachedürstende Bauern sie zu Tode quälten. Niemals, soweit die Geschichte hinaufreicht, hat die Welt ein Schauspiel gesehen, das an Grässlichkeit mit diesem Heereszug könnte verglichen werden. Von Moskau bis an den Niemen war links der Heerstraße das Land von Leichnamen von Menschen und Pferden bedeckt.«[45]

Zum Barbarischen kam die Zuordnung als primitiv, trunksüchtig, asiatisch; Adjektive, die in den folgenden Jahrzehnten Russen als angebliche nationale Charaktereigenschaften zugeschrieben wurden. Auch in Russland selbst wurden die Bilder des unzivilisierten, an die Scholle gebundenen, dumpfen Bauerntölpels von einer schmalen Schicht liberaler Westler gepflegt. Sie beschreiben den Russen als Inkarnation des Fortschrittsfeindes: »Einsam stehen wir da in der Welt, haben ihr nichts gegeben, haben sie nichts gelehrt; wir haben keine einzige Idee zur Gesamtheit der menschlichen Ideen beigetragen«, gießt der Freimaurer Pjotr Tschaadajew seinen ans Sozialrassistische grenzenden Hass auf die eigenen Landleute aus. In dem auf Französisch verfassten Brief kommt die ganze Verachtung eines Intellektuellen, der sein Land und sein Volk nicht begreift, zum Ausdruck:

---

44 Peter Jahn, Befreier und halbasiatische Horden. Deutsche Russenbilder zwischen Napoleonischen Kriegen und Erstem Weltkrieg. In: *Unsere Russen, unsere Deutschen. Bilder vom Anderen 1800 bis 2000*. Berlin 2008, S. 15
45 Darstellung der denkwürdigsten europäischen Weltereignisse vom Jahr 1789 bis auf unsere gegenwärtigen Tage. Memmingen 1824/25, Bd. 6, S. 427. Zit. in: Jahn 2008, S. 16

»Wir haben irgendetwas im Blut, das jeden wahren Fortschritt verhindert.«[46] Derlei genetische Zuordnungen wurden bei Tschaadajews Gesinnungsbrüdern im Westen begierig aufgegriffen.

Das Bürgertum und noch mehr die deutsch-nationalen Studentenschaften vergaßen recht bald die postnapoleonischen Lobpreisungen über die russische Hilfe bei der Überwindung der französischen Herrschaft. In diesen Schichten paarte sich das Bild vom mordenden Kosakentrupp mit der revolutionären Stimmung, die in den 1830er Jahren halb Europa und insbesondere deutsche Lande erfasste. Fürstenhäuser und Adelsgeschlechter wiederum sahen ihre Stellung – zu Recht – gerade dadurch bedroht. Das mit harter Hand regierte Zarenreich war ihnen Garant für die alte Ordnung und Bollwerk gegen nationales Aufbegehren des Bürgertums und soziale Begehrlichkeiten der unteren Klassen. Die unterschiedliche, ja diametral entgegengesetzte Wahrnehmung von Russland und den Russen folgte diesem Klassengegensatz. National und revolutionär gesinnte Bürger entwickelten einen wahrhaften Russenhass, während die Bewahrer der Monarchie sich an der Standhaftigkeit des Zarentums aufrichteten. Die liberale Öffentlichkeit war antirussisch, die dynastische Reaktion prorussisch gesinnt.

Eine wesentliche Rolle in dieser Auseinandersetzung spielte dabei die Einschätzung eines polnischen Aufstandes im Jahr 1830. Dieser als »Novemberaufstand« oder »Polnisch-Russischer Krieg« bekannte Versuch polnischer Nationalisten, die russische Herrschaft über Kongresspolen, das der Zar in Personalunion regierte, loszuwerden, fand großen Widerhall unter revolutionär gesinnten Deutschen. Am 29. November 1830 drangen polnische Militärkadetten in den Warschauer Belvedere-Palast ein und versuchten, den Bruder des russischen Zaren und polnischen Generalstatthalter, Konstantin Pawlowitsch Romanow, zu töten. Der Anschlag misslang, wurde jedoch von einem Teil der Polen als Fanal für eine allgemeine Erhebung gegen Russland verstanden. Diese scheiterte in wenigen Monaten nicht nur am militärischen Einmarsch russischer Truppen, sondern auch an internen Querelen. Keineswegs stand, wie es die polnische Nationalgeschichte gerne darstellt, die Mehrheit der Polen hinter den Aufständischen. Nicht nur im Adel und im Bürgertum herrschte große Skepsis gegenüber der schlecht organisierten Erhebung, sondern vor allem auch die Bauernschaft verweigerte den Putschisten die Gefolgschaft.[47] Ihr war in der Verfassung der Aufständischen vom Mai 1831 keinerlei soziale Besserstellung in Aussicht gestellt worden. Im Gegenteil: Die Magnaten setzten sich mit ihren

---

46 Dmitrij Tschischewski/Dieter Groh (Hg.), *Europa und Russland. Texte zum Problem des westeuropäischen und russischen Selbstverständnisses.* Darmstadt 1959, S. 84f.; zit. in: Hans-Heinrich Nolte/Bernhard Schalhorn/Bernd Bonwetsch (Hg.), *Quellen zur Geschichte Russlands.* Stuttgart 2014, S. 193
47 Manfred Alexander, *Kleine Geschichte Polens.* Bonn 2005, S. 202

Wünschen nach einer Festigung der feudalen Ausbeutungsstrukturen durch. Der Novemberaufstand scheiterte kläglich.

Dem Polen-Hype in deutschen Landen (wie auch in Frankreich) konnte dies keinen Abbruch tun.[48] In romantischer Verklärung der tatsächlichen Verhältnisse interpretierten vor allem die deutsch-national gesinnten Studentenverbindungen den Machtkampf in Polen als Befreiungskrieg gegen Russland. Ein Strom von polnischen Migranten, die der zaristischen Repressionswelle entkamen, half bei dieser Interpretation der Geschichte. Übrig blieb vor allem die antirussische Stimmung in der liberalen deutschsprachigen Öffentlichkeit. Sie liest sich wie jenes damals bekannte Studentenlied von Philipp Jakob Siebenpfeiffer, das zu mehreren Anlässen, so auch auf dem berühmten Hambacher Fest Ende Mai 1832 angestimmt wurde. Darin heißt es: »Wir sahen die Polen, sie zogen aus, als des Schicksals Würfel gefallen. Sie ließen die Heimat, das Vaterhaus, in der Barbaren Räuberkrallen: Vor des Zaren finsterem Angesicht beugt der freiheitsliebende Pole sich nicht.«[49]

Von den Liberalen gehasst, von den Reaktionären verehrt

Im fast lückenlos funktionierenden Zensurregime des preußischen Staates wurde jeder gnadenlos verfolgt, der Kritik an der Obrigkeit und der feudalen Ordnung mit ihren Adelsprivilegien übte. In den Jahrzehnten vor 1848 geriet deswegen ein liberal Gesinnter schnell in die Fänge der deutschen Justiz. Der Hass auf den Zaren, Russland und die Russen bot einen Ausweg. Mit ihm konnte stellvertretend für verbotene Kritik im Inneren gegen ein ähnliches Herrschaftssystem gewettert werden. Doch es war nicht nur der Zar, der als despotisch und willkürlich beschrieben wurde; die deutschen Liberalen des Vormärz entwickelten aus ihrer Feindschaft gegen ihre eigene Monarchie und das fremde Zarentum einen verachtenswerten russischen Volkscharakter. Dieser kam nie ohne die Attribute »faul«, »schmutzig«, »verschlagen«, »versoffen« – mit einem Wort: barbarisch – aus. Damit konstruierten sie die Negation des eigenen Selbstbildes, das als »fleißig«, »sauber«, »ehrlich« und »pflichtbewusst« – mit einem Wort: als »deutsch« – galt. Der »barbarische Russe« war in letzter Konsequenz ein Produkt eines innerdeutschen Machtdiskurses. Aus ihrer Gegnerschaft zum eigenen Preußenkönig entstand im deutsch-national fühlenden Bürgertum über den Umweg der Kritik an der zaristischen Alleinherrschaft ein ausgewachsener Rassismus gegen die Russen.

---

48 Andreas Kappeler, Russland und Europa. Russland in Europa. In: Thomas Ertl/Andrea Komlosy/Hans-Jürgen Puhle (Hg.), *Europa als Weltregion. Zentrum, Modell oder Provinz?* Wien 2014, S. 102
49 zit. in: Jahn 2008, S. 18

Ein entscheidender Wendepunkt hin zu diesem antirussischen Rassismus war der Mord am Schriftsteller, Verleger und Theaterdirektor August von Kotzebue durch den Studenten Karl Ludwig Sand am 23. März 1819. Kotzebue war seit 1817 auch russischer Generalkonsul und galt den sich radikalisierenden Studenten als russischer Spion, weshalb der Hitzkopf Sand beschloss, ihm von Jena nach Mannheim zu folgen und ihn dort zu erstechen. Die Verehrung des Mörders innerhalb der revolutionären deutsch-nationalen Studentenschaft nahm skurrile Züge an. Nach seiner Hinrichtung zirkulierten Holzsplitter seines Schafotts in der Szene und wurden als patriotische Reliquien gehandelt. Als Reaktion auf den Mord an Kotzebue beschloss der Deutsche Bund im österreichischen Karlsbad im September 1819 harte Maßnahmen gegen Studentenschaften und Universitäten. Jedes Schriftstück musste in Zukunft einer Vor- und Nachzensurbehörde vorgelegt werden, Berufsverbote für liberal und national gesinnte Professoren wurden erlassen. Die Kritiker dieser Karlsbader Beschlüsse wichen zunehmend in Richtung Russland-Bashing aus. Die konträren Russlandbilder der deutschen (und österreichischen) Herrscherhäuser auf der einen und der radikalen Bürger auf der anderen Seite drifteten mehr und mehr auseinander. Adel und Höfe klammerten sich an die Vorstellung vom Russischen Reich als Garant der Feudalordnung, während die Fortschrittlichen zwischen Donau und Nordsee »den Russen« zur negativen Folie des eigenen idealisierten Deutschen machten.

Heroen der deutschen Geistesgeschichte, auch jene, die sich in erster Linie der sozialen Frage widmeten, machten bei der Charakterisierung des Russischen als dem Bösen schlechthin mit. Friedrich Engels z. B. stand in der ersten Reihe, wenn es galt, den Deutschen eine zivilisierende Rolle in Europa zuzuschreiben und die Russen als Barbaren hinzustellen, die den Kontinent bedrohten. Insbesondere der angeblichen »panslawistischen Verschwörung, die ihr Reich auf den Ruinen von Europa zu gründen droht«,[50] gelte es entgegenzuwirken. Ob Friedrich Engels dieser Einschätzung auch das sogenannte »Testament Peter des Großen« zugrunde gelegt hat, ist nicht überliefert. In diesem Anfang des 19. Jahrhunderts weit verbreiteten Pamphlet ist jedenfalls von russischen Expansionsplänen die Rede, die der 100 Jahre zuvor im Jahr 1725 verstorbene Zar angeblich testamentarisch verfügt hätte. Schon vor 1848 stellte sich heraus, dass das »Testament« von Polen im Exil verfasst worden war und nur dem Zweck diente, antirussische Stimmung anzuheizen.[51] Es war eine Fälschung.

Die Revolution von 1848 änderte am Russlandbild der Deutschen nichts. Die von Revolutionären geschürte Angst vor der russischen Soldateska und den

---

50 Friedrich Engels, *Deutschland und der Panslawismus*. Marx-Engels-Werke, Bd. 11, S. 198. Zit. in: Hans-Heinrich Nolte, *»Drang nach Osten«. Sowjetische Geschichtsschreibung der deutschen Ostexpansion*. Köln/Frankfurt a. M. 1976, S. 41
51 Jahn 2008, S. 19

Kosakenheeren, die im Auftrag der »Heiligen Allianz« der Monarchen gegen die Volkserhebungen eingreifen würden, fand im Juni 1849 ihre Bestätigung. Die Niederschlagung der ungarischen Revolution wäre ohne den Zaren, den die Habsburger in Wien zu Hilfe gerufen hatten, nicht möglich gewesen. Antirussische Regungen verstärkten sich daraufhin nicht nur unter den revolutionären Ungarn.

Mit der Gründung des Deutschen Reiches 1871 und der Bismarck'schen Reichsverfassung liberalisierte sich das gesellschaftliche Klima in Deutschland. In Österreich-Ungarn zollten das Grundgesetz und der österreich-ungarische Ausgleich von 1867 den Ideen der 1848er-Revolution Tribut. Die antirussische Stimmung breitete sich aus und erfasste alle gesellschaftlichen Schichten. Nun lernten auch die Kinder in der Schule vom russisch-barbarischen Volkscharakter, vor dem sich Staat und Volk in Acht zu nehmen hätten. Im *Seydlitz*, dem bekanntesten und am weitesten verbreiteten deutschen Geografielehrbuch stand 1908 zu lesen: »Die russischen Stämme sind Halbasiaten. Ihr Geist ist unselbstständig, Wahrheitssinn wird durch blinden Glauben ersetzt, Forschungstrieb mangelt ihnen. Kriecherei, Bestechlichkeit, Unreinlichkeit sind echt asiatische Eigenschaften.«[52] Vor solch einer Wesensart sollte – und musste – sich der Deutsche fürchten. Grafische Darstellungen von bärtigen, wilden Männern, die nomadisierend die Wälder Sibiriens unsicher machten und bald auch über Europa herfallen würden, ergänzten die Hetzschriften, die wie im Fall des Seydlitz offizielle Lehrbehelfe waren.

Aufruf zum Krieg gegen die Barbaren

Generationen lang hielt sich bei liberalen Intellektuellen vor allem in Deutschland, aber auch in Großbritannien und Frankreich eine russophobe Einstellung. Weil ihnen das Zarentum als Hort der Reaktion galt, dichteten sie den Russen alle nur erdenklichen negativen Eigenschaften an, die Inkarnation des Fortschrittsfeindes inklusive.

Spiegelbildlich zum Russenhass in Westeuropa entstand in russisch-nationalen Kreisen Ende des 19. Jahrhunderts ein Europa- und Deutschlandskeptizismus. Die ideologische Klammer dafür bildeten panslawische Ansätze. Der Panslawismus wurzelt in der Vorstellung, möglichst viele slawischen Völkerschaften unter russischer Herrschaft zu vereinen; der zehnte russisch-türkische Krieg 1877/78, im Zuge dessen Sankt-Petersburg die staatliche Unabhängigkeit Bulgariens vom Osmanischen Reich durchsetzte, wirkte als Beschleuniger zur Gründung erster panslawischer Vereinigungen.[53] Wenn auch am Berliner Kongress

---

52 E. von Seydlitz, *Geographie. Ausgabe B, Kleines Lehrbuch*. Breslau 1908, S. 243f. Zit in: Jahn 2008, S. 25
53 http://de.wikipedia.org/wiki/Geschichte_Russlands (19.4.2015)

1878 der Traum von einem großen Bulgarien zurechtgestutzt wurde, die Idee des Panslawismus war geboren und lebte weiter. Seine geistige Kraft schöpfte er aus der griechischen Philosophie[54] und der russischen Literatur. Seine orthodoxe Identität fußte auf der Einheit von zaristischer Selbstherrschaft, Kirche und Volkstum; sie stand in scharfer Abgrenzung zur westlich-bürgerlichen, laizistischen, als dekadent empfundenen Vertragsgesellschaft, die das römische Recht über kollektive Strukturen wie Familie oder Gemeinde stellte. Auch die Kritik am westlichen Individualismus speist sich aus dieser geistigen Tradition. Als ihr Vordenker kann der Minister für Volksaufklärung und Präsident der Akademie der Wissenschaften, Sergej Uwarow, genannt werden. Er verband die Kritik am individualisierenden Charakter westeuropäischer Gesellschaften in den 1830er- und 1840er Jahren mit einem Aufruf für ein starkes Russland, das sich davon distanzieren sollte. Seine Ideen fasste er mit der Doktrin »Orthodoxie, Autokratie, Nationalität«[55] zusammen. In seinem Werk *Études de Philosophie et de Critique* schrieb er: »Infolge des schnellen Verfalls der religiösen und politischen Institutionen in Europa bei gleichzeitiger Ausbreitung zerstörerischer Auffassungen (...) mußte das Vaterland auf einer festen Basis gestärkt werden. (...) Es mußten die heiligen Überreste eines Volkstums zur Einheit zusammengefaßt werden, um darauf den Anker zu unserer Rettung zu befestigen.«[56]

Einer der führenden Panslawisten der 1860er Jahre, Nikolaj Danilewski, entwickelte eine Typologie der Kulturen, in der Europa – gemeint ist Westeuropa – als absteigende und das von Russland geführte Slawentum als aufsteigende Kraft gesehen wurde.[57] Dem Russlandforscher Andreas Kappeler zufolge war die stark betonte Distanz der Panslawisten zu »Europa« jedoch nicht gleichbedeutend mit einer Selbstwahrnehmung des Russischen als etwas Asiatischem. Der slawische Volkscharakter galt ihnen im Gegenteil als das bessere Europäische, das die zerstörerischen Irrwege des Westens vermeiden und den Kontinent wieder auf eine wahrhaftige – christlich spirituelle und sozial kollektive – Basis stellen sollte.[58]

In westeuropäisch-liberalen Kreisen kamen die panslawischen Ideen als Bedrohung an, auf die schnell und scharf reagiert werden musste. Erste Aufforderungen, dem geopolitisch konsolidierten und ideologisch erstarkenden

---

54 Nolte 2003, S. 446
55 http://de.sputniknews.com/german.ruvr.ru/radio_broadcast/54791151/79833725/ (11.11.2015)
56 Sergej Uwarow, zit. in: Nikolaj Zimbajew, Zur Entwicklung des russischen Nationalbewußtseins vom Aufstand der Dekabristen bis zur Bauernbefreiung. In: Andreas Kappeler (Hg.), *Die Russen. Ihr Nationalbewußtsein in Geschichte und Gegenwart*. Köln 1990, S. 41; zit in: Petra Stykow, Slawophile und Westler – die unendliche Diskussion. In: Michael Brie/Ewald Böhlke, *Rußland wieder im Dunkeln. Ein Jahrhundertstück wird besichtigt.* Berlin 1992, S. 110
57 vgl. Alexander von Schelting, *Russland und der Westen im russischen Geschichtsdenken in der zweiten Hälfte des 19. Jahrhunderts* (Forschungen zur osteuropäischen Geschichte, Bd. 43). Wiesbaden 1989, S. 79ff. Zit. in: Andreas Kappeler, Russland und Europa. Russland in Europa. In: Thomas Ertl/Andrea Komlosy/Hans-Jürgen Puhle (Hg.), *Europa als Weltregion. Zentrum, Modell oder Provinz?* Wien 2014, S. 105
58 Kappeler 2014, S. 104

Russischen Reich auch militärisch entgegenzutreten, ließen nicht lange auf sich warten. Ganz besonders tat sich bei der Kriegshetze gegen Russland General Friedrich von Bernhardi hervor. Der aus estnischem Adel stammende, 1849 in Sankt-Peterburg geborene preußische Kavalleriegeneral galt am Ende seiner Laufbahn als führender deutscher Militärhistoriker. In seinem erstmals 1912 erschienenen Buch *Deutschland und der nächste Krieg*[59] rief er zur militärischen Niederwerfung Frankreichs und zur Eroberung von Siedlungsgebieten im von Russland kontrollierten Osten auf. Bedauernd stellte er fest, dass dieser von ihm als Notwendigkeit dargestellten Expansion die aktuelle Friedfertigkeit der Deutschen gegenüber stünde, weshalb er in einem eigenen Kapitel »das Recht zum Krieg« einforderte. Schon 1890 ortete er den Russen als »wahren Nationalfeind« und verfasste damals anonym ein Kriegspamphlet, in dem es hieß: »Kampf des Germanentums gegen den Panslavismus, das wird das Wahrzeichen der nächsten Geschichtsepoche sein«.[60] Sein Wunsch sollte sich in grausamer Weise im Ersten Weltkrieg erfüllen, für den er übrigens als bereits pensionierter General reaktiviert wurde.

Friedrich von Bernhardi, dessen Kriegshetze in mehreren Auflagen erschien, war nur einer von vielen Russenhassern, die Deutschland am Vorabend des Ersten Weltkrieges in das große Völkerschlachten trieben. Ein weit verbreitetes antislawisches Ressentiment half ihm dabei. Auch die Sozialdemokratie argumentierte ihre Zustimmung zu den Kriegskrediten am 4. August 1914 mit Aufrufen zum Kulturkampf des Guten (der Deutsche) gegen das Böse (der Russe). »Wir lassen in der Stunde der Gefahr das eigene Vaterland nicht im Stich«, lautete die Losung der SPD-Reichstagsfraktion an jenem 4. August.[61] August Bebel, Ko-Vorsitzender der Sozialdemokratischen Partei Deutschlands, hatte sich schon zu Anfang des 20. Jahrhunderts in Vorahnung kommender Völkerschlachten auf die deutsche Seite gegen Russland gestellt. Während des Parteitages in Essen Mitte September 1907 stellte er sich hinter eine Russen-feindliche Rede seines Parteifreundes Gustav Noske und meinte: »Vor etwa sieben Jahren führte ich aus, daß, wenn es zu einem Kriege mit Rußland käme, das ich als Feind aller Kultur und aller Unterdrückten nicht nur im eigenen Lande, sondern auch als den allergefährlichsten Feind von Europa und speziell für uns Deutsche ansehe, (...) dann sei ich alter Knabe noch bereit, die Flinte auf den Buckel zu nehmen und in den Krieg gegen Rußland zu ziehen. Man mag darüber lachen, aber mir war es mit dem Wort bitter ernst.«[62]

---

59 Friedrich von Bernhardi, *Deutschland und der nächste Krieg*. Stuttgart 1912
60 zit. in: Jahn 2008, S. 25
61 *Verhandlungen des Reichstags*. XIII. Legislaturperiode. II. Session. Stenographische Berichte. Bd. 306, Berlin 1916
62 August Bebel auf dem Parteitag der Sozialdemokratischen Partei Deutschlands vom 15.–21. September 1907. Zit. in: Franz Klühs, *August Bebel. Der Mann und sein Werk*. Hamburg 2013, S. 77

Zur argumentativ vorgetragenen Abscheu vor dem »zaristischen Despotismus« gesellte sich eine gehörige Portion Rassismus. Dem ließen die Sozialdemokraten im Sommer 1914 auch publizistisch freien Lauf. Sie hieß es etwa in der *Bergarbeiterzeitung*, man erhoffe nichts sehnlicher als den Frieden, könne aber »nicht wünschen, daß Kosakentum und echtrussisches Knutenregiment den Sieg über Deutschland davonträgt.«[63]

Mühelos schaffte das Feindbild des »despotischen Zaren« die Transformation zum »russischen Barbaren«.

---

63 *Bergarbeiter-Zeitung*, Nr. 32 vom 3. August 1914

Im Krieg gegen Russland (1914–1945)

Die Vernichtung der russischen Flotte durch die Japaner im Fernen Osten, Arbeiteraufstände in den industriellen Kerngebieten, Bauernunruhen auf dem Lande, Meutereien im Militär und Generalstreik in Odessa: Anfang des 20. Jahrhunderts stand das Zarenreich vor dem Abgrund. Es sollte nicht einmal zwei Jahrzehnte dauern, bis die Herrschaft der Romanows Geschichte war.

Im Februar 1904 überfiel Japan den von Russland gepachteten Stützpunkt Port Arthur auf der chinesischen Liaodong-Halbinsel und ließ damit die bereits lang schwelende Auseinandersetzung um die Mandschurei eskalieren. Ein Jahr später lag die zaristische Ostseeflotte, die für den Krieg gegen Japan den langen Weg um Eurasien und Afrika genommen hatte, in Trümmern. Mehrere Landschlachten fügten der russischen Armee weitere hohe Verluste zu. Die Niederlage gegen Japan brachte nicht nur Gebietseinbußen (in Sachalin) und ein Problem der Glaubwürdigkeit für den Zaren an der Heimatfront mit sich, sondern wirkte sich auch sozial dramatisch aus. Bauern und Arbeiter konnten die durch die Kriegskosten immer höher werdenden Belastungen nicht mehr ertragen, die Intelligenz sympathisierte mit den aufkommenden Unruhen, in Sankt-Petersburg gingen 150 000 Demonstranten auf die Straße und auf dem Linienschiff »Fürst Potjomkin von Taurien« meuterten die Matrosen. Der Regisseur Sergej Eisenstein setzte mit seinem 1925 gedrehten Film »Panzerkreuzer Potemkin« der revolutionären Stimmung des Jahres 1905 ein Denkmal.

Als hungrige Arbeiterinnen in Sankt-Peterburg Stunden lang um rationiertes Brot anstehen mussten, riefen sie einen Streik aus. Die revolutionäre Stimmung entlud sich – gregorianisch gerechnet – am 22. Januar 1905. Zehntausende zogen zum Winterpalais, um ihren Forderungen nach Brot, Achtstundentag und einer Verfassung Nachdruck zu verleihen. Die zaristische Soldateska antwortete mit einem Blutbad; der Petersburger Blutsonntag mit 200 Toten gilt als der Auftakt zur Oktoberrevolution.

Einen zaghaften Versuch zur Einführung einer konstitutionellen Verfassung – das sogenannte »Oktobermanifest« – nahm der Zar noch im selben Jahr zurück, nachdem sich die Reichsduma erdreistet hatte, Landenteignungen zu beschließen. Auch eine Reform zur Kapitalisierung von Bauernwirtschaften durch Ministerpräsident Pjotr Stolypin scheiterte.[64]

---

64 Hans-Heinrich Nolte, *Kleine Geschichte Russlands*. Stuttgart 2003, S. 156

Doch nicht nur die soziale und politische Situation spiegelte heftige Zerfallserscheinungen, auch der Zustand der Industrie war besorgniserregend, und die Kontrolle über sie lag in ausländischen Händen. Der Großteil der Schlüsselindustrien wurde von Berlin, Paris oder London aus dirigiert. »Obwohl selbst ein expandierender imperialistischer Staat«, schreibt der Historiker Alex Peter Schmid über die Eigentümerstruktur im Land, »war das Zarenreich zugleich auch ein kolonialistisches Objekt des europäischen Finanzkapitals.«[65] Vor Ausbruch des Ersten Weltkrieges befanden sich 90 % der Bergwerke, 50 % der chemischen Industrie und 40 % der Banken in ausländischem Besitz; deutsche, französische und britische Firmen teilten sich die Filetstücke.[66] Die meisten dieser Fabriken entstanden auf der grünen Wiese, viele von ihnen in Dimensionen, die die Produktionsstätten in den Mutterländern der Eigentümer bei weitem übertrafen. Trotz steigender Produktion, so der Russlandhistoriker Hans-Heinrich Nolte, konnte die nachholende Industrialisierung Russlands unter diesen Vorzeichen nicht gelingen.[67]

Während im Inneren Russlands die revolutionären Strömungen unter Arbeitern, Bauern, Militärs und Intelligenz immer stärker wurden, schwächelte das Zarenreich auf dem internationalen Parkett. Die Annexion Bosnien-Herzegowinas durch die österreichischen Habsburger im Oktober 1908 löste im Russischen Reich heftige Proteste von Panslawisten aus, weil sie einen klaren Bruch der Übereinkunft auf dem Berliner Kongress aus dem Jahr 1878 darstellte. Damals war Wien das Besatzungsrecht über Bosnien und die Herzegowina eingeräumt worden, eine Übernahme der Gebiete, wie sie die Annexion bedeutete, galt als ausgeschlossen. Berlin deckte die österreichische Aggression. Russland, das sich als Unterstützer der Balkan-Slawen in ihrem Befreiungskampf gegen das Osmanische Reich verstand, sah dem Vormarsch der Habsburger tatenlos zu.

Von der britischen »Heartland«-Theorie zur deutschen Kriegserklärung

Trotz sichtbarer Schwäche des russischen Bären hatte man insbesondere in Großbritannien große Sorgen um eine mögliche Konsolidierung des riesigen eurasischen Reiches. Spätestens seit dem Krimkrieg (1853–1856) fürchtete London einen Einflussgewinn Russlands nicht nur zwischen Schwarzem Meer und Konstantinopel. Das britische Empire sah in Sankt-Petersburg einen ernsthaften Konkurrenten um die Kontrolle jener Länder und Völker, die zwischen Griechenland und Indien lagen bzw. lebten und zum eigenen Einflussgebiet gezählt

---

65 Alex Peter Schmid, *Churchills privater Krieg – Intervention und Konterrevolution im russischen Bürgerkrieg November 1918 – März 1920*. Zürich/Freiburg i. Br. 1974, S. 13. Zit. in: Bernhard Rode, *Das Eurasische Schachbrett. Amerikas neuer Kalter Krieg gegen Rußland*. Tübingen 2012, S. 262
66 ebd.
67 Nolte 2003, S. 152

wurden. Also dauerte es nicht lange, bis sich auch Wissenschaftler des geopolitischen Konkurrenzkampfes der »Global Player« annahmen. Der Wirtschaftsgeograf Halford Mackinder, Direktor der von ihm mitbegründeten London School of Economics, goss die britischen Ängste und die notwendigen Gegenmaßnahmen in ein geopolitisches Konzept. Unter dem Kürzel »Heartland-Theorie« sollte sie das gesamte 20. Jahrhundert hindurch in unterschiedlichen Ausprägungen zur Blaupause der jeweils führenden westlichen Hegemonialmacht werden, wie mit Russland bzw. der Sowjetunion umzugehen sei.

Die Heartland-Theorie tauchte erstmals im April 1904 auf, als Mackinder den Aufsatz »The Geographical Pivot of History« im Organ der Royal Geographical Society veröffentlichte.[68] Das Wort »*pivot*« steht für Dreh- und Angelpunkt; diese Funktion schreibt Mackinder dem eurasischen Herzland zu. In Mackinders Weltbild ist für drei Großregionen Platz: der »Weltinsel«, zu der er Europa, Asien und Afrika zählt, den Raum mit der größten Bevölkerungsdichte; den »küstennahen Inseln« (*offshore islands*) mit Großbritannien im Westen und Japan im Osten der »Weltinsel«; und den »küstenfernen Inseln« (*outlying islands*), also den beiden Amerikas und Australien. Im Herzen der »Weltinsel« liegt der Dreh- und Angelpunkt, das »Herzland« (*heartland*), das Schlüsselland zur Beherrschung der Welt: Russland. Um seine Kontrolle, so Mackinder, würde es in Zukunft gehen. Ohne das »Herzland« würde Großbritannien seine weltherrschaftlichen Ansprüche nicht durchsetzen können. Die königlich-britische Überlegenheit auf den Meeren, so stark sie auch sein mochte, sei nicht in der Lage, an den Kern des russischen Reiches heranzukommen. Selbst Seeblockaden würden da nicht helfen. Dies umso weniger, seit durch moderne Technologien die Verkehrsinfrastruktur im Inneren des Herzlandes besser und von äußeren Einflüssen unabhängiger würde.[69] Britische Herrschaftspläne, so die Warnung des Geografen an die königliche Gesellschaft, dürften die Kraft dieser eurasischen Landmasse nicht unterschätzen. Es sei mit allen Mitteln zu verhindern, dass sich diese durch eine Annäherung Deutschlands und Russlands potenzierte. Mackinders Kampfruf von 1904 war in erster Linie gegen Deutschland geschrieben, vor allem gegen eine Allianz Berlins mit Sankt-Petersburg.

Nach dem Ersten Weltkrieg, im Jahr 1919, verkürzte Mackinder seine Hauptthese auf drei Sätze: »Wer Osteuropa regiert, beherrscht das Herzland; wer das Herzland regiert, beherrscht die Weltinsel; wer die Weltinsel regiert, kontrolliert die Welt.«[70] Der Respekt vor einer eurasischen Weltmacht, das spürt man

---

68 Halford John Mackinder, The Geographical Pivot auf History, in: *The Geographical Journal*, London, April 1904
69 Vgl. auch: Mathias Bröckers/Paul Schreyer, *Wir sind die Guten. Ansichten eines Putinverstehers oder wie uns die Medien manipulieren.* Frankfurt/Main 2014, S. 41
70 Halford John Mackinder, *Democratic Ideals and Reality. A Study in the Politics of Reconstruction.* Washington 1942, S. 194

in dieser Analyse, war in London auch nach vier für Russland und Deutschland verheerenden Kriegsjahren noch vorhanden. Spätere Generationen – von Nazi-Ideologen bis US-Imperialisten – wärmten die Heartland-Theorie immer wieder auf und legten sie Einkreisungsplänen gegenüber der Sowjetunion und Russland zugrunde. Darauf wird noch zurückzukommen sein.

Das wilhelminische Deutschland war zur selben Zeit, in der Mackinder der britischen Krone indirekt Angriffspläne diktierte, um mögliche eurasische Integrationsversuche im Keim zu ersticken, mit anders gearteten, im Kern jedoch ähnlichen Problemen beschäftigt. Seine Strategen steckten bereits in Kriegsvorbereitungen, und die Propagandaabteilungen arbeiteten mit Hochdruck am Bild einer slawischen, einer russischen Gefahr, der rechtzeitig begegnet werden müsse.

Der Rüstungsindustrielle und spätere Reichsaußenminister Walther Rathenau gab den Takt bei den deutschen Erweiterungsplänen an, die 1914 zur Kriegserklärung führten. Bereits ein Jahr zuvor rief er als Aufsichtsratsvorsitzender des elektrochemischen AEG-Konzerns dazu auf, sich offensiver, aggressiver zu verhalten. Das im Zeitalter des Kolonialismus zu kurz gekommene Deutschland, so sein Credo, müsse sich nehmen, was es (gemeint war: seine Industriellen) brauchte. »Die letzten hundert Jahre bedeuteten die Aufteilung der Welt«, schrieb Rathenau: »Wehe uns, daß wir so gut wie nichts genommen und bekommen haben! Nicht politischer Ehrgeiz und nicht theoretischer Imperialismus rufen diese Klage aus, sondern beginnende wirtschaftliche Erkenntnis. (...) Erzlager werden eines Tages mehr gelten als Panzerkreuzer«,[71] fügte er hinzu. Nicht theoretisch, sondern praktizierend sollte also der deutsche Imperialismus sein, den sich einer der führenden Unternehmer seiner Zeit wünschte. Russland mit seinen unendlichen Weiten, Kohle- und Erzlagerstätten bot sich in dieser Sicht als quasi »natürlicher« Expansionsraum an. Rathenau machte keinen Hehl daraus, dass Kontrolle über Rohstoffe auch die Eroberung entsprechender Länder bedeutete: »Es wird Zeit, daß wir es kennenlernen und daß wir unumwunden bekennen und aussprechen: Ja, es ist wahr, wir haben Nöte und Bedürfnisse. Wir können nicht in einem Menschenalter hundert Millionen Deutsche mit den Produkten einer halben Million Quadratkilometer einheimischen Bodens und einer afrikanischen Parzelle[72] ernähren und beschäftigen ... Wir brauchen Land dieser Erde.«[73]

Am 1. August 1914 erklärte Berlin Russland den Krieg. Nur vier Wochen danach verlor die zaristische Armee in einer Schlacht bei Allenstein (Olsztyn),

---

71 Walther Rathenau, Deutsche Gefahren und neue Ziele (1913). In: Ders., *Gesammelte Schriften in fünf Bänden*, Bd. 1 1918, S. 267f. Zit. in: Reinhard Opitz (Hg.), *Europastrategien des deutschen Kapitals 1900–1945*. Bonn 1994, S. 205
72 Da spielt Rathenau auf Deutsch-Südwestafrika an, das heutige Namibia, das zwischen 1884 und 1915 deutsche Kolonie war.
73 Rathenau 1913, S. 205

die als »Schlacht von Tannenberg« in die Militärgeschichte einging, 30 000 Mann und zählte 100 000 Verwundete. Die deutsche Expansion begann verheißungsvoll; in der Kriegspropaganda Berlins wurde Tannenberg zum Synonym für »Wir schreiten voran, wir schaffen es«.

An der Propagandafront hieß es von Anfang an: »Nach Osten!«. Die gleichnamige Flugschrift von Alfons Paquet sollte zur ideologischen Bibel des Vormarsches gegen Russland werden. Der 1881 in Wiesbaden geborene Alfons Paquet war ein umtriebiger Journalist, der für liberale und deutsch-nationale Zeitschriften tätig war, bevor er unmittelbar nach Kriegsausbruch Mitarbeiter des Stellvertretenden Generalkommandos XVIII der Armee,[74] mit anderen Worten: im militärischen Nachrichtendienst für Propaganda zuständig wurde. Bestimmt kannte Paquet die »Heartland«-Theorie Mackinders; für den deutschen Gebrauch zog er weitreichende Schlussfolgerungen daraus. Russland stand kurz vor dem Zerfall, so sah es jedenfalls die überwiegende Mehrheit der kriegsbegeisterten Deutschen. Es wartete nur mehr darauf, in seine Bestandteile zerlegt und dem Nutzen des Siegers zugeführt zu werden. In der Propaganda-Schrift Paquets las sich diese »Gewissheit« folgendermaßen: »Russland ist der Steinbruch, aus dem einmal jene große Landbrücke gebaut werden wird, die das mittlere Europa mit dem Morgenland verbindet. Und aus dem Material dieses Steinbruchs muss zugleich die Scheidewand gebaut werden, die uns für immer von der moskowitischen Öde trennt.«[75] Der Historiker Gerd Koenen nennt das deutsche Vorhaben eine »strategische Amputation des Russischen Reiches«. Und Paquet weiß auch, an welchen Gliedmaßen anzusetzen ist, um die Zerstückelung erfolgreich durchführen zu können: Finnland, Polen, die Ukraine und Georgien sollten aus der russischen Verwaltung herausgelöst werden. Dort lebten jene am wenigsten russifizierten Völker im Zarenreich, die sich für den deutschen Vormarsch – so die feste Überzeugung der Berliner Strategen – am ehesten instrumentalisieren ließen. Paquet war der erste, der die Schwachstelle des russischen Bären klar und deutlich benannte: Es war die ethnische Komponente oder – wie es damals hieß – die »kulturelle Scheidelinie«, an der die Zerschlagung Russlands anzusetzen habe. Diese Scheidelinie hat eine lange politische und religiöse Geschichte und reicht von Sankt-Petersburg, das ab 1914 Petrograd hieß, über Smolensk und das Schwarze Meer bis in den Kaukasus.[76] Bis zu dieser Linie sollte der deutsche Einfluss auf jeden Fall reichen, wenn nicht darüber hinaus.

Der Plan war fertig, der Bär jedoch noch lange nicht erlegt. Kein Kriegsmonat verging, in dem nicht die führenden Industriellen Deutschlands voran

---

74 Gerd Koenen, *Der Russland-Komplex. Die Deutschen und der Osten 1900–1945*. München 2005, S. 64
75 Alfons Paquet, Nach Osten! In: *Der Deutsche Krieg. Politische Flugschriften*, hg. von Ernst Jäckh, 23. Heft. Stuttgart-Berlin 1915. Zit in: Koenen 2005, S. 64
76 Koenen 2005, S. 65

– nach Osten – drängten. Im September 1914 verfasste Stahlbaron August Thyssen eine Denkschrift, in der er seine Vorstellung eines zukünftigen Russlands darlegte: »Vielleicht interessiert es Sie, meine Ansichten in grossen Umrissen über die zukünftige Gestaltung Europas kennen zu lernen. Werden wir den Krieg so glorreich durchführen, wie wir ihn begonnen haben, dann werden wir Frankreich und Russland niederwerfen und beiden Staaten die Bedingungen zu Lande diktieren können, die wir für notwendig erachten.« Dann wird Thyssen konkret: »Russland muss uns die Ostseeprovinzen, vielleicht Teile von Polen und (das) Dongebiet mit Odessa, Krim, sowie asowsches Gebiet und den Kaukasus abtreten, um auf dem Landwege Kleinasien und Persien zu erreichen.«[77] Auch diesem großen Plan liegt die Erkenntnis Mackinders zugrunde, nach der es das »Herzland« ist, das es zu kontrollieren bzw. von dem es Teile zu beherrschen gilt.

Auch Thyssens Konkurrent Hugo Stinnes, mit dem er gleichwohl eine Vielzahl von Wirtschaftskooperationen einging, stellte geopolitische Überlegungen an und schrieb sie, gemeinsam mit dem Nationalökonomen Hermann Schumacher, ebenfalls in einer Denkschrift nieder. Im November 1914 mahnte er vor der Maßlosigkeit deutscher Ansprüche gegenüber Russland. Das »eigentlich großrussische Gebiet soll nicht angetastet werden«, diktiert er seiner Sekretärin, sondern es gelte, die ganze Kraft auf die westlichen Ränder des Zarenreiches zu lenken. In anderen Worten: »... (Es) muß das Bestreben darauf gerichtet bleiben, den Gegensatz zwischen Russen und Polen in aller Schärfe zu erhalten (...), sowie ferner denjenigen zwischen Russen und Kleinrussen[78] möglichst zu benutzen und zu vertiefen.«[79] Nach der Lektüre solcher Denkschriften, die immerhin von den wichtigsten Unternehmerfiguren zu Papier gebracht wurden, wähnt man sich im falschen Jahrhundert. Fast auf die Jahreszahl genau, nur hundert Jahre später, stehen dieselben Begehrlichkeiten auf der Agenda der nun EU-europäischen Politik.

Im Spätsommer 1915 gelang es der deutschen Heeresleitung nach dem Rückzug russischer Truppen, im Baltikum eine eigene – wenn auch kurzlebige – Territorialität zu etablieren. »Ober Ost« nannte sie das militärisch verwaltete Gebiet. Es umfasste Kurland (einen Teil des heutigen Lettland), Litauen und nordöstliche polnische Gebiete. General Erich Ludendorff, Stellvertreter des Generalfeldmarschalls Paul von Hindenburg, sah in »Ober Ost« bereits die Grundstruktur eines Staates verwirklicht, in dem nicht-russische Völker aus dem Zarenreich unter deutscher Kontrolle vereint und später auch als Staat anerkannt würden. Die beiden Deutschen waren stolz, denn »»Ober Ost« hatte sich zu einem

---

77 Denkschrift von August Thyssen. Zentrales Staatsarchiv Potsdam, Rdl 19305, B. 19ff. Zit. in: Opitz 1994, S. 222
78 Gemeint sind damit die Ukrainer.
79 Gemeinsame Denkschrift von Hermann Schumacher und Hugo Stinnes. Zentrales Staatsarchiv Potsdam, Reichskanzlei 2476, B. 179-210. Zit. in: Opitz 1994, S. 277

beeindruckenden, unabhängigen Militärstaat im Osten, einem militärischen Utopia im Osten« entwickelt, wie der aus einer litauischen Familie stammende US-Historiker Vėjas Liulevičius schreibt.[80]

»Ober Ost« entsprach dem expliziten Kriegsziel der Schaffung von Pufferstaaten am Rande eines verkleinerten Russlands, wie es von höchster Stelle bereits zu Beginn des Feldzuges gegen Russland ausgegeben worden war. Am 11. August 1914 schrieb Reichskanzler Theobald von Bethmann-Hollweg in einem Erlass an den deutschen Botschafter in Wien, dass es darauf ankäme, antirussische Aufstandsbewegungen anzuschieben, zum einen »als Kampfmittel gegen Rußland«, und zum anderen »weil im Falle glücklichen Kriegsausganges die Bildung mehrerer Pufferstaaten zwischen Rußland und Deutschland bzw. Österreich-Ungarn zweckmäßig würde, um den Druck des russischen Kolosses auf Westeuropa zu erleichtern und Rußland möglichst nach Osten zurückzudrängen.«[81]

Eine ähnliche Rolle wie »Ober Ost« kam auch dem im Mai 1915 von den Mittelmächten militärisch eingenommenen »Kongress-Polen« zu, dem bei den Aufteilungen Polens im 18. Jahrhundert Russland zugesprochenen Teilungsgebiet. Berlin und Wien gliederten das Gebiet in die Kriegswirtschaft ein: Nahrungsmittel, Kohle und Erze wurden abtransportiert. In Hinblick auf den politischen Status schwebte dem österreichischen Kaiser anfangs eine austro-polnische Lösung vor; »Kongress-Polen« sollte an Galizien angeschlossen werden. Im Zwei-Kaiser-Manifest vom 5. November 1916 schwenkte der Habsburger schließlich auf den deutschen Plan der Hohenzollern ein. Dieser sah die Ausrufung eines eigenen polnischen Staates auf dem ehemals russischen Teilungsgebiet mit eingeschränkter Selbstverwaltung unter deutsch-österreichischer Oberherrschaft vor.

Die Ukraine zwischen den Fronten

Es war das Herauslösen der Ukraine aus dem Russischen Reich, das damals – wie heute – eine zentrale Rolle in den deutschen Planungen spielte. In Militär- und Geheimdienstkreisen machte sich dafür eine eigene sogenannte »Osteuropäische Schule« Gedanken, wie das zaristische Vielvölkerreich entlang der ethnischen Linien gespalten werden könnte. Die Rede war von einer eigenen »Randstaatenpolitik«,[82] die – anders als groß- und alldeutsche Ansätze – nichtrussischen Völkern eine gewisse Selbstständigkeit gewähren sollte. Einer der

---

80 Vejas G. Liulevicius, *Kriegsland im Osten. Eroberung, Kolonisierung und Militärherrschaft im Ersten Weltkrieg*. Frankfurt/Main-Wien 2009, S. 34. Zit. in: Wolfram Dornik, *Die wirtschaftliche Ausbeutung Osteuropas durch die Mittelmächte im Ersten Weltkrieg*. Vortrag bei den Zeitgeschichtetagen, Wien 2010, Manuskript S. 4
81 Erlass des Reichskanzlers vom 11. August 1914. Zit. in: Wolfgang Schumann/Ludwig Nestler (Hg.), *Weltherrschaft im Visier, Dokumente zu den Europa- und Herrschaftsplänen des deutschen Imperialismus von der Jahrhundertwende bis Mai 1945*, Berlin 1975, S. 79. Zit. in: Erhard Crome, Die Welt, Europa und Deutschland. In: Peter Strutynski (Hg.), *Ein Spiel mit dem Feuer. Die Ukraine, Russland und der Westen*. Köln 2014, S. 99
82 Oleh Fedyshyn: *Germany's Drive to the East and the Ukrainian Revolution 1917–1918*. New Brunswick/New Jersey 1971, S. 21

führenden Köpfe dieses Ansatzes war der im damaligen russischen Kurland aufgewachsene Deutschbalte Paul Rohrbach. Während des Ersten Weltkrieges arbeitete er im deutschen Auswärtigen Amt. In seiner Schrift *Die russische Revolution* – gemeinsam mit Axel Schmidt verfasst – reagierte er auf die Oktoberereignisse des Jahres 1917 und machte sich Sorgen um eine mögliche Konsolidierung Russlands unter revolutionärer, roter Fahne. Der, wie er es nennt, »Zwangsverband zwischen den Großrussen und den Fremdvölkern« müsse aufgelöst werden. Und Rohrbach wird deutlich: »Entscheidend hierfür ist die Lösung der ukrainischen Frage. Bleiben die Ukrainer Untertanen der Moskowiter, so bleibt das Grundelement der russischen Gefahr sowohl direkt durch die ungeheure Zahl und das reißende Wachstum der russischen Masse, als auch indirekt durch die Fortdauer des russischen Willens nach Konstantinopel erhalten.«[83]

Am (julianisch gerechnet) 3. März 1917 fand die Romanow-Dynastie und mit ihr der Zarismus ein Ende. Hungerrevolten, massenhafte Desertionen und Meutereien hatten einen revolutionären Prozess beflügelt, der am 25. Oktober in Petrograd kulminierte und als »Oktoberrevolution« in die Weltgeschichte einging. Der Führer der Bolschewiki, Lenin, war im April 1917 über Deutschland, Schweden und Finnland aus seinem Schweizer Exil nach Petrograd zurückgekehrt. Berlin unterstützte die Heimkehr des Revolutionärs im legendären »plombierten Waggon«[84] in der Hoffnung, damit Russland zu schwächen und seine eigenen Kriegsziele leichter erreichen zu können. In einem als »streng geheim« klassifizierten Akt des Auswärtigen Amtes vom 29. September brüstet sich der kaiserliche Legationssekretär Kurt von Lersner mit dieser erfolgreichen »Minierarbeit« zwecks Unterstützung der bolschewistischen Kräfte. Dort heißt es: »Die Bolschewiki-Bewegung hätte ohne unsere stetige Unterstützung nie den Umfang annehmen und den Einfluß erringen können, den sie heute besitzt.«[85]

Und tatsächlich sollte es sich für den Kaiser – allerdings nur für sehr kurze Zeit – bezahlt machen, dass Berlin in Petrograd auf die bolschewistische Karte gesetzt hatte. Die deutsche Führung wusste die politischen und militärischen Wirren unmittelbar nach der Revolution zu nutzen.

Überall im Russischen Reich hatte die Revolution widerstreitende politische Umgestaltungsprojekte auf den Plan gerufen. Sozialrevolutionäre konkurrierten mit Bolschewisten; Räte, zaristische Getreue und Anhänger eines bürgerlichen Parlamentarismus rangen um Vorherrschaft in einer von Kriegswirren, Chaos, spontanen Aufständen und Landenteignungen gekennzeichneten Landschaft. Ausländische Mächte mischten bei den Auseinandersetzungen um zukünftige

---

[83] Paul Rohrbach/Axel Schmidt, *Die russische Revolution*, Bd. 7. Stuttgart 1917, S. 7. Zit. in: Opitz 1994, S. 413
[84] Fritz Platten, *Lenins Reise durch Deutschland im plombierten Wagen*. Frankfurt/Main 1985. Siehe auch: http://www.nikolaus-brauns.de/Lenins_Fahrt_im_plombierten_Zug.htm (4.5.2015)
[85] Zit. in: Koenen 2005, S. 120

Ausrichtungen und Grenzziehungen mit. Auf dem Gebiet der Ukraine hatte sich im Laufe der Revolutionen vom Februar und Oktober 1917 ein sozialrevolutionär ausgerichteter Zentralrat (*Rada*) mit Sitz in Kiew gebildet, der mit dem vorwiegend im Osten, von Charkow/Charkiw aus operierenden Bolschewiki rivalisierte. In der Frage der Unabhängigkeit oder Zugehörigkeit zur Russländischen Föderation schwankten die Positionen. Vor dem Hintergrund bolschewistischer Terraingewinne erklärte die Rada im Jänner 1918 die Ukraine für unabhängig; kurz darauf ersuchte sie die Mittelmächte um militärischen Beistand gegen die Bolschwiken.

Die militärische Lage der Mittelmächte stand Anfang 1918 auf Messers Schneide. Die große Streikwelle und die Hungerunruhen im Jänner 1918 signalisierten eine weit verbreitete Kriegsmüdigkeit der Bevölkerung mit der Gefahr einer revolutionären Erhebung nach russischem Vorbild. Der im Dezember 1917 in Brest-Litowsk mit Russland geschlossene Waffenstillstand entlastete das Deutsche Reich und Österreich-Ungarn an der Ostfront. In seinem Schatten boten die Mittelmächte der Rada-Führung in Kiew einen Separatfrieden an. Im Tausch für die Lieferung von einer Million Tonnen Brotgetreide erkannte Berlin deren Unabhängigkeit an. Mit den im sogenannten »Brotfrieden« zugesagten Nahrungsmitteln hoffte das Deutsche Reich, die Bevölkerung daheim beruhigen und weiter Krieg führen zu können.

Am 18. Februar 1918 marschierten deutsche und österreichische Soldaten in die Ukraine ein und errichteten zwei Besatzungszonen. Österreich-Ungarn installierte sein Oberkommando in Odessa, die deutsche Militärführung ihres in Kiew. Der gesamte Schwarzmeerraum von Bessarabien über die Krim bis zum Kaukasus stand unter deutscher bzw. österreichisch-ungarischer Kontrolle. Vor diesem Hintergrund blieb dem revolutionären Russland unter Führung des Volkskommissars für äußere Angelegenheiten, Leo Trotzki, keine andere Wahl, als am 3. März 1918 dem Friedensvertrag von Brest-Litowsk zuzustimmen, dessen ungünstige Bedingungen in Versailles teilweise wieder revidiert werden sollten. Das Überschreiten der Waffenstillstandsgrenze durch deutsche und österreichische Truppen am 18. Februar und die anschließende Besetzung der Ukraine zwangen den russischen Delegationsleiter Trotzki zum Einlenken.[86] Die russische Demütigung von Brest-Litowsk liest sich in Zahlen folgendermaßen: Russland verlor in diesem im März 1918 aufgezwungenen Friedensvertrag 26 % seines europäischen Territoriums, 27 % des anbaufähigen Landes, insgesamt 1,4 Mio. Quadratkilometer Land, auf dem 60 Mio. Menschen – ein Drittel der Gesamtbevölkerung des Reiches – leben.[87]

---

86 Kappeler Andreas, *Kleine Geschichte der Ukraine*. München 1994, S. 172
87 Manfred Weißbecker, Der Feind im Osten. In: *junge Welt* vom 20. April 2015

Eine Hauptaufgabe der Besatzungsmächte bestand in der Organisation von Lebensmittelrequirierungen. Dies ging mit dem Kampf gegen ukrainische Bolschewisten und der Niederschlagung lokaler Aufstände einher. Die Zentralrada wurde aufgelöst und durch ein den Besatzern genehmes Staatsoberhaupt ersetzt, den Großgrundbesitzer Pawlo Skoropadskyj, dessen Hetmanat sich bewusst an eine frühere ukrainische Staatlichkeit anlehnte.

Wie groß die Rolle der Ukraine in den deutschen Planungen für die Nachkriegszeit war, zeigt ein 1918 in Deutschland weit verbreitetes Plakat, das vermutlich auch im Schulunterricht Verwendung fand. Auf ihm sind politische und sozio-ökonomische Karten der Ukraine zu sehen. Mit Blick auf die begehrte fruchtbare Schwarzerde im Süden und die Rohstoffe im Osten des Landes steht am Rande des Plakates zu lesen: »Die landwirtschaftliche Produktion der Ukraine im Frieden könnte den Bedarf der Mittelmächte (also auch Deutschlands, d. A.) sicherstellen, ihre reichen Schätze an Kohle, Erze, Salz und Petroleum würden einen Überschuß für Mitteleuropa lassen.«[88] Die Ukraine, da waren sich beim Zusammenbruch des Zarismus Unternehmer, Politiker und offensichtlich auch Lehrer einig, würde künftig deutschen Interessen dienen.

Die tatsächliche Getreideaufbringung blieb allerdings weit unter den Erwartungen und im November 1918 löste sich die deutsche Ostarmee im Chaos auf. Teile blieben weiterhin im Lande. In den Bürgerkrieg zwischen »Rot« und »Weiß« um die Kontrolle des Landes griffen im Sommer 1918 auch Tausende britische, französische und US-amerikanische Truppen ein. Sie landeten in Murmansk und Archangelsk, zu Jahresende auch in Odessa. Der Friede von Riga, der am 18. März 1921 zwischen Sowjetrussland und Polen geschlossen wurde, trug indirekt zum Ende des russischen Bürgerkriegs zwischen »Rot« und »Weiß« bei. Weite Teile der westlichen Ukraine fielen mit ihm an Polen; der Osten wurde sowjetisch. Die damit einhergehende Entlastung an der Westfront nutzte die Rote Armee, um die Weißen in anderen Landesteilen zurückzudrängen.

Mit dem »Diktatfrieden« vom 3. März 1918 war für kurze Zeit die Voraussetzung für ein von Friedrich Naumann mitten im Krieg zu Papier gebrachtes Mitteleuropa-Projekt gegeben, dessen Kern er im Zusammenwachsen des Deutschen Reiches mit Österreich-Ungarn sah. »Absichtlich schreibe ich mitten im Krieg«, erklärt der Theologe und liberale Politiker den LeserInnen seine Beweggründe, »denn nur im Krieg sind die Gemüter bereit, große umgestaltende Gedanken in sich aufzunehmen.« Die Grundlagen der neuen Gestaltung müssen, so Naumann weiter, »im Krieg, im Fließen des Blutes und im Wogen der Völker gelegt werden. Später könnte und würde es zu spät sein.«[89] Das hier positiv beschriebene

---

88 *Unsere Russen, unsere Deutschen, Bilder vom Anderen 1800 bis 2000*. Berlin 2008, S. 119
89 Friedrich Naumann, *Mitteleuropa*. Berlin 1915, S. 1f.

Zeitfenster des Völkerschlachtens wollte die Oberste Heeresleitung nutzen, um jenseits der »mitteleuropäischen« Konsolidierung militärisch nach Osten auszugreifen. Nach dem Frieden von Brest-Litowsk schienen die Generäle Paul von Hindenburg und sein Stellvertreter Erich Ludendorff ihr Ziel erreicht zu haben: Von Finnland über die baltischen Gebiete, die Ukraine und die Krim bis zum Kaukasus erlaubte der Zusammenbruch an der Ostfront die Bildung einer Art Cordon sanitaire. In dieser gegen das russische Kernland einzurichtenden Pufferzone würden deutsche und österreichische Konzerne ihre wirtschaftlichen Interessen durchsetzen können.

Während sich deutsche Soldaten auf der Krim und in Odessa herumtrieben, um mit allerlei Hilfstruppen vor Ort ihr Interessensgebiet abzustecken, gerieten die seit den 1860er Jahren ausgebeuteten kaukasischen Erdölfelder ins Visier britischer und US-amerikanischer Konzerne. Rund um Baku am Kaspischen Meer lagen riesige Reserven des schwarzen Goldes. Darauf wollten sich die USA und Großbritannien einen Zugriff sichern. Um dafür gerüstet zu sein, gingen Shell und Standard Oil in die Offensive. »In Erwartung, daß das Sowjetregime in kürzester Zeit politisch, militärisch und vor allem wirtschaftlich zusammenbrechen würde«, schrieb der deutsch-amerikanische Publizist und Wirtschaftsfachmann William Engdahl, »hatte Shell-Chef Deterding heimlich seine Fühler nach Paris ausgestreckt und dort alle Wertpapiere und Konzessionsbriefe für die Ölfelder Bakus aufkaufen lassen. Sie stammten aus der Zeit vor der Revolution und schienen inzwischen wertlos geworden zu sein. Entsprechend billig waren sie zu haben. Er gründete die Anglo-Kaukasische Ölgesellschaft, in die er die Ölkonzessionen für Baku einbrachte.«[90] Die wirtschaftliche Grundlage zur Ausbeutung des kaukasischen Öls schien gelegt. Politisch setzten die Briten und Amerikaner Ende 1918 auf die ins Exil nach Paris geflüchteten Vertreter der weißen Generalität, Boris Sawinkow. Sawinkow gehörte vor der Oktoberrevolution zum bewaffneten Arm der Sozialrevolutionäre und wandte sich nach der Machtübernahme der Sowjets den Weißen zu. Da er über beträchtliche Kontakte sowohl im Exil als auch zu den militärischen Spitzen der Konterrevolution wie General Peter von Wrangel und Admiral Alexander Koltschak verfügte, fanden Washington und London in ihm einen brauchbaren Partner. Die Briten und Amerikaner steckten ihm hohe Geldbeträge zu. Damit bestach Sawinkow die Truppen von von Wrangel und stellte eine Verbindung zu den westlichen Geheimdiensten, insbesondere zum im Jahre 1909 gegründeten britischen Secret Intelligence Service (SIS) her.[91] Parallel zur Finanzierung der antisowjetischen Kräfte rückten britische und US-amerikanische Truppen, vom nördlichen Hafen Archangelsk

90 William Engdahl, *Mit der Ölwaffe zur Weltmacht. Der Weg zur neuen Weltordnung.* Wiesbaden 1992, S. 105
91 Engdahl 1992, S. 105f.

kommend, in Russland vor. Im ölreichen Aserbaidschan hielten sich die Soldaten Georgs v. bis in das Frühjahr 1920, als die Rote Armee dem imperialistischen Spuk ein Ende setzte. Der aus deutsch-baltischem Adel stammende von Wrangel war der letzte weiße Militärführer, der sich Mitte Oktober 1920 der Roten Armee geschlagen gab und von der Krim aus ins Exil ging.

Henri Deterding, Gründer und Hauptaktionär des Shell-Konzerns, öffnete zusätzlich zu den aus dem britischen Budget aufgebrachten Mitteln noch die Privatschatulle seines Unternehmens, mit der er – sicher ist sicher – eine kaukasische Separatistenbewegung finanzierte, um die Sowjets in Schach zu halten.[92] Neben dem britischen Unternehmen Shell war es vor allem John D. Rockefellers Standard Oil, die auf US-amerikanischer Seite Druck machte, um an das russische Öl zu kommen. Ein Korruptionsskandal um Erdöl-Schürfrechte in Wyoming (USA), der bis in die höchsten Kreise der Politik reichte, führte dazu, dass die USA im Wettlauf um das kaukasische Erdöl noch vor den Briten ausschieden.

Vom »Drang nach Osten« zum »Volk ohne Raum«

Im Vertrag von Versailles, den Berlin am 28. Juni 1919 unter Protest unterzeichnete, wurde Deutschland und seinen Verbündeten die alleinige Kriegsverantwortung zugesprochen. Die Siegermächte der Entente oktroyierten harte Bedingungen. Deutschland musste große territoriale Verluste, weit reichende militärische Einschränkungen und wirtschaftliche Zwangsmaßnahmen hinnehmen. Das nach den Ratifizierungen im Januar 1920 gültig gewordene Dokument verkleinerte das Land um Elsass-Lothringen, Nordschleswig, Westpreußen, Posen und kleinere schlesische Gebiete, stellte das Saarland, Danzig und das Memelland unter die Kontrolle des Völkerbundes und erzwang Volksabstimmungen bezüglich staatlicher Zugehörigkeit in einer Reihe von Gebieten. Militärisch verkleinerte Versailles die deutsche Armee beträchtlich und verbot Aufrüstungsvorhaben, Befestigungsanlagen und die allgemeine Wehrpflicht. In wirtschaftlicher Hinsicht verpflichtete der Friedensvertrag Berlin zu hohen Reparationszahlungen und verschaffte den Siegermächten für eine befristete Zeit zollfreien Zugang zum deutschen Markt. Da gleichzeitig durch territoriale Abtretungen sowohl rohstoffreiche und schwerindustrielle Zentren als auch wertvolle landwirtschaftliche Gebiete verloren gingen, sicherten sich Frankreich und Großbritannien mit der Meistbegünstigung im Handel ein riesiges Absatzgebiet.

Fast einhellig war man nicht nur in der deutschen politischen und wirtschaftlichen Elite der Ansicht, dass die Bedingungen von Versailles Deutschland lähmten und seinen Wiederaufbau behinderten. Bald war vom »Schandfrieden« und dem »Versailler Diktat« die Rede. Ähnlich sah das auch einer der britischen

[92] Bernhard Rode, *Das Eurasische Schachbrett. Amerikas neuer Kalter Krieg gegen Rußland*. Tübingen 2012, S. 269

Unterhändler, der Vertreter des Schatzamtes John Maynard Keynes. Er trat noch vor dem Abschluss des Vertrages aus Protest zurück. Die harten Bedingungen, so argumentierte er seine Ablehnung, würden in absehbarer Zeit große wirtschaftliche Probleme aufwerfen und sozialen Sprengstoff in sich bergen.[93] Keynes sollte auf schauerliche Weise Recht behalten. Und in Deutschland machte sich in intellektuellen Kreisen die Überzeugung breit, dass der Vertrag von Versailles den Nationalisten jene Argumente in die Hände spielte, mit denen Adolf Hitler eine Mehrheit erhalten und schließlich Reichskanzler werden sollte. Der damalige liberale Reichstagsabgeordnete und spätere Bundespräsident Theodor Heuss brachte diese Stimmung auf den Punkt, als er 1932 über die (Wieder-)Gründung der 1925 in München entstandene NSDAP schrieb: »Die Geburtsstunde der nationalsozialistischen Bewegung ist nicht München, sondern Versailles ...«[94] In der auf Teile des deutschsprachigen Gebiets zusammengeschrumpften Republik Österreich war die Lage nicht viel anders. Hier diktierte der Völkerbund mit der sogenannten »Genfer Sanierung« aus 1922 Massenentlassungen und Sparauflagen. Die damit provozierten sozialen Verwerfungen führten zehn Jahre später zum Aufstieg der Austrofaschisten und zum Ständestaat. Das im Vertrag von Saint Germain festgelegte Anschlussverbot (an Deutschland) erwies sich schließlich am 12. März 1938 als hinfällig.

Im durch Versailles radikal verkleinerten Deutschland erlangten bald nach der Niederschlagung roter Rätebewegungen rechte Kreise eine kulturelle und politische Hegemonie. Eines ihrer eingängigsten Schlagworte war jenes vom »Volk ohne Raum«. Nach den Gebietsverlusten lag es auf der Hand, mit solch einfachen Losungen Politik zu machen und vermeintliche Lösungen anzubieten. Schon im Parteiprogramm der NSDAP vom Februar 1920 hieß es unter Punkt 3: »Wir fordern Land und Boden (Kolonien) zur Ernährung unseres Volkes und Ansiedlung unseres Bevölkerungsüberschusses«.[95] Den Begriff »Volk ohne Raum« entliehen sich die Nationalsozialisten übrigens vom Titelblatt eines Romans, den der völkische Schriftsteller Hans Grimm im Jahr 1926 veröffentlicht hatte.[96] Bis dahin hörte man vom für Deutsche notwendigen »Lebensraum im Osten«, den die Rechten als »natürlichen Siedlungsraum« am Schwarzen Meer, am Kaspischen Meer und im Kaukasus imaginierten. »Die Sowjetunion«, so der Russland-Historiker Hans-Heinrich Nolte, »war das vorrangige Ziel der deutschen Expansion«.[97]

93 http://de.wikipedia.org/wiki/Friedensvertrag_von_Versailles (3.5.2015)
94 Theodor Heuss, *Hitlers Weg. Eine historisch-politische Studie über den Nationalsozialismus*. Stuttgart-Berlin-Leipzig 1932, S. 152. Zit. in: http://www.spiegel.de/spiegel/print/d-42625405.html (3.5.2015)
95 25-Punkte Programm der NSDAP, beim Deutschen Historischen Museum. Zit. in: http://de.wikipedia.org/wiki/Volk_ohne_Raum
96 Hans Grimm, *Volk ohne Raum*. München 1926
97 Nolte 2003, S. 246

Die Vorstellung von der Erweiterung des deutschen Lebensraumes findet sich zu jener Zeit auch in einschlägigen geopolitischen Publikationen. Die geografisch geschulten Geopolitiker waren es auch, die den ursprünglich aus der Biologie stammenden Begriff des Lebensraumes politisierten. Der in Karlsruhe aufgewachsene Zoologe und Geograf Friedrich Ratzel schrieb in einer Publikation aus dem Jahr 1901 als erster vom »Lebensraum« in einem geopolitischen Sinn. Er gilt als Begründer der politischen Geografie. Eine Generation später übernahm Karl Haushofer[98] das Ratzel'sche Bild und fügte es in die Gedankenwelt der Nationalsozialisten ein. Haushofer, ein enger Freund Rudolf Heß', war Professor für Geografie und nach 1934 Präsident der »Akademie zur wissenschaftlichen Pflege des Deutschtums«. Bereits vor dem Zweiten Weltkrieg popularisierte er seine These vom notwendigen Lebensraum über eine wöchentliche Rundfunksendung; nach der Machtergreifung der Nazis erhielt er einen regelmäßigen Sendeplatz im Radio. Nach dem Überfall auf die Sowjetunion zog sich Haushofer, der selbst nie Mitglied der NSDAP war, auf sein bayerisches Anwesen zurück. Für die gewaltsame praktische Umsetzung seiner geopolitischen Vorstellungen konnte er sich nicht erwärmen.

Die Geopolitiker sorgten für den Begriff des Raumes als machtpolitische Vorstellung. Mit der darauf aufbauenden Vision vom »Volk ohne Raum« etablierte sich ein Paradigmenwechsel in der deutschen Ostpolitik generell. Jahrzehnte lang war zuvor das politische Schlagwort vom »Drang nach Osten« in Gebrauch. Anders als die noch aggressivere nationalsozialistische Losung eines »Volkes ohne Raum«, die die Auswirkungen der Niederlage im Ersten Weltkrieg reflektiert, wurzelt die Vorstellung vom »Drang nach Osten« in historischen Tiefen. Sie stellt sich damit in die Tradition spätmittelalterlicher Siedlerbewegungen von Deutschen, die entweder von lokalen Fürsten im Namen des technischen oder organisatorischen Fortschritts angeworben wurden oder unter missionarischem Deckmantel Siedlungsgebiete eroberten. Die damit einhergehende Überlagerung der einheimischen slawischen Bevölkerung durch deutsche Handwerker, Händler und Bauern war ein Nebenprodukt des im Kern wirtschaftlichen oder verwaltungstechnischen Vormarsches. Nationale Ideologie spielte damals keine Rolle.

»Volk ohne Raum« ist für die 1930er Jahre ein radikal neues, modernes Paradigma deutscher Expansionsbestrebung. Die NSDAP bediente sich dieser Parole, während sie vom »Drang nach Osten« kaum mehr sprach. Und sie unterbuttert sie mit offen rassistischer und sozialdarwinistischer Ideologie. Der, den es zu verdrängen gilt, ist der singularisierte und damit seiner vielfältigen Menschlichkeit beraubte »Russe«. Er wird als rassisch minderwertig, schwach, krank

---

[98] http://de.wikipedia.org/wiki/Karl_Haushofer (5.5.2015)

und degeneriert dargestellt. Ihn auszulöschen, zu vernichten wird zur zivilisatorischen Aufgabe. Beim Leiter der Deutschen Arbeitsfront, Robert Ley, kann man diese ideologische Begründung einer angeblichen wirtschaftlichen und sozialen Notwendigkeit – »den Raum nehmen« – im Organ des Kampfbundes des Gewerblichen Mittelstandes, *Der Deutsche Handel*, vom 17. Oktober 1939 nachlesen: »Wir können unseren Auftrag nur daher nehmen, dass wir sagen, es ist von Gott gewollt, dass eine höhere Rasse über eine mindere herrschen soll, und wenn für beide nicht genügend Raum ist, dann muss die mindere Rasse verdrängt und, wenn notwendig, zum Vorteil der höheren Rasse ausgerottet werden. Die Natur rottet überall das Schwache und Ungesunde zugunsten des Starken und Gesunden aus. (...) Aus diesen Gedanken, aus dieser Idee kommt unser Auftrag. Deshalb verlangen wir Boden.«[99]

Eine neue, konkrete, expansive und rücksichtslose »Ostpolitik« statt einer allgemeinen »Ostorientierung« forderte auch der Führer der NSDAP, Adolf Hitler, in *Mein Kampf*. Im erst 1927 erschienenen zweiten Band setzt er sich vor allem mit dem Verhältnis Deutschlands zu Russland auseinander, das er als »Prüfstein« für die Partei und das Land bezeichnete.[100] Die oberste Devise seiner »Lebensraum-Politik« müsse lauten, »dem deutschen Volk den ihm gebührenden Grund und Boden dieser Erde zu sichern.«[101] Die russische Erde bot genug Platz dafür, diese Pläne zu verwirklichen.

Die deutsche Journaille zog nach. Einer der schlimmsten Rassisten, den sie zu bieten hatte, war der aus Reval/Tallinn stammende Deutsch-Balte, mit einer russischen Staatsbürgerschaft ausgestattete Alfred Rosenberg. Der Russenhass des Chefideologen der NSDAP speiste sich aus Antisowjetismus und Antisemitismus, wobei er die beiden insofern verband, als er die sowjetische Führung als »verjudet« und dementsprechend »rassisch minderwertig« ansah. Das Asiatische, Östliche war für ihn der Feind des Nordischen, Europäischen, Deutschen. Wie hasserfüllt er der Sowjetunion gegenüberstand, zeigt sein Pamphlet *Der Mythus des 20. Jahrhunderts*, das 1930 erstmals erschien: »Der Bolschewismus«, heißt es darin, »bedeutet die Empörung des Mongoliden gegen nordische Kulturformen, ist der Wunsch nach der Steppe, ist der Hass des Nomaden gegen Persönlichkeitswurzel, bedeutet den Versuch, Europa überhaupt abzuwerfen.« Dieser Gefahr, so Rosenbergs Bekenntnis, müsse man dadurch beggnen, indem man die Slawen »als schmiegsamer Ton in der Hand nordischer Führer«[102] der

---

99 Der Deutsche Handel vom 17. Oktober 1939. Zit. in: Helmut Krausnick/Harold Deutsch (Hg.), *Tagebücher eines Abwehroffiziers 1938-1940*. Stuttgart 1970, S. 576. Zit. in: http://de.wikipedia.org/wiki/Volk_ohne_Raum (3.5.2015)
100 Koenen 2005, S. 396
101 Adolf Hitler, *Mein Kampf*, 2. Bd., 1927, S. 739. Zit. in: Koenen 2005, S. 397
102 Alfred Rosenberg, *Der Mythus des 20. Jahrhunderts*. München 1930, S. 113

»deutschen Herrenrasse« dienstbar mache. Die ideologischen Pflöcke für den nächsten Feldzug gegen Osten waren spätestens Anfang der 1930er Jahre eingeschlagen, der »Untermensch« identifiziert und nach dessen Eliminierung das Versprechen an die deutsche Gefolgschaft abgegeben, dessen Grund und Boden zu übernehmen.

Den Grundstein für ein revanchistisches Deutschland, das die Folgen seiner Niederlage mit Rassismus kompensierte, legte der Vertrag von Versailles, so wie es Trianon für Ungarn und – mit etwas geringerer Strahlkraft – Saint Germain für Österreich tat. Die Machtübernahme der Sowjets in Russland hatte der herrschenden Klasse in Deutschland zum ethnischen Feindbild des Russen noch den Kommunisten hinzugefügt. Auf diesem Klavier der doppelten Ressentiments ließ sich vorzüglich vorurteilsbeladene, rassistische und antikommunistische Politik spielen. Doch nicht nur Berlin ortete seinen Feind im Osten, auch die Westmächte taten in den 1930er Jahren alles, um Moskau zu demütigen. So insbesondere in einem entscheidenden Moment der europäischen Geschichte zwischen den großen Kriegsgängen. Am 29. September 1938 trafen in München Benito Mussolini, Adolf Hitler, Neville Chamberlain und Édouard Daladier zusammen. Die vier Regierungschefs aus Rom, Berlin, London und Paris segneten die Eingliederung der mehrheitlich deutschsprachigen, sogenannten »Sudentengebiete« der ČSR ins Deutsche Reich ab. Die Tschechoslowakei in der Form ihrer 1918 als Vielvölkerstaat gegründeten Republik hörte damit zu existieren auf. Hitlers erste Grenzverschiebung in Richtung Osten blieb auf europäischem Parkett ohne Widerspruch.

Auffällig abwesend bei der Konferenz in München waren nicht nur Vertreter der Tschechoslowakei, um deren Existenz es immerhin ging, sondern auch die Führung der Sowjetunion. Sie war von den Westmächten nicht eingeladen worden. Dies interpretierte Moskau nicht zu Unrecht als Ausschluss aus dem internationalen Konzert und als Versuch, der deutschen Expansion im Osten ohne Widerstand den Weg zu bereiten. Diese Strategie weitergedacht, konnte dies nur bedeuten, dass Westeuropa die UdSSR im Falle eines Angriffs durch Deutschland wohl ebenso im Stich ließe wie es mit der Tschechoslowakei vorgeführt wurde.[103] Vor diesem Hintergrund wird der deutsch-sowjetische Nichtangriffspakt vom 23. August 1939 verständlicher. Moskau fühlte sich von Frankreich und Großbritannien im Stich gelassen. Stalin garantierte im deutsch-russischen Pakt die sowjetische Neutralität, sollte Berlin Polen angreifen. Das geheime Zusatzprotokoll hingegen, das der Sowjetunion »im Falle einer territorial-politischen Umgestaltung« die Wiederinbesitznahme von Gebieten erlaubte, die dem

---

103 Nolte 2003, S. 247

Zarenreich im Ersten Weltkrieg verloren gegangen waren – was schließlich auch geschah –, zeigt erste (neo)imperiale Züge Russlands unter der roten Fahne. Trotz offiziell gültigem deutsch-russischen Nichtangriffspakt blieben in Berlin die geopolitischen Planungen für den Osten weiterhin gegen Russland gerichtet. Ein Blick in die Gedankenwelt eines der höchsten NSDAP-Politiker, Reichsführer SS und späterer Reichsinnenminister Heinrich Himmler, mag die deutsche Position nach dem Angriff auf Polen (1. September 1939) und vor dem Überfall auf die Sowjetunion (22. Juni 1941) erhellen. Mit feiner Feder entwirft Himmler in einer Niederschrift vom 15. Mai 1940 ein Zukunftsszenario für Osteuropa, wie es in den Berliner Planungsstäben diskutiert wurde. Es geht, wie gewohnt, um die Kontrolle der Völker im Osten durch den deutschen »Herrenmenschen«: »Bei der Behandlung der Fremdvölkischen im Osten müssen wir daraus sehen, so viel wie möglich einzelne Völkerschaften anzuerkennen und zu pflegen, also neben den Polen und Juden die Ukrainer, Weissrussen, die Goralen, die Lemken und die Kaschuben. Wenn sonst noch irgendwo Volkssplitter zu finden sind, auch diese. Ich will damit sagen«, so Himmler weiter, »dass wir nicht nur das grösste Interesse daran haben, die Bevölkerung des Ostens nicht zu einen, sondern im Gegenteil in möglichst viele Teile zu Splittern zu zergliedern.«[104] Neben der vielleicht für Mai 1940 überraschend anmutenden Bemerkung über die Juden, die Himmler als »Volkssplitter« anerkannt wissen will, ist es von größerem Interesse, wie sich der Chef der deutschen Polizei und Reichsführer SS den Umgang mit zu erobernden Gebieten im Osten vorstellt. »Teile und herrsche« ist die sichtbar zum Ausdruck gebrachte Devise. Aber dahinter steht die wahrhaftige Feindortung: Russland. Himmler verliert in der gesamten Niederschrift kein Wort über Russland oder die Sowjetunion, immerhin besteht ja zwischen Moskau und Berlin ein Nichtangriffspakt. Unschwer ist dennoch die Stoßrichtung seiner Planungen erkennbar: Moskau muss geschwächt werden, und zwar über die ethnische Frage, oder wie er es ausdrückt: das »völkische« Moment. Es gilt, wieder einmal, die Ukraine und Weißrussland – nebst möglichst vielen anderen Gebieten – vom russischen Einfluss fern zu halten bzw. aus dem sowjetischen Verband herauszulösen. Das Ziel der »Behandlung der Fremdvölkischen« im Rahmen der Eroberung kommt im strategischen Papier Himmlers nicht vor. Es sind die alten deutschen Pläne, die schon vor und während des Ersten Weltkrieges bestanden hatten, nämlich im Süden Russlands die Kontrolle über Getreidefelder, Erzlager und Erdöl zu erlangen. Deswegen machten die großen deutschen Industriemagnaten aus dem Gefreiten des Ersten Weltkrieges den Führer des Deutschen Reiches.

---

104 Niederschrift Heinrich Himmlers »Einige Gedanken über die Behandlung der Fremdvölkischen im Osten«. Aus: Zentrales Staatsarchiv Potsdam, Film 3570. Zit. in: Opitz 1994, S. 653

Mit dem Überfall auf die Sowjetunion am 22. Juni 1941 erhob sich schlagartig eine vielstimmige Propaganda gegen Bolschewismus, Russland und die Russen. Die Heimatfront tobte, wie in jedem Krieg. Der Begriff des »Untermenschen« wurde zum Stereotyp, wenn es darum ging, Russen bzw. Sowjetmenschen zu beschreiben. Eine 1942 vom SS-Hauptschulungsamt herausgegebene Broschüre zeigt am Titelbild einen solchen »Untermenschen«. Er ist breitschädelig, hat einen verschlagenen Blick, einen sklavisch rasierten Kopf, sein zur Fratze verzerrtes Gesicht ist dunkelhäutig; hinter ihm vermitteln Horden von tierisch anmutenden Gestalten die Gefahr, die von Russland ausgeht und die es zu bändigen gilt.[105]

Deutsche Großraumpläne

Der deutsche Überraschungsangriff gelang, es hatte den Anschein, als ob das Konzept vom »Blitzkrieg«, wie es im Berliner Generalstab entworfen worden war, funktionierte. Mit über 3,5 Mio. Soldaten – darunter Verbündete aus Ungarn, Rumänien und der Slowakei – und 3500 Panzern zog die Wehrmacht gegen Osten.[106] Die sowohl an Mannschaft als auch an Material zahlenmäßig überlegene Rote Armee verlor hunderttausende Verteidiger in den Kesselschlachten, über 3 Mio. Rotarmisten ließen sich im ersten Kriegsjahr gefangen nehmen. In dieser Zeit vor der militärischen Wende, als es den Rotarmisten im November 1942 gelang, die deutsche 6. Armee in Stalingrad einzukesseln, herrschte Euphorie in Berlin. Die Vorstellungen über die Neuordnung des eurasischen Kontinents wurden immer größenwahnsinniger; und die Pläne eines von Deutschland geführten Großraumes immer konkreter. Ende 1941 glaubte der deutsche Generalstab – laut sowjetischen Quellen –, bis weit hinter Moskau an die Linie Archangelsk–Kasan–Samara–Stalingrad–Astrachan vordringen zu können. Die Eroberungspläne des »Unternehmens Barbarossa« reichten bis ins russische Herzland, vom Weißen Meer im Norden bis zum Kaspischen Meer.[107]

Sehen wir uns nur eine von vielen solcher Schriften an, die – den Sieg der Wehrmacht vor Augen – Nachkriegskonzepte für Russland und die Russen schmiedeten: »Die Zukunft der deutschen Herrschaft in Russland« nennt der bekannte SS-Sturmbannführer und Ökonom Giselher Wirsing seine vertrauliche Denkschrift, die der Sozialwissenschaftler Reinhard Opitz dankenswerter Weise in jahrelanger mühevoller Archivarbeit zusammen mit vielen anderen Dokumenten in einem über 1000-seitigem Band öffentlich gemacht hat. »Niemals wieder darf Deutschland und Europa durch eine russisch-asiatische

---

105 *Unsere Russen* 2008, S. 137
106 Nolte 2003, S. 253
107 Siehe Peter Scholl-Latour, *Russland im Zangengriff. Putins Imperium zwischen Nato, China und Islam*. Berlin 2007 (2014), Landkarte nach S. 204 im Buchinneren

Despotie bedroht werden«, beginnt er seine im August 1942 verfassten nationalsozialistischen Europapläne. Und er fährt fort: »Dies bedeutet, dass ein Gebiet, das voraussichtlich zwischen 70 und 90 Mio. Menschen in sich bergen wird, auf die Dauer von Deutschland – unter begrenzter Mithilfe der übrigen europäischen Völker – beherrscht werden muss. Die breitere Öffentlichkeit im Reich ist sich vorerst nur ganz bedingt bewusst, dass wir im Laufe des letzten Jahres den entscheidenden Schritt von der Grossmacht im alten europäischen Sinne zum Herrschaftsvolk im weltgeschichtlichen Sinne getan haben.« Im Kapitel »Der Grosswirtschaftsraum« wird der Herausgeber und Kommentator mehrerer deutscher Zeitungen sehr konkret, was die geplante Zukunft Russlands betrifft: »Der deutsch-europäische und der russische Wirtschaftsraum ergänzen sich gegenseitig in hervorragendem Masse. (...) Die Voraussetzungen sind also gegeben, dass uns der Russe auf die Dauer nicht als die Träger einer drückenden Fremdherrschaft empfindet, sondern dass er bereit ist, für sich selbst in dem von uns gezogenen Rahmen zu arbeiten und zu produzieren. Es ist dabei von ausschlaggebender Bedeutung, dass der Russe immer den Eindruck hat, dass seine Arbeit auch ihm selbst zugutekommt. (...) Das russische Volk muss also in stärkerem Masse, als dies bisher möglich war, mit positiver Propaganda über die Vorteile, die es bei der Eingliederung in unser europäisches System geniessen kann, bearbeitet werden.«[108]

Wie ein solches Unterfangen nach den von der Wehrmacht verursachten Verwüstungen in die Tat umgesetzt werden hätte sollen, bleibt – ganz unabhängig von der Frage nach Sieg oder Niederlage – schleierhaft. Die auch an vielen anderen Stellen angedachten Großraumpläne für die Nachkriegszeit gingen allesamt von einem deutsch geführten und beherrschten eurasischen Reich aus, in dem allerdings nicht mehr der plumpe Rassismus gegenüber »Untermenschen« im Vordergrund stand, sondern die Kooptierung einer willig und gefügig gemachten russischen Bevölkerung in ein deutsch-europäisches Projekt. Insofern sind die Töne, die Wirsing und andere insbesondere vor der Schlacht von Stalingrad von sich geben, Vorläufer von Expansionsideen, wie sie 50 Jahre später, nach dem Zusammenbruch der Sowjetunion, freilich in anderer, nun moderner klingender Diktion zu hören sind. Die Unterwerfung Russlands unter die Begehrlichkeiten deutscher, europäischer Erweiterungspläne, seien sie geopolitischer und/oder wirtschaftlicher Natur, klingt hier 1942 erstmals in einer strategischen Dimension an. Zynisch formuliert könnte man von der Vision eines Kolonialismus mit menschlichem Antlitz sprechen.

108 Vertrauliche Denkschrift »Die Zukunft der deutschen Herrschaft in Russland von SS-Sturmbannführer Dr. Giselher Wirsing. Ende August 1942, aus: Zentrales Staatsarchiv Potsdam, Film AA 10579. Zit. in: Opitz 1994, S. 909, 916, 917

Brachialer und weniger einfühlend gab sich der »Führer« selbst, wie aus nach dem Krieg publizierten »Tischgesprächen« hervorgeht. Anfang November 1941 bricht er eine Lanze für den brutalen Kolonialismus. »Wer Blut vergossen hat«, stellt er einen Vergleich zum britischen Kolonialsystem in Indien an, »hat auch das Recht, die Herrschaft auszuüben.« Die Zukunft Russlands sieht er parallel zu jener Indiens, wenn er sagt: »Was für England Indien war, wird für uns der Ostraum sein. Wenn ich dem deutschen Volk nur eingeben könnte, was dieser Raum für die Zukunft bedeutet!«[109] Seine Propagandisten arbeiteten Tag und Nacht daran, die Bedeutung der Eroberung Russlands in entsprechend strahlendes Licht zu rücken.

Bereits drei Monate nach dem Überfall auf die Sowjetunion legte der Reichsinnenminister Wilhelm Frick im Herbst 1941 eine sogenannte »Braune Mappe« vor, die neue Strukturen für die »Zivilverwaltung in den besetzen Ostgebieten« vorgab. Vorgesehen war die Gliederung in »Reichskommissariate«, die bis dahin gültige Verwaltungsgrenzen ablösen sollten. Aus den 15 sowjetischen Verwaltungsbezirken in der Ukraine und den vier in Weißrussland entstanden so sieben Reichskommissariate.[110] Dem militärischen Vormarsch folgte das totale Umkrempeln der zivilen Strukturen. Dahinter stand der sogenannte »Generalplan Ost«, der zunächst unter Reichsführer SS Heinrich Himmler erstellt wurde und dessen Konzept auf der Ausweitung eines »Lebensraumes im Osten« für Deutsche fußte. Es ging um nichts weniger als um die Kolonisierung Osteuropas durch das »germanische Element«. In der Version vom Mai 1942 sah der »Generalplan Ost« neben der Germanisierung von Westpreußen und Ostoberschlesien die »Abgrenzung neuer Siedlungsgebiete« (für Deutsche, d. A.) vor: dem rund um Leningrad gelegenen »Ingermanland« im Norden, dem westlich davon befindlichen »Memel-Narew-Gebiet« zwischen Riga, Vilnius und Białystok und dem »Gotengau«[111] am Schwarzen Meer mit den riesigen Eisenerzvorkommen in Kriwoj-Rog, dem Industriezentrum Dnepropetrowsk und der Halbinsel Krim. Die ansässige slawische Bevölkerung sollte in mehreren Wellen nach Sibirien deportiert werden. Auch eine Frist hatte sich Berlin dafür ausgedacht; in 30 Jahren wollte man die drei »Reichsmarken« mit Millionen von Deutschen besiedelt haben.

Die Krim gehörte zu den bevorzugtesten Gebieten, in die deutsches Kapital unmittelbar nach ihrer Eroberung durch die Wehrmacht Ende 1941 investierte.

---

109 Gerhard Ritter (Hg.), *Hitlers Tischgespräche im Führerhauptquartier 1941–1942*. Bonn 1951, S. 41 und 42; zit. in: Opitz 1994, S. 857f.
110 Aus den Richtlinien für die Zivilverwaltung in den besetzten Ostgebieten (Braune Mappe). Aus: Zentrales Staatsarchiv Potsdam, Film 734, Bl. 669ff. Zit in: Opitz 1994, S. 819f.
111 Der Name bezog sich auf eine frühe Besiedlung der Krim durch Ostgoten, deren Spur sich allerdings im 7. Jahrhundert verliert.

In welchem Umfang das geschehen konnte, zeigt die penibel recherchierte Arbeit des Historikerduos Karl Heinz Roth und Jan-Peter Abraham über den deutschen Tabakriesen Reemtsma.[112] Der Hamburger Konzern übernahm im Schatten der deutschen Besatzung die Tabakwirtschaft auf der Schwarzmeer-Halbinsel, in der Zehntausende Zwangsarbeiter – der Großteil von ihnen Krimtataren, die nach dem Sieg der Roten Armee u. a. wegen dieser »Kollaboration« mit Nazi-Deutschland deportiert wurden – wie Leibeigene schufteten. Doch damit nicht genug, über Tochterfirmen wie die Kühl-Transit AG baute Reemtsma ganze Güterketten für die Verarbeitung landwirtschaftlicher Produkte auf; so errichtete man »große Kühlhäuser in Simferopol, Sewastopol, Jewpatorija und Kertsch«, mit denen der privilegierte Zugang zu Obst und Gemüse sowie zur Fischerei gesichert wurde.[113]

Auch in anderer Hinsicht plante Berlin die Übernahme der ukrainischen Landwirtschaft. So wurden Bauern aus verschiedenen Gebieten des Deutschen Reiches in den Jahren 1941 und 1942 große Karrierechancen in den Ostgebieten in Aussicht gestellt. Im niederösterreichischen Gmünd zum Beispiel übten angehende Jungbauern in der Ausbildung zum Landwirt mit ukrainischer Schwarzerde. Dafür wurden Tonnen von ukrainischer Schwarzerde mit der Bahn von der Ostfront ins Hinterland gebracht. Den erfolgreichen Absolventen des bäuerlichen Lehrganges stellte die Schulbehörde nach Kriegsende eine Verwalterstelle auf deutschen Gütern in der Ukraine in Aussicht.[114]

In einer kritischen Stellungnahme zum »Generalplan Ost« bezweifelt der im Reichsministerium für die besetzten Ostgebiete arbeitende Jurist Erhard Wetzel die ambitionierten Vorstellungen der Umsiedlung von Slawen, um Platz für die Ansiedlung von Deutschen zu machen. In einer als »Geheime Reichssache« deklarierten Abschrift heißt es am 27. April 1942: »Aus dem Plan ergibt sich, dass es sich nicht um ein Sofortprogramm handelt, dass vielmehr die Besiedlung des Raumes mit Deutschen etwa 30 Jahre nach dem Kriege erreicht sein soll. Wie aus dem Plan hervorgeht, sollen 14 Mio. Fremdvölkische in dem Raum verbleiben. Ob diese jedoch innerhalb der vorgesehenen Zeit von 30 Jahren wirklich umgevolkt und eingedeutscht werden, erscheint mehr als zweifelhaft, da auch nach dem vorliegenden Plan die Anzahl der deutschen Siedler nicht gerade beträchtlich ist. (...) Die Kernfrage der ganzen Ostsiedlung ist«, sorgt sich der Jurist, »ob es uns gelingt, im deutschen Volke den Siedlungstrieb nach dem Osten wieder zu erwecken.«[115]

---

112 Karl Heinz Roth/Jan-Peter Abraham, *Reemtsma auf der Krim. Tabakproduktion und Zwangsarbeit unter der deutschen Besatzungsherrschaft 1941–1944*. Hamburg 2011
113 Roth/Abraham 2011, S. 80
114 Gespräche mit Waldviertler Bauern in den frühen 1980er Jahren.
115 »Stellungnahme und Gedanken zum Generalplan Ost des Reichsführers SS« von Dr. Wetzel, Regierungsrat im Reichsministerium für die besetzten Ostgebiete. Aus: Prozessakten des Nürnberger Gerichtshofs, NG-2326. Zit. in: Opitz 1994, S. 869

Ebenso planmäßig wie an die Ansiedlung von Deutschen im Osten ging Berlin an die Vertreibung und Ausrottung von Slawen, insbesondere Russen, heran. Dabei gab es durchaus unterschiedliche Positionen in Nazi-Führungskreisen, was die Härte und Brutalität anlangte, um zum Ziel zu kommen. Über das Ziel jedoch herrschte Übereinstimmung. Es ging um das Zurückdrängen des russischen und das Ausdehnen des deutschen Einflusses, und zwar territorial, ethnisch-völkisch und kulturell. SS-Sturmbannführer Giselher Wirsing spricht sich in einem vertraulichen Papier vom August 1942 dafür aus, bei der Inbesitznahme Russlands eher behutsam vorzugehen. »Die Kolonialzeit im Stile der britischen weltgeschichtlichen Epoche neigt sich ihrem Ende zu. Reine Ausbeutungskolonien können sich in gewissen Teilen Afrikas halten«, schreibt er, meint aber, dass dies in »asiatischen Zonen« nicht mehr so einfach und widerspruchslos möglich sei. Wirsing geht es um den Aufbau einer Ordnung, die »ein Höchstmass von produktiver Leistung erzielen könne«. Mit brachial-kolonialen Mitteln sei da kein Durchkommen, umso weniger, als die weit verbreitete Meinung irrig sei, »der Russe« würde »von Natur aus völlig bedürfnislos« sein. »In Wirklichkeit besitzt das russische Volk eine gerade besonders hervorstehende primitive Freude am Eigentum und Besitz jeder Art.« Dies gebe Hoffnung, so einmal der Bolschewismus beseitigt sei, ein deutschen und europäischen Werten aufgeschlossenes Volk zu formen, das zum Nutzen des Deutschen eingesetzt werden könne.[116] Über eine mögliche direkte Eindeutschung äußert sich Wirsing in besagter Denkschrift nicht.

Die Wirklichkeit war noch brutaler. Der Historiker Hans-Heinrich Nolte nennt in seinem Klassiker *Kleine Geschichte Rußlands* allein 17 Mio. durch die deutsche Soldateska getötete Zivilisten. Davon wurden 7 Mio. ermordet, 7 Mio. verhungerten und 3 Mio. gelten als vermisst. Ein demografischer Vergleich der Jahre 1941 und 1946 kommt unter Berücksichtigung durchschnittlicher Geburts- und Todesraten auf einen Bevölkerungsverlust in der Sowjetunion von 26,6 Mio. Menschen.[117] Die EinwohnerInnenzahl sank in diesem Zeitraum von 196,7 auf 170,5 Mio.. Kollektive Gewaltmaßnahmen und Losungen wie »Keine Schonung!« oder »Keine Gefangenen!« begleiteten den Vormarsch der Wehrmacht. Am Ende des Zweiten Weltkrieges lag die Sowjetunion in Schutt und Asche.

---

116 Vertrauliche Denkschrift »Die Zukunft der deutschen Herrschaft in Russland von SS-Sturmbannführer Dr. Giselher Wirsing. Ende August 1942, aus: Zentrales Staatsarchiv Potsdam, Film AA 10579. Zit. in: Opitz 1994, S. 912f.
117 Nolte 2003, S. 250, 263

Vom heißen zum Kalten Krieg (1945–1991)

Mit der Kapitulation Deutschlands am 8. Mai 1945 betrat eine Macht die Weltbühne, die bis dahin in Europa keine entscheidende Rolle gespielt hatte. Das änderte sich nun. Die USA waren der Sieger des Zweiten Weltkrieges. Während die Sowjetunion den Frieden mit enormen Verlusten zu bezahlen hatte, gingen die USA gestärkt aus den Schlachten hervor. Das hatte vor allem auch damit zu tun, dass der nordamerikanische Kontinent bis auf einen (japanischen) Luftangriff auf Pearl Harbor in Hawaii am 7. Dezember 1941 vom Kriegsgeschehen verschont blieb.

Berechnungen über die von Nazi-Deutschland angerichteten Zerstörungen in der Sowjetunion gibt es eine Menge. Abgesehen davon, dass sie allesamt Gefahr laufen, im Angesicht des unschätzbaren Leides der Menschen zynisch zu wirken, ist eine statistische Quantifizierung von Kriegsschäden grundsätzlich fragwürdig. Der britische Ökonom Angus Maddison, der für seine volkswirtschaftlichen Datenreihen berühmt ist, hat es dennoch versucht. Sein makroökonomischer Befund interessiert uns weniger wegen der absoluten Zahlen, sondern wegen des aufschlussreichen Vergleichs der Schäden der kriegsführenden Länder. Zu Kriegsende, so Maddison, waren 3 % des inländischen Kapitalstocks von Großbritannien, 7 % von Italien und 8 % von Frankreich zerstört. Für Deutschland berechnet er eine Kapitalvernichtung von 13 %, während die überfallene Sowjetunion im Krieg 25 % einbüßte und damit fast doppelt so zerstört zurückblieb wie der Aggressor.[118] In den USA hingegen boomte die Wirtschaft. Von Detroit bis Baltimore wussten die Unternehmen der Schwer- und Metallindustrie nicht, woher sie die vielen Arbeiter bekommen sollten, die die schnell wachsende und mit Staatsgeldern garantierte Rüstungsindustrie benötigte. Das US-Sozialprodukt hatte sich zwischen 1941 und 1945 fast verdoppelt, die Arbeitslosigkeit sank von 9 Mio. auf Null,[119] der Krieg im fernen Europa war, nicht zuletzt mit kräftiger staatlicher Unterstützung, zum Motor der US-amerikanischen Ökonomie geworden.

Nicht nur die Tatsache, dass auf amerikanischem Boden keine Zerstörungen zu beklagen waren, versetzte Washington in die Lage, aus dem Krieg Kapital zu schlagen. Auch der stark verzögerte Eintritt in das Kriegsgeschehen verschaffte den USA am Ende große Vorteile. Schon seit Juli 1942 forderte Stalin

---

118 Angus Maddison, *Economic Policy and Performance in Europe 1913–1970*. London 1973, Kap. 10
119 Hans-Heinrich Nolte, *Kleine Geschichte Rußlands*. Stuttgart 2003, S. 272

von den Westalliierten den Aufbau einer zweiten Front, also das Vorrücken gegen Deutschland von Westen her. Aber London und Washington zeigten Moskau die kalte Schulter. Am 22. Juli 1942 informierte US-Präsident Franklin D. Roosevelt den sowjetischen Botschafter in den USA, Maksim Litwinow, dass eine zweite Front am Unwillen der Briten scheiterte.[120] Bis zur Landung der Alliierten in der Normandie Anfang Juni 1944 sollten noch fast zwei Jahre vergehen. In diesem Zeitraum verblutet die russische Zivilbevölkerung und die Rote Armee erleidet höchste Verluste. Bis ins Jahr 1944 kämpften sowjetische Soldaten gegen 60 % bis 70 % der Wehrmacht, während den Westalliierten nur 1 % bis 6 % der deutschen Landstreitkräfte gegenüberstanden.[121] Hinter diesem Ungleichgewicht zwischen Ostfront und Westfront stehen indes nicht nur militärtechnische Überlegungen, wie sie von britischer und US-amerikanischer Seite immer wieder ins Treffen geführt werden. Die Mobilisierung sei noch nicht entsprechend abgeschlossen, die amerikanische Flotte noch nicht stark genug und die Berechnungen der Stäbe müssten noch überprüft werden, hieß es in unzähligen Memoranden aus Washington und London. In Wahrheit wollten führende Kreise der Westalliierten den Sowjets so lange wie irgendwie möglich nicht zu Hilfe kommen. Entlarvend für diese Position des willentlichen Abwartens ist eine Aussage des damaligen US-Senators (und späteren Präsidenten) Harry S. Truman in seiner Funktion als Vorsitzender des Ausschusses zur Überwachung der Kriegsproduktion. Mit ihr wird auch schon frühzeitig klar, dass Washington schon während des Krieges nicht nur Hitler, sondern auch Stalin als Feind betrachtete. »Wenn wir sehen«, so Truman zwei Tage nach dem Einmarsch der Wehrmacht in die Sowjetunion am 24. Juni 1941, »dass Deutschland gewinnt, sollten wir Russland helfen, und wenn Russland gewinnt, so sollten wir Deutschland helfen. Und auf diese Art lasst sie so viele wie möglich einander umbringen; obwohl ich Hitler unter keinen Umständen siegreich sehen will.«[122] Diese Menschen verachtende Aussage Trumans hatte etwas grausam Prophetisches an sich. Es sollte genauso kommen.

Bereits im Jahr 1942, also mitten im Krieg, entwickelte der US-amerikanische Politikwissenschaftler Nicholas Spykman ein geopolitisches Konzept, dem sich u. a. George C. Marshall und Harold Stark, die beide zur Führung des Generalstabs gehörten, verpflichtet fühlten. In seinem Hauptwerk *America's Strategy*[123] greift Spykman die Theorie von Halford Mackinder aus dem Jahr 1904 auf, mit der die Notwendigkeit der Kontrolle über das russische Herzland argumentiert

---

120 Valentin Falin, *Zweite Front. Die Interessenkonflikte in der Anti-Hitler-Koalition*. München 1995, S. 319. Zit. in: http://www.hist-chron.com/2wk/Falin_schachspiel24-1942-juli-august.html (10.5.2015)
121 Bernd Greiner/Kurt Steinhaus, *Auf dem Weg zum 3. Weltkrieg*. Köln 1980, S. 15
122 *New York Times* am 24. Juni 1941
123 Nicholas Spykman, *America's Strategy in World Politics. The United States and the Balance of Power*. New York 1942 (Neuauflage: 2007)

wird, um weltherrschaftliche Ansprüche umsetzen zu können. Spykman bedient sich allerdings Mackinders Formel nur, um ihr eine andere geopolitische Stoßrichtung zu geben. Ihm zufolge gehe es heutzutage – also in der Epoche nach dem Ende des Zweiten Weltkrieges – nicht darum, das »Herzland«, Russland, zu beherrschen. Vielmehr müssten die USA die sogenannten »rimlands« kontrollieren, den das russische Kernland umgebenden geografischen Bogen. Die Interpretation dieser »rimlands« schließt Osteuropa, den Balkan und den Mittleren Osten genauso ein wie die innerasiatischen Sowjetrepubliken bis nach Afghanistan und China.[124] Später sollte der Stratege und Präsidentenberater Zbigniew Brzeziński diese Theorie aufgreifen und weiterentwickeln.[125]

In seinem monumentalen, weit über 1000 Seiten starken Werk *Das Eurasische Schachbrett* outet der Autor Bernhard Rode jenen Mann, der Zbigniew Brzeziński (und Samuel Huntington) auf die Idee brachte, im gegen Moskau aufzubauenden Krisenbogen der »rimlands« auf die islamische Karte zu setzen, um die Sowjetunion an den Rändern ihrer »muslimischen Weichteile« zu destabilisieren. Der 1916 in England geborene Historiker Bernard Lewis galt Jahrzehnte lang als der führende Orientexperte in britischen Geheimdienstkreisen und beriet u. a. die US-Präsidenten Jimmy Carter und George Bush junior. »Die gesamte Politik der Carter-Administration gegenüber dem Persischen Golf, Afghanistan und dem südlichen Teil der Sowjetunion waren in ihren Ursprüngen Entwürfe von Bernhard Lewis«, schreibt Rode.[126] Tatsächlich hatte der in Princeton lehrende Lewis mit seiner orientalisierenden Sicht auf die Völker Asiens großen Einfluss auf die US-Politik; sein heftigster intellektueller Gegner, Edward Said, warnte immer wieder (vergeblich) davor.

Für die unmittelbare Nachkriegszeit hat Spykman wesentliche Spuren in Richtung Kalter Krieg gelegt. Er gilt als geistiger Vater der Containment-Politik von Präsident Truman, der übrigens im Jahr 1947 jenen George C. Marshall ins Außenministerium berief, der Spykmans geopolitisches Konzept schon während des Krieges begierig aufsog.

Im Kampf gegen Hitler ließen die US-amerikanischen Geostrategen von Anfang an das größere Ganze, die Weltherrschaftspläne, nicht außer Acht.

Die fürchterlichste Ausprägung, um diesem Ziel näher zu kommen, war der Einsatz von zwei Atombomben gegen die japanischen Städte Hiroshima und Nagasaki. Am 6. August 1945 klinkte ein Pilot der US-Luftwaffe »Little Boy« aus

---

124 Vgl. Bernhard Rode, *Das Eurasische Schachbrett. Amerikas neuer Kalter Krieg gegen Rußland*. Tübingen 2012, S. 86f. Siehe auch: Stefan Fröhlich, *Amerikanische Geopolitik – Von den Anfängen bis zum Zweiten Weltkrieg*. Landsberg am Lech 1998, S. 134f.
125 Zbigniew Brzezinski, *Die einzige Weltmacht: Amerikas Strategie der Vorherrschaft*. Frankfurt/Main 1999 (englisch: *The Grand Chessboard: American Primacy and its Geostrategic Imperatives*, New York 1997).
126 Rode 2012, S. 359/360

dem Befestigungsmechanismus der Maschine. Minuten später war Hiroshima ein Flammenmeer, 100 000 Menschen verkohlten. »Little Boy« hatte das eben erst ins Pentagon übersiedelte Kriegsministerium in euphemistisch-zynischer Allmachtphantasie den Uransprengkopf getauft. Doch damit nicht genug, kam drei Tage später ein Plutoniumriese in Nagasaki zum Einsatz. »Fat Man«, so sein Kosename, legte die zweite japanische Stadt in Schutt und Asche. Nicht zufällig waren die beiden Sprengköpfe mit unterschiedlichem todbringendem Material bestückt gewesen. Beide, Uran und Plutonium, bestanden in den Augen der US-Krieger den Test. "They did the job", hieß es im entsprechenden Militär-Kommuniqué an das Präsidentenamt.

Bei diesem bislang einzigen militärischen Einsatz der schrecklichsten je von Menschen entwickelten Waffe ging es nicht in erster Linie um den endgültigen Sieg der Alliierten über Japan, wie uns dies Teile der Historikerzunft bis heute weismachen wollen. Japan hatte bereits am 11. Juli 1945 an Moskau ein erstes Kapitulationsangebot abgegeben und dieses in den folgenden Tagen mehrfach wiederholt. Doch die Rote Armee bereitete sich in diesen Tagen auf einen Vormarsch in die Mandschurei vor und war dabei, Japan anzugreifen; und Washington wollte von dem Angebot nichts wissen und lehnte ab.[127] Mehr noch als um Japan ging es den Strategen im Pentagon um die Nachkriegshegemonie. Mit den Abwürfen von »Little Boy« und »Fat Man« zielte die US-Führung strategisch auf die Sowjetunion, und dies in mehrfacher Hinsicht. Die verheerenden Auswirkungen der Atombombenabwürfe sollten Moskau (und die Welt) ganz allgemein einschüchtern. Die alleinige Verfügungsgewalt über die militärische Nutzung der Atomtechnologie verschaffte den USA entsprechenden Respekt. Hiroshima und Nagasaki signalisierten auch der Sowjetunion, sie hätte ihre Schuldigkeit im Kampf gegen Hitler und seine Verbündeten getan. »In Wirklichkeit wollte man mit den beiden Atombomben-Abwürfen«, so der Zeitgeschichtler und Journalist Jürgen Bruhn, »dem sowjetischen Alliierten – mit dem man sich zur gleichen Zeit in Potsdam traf, um die Welt neu aufzuteilen – vorrangig die eigene militärische Überlegenheit beweisen.«[128] Der Gleichzeitigkeit von Atombombeneinsatz und Friedenskonferenz in Potsdam, die vier Tage vor der Zerstörung Hiroshimas zu Ende ging, widmete sich auch der US-amerikanische Kommentator und Buchautor Gar Alperovitz. Ihm zufolge sollte der Atombombeneinsatz die Rote Armee nicht nur von dem fernöstlichen Kriegsschauplatz abhalten, sondern sie auch in Osteuropa in die Schranken weisen.[129]

---

127 Rolf Winter, *Die amerikanische Zumutung*. München 1991, S. 134f. Zit. in: Rode 2012, S. 291
128 Jürgen Bruhn, *Der Kalte Krieg oder die Totrüstung der Sowjetunion. Der US-militärisch-industrielle Komplex und seine Bedrohung durch den Frieden*. Gießen 1995, S. 27
129 Gar Alperovitz, *Atomic Diplomacy: Hiroshima and Potsdam*. New York 1965, S. 115

Das Massensterben in den beiden japanischen Städten diente indirekt dazu, die US-amerikanische Vormacht im Fernen Osten für die Zeit nach 1945 festzuschreiben. Und auch für die europäische Front erwartete sich Washington von der Atombombe einiges. US-Außenminister James Byrnes erhoffte sich bereits vor deren Einsatz Vorteile bei der Aufteilung Europas: »Die Bombe wird Russland in Europa nachgiebiger machen,« meinte er im Juni 1945.[130]

Doch mit den Abwürfen über Japan war der Atomkrieg noch nicht beendet, zumindest nicht für Washington. Die US-Führung plante den Einsatz von Uran- und Plutoniumbomben gegen russische Städte. Der Hamburger Historiker Karl Heinz Roth war der erste deutsche Forscher, der konkrete US-Pläne über atomare Schläge gegen die Sowjetunion aufspürte und veröffentlichte. Im Einsatz gegen Hiroshima und Nagasaki sieht er nur eine mögliche Vorbereitung für einen Angriff auf russische Städte, einen »präventiven amerikanischen Atomkriegsplan gegen die Sowjetunion«[131] für den November 1945.

Unter dem Titel »Atombombenziel Sowjetunion« erstellte das Joint Intelligence Committee am 3. November 1945 eine Liste mit 20 sowjetischen Industrie- und Verwaltungszentren, die durch einen »präventiven begrenzen Atomschlag« zerstört werden sollten, für den Fall, dass eine »sowjetische Aggression bevorsteht«.[132] Als Abwurfziele werden darin genannt: Moskau, Leningrad, Gorki, Kasan, Omsk, Swerdlowsk, Tiflis und 13 weitere Städte. »Zu den wichtigsten Besonderheiten der Atomwaffen gehört es, große Menschenansammlungen vernichten zu können, und von dieser Besonderheit muß man zusammen mit ihren anderen Eigenschaften Gebrauch machen«, heißt es dazu in der Gebrauchsanweisung.[133]

Bald war den Strategen in den USA indes klar, dass es mit dem Abwerfen von Atombomben alleine nicht getan sein würde, um die verhassten Kommunisten in Russland in die Knie zu zwingen. Deshalb wurden in der Folge Interventionsszenarien entwickelt, die einerseits an nazi-deutsche Besatzungspläne anknüpften und andererseits auf die ethnische Karte setzten, also vorhandene nationalistische Bestrebungen z. B. in der Ukraine für die eigenen geopolitischen Zwecke instrumentalisieren sollten. Die Interventionspläne der Jahre 1948 bis 1952 trugen Namen wie »Broiler« (»Griller«), »Halfmoon«, »Offtackle«, »Fleetwood« oder »Dropshot«. Bodentruppen sollten Atombombenabwürfen folgen.

---

130 Stephen Ambrose, *Rise to Globalism. American Foreign Policy since 1938*. New York 1985, S. 71. Zit. in: Rode 2012, S. 291
131 Karl Heinz Roth, Atombomben auf Moskau, Taschkent, Leningrad ... Zur Vorgeschichte eines präventiven amerikanischen Atomkriegsplanes gegen die Sowjetunion vom November 1945. In: *Mitteilungen der Dokumentationsstelle zur NS-Sozialpolitik*, Heft 9/10, Nov./Dez. 1985
132 Joint Intelligence Committee, Direktive JIC 329, Nov 3, 1945. Zit. in: Bruhn 1995, S. 28. Siehe auch: Roth 1985, S. 15
133 Bruhn 1995, S. 28

Im Memorandum 496/1 der kurz zuvor gebildeten »Vereinigten Strategischen Planungsgruppe«, das am 8. November 1947 in den streng geheimen Rundlauf der obersten Heeresführung ging, findet sich wiederum eine Liste wichtiger sowjetischer Städte, die es einzunehmen gelte. Darin werden Zahlen über Militärdivisionen und Jagdfliegereinheiten genannt, um zuletzt auch die ideologischen Gründe für den Angriff nachzureichen. Das Memorandum 496/1, das unter dem Stichwort »Broiler« bekannt geworden ist, nennt als Aufgabe der Besatzungsmission: »Die Vernichtung der kommunistischen Diktatur in der UdSSR und überall auf der Welt« sowie »Die Zurückdrängung Russlands in die Grenzen von 1939; die Einwirkung auf die Bevölkerung einzelner Teile der UdSSR, damit diese einen unabhängigen Status erlangt oder Föderationen bildet.«[134]

Die Anwerbung einzelner Personen und Gruppen aus nationalen Minderheiten schien Washington ein einfacher und gangbarer Weg, um Zwietracht in der vom Krieg zerstörten sowjetischen Gesellschaft zu säen. Was lag da näher, als auf antikommunistische NS-Kollaborateure zurückzugreifen. Veteranen der von Adolf Hitler Ende 1944 aufgestellten, gegen Moskau kämpfenden Wlassow-Armee, ukrainische Nationalisten aus dem Umfeld Stepan Banderas und baltische Rechte waren billig und schnell rekrutierbar, Überzeugungsarbeit war nicht mehr nötig. Der Historiker Christopher Simpson hat diese von Washington angeleiteten antikommunistischen Netzwerke zum Aufbau militärischer Formationen hinter der sowjetischen Grenze untersucht. Im Baltikum und in der Ukraine bestanden sie bis in die frühen 1950er Jahre. »Die Rekrutierung der CIA in Europa«, schreibt Simpson, »konzentrierte sich oft auf Russen, Ukrainer, Letten und andere osteuropäische Nationalisten, die während des Krieges, als ihre Heimatländer von der deutschen Wehrmacht besetzt waren, mit den Besatzern zusammengearbeitet hatten. Hunderte, vielleicht Tausende solcher Mitarbeiter waren SS-Veteranen, einige ehemalige Funktionäre beim berüchtigten Sicherheitsdienst (SD) gewesen.«[135]

Als Koordinator dieser geheimen, irregulären Kriegsführung fungierte der Geheimdienstler Frank Wisner, der unter CIA-Chef Allen Dulles weitgehend freie Hand hatte. Zu seinen Aufgaben gehörte es nicht nur, aufstandswillige Antikommunisten zu rekrutieren und sie mit Waffen, Sprengstoff und allerlei technischem Gerät zur Durchführung von Sabotageakten zu versorgen, sondern auch Zielpersonen auszusuchen, die die Amerikaner eliminieren wollten. Allein in der Ukraine wurden auf diese Weise in den ersten Nachkriegsjahren 35 000 sowjetische Kader, Gewerkschafter und Exekutivorgane ermordet. Diese

---

134 David Alan Rosenberg, The Origins of Overkill. Nuclear Weapons and American Strategy, 1945–1960, in: *International Security* 4/1983, S. 17f. Zit. in: Bruhn 1995, S. 31
135 Christopher Simpson, *Der amerikanische Bumerang – NS-Kriegsverbrecher im Solde der USA*. Wien 1988, S. 15

unvorstellbar hohe Zahl gab Wisner im Jahre 1961 selbst und voll Stolz zu Protokoll.[136] Der personelle Aderlass für die Sowjetunion ging also nach Kriegsende weiter, nur dass es nun nicht Wehrmacht und SS-Divisionen waren, die mit Hilfe von Kollaborateuren das Mordhandwerk betrieben, sondern vom ehemaligen Alliierten USA bezahlte und ausgerüstete Aufständische. Von Moskau aus betrachtet, hatte der Feind seinen Namen und auch seine Taktik geändert. Nicht mehr von Berlin, sondern von Washington aus kam die Bedrohung, und nicht mehr das ganze Land hatte er im Visier, sondern seine Randgebiete: »rimlands« statt »heartland«.

Ende 1949 wollten die USA dann die Früchte der schmutzigen Kriegsführung in der Ukraine ernten. Dafür beschaffte Chefkoordinator Wisner über inoffizielle Wege Waffen einschließlich Fahrzeuge und Hubschrauber für Hunderte Millionen Dollar. Über eine Fallschirmjägerbrücke plante der US-Geheimdienst, dieses Gerät und 1000 in den USA trainierte Kämpfer in die Ukraine zu fliegen. Man rechnete damit, innerhalb weniger Monate eine Guerillaarmee in der Stärke von 350 000 Mann auf die Beine stellen zu können.[137] Vor Ort waren es vor allem Mitglieder der Organisation Ukrainischer Nationalisten (OUN) mit ihrer herausragenden Figur Stepan Bandera und der mit dieser liierten Ukrainischen Aufstandsarmee (UPA), die als verlässlichste Partner der USA galten. Viele von ihnen hatten bis zum Kriegsende im Schatten und wohl auch im Solde der Wehrmacht gegen die Rote Armee gekämpft, jetzt wechselte, von der OUN aus betrachtet, nur der ausländische Partner. Der Feind, die Roten, war gleich geblieben. Noch bis 1951 setzten britische und US-amerikanische Dienste antisowjetische Kämpfer im Westen der Ukraine, insbesondere in der Gegend von Lwow/Lwiw ab. Letzte versprengte Reste dieser irregulären Truppen hielten sich bis Mitte der 1950er Jahre. Und dies nicht nur in der Ukraine, sondern beispielsweise auch im Baltikum. Führer der ukrainischen Nationalisten flohen in die Bundesrepublik Deutschland, wo sie die antikommunistische Exilorganisation »Anti-Bolshevik Bloc of Nations« aufbauten. Ihr Leiter Jaroslaw Stezko, der in den 1940er Jahren Stellvertreter von Stepan Bandera war, unterhielt auch kontinuierlich Kontakt zum US-amerikanischen Geheimdienst CIA. Im Jahr 1983 wurde Stezko von US-Präsident Ronald Reagan empfangen, der ihm versicherte: »Ihr Kampf ist unser Kampf, Ihr Traum ist unser Traum.«[138] Apropos Kontinuität: Stezkos Witwe, Slawa Stezko, kehrte 1991 aus dem Exil in die postsowjetische Ukraine zurück und beteiligte sich an der Gründung der rechtsradikalen Partei

---

136 Simpson 1988, S. 184. Zur Rolle von Allan Dulles im ersten »schmutzigen« Krieg der USA siehe auch: Stephen Kinzer, *The Brothers. John Foster Dulles, Allen Dulles and their Secret World War*. New York 2013
137 Simpson 1988, S. 210
138 Russ Bellant, *Old Nazis, the New Right, and the Republican Party*. Boston 1991, S. 72; zit. in: https://www.wsws.org/de/articles/2014/05/24/swo2-m24.html (24.6.2015)

»Kongress der Ukrainischen Nationalisten«, die sich bei den Parlamentswahlen 2002 dem Block »Unsere Ukraine – Nationale Selbstverteidigung« des US-gestützten Präsidenten Wiktor Juschtschenko anschloss.[139]

In Vilnius widmet ein großes sogenanntes »Museum der Genozidopfer« den sogenannten »Waldbrüdern«, die sich bis 1953 als antikommunistische Partisanen halten konnten, eine Reihe von ehrenden Sälen. Eine Broschüre mit dem Titel »Der unbekannte Krieg« gibt die Zahl von 30 000 Partisanen an, die sich 1945 in den litauischen Wäldern auf einen Guerillakrieg gegen Moskau und die Kommunisten vorbereiteten.[140] Ein letzter, versprengter »Waldbruder«, August Sabbe, kam im September 1978 ums Leben, als er sich seiner Festnahme entziehen wollte. Im heutigen Litauen gilt er als Held.

Von Bretton Woods zum Containment

Direkt unterhalb des Mount Washington, an den Abhängen der White Mountains gelegen, trafen sich am 1. Juli 1944, also noch mitten im Krieg, die Führer der Anti-Hitler-Koalition im noblen Urlaubsressort Bretton Woods in New Hampshire. US-Finanzminister Henry Morgenthau lud die Delegationen von 44 Staaten in den damals mutmaßlich größten Hotelkomplex der Welt. Noch 70 Jahre später kann man in einem seither unberührt gebliebenen Saal die Stimmung jener drei Wochen einfangen, in denen es den USA gelang, die entscheidenden Finanz- und Wirtschaftsinstrumente einer ihren Interessen dienlichen Nachkriegsordnung zu implementieren. In Bretton Woods schlug die Geburtsstunde der Zwillinge Weltbank und Internationaler Währungsfonds (IWF). Die »Internationale Bank für Wiederaufbau und Entwicklung«, wie die Weltbank im vollen Wortlaut heißt, wurde gegründet, um möglichst weltweit ein günstiges Investitionsklima zu schaffen. Ihr Ziel bestand (und besteht bis heute) darin, »private Investitionen zu fördern, indem sie Garantien für Kredite privater Investoren übernimmt oder selbst Anleihen tätigt«, wie es im Annex der Gründungsurkunde heißt.[141] Der IWF wiederum hatte für die Herstellung von Währungskonvertibilität unter seinen Mitgliedsländern zu sorgen, indem er ein Regime zur Kontrolle bzw. zum Verbot von Auf- und Abwertungen von mehr als 10 % etablierte. Zugleich wurde mit dem »Dollar-Gold-Exchange-Standard«, der Gold- und Dollarkurs aneinander und andere Währungen wiederum an den Dollar band, der US-Dollar zur Leitwährung aller Teilnehmerstaaten. Die Etablierung dieses multilateralen Zahlungssystems bildete die Basis für die »Ausschaltung von Außenhandelsrestriktionen, die das Wachstum des Welthandels

---

139 https://en.wikipedia.org/wiki/Congress_of_Ukrainian_Nationalists (24.6.2015)
140 Dalia Kuodytė/Rokas Tracevskis, *The Unknown War. Armed Anti-Soviet Resistance in Lithuania in 1944–1953*. Vilnius 2006
141 UN Monetary and Financial Conference. Washington 1944, Annex Article 1, S. 68

einschränken«,[142] so die eingängige Floskel, mit der überschüssiges Kapital üblicher Weise Markterweiterungen einfordert. Jeder Teilnehmerstaat hatte 2 % in Gold und 18 % in seiner Landeswährung (auf Basis des US-Dollarkurses) einzulegen, den Rest musste er mit dem nationalen Budget garantieren.

Freihandel und Währungssicherheit lauteten mithin die Zielvorgaben der beiden Organisationen, die unter dem Deckmantel der UNO gegründet wurden. Doch anders als die Hauptversammlung der Vereinten Nationen galt (und gilt) hier nicht das Motto »ein Land – eine Stimme«, denn Weltbank und Währungsfonds wurden als Kapitalgesellschaften gegründet. Die Einlagenhöhe bestimmt das Stimmrecht. An den im Sommer 1944 in Bretton Woods projektierten Beitragszahlungen lässt sich exakt ablesen, wessen Interessen hinter der Gründung der Zwillinge standen: Von den 9,1 Mrd. US-Dollar Stammkapital waren 3,175 Mrd. für die USA und 1,3 Mrd. für Großbritannien vorgesehen.[143] Zusammen mit den beispielsweise 325 Mio. von Kanada ergibt das bereits über 50 % der Stimmen. Zur Sicherung des Einflusses siedelte man die beiden Institutionen in Washington an und dokumentierte damit die Stärke der USA.

Moskau entsandte Michail Stepanow nach Bretton Woods, der die Vorgänge genau beobachtete und den Willen Moskaus bekundete, sich an den Finanzorganisationen zu beteiligen. Die sowjetische Quote hätte 1,2 Mrd. US-Dollar, mithin 13 % betragen. Der übergroße Einfluss Washingtons sowie strikte Vorgaben, ausschließlich private Investitionen zu bevorzugen, ließen Stalin dann offensichtlich davon Abstand nehmen, der Weltbank und dem IWF beizutreten. Bis zum Ende der Sowjetunion blieb es auch dabei. Ökonomen wie William Williams[144] oder Gar Alperovitz sehen in Bretton Woods nicht zuletzt auch den Versuch Washingtons, die Sowjetunion in die US-Weltmarktpläne einzubinden und den russländischen[145] Markt für US-Investitionen zu öffnen. Weil daraus nichts wurde, so ihre These, schwenkte Washington auf feindlichen Kurs, was in der Folge zum Kalten Krieg führte. Dagegen spricht allerdings, dass die USA bereits unmittelbar mit Kriegsende – wie oben beschrieben – auf eine Zerstörung der russländisch-sowjetischen Landesstruktur und auf die Unterstützung nationalistischer Kreise in den westlichen Regionen der UdSSR setzten. Eine gewünschte ökonomische Durchdringung der UdSSR als Ganzes steht jedoch mit der Strategie einer Zerschlagung ihrer Territorialität qua Ethnisierung gesellschaftlicher Widersprüche in Widerspruch.

---

142 UN Monetary and Financial Conference. Washington 1944, Annex A, S. 28
143 UN Monetary and Financial Conference. Washington 1944, Annex B, S. 94
144 William Williams, *Die Tragödie der amerikanischen Diplomatie*. Frankfurt/Main 1973
145 In der russischen Sprache unterscheidet man zwischen den Begriffen *russki* (russisch) und *rossijski* (russländisch). *Russki* steht für die ethnische Nation, *rossijski* für die Staatsnation.

Die gute Stimmung in Bretton Woods wurde übrigens nur kurzfristig vom australischen Delegierten getrübt, der damals von der regierenden Labor-Partei entsandt wurde. Als dieser einwarf, IWF und Weltbank würden zu sehr auf Währungsstabilität und zu wenig auf Beschäftigung und Arbeitsrechte Wert legen, gab man sich in den Couloirs ein wenig irritiert. Das Anliegen blieb unberücksichtigt, Australien trat trotzdem bei, wenn auch erst zwei Jahre später.

Der Schock, den die zwei Atombombenabwürfe über Japan in Moskau ausgelöst hatten, beschleunigte die sowjetischen Anstrengungen in diesem ersten Rüstungswettlauf mit den USA enorm. Bereits im Juni 1946 waren russische Wissenschaftler in der Lage, Uran herzustellen, und noch im selben Jahr erzeugte der erste Atomreaktor »F 1« am Stadtrand von Moskau eine kritische Masse an spaltbarem Material. Bis zur Zündung einer ersten »roten« Atombombe in der kasachischen Steppe sollten zwar noch fast drei Jahre vergehen;[146] die Drohung aus Moskau zeigte jedoch schon zuvor Wirkung. Die sowjetische Rüstungsanstrengung im Verein mit der in US-Militärkreisen um sich greifenden Einsicht, dass mit Atombomben allein dem Kommunismus nicht beizukommen sei, führte spätestens im Jahr 1947 zu einem strategischen Umdenken seitens Washingtons. Man ließ »die Idee des Präventivkrieges vorläufig fallen und wählte die Doktrin der Eindämmung, die ›Containment‹-Politik, als Basis der US-Politik gegenüber Moskau. Im Wesentlichen war das eine Strategie, die unser politisches System dadurch zerstören wollte, daß man ständig an allen Punkten Druck ausübte.«[147] So umschrieb der sowjetische Wissenschaftler und Mitglied der Russischen Akademie der Wissenschaften, Georgi Arbatow, den Wechsel vom heißen Krieg der Wehrmacht, den die USA kurzfristig gegen die Sowjetunion fortsetzen wollten, zu einem kalten Krieg gegen die kommunistischen Regimes im Osten Europas.

Der Erfinder dieser »Strategie der Eindämmung« hielt sich bedeckt und blieb vorerst anonym. Unter dem Pseudonym »Mr. X« veröffentlichte die Zeitschrift *Foreign Affairs* in ihrer Juli-Ausgabe 1947 den Aufsatz »Die Quellen des sowjetischen Handelns«. *Foreign Affairs* ist das Organ des größten und mächtigsten Think-Tanks der USA, dem Council on Foreign Relations. Seit seiner Gründung im Jahre 1921 gehören ihm die kapitalkräftigsten Unternehmungen der allermeisten Branchen an: Bank of America, Chevron, Exxon, Goldman Sachs, JP Morgan und McKinsey finanzierten die Institution von Anfang an.[148] Was in *Foreign Affairs* publiziert wird, hat Gewicht. »Mr. X« forderte in seinem Beitrag die

---

146 Am 29. August 1949 wurde die erste sowjetische Atombombe im kasachischen Semipalatinsk erfolgreich gezündet.
147 Georgij A. Arbatov/Wilhelm Oltmans, *Der sowjetische Standpunkt – Über die Westpolitik der UdSSR*. München 1981, S. 79. Zit. in: Rohe 2012, S. 301
148 Näheres zum Council on Foreign Relations siehe bei: Hannes Hofbauer, *Die Diktatur des Kapitals. Souveränitätsverlust im postdemokratischen Zeitalter*. Wien 2014, S. 137ff.

politisch Verantwortlichen im Weißen Haus auf, sich aktiv in die Angelegenheiten Moskaus einzumischen: »Es ist den USA durchaus möglich, durch ihre Aktionen die innere Entwicklung sowohl in Russland selbst als auch innerhalb der gesamten internationalen kommunistischen Bewegung zu beeinflussen. (...) Die USA haben es in ihrer Hand, die Belastungen, unter denen die sowjetische Politik operiert, enorm zu verschärfen und auf diese Art und Weise Entwicklungen zu fördern, die mit der Zeit entweder zum Zusammenbruch oder zur Aufweichung der sowjetischen Macht führen müssen.«[149] US-Präsident Henry Truman und Außenminister George Marshall griffen die Anregung von »Mr X.« begierig auf. Die Containment-Politik war geboren. Vom Embargo bis zur permanenten Aufrüstungsspirale trieb Washington für die folgenden 40 Jahre Moskau wirtschaftlich und militärisch vor sich her. »Mr. X« entpuppte sich übrigens bald als George F. Kennan, seines Zeichens US-Botschafter in Moskau.

Auch die für Westeuropa wichtigste Wiederaufbaumaßnahme, der European Recovery Plan, vulgo Marshall-Plan, kann nur vor dem Hintergrund der Containment-Politik verstanden werden. Bis heute gilt der im April 1948 in Kraft getretene Marshall-Plan – fälschlicher Weise – als ein nordamerikanisches Hilfsprogramm für Westeuropa. De facto war er die bis dahin aufwendigste und teuerste Exportförderung für US-Firmen auf ihrem Weg nach Europa. In erster Linie galt es, Hindernisse wie die Nichtkonvertibilität von Währungen – die 16 europäischen Marshall-Plan-Teilnehmer (inklusive der Türkei) waren sich ja eben noch als Kriegsfeinde gegenübergestanden – zu überwinden. Ein eigenes System von »Sonderziehungsrechten« (*drawing rights*) rechnete Defizite und Überschüsse gegeneinander auf.[150] Auf diese Weise wurden Währungen gegenseitig konvertibel und das Risiko für transnationale Investitionen US-amerikanischer Unternehmen berechenbar; sicherheitshalber saßen US-Beamte in den Wirtschaftsministerien aller Teilnehmerländer, um den Lauf jeder einzelnen Investition zu kontrollieren. So durften z. B. in Österreich Marshall-Plan-Gelder nicht in staatliche oder kommunale Projekte wie Wohnbau oder Gesundheitseinrichtungen fließen.

Der Marshall-Plan war jedoch nur die Vorderseite einer Medaille, auf deren Rückseite das exakt zur selben Zeit verabschiedete Coordinating Committee (COCOM) stand. Das COCOM war ein penibel ausgearbeitetes Embargoregime gegen die Sowjetunion und ihre Partnerländer. Auf seinen schwarzen Listen standen Zigtausende von technologisch hochwertigen Produkten, die nicht in kommunistisch regierte Staaten ausgeführt werden durften. Jeder Empfänger

---

149 Mr. X, The Sources of Soviet Conduct. In: *Foreign Affairs*, July 1947, https://www.foreignaffairs.com/articles/russian-federation/1947-07-01/sources-soviet-conduct (16.6.2015)
150 Hannes Hofbauer, *Westwärts. Österreichs Wirtschaft im Wiederaufbau*. Wien 1992, S. 112

von Marshall-Plan-Geldern hatte sich daran zu halten. Erst 45 Jahre später, 1993, strich Washington Ungarn als erstes Land von dieser Embargoliste. Zusammen genommen waren Marshall-Plan und COCOM ökonomische Instrumente zur Eindämmung Moskaus und später des Rates für Gegenseitige Wirtschaftshilfe. Während der Marshall-Plan Westeuropa an die Außenhandelsstruktur der USA band, sorgten die Embargolisten für eine möglichst umfassende Isolierung Osteuropas.

In diesem Zusammenhang ist noch erwähnenswert, dass dem Ausdruck »Eiserner Vorhang« für die Grenzlinie zwischen West- und Osteuropa vom britischen Premier Winston Churchill im März 1946 in seiner Fultoner Rede medial zum Durchbruch verholfen wurde. Er wollte mit dieser Metapher vor dem Einfluss der Sowjetunion warnen, den diese im Zuge der Befreiung Osteuropas von Hitlerismus und Wehrmacht gewonnen hatte. »Von Stettin an der Ostsee bis nach Triest an der Adria«, so wird der britische Premier zitiert, »hat sich ein ›Eiserner Vorhang‹ über den europäischen Kontinent gesenkt.«[151] Der Begriff des »Eisernen Vorhangs« bestand allerdings schon länger und geht auf eine Rede von Joseph Goebbels, Reichsminister für Volksaufklärung und Propaganda, zurück, der ihn im Februar 1945 zur Rechtfertigung der letzten verzweifelten Kriegsanstrengungen Berlins gegen die vorrückende Rote Armee verwendet hat.[152] Dass Churchill für seine Warnung vor der »eisernen russischen Dampfwalze« ausgerechnet Goebbels zitiert, mag als (symbolischer) Hinweis auf die antikommunistische Kontinuität der Kriegsgegner Deutschland und Großbritannien gelesen werden. Ab Kriegsende galt Moskau als Feind Londons und Washingtons.

Einen letzten Versuch Moskaus, die US-Strategie der Eindämmung zumindest militärisch zu unterlaufen, wischte Washington als unseriös und indiskutabel vom Tisch. Stalin versuchte nämlich, die Gründung einer US-geführten Militärallianz zu verhindern. Ihr einziges Ziel konnte nach der Niederschlagung der Faschismen in Deutschland und Japan nur in einer Bedrohung der Sowjetunion liegen, mutmaßte er nicht zu Unrecht. Wenig bekannt ist, dass Moskau, um dieser Gefahr zu entgehen, einen Antrag auf Mitgliedschaft in der NATO stellte.[153] Dieser wurde abgeschmettert, die Nordatlantik-Organisation am 4. April 1949 gegründet. Kurz darauf, am 11. Mai 1949, zog die kommunistische Staatenwelt nach und rief die Warschauer Vertragsorganisation ins Leben. Die Strukturen für

---

151 Rede Winston Churchills am 5. März 1946 im kleinen Ort Fulton (Missouri, USA). Zit. in: Andrea Komlosy, Der Marshall-Plan und der »Eiserne Vorhang« in Österreich. In: Günter Bischof/Dieter Stiefel (Hg.), *80 Dollar. 50 Jahre ERP-Fonds und Marshall-Plan in Österreich 1948–1998*. Wien 1999, S. 261
152 Siehe: *The Times* vom 3. Mai 1945, zit. in: Komlosy 1999, S. 261
153 Vgl. Andrea Komlosy, Die Grenzen Österreichs zu den Nachbarn im RGW. In: Helga Schulz (Hg.), *Grenzen im Ostblock und ihre Überwindung*. (Frankfurter Studien zur Grenzregion, Bd. 6). Berlin 2001, S. 50

einen Jahrzehnte lang dauernden kalten Krieg, der später als Terminus technicus ein großes K bekommen sollte, waren gelegt.

Und sogleich verlagerten die geopolitischen Strategen der USA einen ihrer Schwerpunkte von der direkten, verdeckt geführten militärischen auf die mediale Front. Das Personal blieb weitgehend dasselbe. Ein bereits in den späten 1940er Jahren etabliertes Komitee zur Befreiung der Welt vom Bolschewismus, das in der 1947 gegründeten CIA auch unter dem Kryptonym »QKACTIVE« geführt wurde, versammelte während des Jahres 1950 die wichtigsten für den Geheimdienst tätigen Personen. In vom Archiv des staatlichen Wilson Centers in Teilen publizierten Protokollen wird die politische Schlagkraft dieses Amerikanischen Komitees für die Befreiung der Völker Russlands (auch mit AmComLib abgekürzt) deutlich.[154] Dort trafen im August 1950 u. a. George Kennan und Frank Wisner zusammen, um antikommunistische Pläne zu schmieden. Die Leitung dieser Treffen hatte ein gewisser Henry Chamberlain; er war als führender Russlandexperte in der ultraliberalen Mont Pelerin Society organisiert, die 1947 von Friedrich von Hayek in der Schweiz gegründet wurde.

Gerade die Figur des Frank Wisner ist interessant, verkörpert er doch wie kaum ein anderer die Parallelität von harten (militärischen) und weichen (medialen und kulturellen) Interventionsmaßnahmen der USA. Während des Zweiten Weltkrieges arbeitet der ausgebildete Jurist für das Office of Strategic Services (OSS), die Vorgängerorganisation der Central Intelligence Agency (CIA), baut unmittelbar darauf unter dem Decknamen »Organisation Gehlen« den westdeutschen Geheimdienst auf und wird in der Folge zum wichtigsten Mann von Allan Dulles, dem Leiter der CIA und Bruder von John Foster, seines Zeichens US-Außenminister.[155] In dieser Funktion führt er – wie schon 1949 beim oben beschriebenen fehlgeschlagenen Versuch, die Ukraine aus dem sowjetischen Einflussbereich herauszubomben – weltweit Putsche gegen als »Nationalisten« oder »Sozialisten« gebrandmarkte und den USA deswegen missliebige Regierungen durch. Gleichzeitig arbeitet Wisner am Aufbau des »Amerikanischen Komitees für die Befreiung der Völker Russlands«. Dieses AmComLib kam Anfang der 1950er Jahre so richtig in die Gänge.[156] Die Einstellung eines eigenen Sondervertreters (inklusive Entourage) für die nicht-russischen Völker, Mikola Abramchyk, lässt erkennen, dass die ethnische Differenz für Washington weiterhin ein wichtiges Merkmal blieb, mit der gegen Moskau vorgegangen wurde.

---

154 http://digitalarchive.wilsoncenter.org/document/114344.pdf?v=3d0cbfc094d4d5da9a7e39248660b257 (14.6.2015)
155 Zum Machtkartell der Dulles-Brüder siehe: Kinzer 2013
156 https://en.wikipedia.org/wiki/American_Committee_for_the_Liberation_of_the_Peoples_of_Russia (14.6.2015)

Der US-Kongress sponserte AmComLib großzügig, und im Jahr 1953 bekam die erste wichtige Initiative Flügel: Radio Liberation, später umgetauft in Radio Liberty und mit Radio Free Europe vereint, ging auf Sendung. Vom hessischen Lampertheim aus strahlte antikommunistische US-Propaganda in russischer Sprache ins russische Herzland. Mitte der 1970er Jahre übersiedelte der Sender nach München; 1995, nach dem Ende der Sowjetunion, an den Wenzelsplatz in Prag. Frank Wisner und seine Nachfolger wussten sich seiner Wellenlängen zu bedienen.

Schwierige Zeiten für US-Hegemonie: die 1970er Jahre

Zwanzig Jahre nach dem Ende des Zweiten Weltkriegs hatte die Welt eine neue Form angenommen. In der Sowjetunion und ihren Partnerländern des Rates für gegenseitige Wirtschaftshilfe (RGW) wiesen die Fünfjahrespläne immer bessere Ergebnisse aus. Die Wirtschaft blühte aber nicht nur in den statistischen Mitteilungen der Planungskommissionen, selbst die Verteilung unter den Menschen konnte sich sehen lassen. Es ließ sich gut – wenn auch bescheiden – leben zwischen Riga, Buchara und Wladiwostok, solange man sich nicht politisch auf Irrwege begab und dem jeweiligen Parteisekretär jenes Gefühl gab, für das er geradestand: »Die Partei hat immer recht.« Wenn es einmal Versorgungsengpässe gab, dann sorgte ein als »*blat*« bekanntes informelles Versorgungssystem für die Überbrückung der misslichen Lage. »*Po blatu*« bezeichnet auf Russisch den Erwerb einer Sache über eine nicht durchschaubare Machenschaft, über Protektion oder Beziehungen. »›Blat‹ war zwar offiziell nicht gut angesehen, weil es Schwächen des Systems offenbarte und diese auch verstärkte«, schreibt die Wirtschaftshistorikerin Andrea Komlosy. »Gleichzeitig trug die informelle Beziehungspflege dazu bei, Verteilungsschwächen auszugleichen. Und wirkte Unzufriedenheit und Protest entgegen.«[157] Damit hatte es auch systemstabilisierende Wirkung, was indirekt wiederum die Planwirtschaft stärkte.

Im internationalen Vergleich gelang der Staatspartei im Verein mit den vielen ministeriellen Kommissionen in den 1960er und 1970er Jahren ein beachtlicher ökonomischer Aufholprozess, wie ihn Langzeitreihen von Angus Maddison oder Paul Bairoch dokumentieren, die über jeden Verdacht, kommunistische Propaganda zu verbreiten, erhaben sind. Vergleicht man die zum politischen Westen gehörigen Staaten mit niedrigem Industrieniveau mit denen aus der Einflusssphäre Moskaus, so kann man feststellen, dass das Wachstum von Bruttoinlandsprodukt und Industrieproduktion im RGW deutlich höher ist. Besonders eindrücklich sind die Erfolge nachholender Industrialisierung: nimmt man – wie

---

157 Siehe Andrea Komlosy, Reziprozität. Zur gesellschaftlichen Einbettung der Ökonomie. In: Ulrich Busch/Günter Krause (Hg.), *Theorieentwicklung im Kontext der Krise* (Abhandlungen der Leibniz-Sozietät der Wissenschaften, Band 35), Berlin 2013, S. 144; siehe weiters: Sabine Kunesch, *Blat – Informelles Versorgungssystem in der UdSSR*. Wien 2013 (Diplomarbeit)

Bairoch – das Vereinigte Königreich um 1900 als Bezugspunkt und indexiert es mit 100, so holte die Sowjetunion von 74 (1953) auf 139 (1963), 222 (1973) und 252 (1980) auf, die Planwirtschaften insgesamt legten im selben Zeitraum von 71 (1952) auf 243 (1980) zu. Demgegenüber lag Italien mit etwa derselben Ausgangsbasis bei 61 (1953) und 231 (1980), während Spanien sich von den Indexzahlen 31 (1953), 56 (1963), 144 (1973) bis 159 (1980) hinaufhantelte.[158]

Es gelang der sowjetischen Ökonomie vor allem in den 1960er Jahren auch, gegenüber den USA wirtschaftliches Terrain gut zu machen, was angesichts der Tatsache, dass Aufholen von unten strukturbedingt leichter ist, wenig überrascht. Ein Bericht des US-amerikanischen Geheimdienstes CIA kommt zu diesem Schluss. Demnach war das durchschnittliche Wachstum des sowjetischen Bruttosozialproduktes (BNP) in den 1960er- und 1970er Jahren mit 4,7 % höher als das US-amerikanische mit 3,4 %. Lag das BNP der UdSSR im Jahr 1950 noch bei 32,7 %, also bei einem Drittel desjenigen der USA, so hatte es 1975 auf 57 %, also auf mehr als die Hälfte des US-amerikanischen aufgeholt.[159] Maddison gibt die jährlichen Wachstumsraten in der Langzeitreihe zwischen 1950 und 1973 wie folgt an: Westeuropa 4,08 %, Osteuropa 3,79 %, Sowjetunion 3,36 % und USA 2,24 %.[160]

Der Aufstieg der Sowjetunion spiegelte sich im »relativen Weltmachtverlust«[161] der USA. Auch dieser ist in wirtschaftlichen Statistiken ablesbar. Von 1950 bis 1970 ging der Anteil der USA an den gesamten Weltexporten von 16,7 % auf 13,7 % zurück.[162] Natürlich war es nicht in erster Linie die Sowjetunion, die von der amerikanischen Schwäche profitierte. Moskau nahm zwar am Welthandel, auch am kapitalistischen, teil, aber nicht nur in Form eines Dollar-basierten Außenhandels, sondern auch und vor allem über den RGW, in dem der Handel über den Verrechnungsrubel abgewickelt wurde, und über Barter-Geschäfte mit arabischen und afrikanischen Ländern. Der Anteil westeuropäischer Unternehmen am Weltaußenhandel stieg im selben Zeitraum 1950 bis 1970 von 15,4 % auf 28,8 %. Die Goldreserven, die Moskau auch als dritte Zähne im Wortsinn unters Volk gestreut hatte, verschoben sich im Weltmaßstab. Lagerten in Fort Knox und in der Federal Reserve Bank in New York 1950 noch 68 % des weltweit zu Barren geschmolzenen Goldes, so waren es 1973 nur mehr 27 %[163] – freilich auch deshalb, weil die USA zwischenzeitlich von der Golddeckung abgegangen waren.

158 Paul Bairoch, International industrialization levels from 1750 to 1980, in: *Journal of European Economic History*, Vol. 11, No 1, Fall 1982, S. 302
159 Klaus von Beyme, *Die Sowjetunion in der Weltpolitik*. München 1985, S. 91; zit. in: Jochen Hippler, *Die neue Weltordnung*. Hamburg 1991, S. 24
160 Angus Maddison, *The World Economy. A Millennium Perspective* (Development Centre Studies), Paris 2001, S. 265
161 Rode 2012, S. 337
162 Alfred Grosser, *Das Bündnis – Die westeuropäischen Länder und die USA seit dem Krieg*. München 1978, S. 373
163 Paul Kennedy, *Aufstieg und Fall der großen Mächte. Ökonomischer Wandel und militärischer Konflikt von 1500 bis 2000*. Frankfurt/Main 1991, S. 643

Die zunehmende Stärke Moskaus äußerte sich auf dem internationalen Parkett. Die Entkolonialisierung Afrikas schien den Aufstieg der Sowjetunion zu beflügeln. Oder war es umgekehrt, dass die Konsolidierung Moskaus als Weltmacht den Befreiungskräften in den unterschiedlichsten Ländern gelegen kam und diese antrieb? US-Strategen behaupten zweiteres, antikoloniale Aktivisten sehen die örtliche Triebkraft als entscheidend. Wie dem auch sei, soziale und nationale Befreiungskräfte und Moskau gingen an vielen Stellen Allianzen ein. Und jede dieser Allianzen, gleich ob formell abgeschlossen oder indirekt betrieben, auf marxistisch-leninistischer oder national-afrikanischer bzw. arabischer Basis, schwächte zugleich den Einfluss der Westmächte, insbesondere Frankreichs und Großbritanniens, auf dem afrikanischen Kontinent.

Begonnen hatte es mit dem Sturz der ägyptischen Monarchie im Jahr 1952 und der Ausrufung der Republik im Jahr darauf. Mit der Verstaatlichung des Suezkanals setzte der neue starke Mann in Ägypten, Gamal Abdel Nasser, ein unübersehbares Zeichen und der Herrschaft ausländischen Kapitals ein Ende. Eine Landreform folgte, und Kairo lehnte sich außenpolitisch zunehmend an die Sowjetunion an. Anfang der 1960er Jahre ging es dann Schlag auf Schlag. Unabhängigkeitskriege in Angola, Mozambik und Tansania entzogen weite Teile des schwarzen Kontinents der Einflussnahme ihrer ehemaligen Kolonialherren, die dann mit der Ausrufung von (Volks)Republiken ihren eigenen Weg – weg von Lissabon, London oder Paris – gingen. Eine Allianz mit Moskau lag auf der Hand, waren doch durch Verstaatlichungen und Bodenreformen den Beziehungen mit den geopolitischen Vertretern der ehemaligen Großgrundbesitzer und Industriebetriebe die Grundlagen entzogen. Als schließlich revolutionär gesinnte Offiziere im Jahr 1969 die kleptokratische Monarchie in Libyen stürzten und ihr Führer Muammar Gaddafi später eine Sozialistisch-Arabische Volksrepublik ausrief, konnten sozialistische Ideen – im Gewand einer »grünen Revolution« – auch in einem der ölreichsten Staaten der Welt Fuß fassen.

Als mindestens ebenso wichtig für Moskau und wesentlich bedrohlicher für die USA entpuppte sich der Sturz des US-hörigen Regimes von Fulgencio Batista in Kuba. Anfang 1959 eroberten Fidel Castro und seine Revolutionäre Havanna und riefen bald darauf einen sozialistischen Staat aus. Auch hier folgten Enteignungen – diesmal US-amerikanischer Firmen – und eine breit angelegte Landreform. Versuchte Revolutionsexporte unter der Anleitung des legendären argentinischen Guerillaführers Ernesto »Che« Guevara, der nach politischen Differenzen mit Castro seine Tätigkeit in den Kongo und nach Bolivien verlegte, scheiterten zwar, zeigten jedoch, wie sehr sich sozialistische Ideen und revolutionäre Praxen in der Welt der 1960er Jahre verbreitet hatten.

In der Sowjetunion fand die kubanische Revolution ihren wichtigsten Verbündeten, was wohl auch der Lage in unmittelbarer Nachbarschaft zur USA geschuldet war. Diese geografische Nähe zwischen sozialistischem Kuba und imperialistischer USA führte im Oktober 1962 zu einer der bislang gefährlichsten Weltkrisen überhaupt, der sogenannten Kubakrise. Moskau hatte nämlich auf die Stationierung von US-Mittelstreckenraketen auf türkischem Territorium unmittelbar an der sowjetischen Grenze seinerseits mit der Aufstellung von Mittelstreckenraketen auf Kuba reagiert, die in der Lage waren, US-amerikanisches Staatsgebiet zu treffen. Daraufhin drohte US-Präsident John F. Kennedy mit dem Einsatz von Atomwaffen. Schließlich zogen Washington und Moskau ihre Mittelstreckenraketen aus der Türkei bzw. Kuba ab, was in der Sowjetunion als geopolitischer Sieg gefeiert wurde.

Der Standford-Professor Peter Schweizer sieht die Wurzeln all dieser Umstürze – von seiner Warte aus »den Grund allen Übels« – in der seit Chruschtschow betriebenen aktiven Außenpolitik Moskaus. »Seit dem Jahr 1961 lancierte Nikita Chruschtschow einen ambitionierten Plan zur Unterstützung nationaler Befreiungsbewegungen rund um die Welt«, schreibt er in seiner hymnisch verfassten Reagan-Biografie.[164] Dem Nachfolger Leonid Breschnew unterstellt Schweizer den Aufbau geheim gehaltener sowjetischer Truppenteile zur Unterstützung der antikolonialen, prosozialistischen Bewegungen auf der südlichen Halbkugel: »Breschnew nannte sie die ›Internationalisten‹, junge, speziell trainierte Männer, die sich als Lehrer, Mediziner und Agrarexperten verkleideten. Sie waren eine Armee im Wartezustand, und wenn sie irgendwo gebraucht waren, gab man ihnen ausländische Militäruniformen, mit anderen Hoheitszeichen versehenes sowjetisches Kriegsmaterial ... Alles in allem wurden eineinhalb Millionen sowjetische Soldaten Internationalisten, um in den Reisfeldern Südostasiens, den trockenen Ebenen Afrikas, dem lateinamerikanischen Dschungel und dem hügeligen Südwestasien zu kämpfen.« In den Chefetagen Washingtons ging die Angst um, die Angst um den Verlust hegemonialen Einflusses, an den man sich nach dem Zweiten Weltkrieg so gewöhnt hatte.

Das Erstarken der Sowjetunion auf der Weltbühne, insbesondere durch Einflussnahme auf eine Reihe von Peripherieländern des globalen Südens, korrespondierte auf eigenartige, noch nicht ausreichend untersuchte Weise mit den gesellschaftlichen Problemen im Inneren der USA, die sich indes ökonomisch nicht niederschlugen. Vom Aufruhr der Schwarzen bis zu den Antikriegsdemonstrationen kann man in den 1960er Jahren einen Erosionsprozess scheinbar stabiler Machtverhältnisse beobachten. Die schwarzen Ghettos explodierten

---

[164] Peter Schweizer, *Reagan's War. The Epic Story of His Forty-Year Struggle and Final Triumph Over Communism*. New York, London, Toronto, Sydney, Auckland 2002, S. 79

regelrecht, das Elend der Generationen lang Geknechteten schlug in Protest und Aufstand um. Martin Luther King und der junge Malcom X begeisterten die Massen. Nationalgarde, FBI und Geheimdienste hatten alle Hände voll zu tun, um die revolutionäre Stimmung im Lande zu unterdrücken. Es herrschte Krieg im Inneren der USA. Der Historiker Howard Zinn beschreibt den Zustand, in dem sich Amerika zur Mitte der 1960er Jahre befand, eindrucksvoll und trefflich.[165] Ganze Stadtteile brannten in Chicago, Cleveland, Baltimore und Los Angeles. Im August 1965 rückte die Nationalgarde gegen rebellierende »Nigger« in Watts (Los Angeles) aus. 34 Tote und hunderte Verletzte blieben auf dem Schlachtfeld zurück. Washington bemühte sich, sowohl den Aufruhr als auch die Niederschlagung desselben kleinzureden, und die Medien halfen der Administration dabei. Die Toten von Los Angeles, Chicago und anderen Städte fanden nur in der linken Geschichtsschreibung ihren Platz.

Hunderttausende US-Amerikaner politisierten sich zudem in der Gegnerschaft zum Vietnamkrieg. Kinder der weißen Mittelschicht waren genauso dabei wie weiße und schwarze Arbeiter, Kulturschaffende und Sportler. Als Mohammed Ali, vormals Cassius Clay, sich 1967 weigerte, dem Einberufungsbefehl nach Vietnam nachzukommen, weil dies seiner Meinung nach »ein Krieg des weißen Mannes« gegen Menschen sei, »die ihn niemals Nigger genannt haben«,[166] war die Protesthaltung gegen die von Washington betriebene Politik in der Mitte der Gesellschaft angekommen. "We won't go!", lautete die Losung von Zigtausenden, die sich der Armee verweigerten.[167] Antirassistische und Antikriegsbewegung gingen eine Liaison ein, die den Eliten und auch der saturierten Mittelschicht gefährlich werden konnte.

Für Moskau bedeuteten die Revolte der Schwarzen und die Kriegsgegnerschaft der US-Mittelklasse, dass Teile des herrschaftlichen Repressionsapparates der USA an der Heimatfront gebunden waren. Entsprechend leichter konnten internationale Beziehungen vergleichsweise ungehindert vorangetrieben werden. Am Feindbild »Kommunismus«, das in Nordamerika und Westeuropa eifrig weiter gepflegt wurde, änderte das nicht viel.

In der Geschichtsschreibung findet man die 1970er Jahre unter der Rubrik »Entspannung«. Und tatsächlich gehörten weder Richard Nixon, der von 1969 bis 1974 im Weißen Haus saß, noch Jimmy Carter, der die USA zwischen 1977 und 1981 präsidierte, historisch gesehen zu den Scharfmachern gegen Russland. Am sichtbarsten kam die Phase der Entspannung bei den seit Ende der 1960er Jahre betriebenen Abrüstungsgesprächen zum Ausdruck. »Gespräche zur Begrenzung

---

165 Howard Zinn, *A People's History of the United States*. New York 2005 (1999), S. 458ff.
166 Siehe: https://www.youtube.com/watch?v=HeFMyrWlZ68
167 Zinn 2005, S. 485

strategischer Rüstung«, unter dem englischen Kürzel SALT bekannt, endeten bereits im Mai 1972 mit der Unterzeichnung des ABM-Vertrages, der den Bau von Raketenabwehrsystemen (*Anti-Ballistic Missiles*, ABM) beschränkte, und einem Interimsabkommen, das den weiteren Ausbau landgestützter und seegestützter Interkontinentalraketen verbot. Die Vereinbarung hielt 30 Jahre lang, bis sie im Juni 2002 einseitig von Washington gekündigt wurde.

Doch nicht nur im militärischen Bereich entspannte sich in den 1970er Jahren die Lage, Anzeichen einer Akzeptanz des kommunistischen Regimes durch Washington waren auch auf wirtschaftlichem Gebiet zu spüren. US-Weizenexporte in die Sowjetunion halfen nicht nur Moskau aus einer peinlichen Versorgungskrise, sondern auch amerikanischen Farmern, die ihre übervollen Lager leeren konnten. Und im März 1974 erlaubte Nixon-Berater Henry Kissinger einem lange geheim gehaltenen Memorandum zufolge sogar den Export hochwertiger Kommunikationstechnologie in die Sowjetunion.[168]

Wie wir wissen, währte die Phase der Entspannung nicht ewig. Strategen in Washington sannen auch in vermeintlich partnerschaftlichen Zeiten über neue Ansätze der alten Eindämmungspolitik nach. Russisch-chinesische Streitigkeiten am Grenzfluss Ussuri boten eine Möglichkeit, die Auseinandersetzungen im sozialistischen Lager im Interesse der USA zu instrumentalisieren. Die Reise von US-Präsident Nixon in die Volksrepublik China im Februar 1972 war ein entscheidender Schritt in diese Richtung. Sein Besuch bei Mao Zedong und Ministerpräsident Zhou Enlai wurde als großer Friedensschluss zwischen verfeindeten Mächten gefeiert, für die chinesisch-amerikanischen Beziehungen mag dies zutreffen. Doch im weltpolitischen Ränkespiel zog Washington mit diesem Kurswechsel eine antirussische Karte. Die historische Konstante der traditionellen Einkreisungspolitik gegen Russland über die »rimlands« hatte wieder Boden unter den Füßen gewonnen.

Bald darauf hörte man in Washington wieder zunehmend von sowjetischen Aggressionsplänen in Richtung Europa, denen die USA – in ihrem Verständnis als Schutzmacht von Kapital und Demokratie – entgegentreten müssten. Dem streng antikommunistischen Reagan-Biografen Peter Schweizer verdanken wir einen Blick in die Innenwelt US-amerikanischer Strategien. Ihre Vorgabe: die Abwehr eines bevorstehenden Angriffs der Roten Armee. Ihr Mittel dazu: Desinformation. Ihr Ziel: die Aufrüstung von Armee, Luftwaffe und Marine.

»In Ostdeutschland wurden in der Nähe von verschiedenen Warschauer Pakt-Einrichtungen große Untergrunddepots angelegt. (...) Darin bunkerte man Hunderte von Straßenschildern mit Namen wie Karl Marx-Platz oder Friedrich Engels-Straße. Auch enorme Summen frischer Geldscheine waren darunter. (...)

[168] National Security Decision Memorandum 247, 14. März 1974, zit. in: Schweizer 2002, S. 76

Das Geld war dazu da, ostdeutsche, polnische, tschechische, ungarische und russische Soldaten zu bezahlen, sobald sie ›feindliches Territorium‹ eroberten. Und die Schilder brauchte man für neue Straßennamen nach der Eroberung von Westeuropa. (...) Sechs Divisionen stellte man für die erste Angriffswelle bereit. Aber die Sowjets rechneten auch mit dem frühzeitigen und heftigen Einsatz von Atomwaffen. (...) Die Pläne des Warschauer Paktes waren detailliert und direkt, gespickt mit tiefen Vorstößen Richtung Westeuropa; in der Hoffnung, schnelle Siege in Westdeutschland und Dänemark zu erringen; dann würde der sowjetische Block die Niederlande, Belgien, Luxemburg und Frankreich übernehmen. (...) Sie rechneten damit, entlang der Front die Hälfte der NATO-Truppen zerstören zu können. Alles in allem, so glaubten sie, könnte es 14 Tage dauern, um die französische Küste zu erreichen.«[169] Die Pläne für die Eroberung Westeuropas durch die Warschauer Vertragsorganisation sollen, Schweizer zufolge, aus dem Juni 1980 stammen. Der Autor fabuliert einen Angriff herbei, der zum Ziel gehabt habe, den gesamten europäischen Kontinent kommunistisch zu machen. Als Quelle gibt er nicht näher erkundbare DDR-Akten aus dem Bestand des Militärischen Zwischenarchivs Potsdam (MZP) an (VA-01/3955 und MZP, VA-Strausberg/29371), allerdings ohne daraus zu zitieren.

Peter Schweizer wird in den USA durchaus ernst genommen. Er lehrt am Hoover-Institut der Universität Stanford. Eine Ko-Autorschaft mit einem der bekanntesten Kalten Krieger, Verteidigungsminister Caspar Weinberger, sowie seine in jeder Zeile steckende Bewunderung für Ronald Reagans Antikommunismus weisen ihn als harten Rechten in der US-amerikanischen Forschungslandschaft aus. Das von ihm gezeichnete Bild einer vor Aggression strotzenden Sowjetunion, deren eigentliches Ziel die kommunistische Weltherrschaft sei, spiegelt vortrefflich das Gedankengebäude Ronald Reagans wider, jenes Mannes, der mit der Ost-West-Entspannung endgültig aufräumte und dessen gegen Moskau gerichteter Politik wir uns in der Folge widmen werden.

Amerikanische Mission unter antikommunistischer Flagge

Am 20. Januar 1981 legt der damals zwei Wochen vor seinem 70. Geburtstag stehende Ronald Reagan als 40. Präsident der USA seinen Amtseid ab. Mit dem früheren Schauspieler und Gouverneur von Kalifornien kam ein in vielen gesellschaftlichen Kämpfen gestählter Antikommunist ins höchste Amt der stärksten Weltmacht. Seine ersten politischen Sporen hatte sich Reagan als Streikbrecher in Hollywood verdient, wo er im Jahr 1947 Schauspielerkollegen gegen eine Gewerkschaft organisierte, die sich für höhere Löhne und bessere Arbeitsbedingungen einsetzte. Der Filmproduzent Jack Warner, gegen dessen

169 Schweizer 2002, S. 77/78

bekannt unsoziale Geschäftspraktiken die Gewerkschaft ins Feld zog, wusste, was er an dem jungen Reagan hatte. »Ronnie Reagan ... hat sich als Turm in der Brandung erwiesen, nicht nur für die Schauspieler, sondern für die gesamte Filmindustrie«,[170] lobte er den damals 36jährigen, »furchtlosen Feind des Kommunismus«. Spätestens seit diesem Zeitpunkt hatte Reagan seinen Platz in der Gesellschaft gefunden: auf der Seite der US-amerikanischen Industrie.

Im April 1947 entschließen sich Reagan und seine Frau Nancy, ihren Kampf gegen das politisch Böse auf eine höhere Ebene zu verlagern. Sie werden Informanten des Federal Bureau of Investigation (FBI), dem sie im Rahmen der vorherrschenden Jagd auf alle, die im Geruche standen, unpatriotisch, also in der damaligen Diktion »kommunistisch« zu sein, mit Rat und Auskünften zur Seite stehen.[171] Der McCarthyismus, benannt nach dem rechtsradikalen Senator Joseph McCarthy, der mit seiner Linkenhatz in den 1950er Jahren das kulturelle Leben in den USA lahmlegte, fand in Reagan einen willigen Mitstreiter.

Die Präsidentschaftswahlen 1976 verliert der Ex-Gouverneur von Kalifornien gegen seinen demokratischen Kontrahenten Jimmy Carter. Seine außenpolitischen Angriffe gegen Moskau und seine Forderung, anstelle des Helsinki-Prozesses, der zur Gründung der blockübergreifenden Konferenz über Sicherheit und Zusammenarbeit in Europa (KSZE) und damit zur Entspannung zwischen Ost und West beitrug, auf die »militärische Überlegenheit der USA« zu setzen, fruchteten noch nicht. Vier Jahre später gelang Reagan (mit Vizepräsident George Bush senior) der Sprung ins Weiße Haus. Im Jahr 1980 schlugen die WählerInnen Carters Warnungen, dass mit Reagan eine Phase der »massiven atomaren Aufrüstung gegen die Sowjetunion« und »eine ernsthafte Gefährdung des Friedens in den USA und auf der Welt« drohe,[172] in den Wind.

Die Welt und insbesondere die Sowjetunion hatten nun für die kommenden zwei Amtsperioden, bis 1989, mit einem Friedensfeind und Kriegshetzer zu tun. Mit wie viel Verve der alte Mann zur Sache ging, gab er bei jedem seiner öffentlichen Auftritte zum Besten. Hier eine Kostprobe von Reagans Weltbild auf dem Höhepunkt seiner Karriere: »Die Zivilisation wird sich des Kommunismus entledigen als eines traurigen, bizarren Kapitels der Menschheitsgeschichte, dessen letzte Seiten just in diesem Augenblick geschrieben werden. Die westliche Welt wird den Kommunismus nicht eindämmen, sie wird ihn überwinden. Wir werden uns nicht damit abgeben, ihn anzuprangern, wir werden uns seiner entledigen. (...) Wir werden das letzte Gefecht führen.«[173] Die 1980er Jahre gehen in der Folge als Jahrzehnt der Aufrüstung in die Geschichte ein.

170 Zit. in: Schweizer 2002, S. 12
171 Schweizer 2002, S. 13
172 Jimmy Carter im Wahlkampf 1980. Zit. in: Schweizer, S. 120
173 Ronald Reagan am 17. Mai 1981, zit. in: Bruhn 1995, S. 149

Waffen in Stellung bringen

Mit Reagans Präsidentschaft endete die Politik der »friedlichen Koexistenz«, die auch schon unter Vorgänger Carter nicht die einzige außenpolitische Architektur war, auf die Washington gebaut hatte. Schon die Nichtratifizierung des SALT-II-Vertrages, der nach den Langstreckenraketen nun auch die Aufstellung von Mittelstreckenraketen limitierte, durch den US-Senat im Jahr 1979 war ein erstes starkes Indiz dafür, dass sich die Zeiten geändert hatten. Die Phase der Entspannung wich militärischer Aufrüstung. Für Ersteres war im Kabinett von Jimmy Carter Außenminister Cyrus Vance zuständig; die aggressive, antirussische Position nahm der aus polnischem Adel stammende Sicherheitsberater Zbigniew Brzeziński ein. Er war es auch, der den Präsidenten am 25. Juli 1980 zur Unterzeichnung der Direktive »PD-59«[174] drängte, mit der das Weiße Haus seinen Willen bekundete, gegebenenfalls einen begrenzten, aber andauernden Atomkrieg gegen die Sowjetunion führen zu wollen und zu können.

Der Publizist und Kritiker der US-Außenpolitik William Engdahl schreibt diese Wende in der US-Außenpolitik dem wachsenden Einfluss der Trilateralen Kommission zu,[175] einem auf Initiative David Rockefellers gegründeten Think-Tank, dem Brzeziński vor und nach seiner beratenden Tätigkeit für den Präsidenten als Direktor vorstand. Die Direktive »PD-59« stellte die Sicherheitsarchitektur der 1970er Jahre auf den Kopf. Jetzt war von einem Enthauptungsschlag gegen Moskau die Rede, der die USA in die Lage versetzen sollte, im Konfliktfall offensiv agieren und gleichzeitig eine mögliche Vergeltung durch sowjetische Raketen möglichst ausschalten zu können. Damit war man in Washington wieder zur Erstschlagsoption zurückgekehrt, die unmittelbar nach dem Ende des Zweiten Weltkrieges militärischer State of the Art gewesen war.

Zusammen mit der Aufstellung einer sogenannten »Rapid Deployment Force« für weltweiten Einsatz, deren erste Einheiten im März 1980 formiert wurden, stellte die Carter'sche Direktive für einen atomaren Erstschlag die Sowjetunion vor große Herausforderungen. Wie schon bei der Entwicklung der Atombombe unmittelbar nach 1945 war Moskau gezwungen, nachzurüsten. Dieser Teufelskreis aus US-amerikanischer Aufrüstung und sowjetischer Nachrüstung – mit der einzigen Ausnahme der Trägerrakete des ersten künstlichen Erdsatelliten im Herbst 1957, die als sogenannter »Sputnik-Schock« in die Literatur einging – wiederholte sich in mehreren Wellen die gesamten 1980er Jahre hindurch bis zum Ende der UdSSR, das nicht zuletzt der aus dem Rüstungswettlauf erklärbaren wirtschaftlichen Erschöpfung geschuldet war. Die vom Journalisten

---

174 http://nsarchive.gwu.edu/nukevault/ebb390/ (17.6.2015)
175 William Engdahl, *Mit der Ölwaffe zur Weltmacht*. Rottenburg 2006, S. 247

Jürgen Bruhn[176] zusammengefassten Daten des Londoner Internationalen Instituts für Strategische Studien geben einen interessanten Aufschluss über das systematische Nachhinken sowjetischer gegenüber US-amerikanischer Rüstungstechnologie. Der zeitliche Abstand, mit dem die einzelnen Systeme in den USA und der Sowjetunion einsatzfähig waren, betrug dabei durchschnittlich vier bis sechs Jahre. Eine technisch ausgereifte Atombombe gelang russischen Wissenschaftlern erst vier Jahre nach dem Einsatz der ersten zwei US-amerikanischen; bei Langstreckenbombern waren die USA (1945) der Sowjetunion (1953) neun Jahre voraus; amerikanische Interkontinentalraketen (1955) konnten zwei Jahre früher als sowjetische (1958) aufgestellt werden; und für den Nachbau des legendären, in der Zwischenzeit zehntausende Tote bringenden Marschflugkörpers »Tomahawk«, den das Pentagon 1976 in Dienst stellte, benötigte die sowjetische Generalität acht Jahre, um ein vergleichbares Modell, die CH-55 (mit der NATO-Bezeichnung »AS-15 Kent«) herzustellen.

Dem Direktor des Center for Military Research and Analysis in New York zufolge gelang es Moskau bei allen strategischen atomaren Gefechtsköpfen, ob landgestützt, auf U-Booten oder Bombern montiert, während der gesamten 1980er Jahre nicht, mit der gegnerischen Anzahl gleichzuziehen. Mitte der 1980er Jahre besaßen die USA 11 857 einsatzbereite Atomsprengköpfe, während es die Sowjetunion »nur« auf 7865 Stück brachte.[177]

Die atomare Bewaffnung ist ein Spiegelbild der allgemeinen Rüstungsausgaben. Und diese stiegen in der Amtszeit Ronald Reagans ins Unermessliche. Indexiert man die US-Militärausgaben des Jahres 1979, also dem Jahr vor der Wahl Ronald Reagans zum Präsidenten, dann gab Washington am Ende seiner Amtszeit zehn Jahre später 2,7 Mal so viel Geld für Kriegsausrüstung aus.[178] Besonders teuer kam der Bau von Flugzeugträgern, den Reagans Verteidigungsminister Caspar Weinberger vorantrieb. 15 Stück wollte er bauen lassen, um, wie er sich ausdrückte, vor allen Küsten der Welt kreuzen zu können.[179] Im Schussfeld der USA stand nicht nur Moskau, vielmehr zielte die militärische Aufrüstung potenziell auch auf alle Staaten in der »Dritten Welt«, die sich Washington und seinen geopolitischen und wirtschaftlichen Interessen gegenüber unbotmäßig verhielten.

Ende der 1980er Jahre kommandierte die US-Marine fünf schwimmende Kriegsinseln der sogenannten »Nimitz«-Klasse, die Sowjetunion verfügte über

---

176 Bruhn 1995, S. 112
177 Tom Gervasi, *The Myth of Soviet Military Supremacy*. New York 1986, S. 49f.; zit. in: Bruhn 1995, S. 119. Siehe auch: Nolte 2003, S. 309
178 SIPRI-Jahrbücher 1979–1989. Zitiert auf: https://de.wikipedia.org/wiki/Wettr%C3%BCsten#/media/File: Defense_usa.PNG (17.6.2015)
179 Rode 2102, S. 388

drei wesentlich kleinere der sogenannten »Kiew«-Klasse; im Jahr 2015 pflügen elf Flugzeugträger (und neun Hubschrauberträger) unter der »Stars-and-Stripes«-Fahne und bloß einer unter der russischen Trikolore durch die Weltmeere. Die sowjetische Hochseeflotte hinkte in ihrer Kapazität, die in dieser Militärgattung in Tonnagen gezählt wird, der US-amerikanischen immer hinterher. Wenn man dann noch in Rechnung stellt, dass innerhalb der NATO auch noch Frankreich (als politisches Mitglied) und insbesondere Großbritannien eigene, auf allen Weltmeeren agierende Seestreitkräfte unterhielten, dann war die Kluft zwischen West- und Ostbündnis, zwischen NATO und WVO, umso tiefer.

Die öffentlich wohl umstrittenste Aufrüstungsrunde fand Anfang der 1980er Jahre auf Basis des sogenannten »NATO-Doppelbeschlusses« statt. Am 12. Dezember 1979 einigte sich die NATO in Brüssel auf die Stationierung neuer atomarer Mittelstreckenraketen in Westeuropa. Als Vorwand diente den unter dem Einfluss des Pentagon stehenden Strategen die Aufstellung von sowjetischen Mittelstreckenraketen vom Typ »RSD-10« (im NATO-Jargon und in Westeuropa »SS-20 Saber« genannt). Die »SS-20« war die technisch verfeinerte Variante ihrer Vorgängerinnen R-12 (»SS-4 Sandal«) und R-14 (»SS-5 Skean«). NATO-Brüssel und Washington argumentierten ihre »Nachrüstung« mit der technischen Möglichkeit, die zweistufige SS-20 bei Bedarf mit einer dritten Stufe ausstatten und damit zu einer Interkontinentalrakete umrüsten zu können; und diese wären durch den SALT-I-Vertrag limitiert. Abgesehen davon, dass die USA zu jedem Zeitpunkt, wie weiter oben dargestellt, deutlich mehr Atomsprengköpfe mit deutlich höherer Sprengkraft auf den sowjetischen Gegner gerichtet hatten als umgekehrt, stimmt die Terminologie der »Nachrüstung«, der sich Washington und Brüssel bedienten, auch aus zwei weiteren Gründen nicht. Zum einen gelang es der westlichen Militärallianz in den zahlreichen Abrüstungskonferenzen, die französischen Atomwaffen aus sämtlichen Zählungen und Aufrechnungen auszuklammern, was die Stärke der beiden Blöcke verzerrte; dahinter steckte das formal richtige Argument, dass sich Paris 1966 (bis 2009) aus der militärischen Struktur des westlichen Militärbündnisses zurückgezogen hatte; politisch blieb Frankreich jedoch immer Teil der NATO, verhandelte mit und war auch in die Strategien eingeweiht. Zum anderen beinhaltete die angebliche »Nachrüstung« der NATO eine eindeutige geografische Vorwärtsbewegung; denn die Hauptlast der Neuaufstellung von atomaren Mittelstreckenraketen trugen Deutschland und Italien, Atomsprengköpfe rückten damit näher an die Grenze der Warschauer Vertragsorganisation. Ab 1983 wurden über 100 Abschussrampen mit der neuen US-amerikanischen Wunderwaffe »Pershing II« bestückt und fast 500 bodengestützte Marschflugkörper des Typs »Tomahawk« in Dienst genommen.

Gerade die von General Dynamics produzierten Marschflugkörper – »Cruise Missiles« –, die mit Nuklearsprengkopf oder konventionellem Sprengstoff ausgerüstet werden können, machten in der Folge eine steile Karriere. In allen Kriegen, mit denen Washington seit 1980 die Welt überzieht, kamen die sechs Meter langen und eineinhalb Tonnen schweren, konventionell bewaffneten Marschflugkörper zum Einsatz. In der U-Boot-Basis Mystic im US-Bundesstaat Connecticut ist das Exemplar eines solchen Tomahawk zu besichtigen; stolz hängt es an durchsichtigen Strängen zwischen Himmel und Erde: ein Symbol US-amerikanischen Weltmachtanspruchs.

Die Stationierung von Pershing II und Cruise Missiles löste heftige Proteste in der deutschen und italienischen Öffentlichkeit aus. Millionen Menschen gingen gegen die NATO-Aufrüstung, die niemand von ihnen als »Nachrüstung« verstand, auf die Straße. Die Friedensbewegung erfasste alle gesellschaftlichen Schichten; sozialdemokratische, katholische und sich unter den Adjektiven alternativ und grün neu formierende Gruppen bildeten den Kern eines Bündnisses, dem es gelang, die Friedensfrage ins Zentrum politischer Auseinandersetzung zu tragen. Die Demaskierung der USA als Kriegstreiber konnte indes nicht verhindern, dass erneut an der Rüstungsspirale gedreht wurde.

»Reagans grundlegendste Kampfansage an die Sowjetunion war seine militärische Aufrüstung.«[180] So trocken und kondensiert liest sich die Einschätzung der US-Politik zur Hochzeit des Kalten Krieges beim vielleicht einflussreichsten Außenpolitiker, Henry Kissinger. Das Militärbudget wuchs ins Unermessliche, Geld für Rüstungsausgaben schien keine Rolle zu spielen. Für General Dynamics, Lockheed, McDonnell Douglas, Rockwell International und andere Riesen des militärisch-industriellen Komplexes waren die profitabelsten Zeiten ihrer Unternehmensgeschichte angebrochen.

Das größte und teuerste Rüstungsprojekt lehrte Moskau unter der Buchstabenkombination »SDI« das Fürchten. Ronald Reagan setzte es quasi im Alleingang gegen die ausdrücklichen Ratschläge seines eigenen Sicherheitsberaters Robert McFarlane und seines Außenministers George Shultz durch.[181] Doch der alte Schauspieler, von seiner Mission gegen den Kommunismus überzeugt, war fest entschlossen. Am 23. März 1983 wandte er sich mit seiner berühmten »Star-Wars«-Rede an die Nation. Damit war die Strategische Verteidigungsinitiative (SDI) offiziell in die Welt gesetzt. Am anderen Tag zeigte sich der US-Präsident mit einem ihrer stärksten Befürworter, Edward Teller, dem Erfinder der Wasserstoffbombe, freudig händeschüttelnd den Kameras. Noch mehr Freude kam bei

---

180 Henry Kissinger, *Die Vernunft der Nationen. Über das Wesen der Außenpolitik.* Berlin 1994, S. 859
181 Siehe Schweizer 2002, S. 150

den Rüstungskonzernen auf, die für die nächsten zehn Jahre mit fetten Aufträgen ihren Aktionären gesicherte Profite garantieren konnten.

Das ahnungslose Publikum sollte mit der Ankündigung des SDI-Programms Engelszungen vernehmen. Reagan sprach von »friedvollen Beweggründen, um all unsere Fähigkeit und Erfindungsgabe für eine wirkliche, lang anhaltende Stabilität einzusetzen« und davon, dass »wir niemals ein Aggressor sein werden« und für Freiheit und Frieden in der Welt stünden. Um diesen Zustand aufrecht erhalten zu können, meinte er weiter, müsse man »ein Programm auflegen, um den schrecklichen sowjetischen Raketen mit Defensivmaßnahmen entgegenzutreten, (...) damit diese Atomwaffen unwirksam und obsolet werden«. Reagan schloss mit den pathetischen Worten: »Meine lieben amerikanischen Mitbürger, heute Nacht unternehmen wir eine Anstrengung, die den Lauf der Menschheitsgeschichte zu verändern verspricht. Es wird Risiken geben und Ergebnisse werden ihre Zeit benötigen, aber ich glaube, wir können es schaffen. (...) Ich bitte um Ihre Gebete und Ihre Unterstützung«.[182]

Gerade in dem Argument, eine Defensivwaffe zu entwickeln, lag jedoch der aggressive Kern der »Strategischen Verteidigungsinitiative«, denn die ganze Sicherheitsarchitektur der beiden großen Atommächte USA und UdSSR war auf dem Gleichgewicht des Schreckens aufgebaut; damit meinte man, die Möglichkeit eines Atomangriffs durch die Drohung des Gegenübers, in diesem Fall mit selbiger Technologie zurückzuschlagen, in Zaum halten zu können. Dem Gleichgewicht des atomaren Schreckens verdankte die Welt seit Hiroshima und Nagasaki, dass keine weiteren Atombomben zum Einsatz kamen. Sollten nun, wie mit SDI geplant, die sowjetischen Interkontinentalraketen technisch »unwirksam und obsolet« gemacht werden können, wäre die russische Zweitschlagskapazität unterlaufen, zerstört. Dies gäbe wiederum den USA die Möglichkeit, atomar anzugreifen, ohne eine entsprechende Vergeltung befürchten zu müssen. Das Gleichgewicht des Schreckens war Vergangenheit, in US-Militärkreisen war nun von der neuen Strategie der »flexiblen Antwort« die Rede. Im Übrigen verstieß das SDI-Programm gegen den Grundgedanken des ABM-Vertrages, der weltraumgestützte Verteidigungssysteme verbot.

Die Kosten für SDI betrugen in den Jahren 1983 bis 1988 fast 30 Mrd. US-Dollar, soviel stellten die legislativen Häuser in Washington dem Pentagon für seinen Traum vom unbeantwortbaren Erstschlag zur Verfügung. Entwickelt wurde dafür eine Generation neuer Waffensysteme, die von Röntgenlasern bis zu kinetischen Projektilen reichte[183] – das alles mit dem Ziel, vom Weltraum aus

---

182 Ronald Reagan am 23. März 1983; siehe: http://www.reagan.utexas.edu/archives/speeches/1983/32383d.htm (17.6.2015)
183 https://de.wikipedia.org/wiki/Strategic_Defense_Initiative (17.6.2015)

das Arsenal der sowjetischen atomaren Trägerraketen auszuschalten und eine Art Schutzschild über den nordamerikanischen Kontinent zu legen.

Moskau reagierte unmittelbar, schockiert. Juri Andropow, der eben erst Langzeitpräsident Breschnew abgelöst hatte, warnte vor einem unkontrollierbaren Rüstungswettlauf für den Fall, dass SDI umgesetzt würde. »Sollte dieses Programm Wirklichkeit werden, würden sich die Schleusen eines Wettlaufs öffnen, der alle Arten strategischer Waffen, offensive wie defensive betrifft«,[184] drohte er indirekt mit Gegenmaßnahmen.

Im November 1987 gelang der erste Abschuss (einer schnell fliegenden Drohne) mit einer SDI-Laserwaffe;[185] vier Jahre hatte es gedauert, bis Reagan in seiner mittlerweile zweiten Amtszeit einen – relativ bescheidenen – technischen Erfolg vorweisen konnte; zu lange und zu wenig, um weiterhin jährlich 3 bis 4 Mrd. US-Dollar vom Kongress bewilligt zu bekommen. Im Jahr 1988 fuhr das Pentagon die »Strategische Verteidigungsinitiative«, die sich auch den spektakulären Namen »Star Wars« zugelegt hatte, zurück. SDI war (vorläufig) gescheitert. Nach dem Zusammenbruch der Sowjetunion nahmen allerdings Bill Clinton und verstärkt George Bush der Jüngere mit der National Missile Defense Initiative die Idee zum Aufbau eines vom Weltraum her betriebenen atomaren Schutzschildes Nordamerikas wieder auf.

Moskau tappt in die Falle: Afghanistan

Zwei Wochen vor dem orthodoxen Weihnachtsfest, am 25. Dezember des Jahres 1979, landeten an die hundert Militärmaschinen mit sowjetischen Hoheitszeichen auf den Flughäfen in Kabul und Bagram. Die 103. »Witebsker« Luftlandedivision mit über 7000 Soldaten wurde nach Afghanistan verlegt. Gleichzeitig marschierten Einheiten der 40. Armee über die Grenze der Usbekischen SSR in das südliche Nachbarland. Moskau argumentierte seine Intervention mit dringendem Hilfeersuchen des früheren Präsidenten und Parteiführers der kommunistischen Demokratischen Volkspartei Afghanistans (DVPA), Nur Muhammad Taraki, der kurz zuvor einer Intrige seines Parteifreundes Hafizullah Amin zum Opfer gefallen war. Zu Lebzeiten Tarakis überhörte der Kreml seine häufigen Hilferufe, doch nun, mitten in den immer heftiger tobenden Bürgerkrieg, entsandte Moskau ein stattliches Heer. Die blutigen Auseinandersetzungen, die Afghanistan seit dem Sturz des Königs im Jahr 1973 und noch mehr seit der kommunistischen, sogenannten Saur-Revolution 1978 erschütterten, waren in Moskau und in Washington genau beobachtet worden. Der Kreml setzte auf die Hardliner in der kommunistischen DVPA, die heillos in zwei sich gegenseitig

---

184 *New York Times* vom 27. März 1983. Zit. in: Schweizer 2002, S. 151
185 vgl. Bruhn 1995, S. 141

bis aufs Blut bekämpfende Fraktionen zerstrittenen war. Zwei Tage nach dem Einmarsch der Roten Armee vergiftete eine Spezialeinheit des KGB das gesamte afghanische Politbüro am Amtssitz des Präsidenten im Tadschbeg-Palast, während gleichzeitig Moskaus neuer Günstling, Babrak Karmal, via Rundfunkansprache seine Regierungsübernahme verkündete.[186]

Pentagon und CIA wiederum unterstützten jene konservativen Kräfte im Land, die sich gegen Zwangssäkularisierung und Landreform der Kommunisten stellten, radikal-muslimische Gruppen, die von Pakistan und Saudi-Arabien bewaffnet wurden.

Moskaus plumpe Machtübernahme Ende Dezember 1979 passt zu einem Drehbuch, das tiefe historische Wurzeln aufweist und in der Literatur über die Geschichte Afghanistans als »Great Game« bezeichnet wird. Das Land am Hindukusch löste Jahrhunderte lang währende geostrategische Begehrlichkeiten insbesondere im britischen Empire und im zaristischen Russland aus. Für London war es ein notwendiger Baustein zur territorialen Konsolidierung Britisch-Indiens; Moskaus wiederum benötigte die Kontrolle über das Land, um sich seinen legendären Wunsch nach einem Zugang zum Indischen Ozean zu erfüllen. Afghanistan lag genau im Schnittpunkt der beiden Erweiterungsprojekte.

Die Briten hatten sich seit 1839 in mehreren Wellen blutige Nasen beim Versuch der Unterwerfung afghanischer Völker geholt. Eineinhalb Jahrhunderte später traten die Sowjets, die aus der historischen Lektion ihres geopolitischen Gegenübers nichts gelernt hatten, auf demselben Schlachtfeld an. Das zehnjährige Afghanistan-Abenteuer Moskaus wurde zum Debakel und trug mit zum Zerfall der Sowjetunion bei. Washington erkannte frühzeitig die Aussichtslosigkeit des russischen Unterfanges und intervenierte seinerseits diskret, aber effizient. Die schlussendliche sowjetische Niederlage war ein amerikanischer Sieg.

Eine erste namhafte Afghanistan-Initiative von Seiten des CIA geht auf das Jahr 1973 zurück. Damals übernahm der moskaufreundliche Sardar Mohammed Daud, der bereits 20 Jahre zuvor unter seinem Cousin König Zahir Shah Ministerpräsident gewesen war, die Macht in Kabul und stürzte die Monarchie. Damit entstand eine Lücke in der geopolitischen Vorstellungswelt Washingtons, die Sowjetunion einzukreisen;[187] ihr zu Folge hatte Daud ein Loch in die »rimlands« gerissen.

Eine seit den 1950er Jahren von Washington betriebene Asia Foundation, die ohne viel Aufsehen mit islamischen Studenten und alteingesessenen Kleriker-Familien zusammenarbeitete, wurde aktiviert. Und der »CIA, Pakistan und der Schah begannen ernsthafte Anstrengungen, das neue progressive afghanische

---

186 https://de.wikipedia.org/wiki/Hafizullah_Amin (21.6.2015)
187 Rode 2012, S. 367/368

Regime zu untergraben«, schreibt der Journalist Robert Dreyfuss in seiner eindrucksvollen Studie *Devil's Game*.[188] Darin analysiert der Autor, wie die USA und Großbritannien bereits vor Jahrzehnten islamistische Gruppen gegen jedwede kommunistischen oder panarabischen Strömungen im Nahen und Mittleren Osten ins globale Kampffeld führen.

Der bekannte pakistanische Politikwissenschaftler Tariq Ali geht ebenfalls von einer massiven Unterstützung der USA für muslimische Rebellengruppen lange vor dem Einmarsch der Roten Armee aus. »Die Vereinigten Staaten«, schreibt er, »unterminierten schon bald (nach der Saur-Revolution 1978, d. A.) das Regime, indem sie mit Hilfe der pakistanischen Armee die religiöse Opposition bewaffneten. (...) Den Stammesmitgliedern wurden Geld und Waffen gegeben, um einen Bürgerkrieg anzuzetteln.«[189] Viel später, im Jahr 1989, sollte ein Mitarbeiter des damaligen pakistanischen Ministerpräsidenten Benazir Bhutto, Nasirullah Babar, in einem Interview bestätigen, dass die USA von 1973 an am Aufbau muslimischer Dissidentengruppen in Afghanistan mitgewirkt haben.[190]

Einer der blutigsten Überfälle, die radikale Mudschahedin mit Wissen und indirekter Unterstützung Washingtons durchführten, ereignete sich in der Provinzhauptstadt Herat. Dort drangen am 15. März 1979 muslimische Kämpfer in ein hauptsächlich von Russen bewohntes Viertel ein und schlachteten eine bis heute umstrittene Anzahl sowjetischer Regierungsberater samt ihren Familien ab. Das Massaker von Herat, in der Literatur auch als »Aufstand von Herat« bekannt, veranlasste den damaligen Präsidenten Nur Mohammed Taraki zu einem offiziellen Hilferuf nach Moskau, in dem er Ministerpräsident Aleksej Kossygin um militärische Unterstützung bat.[191] Nach Herat begann das Zentralkomitee der KPdSU intensiv über eine Intervention zu diskutieren; vielleicht war es ein anderer, äußerer Faktor, nämlich die am 12. Dezember 1979 von der NATO beschlossene Aufrüstung Westeuropas mit Pershing II und Cruise Missiles, die dem Kreml den letzten, entscheidenden Anstoß gab, zwei Wochen später seine Kriegsmaschine in Bewegung zu setzen.

Nach dem Einmarsch der Roten Armee vervielfachte sich die amerikanische Einmischung. Pakistan wurde zur Drehscheibe der technischen und materiellen Hilfe, die Washington oppositionellen Gruppen zukommen ließ. Im pakistanisch-afghanischen Grenzgebiet entstanden im Nu 85 Ausbildungslager für afghanische Mudschahedin, die dort in Guerilla-Kriegsführung unterrichtet

---

188 Robert Dreyfuss, *Devil's Game. How the United States Helped Unleash Fundamentalist Islam*. New York 2005, S. 260
189 Tariq Ali, *Fundamentalismus im Kampf um die Weltordnung. Die Krisenherde unserer Zeit und ihre historischen Wurzeln*. München 2003, S. 300
190 Dreyfuss 2005, S. 260
191 Matin Baraki, *Kampffeld Naher und Mittlerer Osten*. Heilbronn 2004, S. 39

wurden.[192] Geld und Waffen flossen in Strömen. Reagan-Biograf Peter Schweizer zeichnet den Weg nach, den die militärische Ausrüstung nahm, bevor sie bei den Rebellen ankam. Meist gingen die Transporte über Ägypten nach Karachi, wo sie über den pakistanischen Geheimdienst ISI an aufstandsbereite Muslime verteilt wurden. Die Waffen wurden von den USA und Saudi-Arabien bezahlt und kosteten jährlich 30 Mio. US-Dollar.[193]

Die Koordinierung übernahm der US-Geheimdienst. Dafür rüstete die CIA einen eigenen Langstreckenflieger, den Lockheed Black C-141 Starlifter, zu einer fliegenden Kommandozentrale um. Diese fungierte als kommunikative Drehscheibe zwischen Washington, dem pakistanischen Geheimdienst und den Saudis und überwachte den Weg der Waffenlieferungen an die Mudschahedin. Der alte Haudegen Bill Casey, langjähriger CIA-Direktor, leitete ab März 1981 diese Sondermission. In dem zum Luxushotel ausgebauten Flieger pendelte er zwischen Riad, Kairo, Peschawar und Washington, immer bestrebt, die Waffenflüsse zu intensivieren und die Ausbildung der Rebellen zu verbessern.[194]

Es war am frühen Morgen des 25. September 1986, als drei junge bärtige Männer knapp außerhalb Jalalabads Moskau das Fürchten lehrten. Unter »Allah-ist-groß«-Rufen schulterten sie die ersten von den USA an den afghanischen Widerstand gelieferten Stinger-Raketen und legten sich in der Nähe des Flughafens auf die Lauer. Die inklusive Lenkvorrichtung 25 Kilogramm schwere Stinger-Rakete »FIM-92« war in den USA extra für den Guerillakampf entwickelt worden und kam nun erstmals in Afghanistan zum Einsatz. Von der Schulter eines Mannes abgefeuert, erreichen die infrarotgelenkten Kurzstreckenraketen die unglaubliche Geschwindigkeit von Mach 2 und finden in wenigen Sekunden ihr Ziel. Abdul Wahab, Zalmai und Abdul Ghaffar legten die Zielvorrichtung auf die an diesem Morgen einfliegenden sowjetischen Hubschrauber »MI-24 Hind« an und drückten ab. Zwei Hubschrauber fielen wie Steine vom Himmel und zerbarsten. Leichenteile und russisches Militärgerät lagen verstreut auf dem Flugfeld. Wahab und seine Leute jubelten.[195] Und Ronald Reagan im fernen Washington konnte nicht genug von dem Video kriegen, das den Abschuss der sowjetischen Militärhubschrauber zeigte. Der Reagan-Biograf Peter Schweizer berichtet von einem Gespräch zwischen dem US-Präsidenten und dem pakistanischen Koordinator des Kampfes gegen die Rote Armee in Afghanistan, General Mohammad Yousaf, wie sie gemeinsam den erfolgreichen Stinger-Angriff diskutieren. Im Anschluss daran überreichte Yousaf Reagan eine Box mit der leeren Hülle einer

---

192 Baraki 2004, S. 38
193 Schweizer 2002, S. 203
194 Ebd.
195 http://www.wsj.com/articles/SB10001424052970204138204576598851109446780 (26.6.2015)

gebrauchten Stinger »FIM-92«.[196] Über den CIA wurden mehr als 2000 solcher Raketen an afghanische Mudschahedin geliefert, die eine oder andere von ihnen mag Jahrzehnte später nicht mehr russische, sondern US-amerikanische Opfer gefordert haben. Die technische Bedeutung, die im großen amerikanisch-sowjetischen Rüstungswettlauf der Cruise Missiles zukam, nahm im indirekten Konflikt der beiden Großmächte innerhalb Afghanistans die Stinger-Rakete ein. Ihr konnte Moskau nichts Adäquates entgegen setzen.

Doch längst stand nicht mehr allein das von Moskau unzureichend und nur fragmentarisch kontrollierte Afghanistan im Fokus der US-Aktionen, vielmehr trachtete Washington danach, den afghanischen Hexenkessel zu nutzen, um die südlichen, teilweise von muslimischen Mehrheiten bewohnten Sowjetrepubliken zu destabilisieren. Anfang 1985 gelangen nach intensiven Vorbereitungen erstmals größere Terroranschläge innerhalb der sowjetischen Grenzen. In Untergrundaktivitäten ausgebildete und mit modernem militärischem Gerät ausgestattete afghanisch-muslimische Kämpfer drangen auf tadschikisches Gebiet vor, sprengten Energieversorgungseinrichtungen und schossen in Militärstützpunkten um sich. Siegessicher und stolz notiert Reagan-Intimus Schweizer in seinem Buch: »In einem Fall griffen 30 Kämpfer zwei Wasserkraftwerke in Tadschikistan an, in einem anderen Fall gingen Raketen auf ein sowjetisches Flugfeld nieder; alles in allem gab es Dutzende Hinterhalte. Und weil diese Attacken weitergingen, trafen sie einen Nerv in Moskau.«[197]

Die Wachablöse im Kreml war im vollen Gange; Michail Gorbatschow übernahm im März 1985 den Posten des Generalsekretärs des ZK der KPdSU. Nicht zuletzt das Debakel in Afghanistan bestimmte sein Schicksal und das des Landes. Mehr als 15 000 Soldaten verloren während der zehnjährigen Anwesenheit der Roten Armee in Afghanistan ihr Leben. Die USA hatten sich die Untergrundarbeit einiges kosten lassen. Gegen Ende der sowjetischen Besatzung waren es 470 Mio. US-Dollar pro Jahr, die Washington seine verdeckte Mission Wert gewesen war.[198] Die radikal-muslimischen Geister, die CIA und Pentagon riefen und bezahlten, wurden sie – das zeigt die weitere Geschichte des zentralasiatischen Raumes – in der Folge nicht mehr los.

Keynesianismus auf Amerikanisch

»Die unsichtbare Hand des Marktes wird ohne die sichtbare Faust nicht funktionieren. McDonald's kann nicht expandieren ohne McDonnell Douglas, den Hersteller der F-15. Und die sichtbare Faust, die die globale Sicherheit der

---

196 Schweizer 2002, S. 257
197 Schweizer 2002, S. 235
198 Schweizer 2002, S. 234

Technologie des Silicon Valley verbürgt, heißt Armee, US-Luftwaffe, US-Kriegsmarine, US-Marinekorps.«[199] Offene Worte eines Insiders und Beraters von US-Außenministerin Madeleine Albright, die auch für die 1980er Jahre ihre Gültigkeit haben. Die staatlichen Organe der USA, allen voran der Präsident und die Regierung, verstehen sich wie keine Administration anderswo auf der Welt als Gehilfen des Kapitals. Diesem schreiben sie alle positiven Eigenschaften zu und betrachten es – neben dem gesellschaftlichen Nukleus der Familie – als Urform des menschlichen Strebens nach Glück. In ihrer Sicht hängen Wohlstand und Fortschritt vom Umfang der Möglichkeiten ab, in dem sich Kapital realisieren, in dem es profitabel angelegt werden kann. Die Hayek'sche »unsichtbare Hand des Marktes« regelt dabei die menschliche Interaktion; gleichwohl wird kein Widerspruch in der Tatsache gesehen, dass sich der Staat in jene Bereiche der Gesellschaft einmischt, die die Herrschaft des Kapitals garantieren. Genau dies will uns oben zitierte Aussage schonungslos und offen mitteilen.

Unter der Regierungszeit Ronald Reagans pumpte das Finanzministerium die großen Unternehmungen der Rüstungsindustrie mit staatlichem Geld voll. Hunderte Milliarden US-Dollar flossen in den Militärsektor. In den ersten zwei Jahren seiner Amtszeit erhöhte Reagan das Militärbudget um 10 % auf fast 340 Mrd. US-Dollar, im Jahr darauf nochmals um knappe 10 %.[200] McDonnell Douglas, Rockwell, General Dynamics, Lockheed, Boeing und General Electric erhielten Jahr für Jahr Rüstungsaufträge jenseits der Fünf-Milliarden-Marke.[201]

Schon nach seiner ersten Amtszeit konnte US-Präsident Ronald Reagan auf markant erhöhte Produktionsziffern für militärisches Gerät verweisen. Seinem Biografen Peter Schweizer schwellt angesichts der Zahlen stolz die Brust: 3000 Kampfflugzeuge, 3700 strategische Raketen, 10 000 Panzer etc. rollten neu von den Bändern der Rüstungsbetriebe. »Ihre Produktion verdoppelte sich im Vergleich mit den 1970er Jahren«, schreibt er.[202] So wie sich Reagan als junger Schauspieler im Arbeitsstreit auf dem Filmset dem großen Filmproduzenten angedient hatte, so stand nun der alte Reagan auf Seite der Rüstungskonzerne und sorgte für volle Auftragsbücher.

Die Profitraten der größten Waffenproduzenten lagen Mitte der 1980er Jahre bei jährlich 30 % und darüber und damit dreimal so hoch wie in zivilen Unternehmen.[203] Es lohnte sich also, in die Kriegswirtschaft zu investieren. Die Rüstungsindustrie war die gesamten 1980er Jahre hindurch, bis zum

---

199 Thomas Friedman, Berater der US-Außenministerin Madeleine Albright; zit. in: Jean Ziegler, *Die neuen Herrscher der Welt und ihre globalen Widersacher*. München 2005, S. 36
200 http://www.infoplease.com/ipa/A0904490.html (17.6.2015)
201 *Aviation Week and Space Technology* vom 18. November 1985. Zit. in: Bruhn 1995, S. 157
202 Schweizer 2002, S. 237
203 *New York Times* vom 21. November 1985

Zusammenbruch der Sowjetunion, der »bedeutendste Konjunkturankurbler« und »erwirtschaftete die höchsten Profite im Vergleich mit anderen Industriezweigen«, schreibt auch der Politikwissenschaftler und damalige BRD-Bundestagsabgeordnete Winfried Wolf.[204] Die Reagan'sche Administration mit Verteidigungsminister Caspar Weinberger war der Garant für diese Art von Keynesianismus, Militärkeynesianismus. Leise Anfragen aus dem eigenen Kabinett, doch auch einige Sozialprogramme umzusetzen, nicht alles Geld für Waffen auszugeben und die Butter vom Speiseplan der Armen zu streichen, konterte der Mann des militärisch-industriellen Komplexes: »Schauen Sie, ich bin der Präsident der Vereinigten Staaten von Amerika, der Befehlshaber; meine wichtigste Verantwortung betrifft die Sicherheit der Vereinigten Staaten (...) Wenn wir keine Sicherheit haben, brauchen wir auch keine Sozialprogramme. Wir machen mit diesen (den Militärprogrammen, d. A.) weiter.«[205] Punkt. So einfach gestrickt – und so effizient, wie wir sehen werden – war die Welt des Ronald Reagan.

Moskau bankrott

Anfang der 1980er Jahre war der Höhenflug der sowjetischen Ökonomie vorüber. Dies war zum einen den Folgewirkungen der Weltwirtschaftskrise von 1973/1974 geschuldet. Die allgemeine Rezession führte zu einem Überangebot an fossilen Brennstoffen, insbesondere an Erdöl auf dem Weltmarkt. Saudi-Arabien weigerte sich, seine Förderung der sinkenden Nachfrage anzupassen und pumpte weiter ohne Rücksicht auf Verluste schwarzes Gold aus dem Wüstensand. Folgerichtig brach 1981 der Ölpreis ein und blieb bis 1986 auf Talfahrt. Der extreme Preisverfall machte Moskau zu schaffen.

Die steigenden Öl- und Goldpreise in den späten 1970er Jahren hatten der Sowjetunion ökonomisch und damit auch politisch Luft verschafft. Washington war also klar, dass es beim Erdölpreis ansetzen musste, um die zusätzlichen Einnahmen, die Moskaus Spielraum vergrößerten, zu verringern. Aus einer CIA-Quelle aus dem Jahre 1984 geht hervor, dass das Weiße Haus mit dem saudischen König Fahd ganz gezielt auf sinkende Ölpreise setzte. »Die Saudis waren eine der wichtigsten Komponenten in der Strategie Reagans«, Moskau ökonomisch in die Knie zu zwingen, meinte der damalige CIA-Verantwortliche in Riad, Alan Fiers, im Gespräch mit dem Reagan-Biografen Peter Schweizer.[206] Penibel wurden auf amerikanischer Seite im Jahr 1983 die Vor- und Nachteile eines Ölpreisverfalls berechnet. Man kam zum Schluss, dass eine Preissenkung von 5 US-Dollar

---

204 Winfried Wolf, *Bombengeschäfte – Zur politischen Ökonomie des Kosovo-Krieges*. Hamburg 1999, S. 78
205 Ronald Reagan vor den Regierungsmitgliedern, ohne Jahr. Zit. in: Schweizer 2002, S. 139/140
206 Schweizer 2002, S. 238

pro Barrel das Bruttoinlandsprodukt der USA um 1,4 % steigen würde. Auf der Gegenseite, so der CIA-Bericht, musste Moskau mit Verlusten in der Höhe von 2,5 bis 5 Mrd. US-Dollar rechnen.[207] Die Waffe »Ölpreis« kam im großen Stil zum Einsatz. Nach einem Treffen auf höchster Ebene zwischen König Fahd und Präsident Reagan im Februar 1985 sank der Ölpreis ein weiteres Mal von 30 US-Dollar auf 12 US-Dollar pro Barrel. Und Verteidigungsminister Caspar Weinberger, selbst lange Jahre im Ölgeschäft (Bechtel Corporation) mit der saudischen Königsfamilie liiert, resümierte: »Die Saudis wussten, dass wir einen so niedrigen Ölpreis wie nur irgendwie möglich wollten. Die Vorteile bestanden in einer Besserstellung unserer Ökonomie und unserer politischen Situation sowie darin, dass die Sowjets weniger Geld erhielten. Es war eine Win-Win-Situation.«[208] Der damalige sowjetische Außenminister Andrej Gromyko erinnert sich in seinen Memoiren an einen Besuch in den USA im September 1983, bei dem die schwieriger gewordenen Beziehungen besprochen wurden: »Das Kalkül der US-Politik ist klar. Sie wollen die materiellen Ressourcen der UdSSR erschöpfen und das Land dazu bringen, sich zu ergeben.«[209]

30 Jahre später, im Oktober 2014, erinnert der Chef des russischen Sicherheitsrates und Berater Wladimir Putins, Nikolaj Patruschew, an diese ökonomische Attacke des Westens gegen die Sowjetunion.[210] Wieder steht Moskau durch einen extrem sinkenden Ölpreis stark unter Druck und Patruschew stellt historische Parallelen in den Raum.

Zurück in die Mitte der 1980er Jahre. Von noch größerer Bedeutung für die Staatswirtschaft als die durch den Ölpreisverfall sinkenden Einnahmen waren die Militärausgaben. Sie lasteten bleiern auf dem Budget. Jahr für Jahr zahlte der Kreml mehr für die Illusion, auf militärischem Gebiet mit den ständig teurer und technisch ausgefeilter werdenden Aufrüstungsprojekten Washingtons mithalten zu können. Nach unterschiedlichen Quellen verschleuderten die sowjetischen Militärs zur Mitte der 1980er Jahre 8 % bis 17 % des gesamten Haushaltes,[211] um dem rüstungstechnischen Vormarsch der USA Paroli bieten zu können. Im Vergleich dazu raubten die in absoluten Zahlen höheren Summen, die das Pentagon in die Rüstung steckte, dem US-Budget lediglich 6 % bis 7 % der Gesamtsumme.[212]

---

207 Central Intelligence Agency, *USSR: Facing the Dilemma of Hard Currency Shortages* (CIA-Study 1984), o.O. 1986, zit. in: Mária Huber, Moskau, 11. März 1985. *Die Auflösung des sowjetischen Imperiums*. München 2002, S. 78
208 Caspar Weinberger im Interview mit Peter Schweizer, in: Schweizer 2002, S. 240
209 Andrei Gromyko, *Memoirs*. New York 1989, S. 307
210 *Rossijskaja Gaseta* vom 15. Oktober 2014; zit. in: *Frankfurter Allgemeine Zeitung* vom 16. Oktober 2014
211 Offizielle US-amerikanische Stellen sprechen von 15 %, siehe: http://fas.org/nuke/guide/russia/agency/mo-budget.htm (19.6.2015); Reagan-Biograph Schweizer zitiert die *Washington Post* mit einer Schätzung von 8 %, siehe: Schweizer 2002, S. 258; Russland-Forscher Nolte wiederum weist schon für die 1970er Jahre ein sowjetisches Militärbudget von 12 % aus, siehe: Nolte 2003, S. 311, S. 370
212 https://en.wikipedia.org/wiki/United_States_Armed_Forces#/media/File:US_defense_spending_by_GDP_percentage_1910_to_2007.png (19.6.2015)

Wie viel Geld auch immer in den militärisch-industriellen Komplex der UdSSR geflossen sein mögen, es war um mehrere Größenordnungen zu viel. Der Zusammenbruch des größten Staatsgefüges der Welt in den Jahren 1989 bis 1991 hing direkt mit der Rüstungsspirale zusammen, an der sich Moskau in selbstmörderischer Weise beteiligte. »In der Sowjetunion (...) hatte sich (...) ein stetiger Abwärtstrend eingestellt. In den Jahren 1978/79 und 1982 gab es in den wichtigsten Branchen gar kein Wachstum mehr«, setzt die Russland-Expertin Mária Huber den Anfang der Krise schon relativ früh an.[213] Bis zum bitteren Ende änderte sich nichts daran.

Reagans Plan, das, was er als Kommunismus begriff, von der Landkarte der Welt zu tilgen, ging auf. Es gelang ihm, die Sowjetunion totzurüsten. Immer wieder verkündete er seine Mission lautstark. So bereits kurz nach seinem Amtsantritt im Oktober 1981. Damals gab er die Linie vor: »Sie (die Sowjets, d. A.), können ihr Militärbudget nicht beliebig erhöhen, weil sie ihr Volk schon auf Diät gesetzt haben. (...) Bis jetzt haben wir unilaterale Konzessionen gemacht, die unsere Position verschlechtert haben, und sie haben die größte Militärmaschine der Welt aufgebaut. Aber nun konfrontieren wir sie mit der Tatsache, dass wir mit dem Rüstungswettlauf voranschreiten und sie nicht mitkommen werden.«[214]

In Moskau vernahm man immer wieder Stimmen, die die Unsinnigkeit des Wettrüstens thematisierten und kritisierten. Bereits lange vor Ronald Reagan erkannte Nikita Chruschtschow die Gefahr, die in der Aufblähung des militärischen Sektors lag. Und er sah auch, wie die Rüstungsindustrie in den USA und die von ihr gegängelte politische Elite davon – anders als in Russland – profitieren konnte. Gegenüber einem Journalisten erklärte Chruschtschow bereits 1976: »Die riesigen Militärausgaben sind gut für die Amerikaner, weil sie sie ökonomisch tragen und davon profitieren können, aber für die kommunistische Welt«, so der Sowjetführer geradezu prophetisch, »bedeuten sie den Ruin.«[215] Am Ende der Sowjetunion musste ihr Totengräber, Michail Gorbatschow, eingestehen: »Wir haben unser Land in ein Militärlager verwandelt; und der Westen will uns in ein zweites Szenario eines Rüstungswettlaufs treiben. Er rechnet mit unserer militärischen Erschöpfung: und dann wird er uns als Militaristen porträtieren.«[216]

Die Gründe für den Aufbau dieses sowjetischen »Militärlagers« waren vielfältig, äußere und innere Faktoren sind dafür zu nennen, warum sich Moskau auf die Herstellung einer militärischen Parität kaprizierte, warum der Kreml viel zu

---

213 Mária Huber, *Moskau, 11. März 1985. Die Auflösung des sowjetischen Imperiums.* München 2002, S. 57
214 Interview von Ronald Reagan am 16. Oktober 1981. In: *Presidential Documents*, vol. 17 (Oct 26, 1981), S. 1160. Zit. in: Schweizer 2002, S. 141
215 Nikita Chruschtschow, zit. in: Richard Pipes, Détente and Reciprocity, in: George Urban (Hg.), *Détente*. New York 1976, S. 185
216 Notes from the Communist Party of the Soviet Union Central Committee Session, May 8, 1987. Zit. in: Schweizer 2002, S. 259

viel Kraft der Volkswirtschaft in die Rüstungsindustrie und viel zu wenig in die Konsumgüterindustrie steckte. Da ist einmal das historische Trauma des deutschen Überfalls von 1941, der 1945 zwar zurückgeschlagen werden konnte, dessen antikommunistischer Impetus allerdings, wie wir gesehen haben, von den USA aufgegriffen wurde. Von Moskau aus betrachtet konnte die Unterstützung nationalistischer, antikommunistischer Kräfte, wie sie Washington seit 1945 betrieben hat, nur als Bedrohung empfunden werden. Endgültig für den Aufbau einer starken Rüstungsindustrie hat sich Moskau nach der Zurückweisung der sogenannten Stalin-Note entschieden. Mit ihr bot der sowjetische Führer am 10. März 1952 den drei Westmächten Frankreich, Großbritannien und USA nichts weniger als die Wiedervereinigung Deutschlands an. In allen Besatzungszonen gemeinsam durchgeführte Wahlen sollten die drohende Teilung des Landes verhindern. Gesamtdeutschland sollte, so Stalin, neutralisiert werden und keinem militärischen Bündnis beitreten. Die Westalliierten betrachteten die Stalin-Note als »Störfeuer« ihrer eigenen Interessen und BRD-Kanzler Konrad Adenauer, der zu seiner Zeit wohl treueste Atlantiker der deutschen Politik, sah durch eine Wiedervereinigung nicht nur seine persönliche Macht, sondern das ganze Konstrukt eines unter US-Hegemonie stehenden Deutschlands – wenn auch nur der westlichen Zonen – gefährdet. Die Hoffnungen, die die Stalin-Note im Osten Deutschlands auslöste, beschreibt der Philosoph Wolfgang Harich, der vier Jahre später Stalins Plan noch einmal reaktivieren wollte und dafür hinter Gitter wanderte.[217]

Mit der Ablehnung des sowjetischen Neutralitätsangebotes für Deutschland und der – nach dem Tode Stalins – vollzogenen Einbindung der BRD in die NATO im Oktober 1954 begann der Kreml, nun unter der Aufsicht des neuen starken Mannes Chruschtschow, mit verstärkten Rüstungsanstrengungen. Bereits 1955 stiegen die sowjetischen Verteidigungsausgaben um 12 % gegenüber dem Vorjahr, gleichzeitig wurden Konsumgüter-Investitionen um 23 % gekürzt und die Schwerindustrie forciert.[218]

Aber auch innere Faktoren waren für die scheinbare Alternativlosigkeit, rüstungsmäßig mit den USA gleichziehen zu müssen, verantwortlich. Schon im Wiederaufbau nach 1945 setzte die sowjetische Führung auf die Schwerindustrie und vernachlässigte die Konsumgüterindustrie. Betrug deren Anteil an der gesamten Industriegüterproduktion vor dem Krieg, im Jahre 1928, noch 60,5 %, so sank er nach 1945 auf 25 % und blieb bis 1984 auf diesem Niveau.[219] Dies mag

---

217 Wolfgang Harich, *Keine Schwierigkeiten mit der Wahrheit. Zur nationalkommunistischen Opposition 1956 in der DDR*. Berlin 1993, S. 18
218 Nolte 2003, S. 294
219 *Statistisches Jahrbuch. Volkswirtschaft der UdSSR 1984*, S. 132; zit. in: Alexander Penkin, Zehn Jahre Wirtschaftsreform – der Reformspielraum wird enger. In: Werner Pirker, *Die Rache der Sowjets. Politisches System im postkommunistischen Rußland*. Wien 1994, S. 96

ideologisch in der Vorstellung vom Stahlarbeiter als Vorzeigeproletarier gelegen haben, praktisch verursachte es jedoch rasch Unzufriedenheit in weiten Teilen der Bevölkerung, die zu harter Arbeit getrieben wurde, ohne ausreichende Konsumprodukte angeboten zu bekommen. Und dann ist da noch das Faktum, dass Millionen von Parteimitgliedern, die entweder selbst oder über Verwandte an den militärisch-industriellen Komplex gebunden waren und damit in dessen Machtstrukturen kooptiert wurden, aus eigenem Interesse für den Fortbestand einer teuren, wirtschaftlich unproduktiven und letztlich systemisch tödlichen Branche eintraten, koste es, was es wolle – und es kostete den Fortbestand der Sowjetunion.

Deren innere Erosionserscheinungen, von den vielfältigen Ausprägungen eines ausufernden Bürokratismus über die planwirtschaftliche Ineffizienz bis zum weit verbreiteten, fehlenden Glauben an den eigenen Überlebenswillen, wurden in ungezählten Publikationen breit ausgewälzt und tief analysiert. Die zerstörerischen äußeren Einflüsse werden bei diesen Betrachtungen meist übersehen. Zu Unrecht, denn sie waren es, die den sowjetischen Zusammenbruch dynamisiert haben. Containment und geopolitische Einkreisung gingen dabei mit der militärkeynesianisch inspirierten Ingangsetzung der Rüstungsspirale und der mal direkten, mal indirekten Unterstützung von Separatistenbewegungen eine Allianz ein, die in Washington geschmiedet wurde.

Auf die Knie! Die Ära Jelzin (1991–1999)

»Glasnost« und »Perestrojka«: Mitte der 1980er Jahre gingen diese zwei russischen Begriffe in den Wortschatz aller Sprachen dieser Welt ein. Transparenz und Umgestaltung – nichts anderes war damit gemeint – sollten die bürokratisch blockierte und von außen schwer unter Druck geratene sowjetische Gesellschaft vom Kopf auf die Füße stellen. Der im März 1985 als neuer Generalsekretär der KPdSU vereidigte Michail Gorbatschow sprach ein Jahr nach seiner Inthronisierung, am 25. Februar 1986, auf dem XXVII. Parteitag erstmals von der Notwendigkeit einer transparenten Politik. »Ohne Glasnost gibt es keine Demokratie«, meinte er und setzte hinzu: »Wir brauchen Glasnost im Zentrum (der Politik, d. A.), aber ebenso sehr, ja vielleicht sogar noch mehr an der Basis, dort, wo der Mensch lebt und arbeitet.«[220] Seinen Aufruf zur Demokratisierung aller Lebens- und Arbeitsbereiche ergänzte Gorbatschow noch mit dem dringenden Appell zur »Beschleunigung der sozioökonomischen Entwicklung«, wie es im sowjetischen Duktus stark sinnentleert hieß. Die »Beschleunigung« verlangsamte sich binnen Monaten auch begriffsmäßig und an ihre Stelle trat die tempolose »Umgestaltung«, die Perestrojka. Ein paar Jahre lang war sie nirgendwo ohne das Adjektiv »sozialistisch« zu finden, bis sich ihr wahrer Kern herausschälte: die Umgestaltung der Reste sozialistischer Planwirtschaft in Richtung Kapitalismus.

Ein entscheidender Schritt hin zur politisch unkontrollierbaren Integration in die Strukturen des kapitalistischen Weltmarktes erfolgte am 1. Juli 1988. An diesem Tag trat ein neues Genossenschaftsgesetz[221] in Kraft, das u. a. dem Außenhandelsmonopol, einem entscheidenden ökonomischen Instrument der Planwirtschaft, den Garaus machte. Aus zentral gelenkten Kombinaten wurden mit einem Schlag »autonome Wirtschaftskörper«, die selbstständig über Außenhandelsbeziehungen, Investitionsentscheidungen und Lohngebarung befinden konnten. Die Politik verlor damit die Kontrolle über die Wirtschaft. Der anfangs noch »sozialistisch« titulierte Wettbewerb war eröffnet. Und die immer noch staatlich betriebenen Akademien und Institute lieferten die Ideologie für die auf diese Art verstandene Perestrojka. So plädierte beispielsweise der Direktor des Moskauer Wirtschaftsinstituts der Akademie der Wissenschaften, Leonid Abalkin, für harten Wettbewerb und formulierte die neue Leitlinie folgendermaßen:

---

220 Michail Gorbatschow, *Erinnerungen*. Berlin 1995, S. 284
221 Gesetz der Union der Sozialistischen Sowjetrepubliken über das Genossenschaftswesen (gezeichnet A. Gromyko u. a.), Moskau, am 26. Mai 1988

»Es ist offensichtlich, dass ein Vorankommen ohne Wettbewerb, ohne Kampf und Wetteifern unmöglich ist.«[222] Konkurrenz statt Fünfjahresplan, lautete also die Losung.

Gorbatschows radikale Kehrtwendung wurzelte innenpolitisch in völlig verrotteten Strukturen einer überbordenden Bürokratie, die Innovation, Kooperation und die dafür notwendige Kommunikation systematisch blockierte. Der Ökonom Aleksandr Busgalin beschreibt das wirtschaftliche und gesellschaftliche System der Sowjetunion gegen Ende des 20. Jahrhunderts als einen von »Ressortgeist, Separatismus, Korruption und Mißwirtschaft zerfressenen Monolithen.«[223] Und der damalige Moskau-Korrespondent der Wiener *Volksstimme*, Werner Pirker, nennt die extrem zentralisierte, alles Innovative blockierende Bürokratie »ein Objekt für Satiriker«. Sein Beispiel macht uns heute schmunzeln, war jedoch Mitte der 1980er Jahre eher zum Weinen. Um eine neue Ausrüstung für die Produktion von Teilkomponenten einer neuen Ware in der Ukraine zu bekommen, schreibt Pirker, »mußte man einen Antrag für diese Ressourcen an das führende Branchenministerium der Republik richten und gleichzeitig vom Ministerium die sogenannten ›Geldfonds‹ für die Produktion dieser Ware bekommen. Das Ministerium leitete diese Anträge weiter: an die Planungskommission der Republik, an das Finanzministerium und an die Behörden der ›materialtechnischen Versorgung‹ der Republik. Die genannten Organe der Republik leiteten die Anträge des Betriebes als Teil der gesamten Anträge der Republik dann an die Staatliche Planungskommission der UdSSR (Gosplan), an das entsprechende Branchenministerium der Union, an das Finanzministerium und an die Organe der materialtechnischen Versorgung der UdSSR weiter. Im Gosplan der UdSSR wurden die Anträge der Republiken bilanziert. Die Organe der Republiken bekamen sogenannte ›Limits‹, in deren Rahmen sie entschieden, ob die Produktion der neuen Ware möglich war. Wenn ja, dann bekam der Betrieb ›Geldfonds‹ und ›materialtechnische Fonds‹ sowie die Liste der Lieferanten, die verpflichtet waren, die Bedürfnisse dieses Betriebes zu befriedigen. Die Kapazitäten der Lieferanten konnten aber auch überlastet sein, dann konnten auch sie Anträge auf Erweiterung der Produktion stellen. Da direkte horizontale Beziehungen der produzierenden Betriebe nicht begrüßt, sondern eher sogar verboten wurden, dauerte so ein Planungs- und Abstimmungsprozeß jahrelang.«[224]

Der Apparat genügte sich zunehmend selbst. Im Jahr 1985 bestand die Regierung der UdSSR aus einer Versammlung von mehr als 900 Leitern unterschiedlicher Unions- und Republikministerien sowie Behördenvertretern.

---

222 Gespräch mit Leonid Abalkin, zit. in: Hannes Hofbauer, Neue sowjetische Ökonomie: Alle lieben Perestrojka. In: *MOZ – Alternative Monatszeitschrift für Politik, Wirtschaft und Kultur*. Nr. 34/ Oktober 1988. Wien, S. 33
223 Alexander Busgalin/Andrej Kolganov, *Rußland – die neue Gefahr aus dem Osten?* Berlin 1996, S. 111
224 Werner Pirker, *Die Rache der Sowjets. Politisches System im postkommunistischen Rußland*. Wien 1994, S. 95

Doch die Herausforderung, der sich Gorbatschow gegenüber sah, beschränkte sich nicht nur auf hausgemachte Blockaden. Wie weiter oben beschrieben, tat die sogenannte »freie Welt« unter Führung der USA alles ihr mögliche, um den Druck auf Moskau zu erhöhen. Ihr seit Ronald Reagans Amtsantritt im Jänner 1981 zielführendstes Mittel dazu war das Drehen an der Rüstungsspirale. Die Kosten für diesen militärischen Wettlauf steigerten sich ins Unerträgliche; die Führung im Kreml wusste dies auch schon vor Gorbatschow. Dieser sah sich mit einer schier unlösbaren Aufgabe konfrontiert. Der drohende wirtschaftliche Kollaps im Inneren wurde von außen militärtechnisch und geopolitisch befeuert. Das Gebot der Stunde lautete, die damit einhergehende, im Militärapparat steckende Ressourcenverschwendung zu beenden. Genau darauf zielte Gorbatschows Vorschlag, die Militärausgaben massiv zu kürzen. 1988 legte Gorbatschow dem Obersten Sowjet ein Konversionsprogramm vor, mit dem Rüstungsbetriebe bis ins Jahr 1995 60 % ihrer Produktion auf zivile Erzeugung umstellen sollten. Das Einsparungspotenzial errechneten seine Fachleute mit 40 %.[225] Wie viele andere scheiterte auch dieser Plan, diesmal schon daran, dass es 1995 keine Sowjetunion mehr gab.

Das Ende der Sowjetunion

Am 17. März 1991 entschied sich eine deutliche Mehrheit von 77,8 % der Sowjetbürger für den Weiterbestand der Union. Die Frage lautete: »Sind Sie für den Fortbestand der Union der Sozialistischen Sowjetrepubliken als erneuerte Föderation gleichberechtigter, souveräner Republiken, in denen individuelle Rechte und Freiheit garantiert sind?« Schon der Inhalt des ersten (und bislang letzten) jemals von Moskau initiierten Referendums zeigte die ganze Verzweiflung des Kreml. Die Frage ans Volk über die Existenz der Staatlichkeit war, das konnte man in jenen Frühjahrstagen des Jahres 1991 schon erahnen, der Anfang ihres Endes. Der Partei- und Staatschef sah sich gezwungen, eine multikulturelle Territorialität, die 70 Jahre lang unter sozialistischen Vorzeichen bestanden hatte, per Abstimmung zur Disposition zu stellen. Die für manche vor allem im Westen überraschend klare Zustimmung, über die deswegen auffällig kleinlaut und versteckt berichtet wurde, konnte die Union nicht mehr retten. Zu marod waren die wirtschaftlichen Strukturen, zu stark die ethnisch oder religiös motivierten Fliehkräfte an den Rändern des Reiches.

Parallel zu den Bestrebungen des politischen Zentrums, das sich um den Präsidenten der UdSSR und den Obersten Sowjet scharte, verlief der Aufstieg eines 60-jährigen Mannes aus der Oblast Ural/Swerdlowsk, der nur wenige Wochen nach dem Unionsreferendum das Ende der Union besiegeln sollte. Boris Jelzin

---

225 Jürgen Bruhn, *Der Kalte Krieg oder: Die Totrüstung der Sowjetunion. Der US-militär-industrielle Komplex und seine Bedrohung für den Frieden.* Gießen 1995, S. 229

hatte die übliche Karriere vom kleinen Parteifunktionär über den ersten Sekretär des Moskauer Stadtsowjets bis zum Kandidaten für das Politbüro gemacht. An dieser Stelle war vorerst Schluss, wobei die Gründe dafür unklar blieben. Er selbst nannte später seinen ungebrochenen Einsatz für die Perestrojka und die kleinen Leute in Moskau. Wie dem auch sei, seinen Karrierestopp in der Partei beantwortete er im Juli 1990 mit dem Austritt aus der KPdSU.

Seine große Stunde verdankte Jelzin indirekt (und ungewollt) einem Komitee streng kommunistischer Parteigänger, das am 19. August 1991 dazu aufrief, den Ausnahmezustand über das gesamte Land zu verhängen. Diesem »Staatskomitee für den Ausnahmezustand« unter der Führung von Vizepräsident Gennadi Janajew gehörten u. a. drei Minister und der Chef des KGB an. Ihre Mission: die Rettung der UdSSR vor dem Zerfall. Dieser unter den meisten Zeithistorikern als »Augustputsch« benannte Versuch einer Machtübernahme scheiterte bereits in seinen Ansätzen.

Gorbatschow selbst weilte in den drei Tagen höchster Anspannung in seinem Feriendomizil auf der Krim, wo er vorgab, an einem Hexenschuss zu laborieren. Jelzin wiederum, der seit Juni 1991 per Volkswahl den Posten des Präsidenten der Russischen Föderation (RSFSR) innehatte, harrte im und vor dem Weißen Haus im Zentrum von Moskau aus und bot den Sondereinheiten des KBG Paroli. Diese Einheiten sollten, so der Plan Janajews, das Regierungsgebäude besetzen und die alte sowjetische Ordnung wieder herstellen. Eine Panzereinheit verweigerte allerdings den Befehl und stellte sich auf die Seite der mittlerweile in Scharen gekommenen Demonstranten. Das Bild des russischen Präsidenten, der auf einem dieser Panzerwagen stehend, die Putschisten zur Aufgabe ihres Vorhabens rief, ging um die Welt. Es wurde – irrtümlicher Weise, wie sich bald herausstellte – als Geburtsstunde der russischen Demokratie gefeiert. Nur zweieinhalb Jahre später war es dann Jelzin selbst, der Panzer vor demselben Weißen Haus auffahren ließ und die darin tagenden letzten sowjetischen Abgeordneten ausräucherte. Diesen Putsch vom 4./5. Oktober 1993 verziehen ihm seine Anhänger in Russland ebenso rasch wie ihn die westlichen Medien als notwendige »Festigung der Demokratie gegen Kommunisten und Nationalisten« abfeierten. Bis heute läuft er verschämt, auch auf Wikipedia, unter dem Stichwort »russische Verfassungskrise«.

Mit dem aus Loyalitätsmangel der Sondereinheiten in sich zusammenbrechenden »Augustputsch« des Jahres 1991 war das Schicksal der Sowjetunion besiegelt. Gorbatschow kehrte politisch angeschlagen von der Krim zurück; und Jelzin ging von seiner durch die Ereignisse gestärkten Position des russischen Präsidenten daran, die Union zu zerschlagen. Nicht einmal drei Monate nach den dramatischen Augusttagen versammelte er die Präsidenten der Ukraine und

Weißrusslands im kleinen Dorf Wiskuli an der polnischen Grenze. Das weißrussische Örtchen Wiskuli liegt im Belowescher Wald. Dort wurde in der Nacht auf den 9. Dezember 1991 die Todesurkunde der UdSSR ausgestellt. Auf einer maschingeschriebenen Seite paraphierten Boris Jelzin, Leonid Krawschtuk und Stanislau Schuschkewitsch eine Vereinbarung, nach der mit sofortiger Wirkung »die Union als Subjekt des internationalen Rechts und als geopolitische Realität ihre Existenz beendet«,[226] so der vom damaligen sowjetischen Vizepremier Nikolaj Ryschkow in seinen Memoiren wiedergegebene Wortlaut. Der Präsident dieses »Subjekts«, das damit seine Existenz beendet hatte, Gorbatschow, wusste von alledem nichts. Er saß in Moskau und erfuhr erst Tage später von der an sich völlig irregulären Aktion des slawischen Dreibundes.

Ganz anders US-Präsident George Bush der Ältere. Während es Jelzin und Konsorten nicht der Mühe wert fanden, die nach wie vor formal höchste Autorität des Landes von ihrem Schritt, der Auflösung der UdSSR, zu informieren, griff Jelzin noch in derselben Nacht in Wiskuli zum Telefon, um Washington über das Ende seines langjährigen geopolitischen Gegenpols zu unterrichten. Offensichtlich erwartete er sich im Falle von auftretenden Unruhen – immerhin war ja erst wenige Wochen zuvor versucht worden, per Ausnahmezustand die Sowjetunion zu retten – Rückendeckung aus Washington. Dem Historiker und damaligen Mitarbeiter des russischen Außenministerium, Anatoli Schutow, ist es zu verdanken, dass die Welt von diesem Akt der Unterwerfung erfuhr.[227] Die offizielle Sitzung zur Auflösung der UdSSR fand dann am 21. Dezember 1991 im kasachischen Alma Ata statt, wo elf Republikpräsidenten der Vorgabe aus dem Belowescher Wald folgten. Schon zuvor wurde die Kommunistische Partei der Sowjetunion (KPdSU) am 29. August 1991 verboten, nachdem Jelzin bereits in Anwesenheit Gorbatschows ein Dekret zur Auflösung der KPdSU auf dem Gebiet Russlands unterzeichnet hatte.[228] »Am Ende war Gorbatschows Fähigkeit zur Demontage größer als zur Gestaltung«, resümiert der Programmdenker der deutschen Linkspartei (damals »Partei des Demokratischen Sozialismus«) Michael Brie, »der Dialog verwandelte sich innen- wie außenpolitisch in Verhandlungen über die bedingungslose Kapitulation.«[229]

»Jelzins Putsch« betitelt der Innsbrucker Politikwissenschaftler Gerhard Mangott eines seiner Kapitel, in dem er den Verfassungsbruch des russischen Präsidenten im Herbst 1993 beschreibt.[230] Dieser hatte sich unmittelbar nach

---

226 Nikolai Ryschkow, *Mein Chef Gorbatschow. Die wahre Geschichte des Untergangs*. Berlin 2013, S. 202
227 Andrej Schutow, *Na ruinach welikoi derschawy ili agonije wlasti* (Auf den Ruinen einer Großmacht). Moskau 2004 (für den Autor übersetzt von Alexej Klutschewsky).
228 http://www.spiegel.de/spiegel/print/d-13490112.html (15.7.2015)
229 Michael Brie, Gorbatschow, Held der Demontage. In: Michael Brie/Dieter Klein, *Der Engel der Geschichte*. Berlin 1993, S. 302
230 Gerhard Mangott, *Der russische Phönix. Das Erbe aus der Asche*. Wien 2009, S. 22

seiner Wahl mit interimistischen Sondervollmachten ausstatten lassen, die Ende 1992 ausliefen. In den eineinhalb Jahren hatte sich der Freund des Westens an den autokratischen Regierungsstil gewöhnt, der es ihm ermöglicht hatte, ohne das Parlament zu befassen per Ukas zu herrschen. Eine neue, demokratisch legitimierte Verfassung musste her. Doch Jelzin war nicht bereit, sich seine Machtfülle einschränken zu lassen. Auf die nächsten Parlamentswahlen, die für 1995 angesetzt waren, wollte er auch nicht warten. Zudem begannen sich die Abgeordneten seines »eigenen« russischen Parlaments dafür zu interessieren, zu wessen Gunsten und auf welche Rechnung seine für ganze Branchen ruinösen Privatisierungen durchgeführt wurden. Als der von Jelzin selbst zur Korruptionsbekämpfung eingesetzte Luftwaffengeneral und Vizepräsident Aleksandr Ruzkoj massive Bereicherungsvorwürfe erhob und dabei das Umfeld des Präsidenten zu untersuchen begann, wurde er kurzerhand entlassen.[231]

Ohne Rücksprache annullierte Jelzin die bestehenden Grundrechte der Sowjets und verwarf von diesen beschlossene Gesetze wie jenes über die örtliche Selbstverwaltung. Die auf Druck des IWF durchgesetzte Preisreform unter dem ultraliberalen russischen Wirtschaftsminister Jegor Gajdar sowie der hemmungslose Privatisierungsmarathon des späteren Vorsitzenden des Komitees zur Verwaltung russischen Staatsvermögens, Anatoli Tschubais, fanden keine parlamentarischen Mehrheiten. Die Vielzahl »marktstalinistischer« Erlässe[232] stieß bei immer mehr Abgeordneten auf Widerstand. Dieser formierte sich um den Vorsitzenden des Obersten Sowjets, dem aus Tschetschenien stammenden Ökonomieprofessor Ruslan Chasbulatow. Die Mehrheitsverhältnisse im Weißen Haus, das zu diesem Zeitpunkt den Obersten Sowjet beherbergte, drohten zu kippen, Jelzin war drauf und dran, seine Allmacht zu verlieren. In diesem heiklen historischen Moment erließ der politisch in Moskau immer einsamer werdende Präsident am 21. September 1993 den Befehl zur Auflösung des Obersten Sowjets der Russischen Föderation. Es war sein Ukas Nr. 1400, mit dem er die Abgeordneten in die Wüste schicken wollte, obwohl er dazu keine Befugnis hatte.[233] Der Oberste Sowjet weigerte sich, das Weiße Haus, in dem er tagte, zu verlassen. Zwei Tage später, am 23. September, meldete sich der Direktor des IWF, Michel Camdessus, zu Wort, kritisierte die Haltung des Obersten Sowjets und drohte, im Fall fortgesetzter Weigerung des Parlaments, den liberalen Vorgaben Jelzins zu folgen, eine mit 3 Mrd. US-Dollar dotierte Kredittranche zurückzuhalten.[234]

---

231 Paul Klebnikow, *Der Pate des Kreml – Boris Beresowski und die Macht der Oligarchen.* München 2001, S. 163
232 Pirker 1994, S. 172
233 Ebd.
234 Michel Chossudowsky, *Global brutal. Der entfesselte Weltmarkt, die Armut und der Krieg.* Frankfurt/Main 2002, S. 272

Jelzin verstand den Wink des IWF als Aufforderung, seinen harten Kurs gegen die eigensinnigen Abgeordneten zu verschärfen. Er forderte Sondereinheiten des Innenministeriums an und ließ das Parlament umstellen, kappte Strom- und Telefonleitungen und stellte den Abgeordneten ein Ultimatum, bis zum 4. Oktober 1993 ihren Arbeitsplatz zu räumen. Deren erneute Weigerung beantwortete der Präsident mit einem Sturm auf das Weiße Haus. Schon zuvor schlugen Jelzin-treue Milizeinheiten tagelang mit Gummiknüppeln und Metallstangen auf Menschen ein, die sich zur Verteidigung des rechtmäßig gewählten Parlaments rund um das Weiße Haus versammelt hatten, wie der Wirtschaftswissenschaftler und in Hörweite der Ereignisse wohnende Aleksandr Busgalin berichtete. [235] Früh am Morgen des 4. Oktober 1993, genau um 6:40 Uhr, ließ Jelzin mitten im Zentrum von Moskau ungeachtet zehntausender Demonstranten, die sich seit dem 28. September in den Straßen der Stadt und zum Schutz des Obersten Sowjets versammelt hatten, schwere Artilleriegeschütze auffahren und erteilte den Schießbefehl. Hunderte Tote, darunter eine nie offiziell bekannt gegebene Anzahl von Abgeordneten, die sich dem Führungsstil des Präsidenten widersetzt hatten, blieben an diesem 4. Oktober in und um das Parlamentsgebäude liegen. »Sofort gab es Tote und Verwundete. Vor allem diejenigen, die in Zelten direkt auf dem Platz übernachtet hatten, gerieten unter den mörderischen Beschuß, bevor sie überhaupt richtig wach geworden waren. Widerstand war unmöglich, denn die Anhänger des Obersten Sowjets, die sich auf dem Platz versammelt hatten, waren unbewaffnet.«[236]

Stundenlang waren großkalibrige Maschinengewehre und Schützenpanzer im Einsatz und schossen sowohl die unteren Stockwerke als auch gezielt die Abteilungen des Archivs für die Gesetze und Beschlüsse sowie die Büros des Industrieausschusses, in denen die Akten jener Behörden lagen, die Privatisierungsmissbräuche untersuchten, in Brand.

Wiederholte Aufrufe vor allem von Vizepräsident Aleksandr Ruzkoj, der sich im belagerten Gebäude befand, eine Evakuierung von Frauen und Kindern, die sich ins Weiße Haus geflüchtet hatten, zu ermöglichen, verhallten stundenlang ungehört. Auch die nachweislich von dem Beschuss des Parlaments informierte US-amerikanische Botschaft schwieg, »offenbar galt das Schicksal von Frauen und Kindern nichts gegen den Wunsch des ›Demokraten‹ Jelzin, das rechtmäßige Parlament auszuschalten«,[237] merkt Busgalin bitterböse an. Hinzuzufügen wäre noch: rechtmäßig ja, aber nicht willfährig.

---

235 Alexander Busgalin/Andrej Kolganow, *Rußland – die neue Gefahr aus dem Osten?* Berlin 1996, S. 143
236 Busgalin/Kolganow 1996, S. 153
237 Busgalin/Kolganow 1996, S. 157

Die offizielle Opferbilanz von 187 Toten und 437 Verletzten war für jeden, der die schrecklichen Ereignisse verfolgte, unglaubhaft niedrig. Chasbulatow und Ruzkoj wurden verhaftet und verschwanden für vier Monate von der Bildfläche. Die nach dem Putsch durchgeführten Neuwahlen zur russländischen Duma brachten erneut eine Jelzin-kritische Mehrheit ins Weiße Haus, die nach harten Kämpfen eine Amnestie für die Verhafteten des 1993er- (sowie auch des 1991er-) Putsches durchsetzte.[238]

Drei Monate später wurde eine Jelzin genehme neue Verfassung über ein manipuliertes Referendum angenommen. Getrickst wurde nicht nur bei der Wahlbeteiligung, die sich in den letzten drei Stunden vor dem Ende des Referendums um ein Viertel erhöhte, obwohl alle Wahlbeobachter einhellig ein gegen Abend sinkendes Interesse konstatierten; auch die plötzliche Reduktion der Nein-Stimmen, die in zwei aufeinander folgenden Berichten von der Wahlkommission um mehr als 10 % auf 23 Mio. hinuntergeschraubt wurde, fand bei der anschließenden Pressekonferenz keine Erklärung. Die *Nesawisimaja Gaseta* mutmaßte in späteren Ausgaben, dass 9 Mio. Stimmen von Wahlberechtigten dem Endergebnis zugeschlagen wurden, die sich am Referendum gar nicht beteiligt hatten.[239] Nur so konnten die 50 % Wahlbeteiligung erreicht werden, die das Referendum überhaupt gültig werden ließ. Proteste aus dem Westen, die in vielen anderen vergleichbaren Fällen sofort von Wahlfälschung sprachen, blieben im Fall Boris Jelzin und dem Aufbau seines autokratischen Systems aus. Er blieb Zeit seiner Amtsperiode Liebkind in Washington, Brüssel und Berlin.

Das mit dem Referendum implementierte neue russische Präsidialsystem ging über sein französisches Vorbild weit hinaus und zentralisierte die Macht fast ausschließlich beim ersten Mann im Staate. Dieser konnte jedes einfache Gesetz per Veto blockieren; die Staatsduma benötigte in einem solchen Fall eine qualifizierte Mehrheit, also zwei Drittel der Abgeordneten, um den präsidialen Einspruch abzuwehren. Trocken fasst der Russlandexperte Mangott die tragische Geschichte, die im Westen nur wenig Widerhall fand, zusammen: »Die nunmehr geltende russländische Verfassung beruhte daher nicht auf einem Elitenkonsens, sondern wurde von einem Akteur (dem Staatspräsidenten) durch den Einsatz militärischer Gewalt gegen den Widerstand des anderen Akteurs (des Obersten Sowjets) durchgesetzt.«[240] Über eine etwaige Vollzugsmeldung Jelzins an US-Präsident Bush – so wie jene im Anschluss an die Auflösung der Sowjetunion am 9. Dezember 1991 – kann mutmaßlich erst dann berichtet werden, wenn die entsprechenden Archive geöffnet sind.

---

238 https://de.wikipedia.org/wiki/Ruslan_Imranowitsch_Chasbulatow#Verfassungskrise_1993 (15.7.2015)
239 *Nesawisimaja Gaseta* vom 19. Juni und 2. August 1994. Zit. in: Busgalin/Kolganow, S. 170
240 Mangott 2009, S. 23

Von der IWF-gesteuerten Schocktherapie ...

Parallel zur politischen Auflösung der Sowjetunion fand die Enteignung der Volkswirtschaft nicht nur in Russland statt. Der gesamten RGW-Raum sowie Jugoslawien folgten einem vom Internationalen Währungsfonds zusammen mit entsprechenden US-Ministerien ausgearbeiteten Muster, das ich an früherer Stelle – in dem Buch *EU-Osterweiterung. Historische Basis – ökonomische Triebkräfte – soziale Folgen*[241] ausführlich beschrieben habe. Für Russland seien die Eckpfeiler dieser »Reform«, die als Schocktherapie in die Wirtschaftsliteratur einging, an dieser Stelle kurz zusammengefasst.

Um den riesigen Markt für neue, ausländische Investoren zu öffnen – und dies war letztlich der Sinn des ganzen Unterfangens –, bedurfte es zuvorderst der Herstellung einer Währungskonvertibilität. Ausländischen Konzernen musste Sicherheit gewährt werden, ihr in Russland angelegtes Geld auf Dollarbasis konvertieren und ihre Gewinne frei und ungehindert außer Landes bringen zu können. Um dies zu gewährleisten, räumte man die Volkswirtschaft leer, sprich: Die ungeheuer großen Mengen überschüssig zirkulierenden Geldes wurden beseitigt. Diese »überschüssigen« Rubel steckten in Haushalten und Betrieben und waren nichts anderes als Versprechungen auf zukünftigen Konsum oder zukünftige Investitionen, die mangels Warenangebot wegen der maroden Gesamtlage nicht getätigt werden konnten. Also ging es dem IWF und seinen vor Ort befindlichen Akteuren Jegor Gajdar und Anatoli Tschubais darum, dieses für ausländische Investoren unbrauchbare, ja hinderliche Geld zu vernichten. »Einem Vertreter des IWF zufolge war es notwendig, die ›Liquidität auszusaugen. Die Kaufkraft war zu groß‹«,[242] zitiert der kanadische Wirtschaftswissenschaftler Michel Chossudovsky die Position des Internationalen Währungsfonds.

Der einfachste Weg, diese angesparte, aber nicht eingelöste Kaufkraft abzuschöpfen, war die Hyperinflation. Dreistellige oder vierstellige Jahresinflationsraten enteigneten in Windeseile all jene, die nur ein Sparbuch und ihre Arbeitskraft zur Verfügung hatten. Minister Jegor Gajdar entpuppte sich diesbezüglich als Jelzins Mann fürs Grobe. Am 2. Januar 1992 holte er zum großen Schlag aus, den ihm die IWF-Ökonomen David Lipton und Jeffrey Sachs eingeflüstert hatten. An diesem kalten Wintertag wurden in Russland die Preise, die über fünfzig Jahre staatlich kontrolliert waren, freigegeben. Eine Hyperinflation von 1500 % mit einem geschätzten Kaufkraftverlust von 86 % war die Folge.[243] Diese absichtlich herbeigeführte Abschöpfung der Geldreserven bezeichnet der russische Journalist Belotserkovsky als »Wirtschaftskrieg gegen

---

[241] Hannes Hofbauer, *EU-Osterweiterung. Historische Basis – ökonomische Triebkräfte – soziale Folgen*. Wien 2008
[242] Chossudovsky 2002, S. 263
[243] Wiener Institut für internationale Wirtschaftsvergleiche (Hg.), *WIIW Handbook of statistics. Countries in Transition 1995*. Wien 1995, S. 47; siehe auch: Chossudowsky 2002, S. 274

die Bevölkerung«.²⁴⁴ Es folgten die Privatisierung staatlicher Unternehmen und damit einhergehende Massenentlassungen, die Einführung der Mehrwertsteuer in der Höhe von 28 % sowie weitere IWF-gängige Austeritätsmaßnahmen.

Die russische Personaldecke zur Durchführung dieser Schocktherapie war dünn. Ihre wichtigsten Proponenten setzten sich aus jungen liberalen Ökonomen zusammen, die in Moskau oder Leningrad/Sankt-Petersburg Perestrojka-Zirkeln wie den »Jungen Ökonomen« angehört hatten. Der 1992 gerade einmal 36 Jahre alte Jegor Gajdar, aus einer alteingesessenen Journalisten- und Schriftstellerfamilie stammend, fiel Beratern des US-Finanzministeriums anlässlich einer internationalen Konferenz auf, worauf ihn diese dem russischen Präsidenten anempfohlen.²⁴⁵ Sein politischer Schatten, Anatoli Tschubais, bekleidete alle möglichen Ämter, vom Vorsitzenden für die Verwaltung des Staatsvermögens über den stellvertretenden Ministerpräsidenten bis zum Finanzminister, bis er im Volk wegen seiner weitreichenden Privatisierungs- und Austeritätsmaßnahmen dermaßen verhasst war, dass ihn Jelzin entlassen musste. Seine Karriere ging allerdings unter dem Pegel öffentlicher Wahrnehmung munter weiter. Fünf fehlgeschlagene Anschläge auf seine Person zeugen indes weniger davon, wie unbeliebt er bei den Massen war, sondern vor allem, in welchem Geschäftsmilieu er während und nach dem Ende seiner politischen Laufbahn tätig war.²⁴⁶

Das Washingtoner Finanzministerium spielte in den ersten Jahren der russischen Transformation eine zentrale Rolle. Das bestätigt auch Joseph Stiglitz, der in seinem viel beachteten Buch *Der Schatten der Globalisierung* auch auf die enge Verbindung von US-Behörden und IWF hinwies: »Das US-Finanzministerium erklärte die russische Wirtschaftspolitik zu seiner Domäne«, meint der ein Jahr vor Erscheinen des Titels zum Wirtschaftsnobelpreisträger ausgerufene US-amerikanische Ökonom. »Es hielt stur an seiner Empfehlung einer Schocktherapie und einer zügigen Privatisierung fest.«²⁴⁷

Der hyperinflationäre Schock enteignete die Geldvermögen; die Privatisierung entzog dem Staat die Verfügungsgewalt über die Produktion. Anfang 1993, also nach vollbrachter Entwertung aller Sparvermögen, setzte Anatoli Tschubais, der Leiter des Staatskomitees für Eigentum und Vizeministerpräsident, einen Plan für einen gigantischen Eigentumstransfer der russischen Industrie ins Werk. Auch hier saßen US-amerikanische Spezialisten an den Schreibtischen, wie der investigative Journalist Paul Klebnikow berichtet. »In den Gängen (des Staatskomitees für Eigentum) waren amerikanische Stimmen zu hören«, schreibt er aus

---

244 Vadim Belotserkovsky, *Was geschieht mit Rußland? Demokraten gegen Kreml-Diktatur, Krieg und Chaos*. Bergisch Gladbach 1996, S. 193. Zit. in: Rode 2012, S. 463
245 Ebd.
246 https://de.wikipedia.org/wiki/Anatoli_Borissowitsch_Tschubais (15.7.2015)
247 Josepf Stiglitz, *Die Schatten der Globalisierung*. Berlin 2002, S. 197

eigener Anschauung, »junge Berater für Fragen der Wirtschaft, des Finanzwesens, des Rechts und der Öffentlichkeitsarbeit, die Tschubais zur Unterstützung seiner Privatisierungskampagne gewonnen hatte.«[248]

Wirtschaftsblätter berichten Jahre später von traumhaften Karrieren junger US-Amerikaner und Westeuropäer wie dem 25jährigen Boris Jordan, die im russischen Privatisierungsdschungel fette Beute machten. Jordan kam Ende 1992 als Investment-Banker der CS First Boston nach Moskau, reihte sich in die Schar der Berater von Anatoli Tschubais ein ... und wurde zur Inkarnation einer russischen Erfolgsgeschichte. »Der Absolvent der New York University berät neben seinem Job bei First Boston unentgeltlich die Regierung, baut gute Kontakte auf und ist über jeden Schritt der Staatsführung bestens unterrichtet«, portraitiert ihn das Magazin *Brand Eins*. »Ein arrivierter Investmentbanker nennt die Clique um Tschubais und Jordan damals ›eine Horde Cowboys, die oben nicht von unten unterscheiden können‹«. Für den jungen Spekulanten war dies nebensächlich, er erwarb über die russische Privatisierung unheimlichen Reichtum, indem er sich einfach auf die andere Seite schlug. »Boris Jordan wechselt angesichts der Schnäppchenpreise schnell die Seite des Tisches. Er hilft der Regierung nicht mehr zu verkaufen, sondern kauft fortan bei ihr ein.«[249] Das sollte sich für ihn lohnen. Nach zehn Jahren war er geschäftsführendes Vorstandsmitglied eines der größten Medienimperien, zu dem NTV-Russland, Gasprom Media, Echo Moskwy und andere gehörten, besaß Investment- und Versicherungsgesellschaften und gründete ein eigenes »Jordan Center« an der Universität New York. Erst unter Jelzins Nachfolger, Wladimir Putin, geriet sein sagenhafter Aufstieg im Jahr 2003 ins Stocken.

Die Privatisierung Russlands verlief nach Plan. Innerhalb von zwei Jahren sollten 50 % der russischen Betriebe privatisiert sein. Die Methode klang vertrauenserweckend, die Umsetzung war mafiös. Mit einem Mix aus Voucher-Auktionen und Workers-and-Management-Buy-outs wollte man den Herzstücken der russischen Industrie neue Eigentümer verpassen. Viel war davon die Rede, aus Arbeitern Kapitaleigner zu machen, das von Margaret Thatcher propagandistisch benützte Vokabel »Volkskapitalismus« machte auch in Russland die Runde. In der Theorie waren 29 % des betrieblichen Eigentums für Versteigerungen vorgesehen, in denen man die entsprechenden Vouchers erwerben konnte. 51 % sollte an die Arbeiter und Direktoren der jeweiligen Betriebe gehen, 20 % vorläufig in Staatsbesitz verbleiben. Der mittels Vouchers vorgesehene Streubesitz scheiterte an der Tatsache, dass die Hyperinflation gerade erst die Sparguthaben

---

[248] Paul Klebnikow 2001, S. 168
[249] http://www.brandeins.de/archiv/2008/extreme/die-privatisierung-in-russland-aus-der-sicht-bolschewistischer-kekse/ (15.7.2015)

eingeschmolzen hatte, mit denen sich die Masse der Menschen an Auktionen beteiligen hätte können; oder anders gesagt: die Reihenfolge Hyperinflation – Privatisierung sah gar nicht vor, dass der normale Bürger Anteile am nun kapitalisierten Eigentum erwerben konnte. Und der Möglichkeit, Arbeiter in Eigentümer ihrer Betriebe zu verwandeln, wie es theoretisch mit der Verteilung von Gutscheinen in der Höhe von 51 % an der jeweiligen Aktiengesellschaft geplant war, stand ein gleichzeitig erlassenes Gesetz entgegen. Dieses verbot schlicht den Mehrheitsbesitz von Belegschaften[250] und stand damit der erklärten volkskapitalistischen Absicht diametral entgegen.

Am rasenden Verfall des Nennwertes der Vouchers ist das Debakel der russischen Privatisierung ablesbar, das sich jedoch für jene, die zur rechten Zeit am rechten Ort billig zugreifen konnten, als Füllhorn präsentierte. Zu Anfang der großen Entstaatlichungswelle schätzt Paul Klebnikow den Nennwert der ausgegebenen Vouchers und Gutscheine auf 100 Mrd. US-Dollar, was eine lachhaft niedrige Summe für die russische Industrie war; selbst der vergleichsweise kleine mexikanische Kapitalmarkt lag mit 150 Mrd. US-Dollar darüber.[251] Das ganze Jahr 1993 hindurch verscherbelten die Menschen ihre ersteigerten Vouchers oder erhaltenen Gutscheine an ehemaligen Staatsbetrieben zu Schleuderpreisen. Die fortschreitende Hyperinflation befeuerte den Wertverfall. Ein Voucher war anfangs für 100 000 Rubel, umgerechnet 7 US-Dollar, zu haben, kurz darauf war er nominell nur mehr 10 Cent wert. Nähme man diesen Wert als »Marktwert« für die gesamte russische Industrie, dann hätte man sie Ende 1993 für 5 Mrd. US-Dollar haben können.[252] Der Konjunktiv verdeckt die Wirklichkeit. Denn tatsächlich haben, nicht hätten, eine Reihe von ausländischen Investoren und lokalen Glücksrittern ihre Chance um diesen Spottpreis genützt. Der Industrie- und Rohstoffreichtum des weltgrößten Landes fiel ihnen in die Hände.

Die Folgen waren verheerend, einem Krieg ähnlich. Das Bruttoinlandsprodukt sank bereits 1992 um 19 % und stürzte in den folgenden Jahren weiter ab; 1993 um 12 % und 1994 um 15 %.[253] Die Industrieproduktion, ohnehin bereits am Boden, sank noch darunter, ins sprichwörtliche Bodenlose, sie ging zwischen 1991 und 1993 um ein Drittel zurück.[254] Lohn- und Rentenauszahlungen ließen oft monatelang auf sich warten, was sie wegen der Hyperinflation völlig wertlos machte. Die Armut drang als Massenphänomen in die russische Gesellschaft ein. Einer Studie der UNICEF zufolge versank das Land zwischen 1991 und

---

250 Belotserkovsky 1996, S. 189; zit. in: Rode 2012, S. 464
251 Klebnikow 2001, S. 173
252 Ebd.
253 Wiener Institut für internationale Wirtschaftsvergleiche (Hg.), *WIIW Handbook of statistics. Countries in Transition 1995*. Wien 1995, S. 47, 51, 53
254 Alexander Penkin, Zehn Jahre Wirtschaftsreform – der Reformspielraum wird enger. In: Pirker 1994, S. 107

1992 geradezu in extremer Armut. Waren es 1991, dem Jahr der Auflösung der Sowjetunion, noch 14 %, die als statistisch arm und 2,5 %, die als sehr arm galten, schnellten die Zahlen ein Jahr später auf 55,9 % (arm) und 31,3 % (sehr arm) in die Höhe.[255] Innerhalb von zwölf Monaten blutete praktisch die ganze Gesellschaft aus. Drastisch erhöhte Sterberaten bestätigen die soziale Verheerung. In der erwähnten UNICEF-Studie wird dafür der Begriff der »Transition Mortality« – Sterblichkeit im gesellschaftlichen Übergang – geprägt. Zwischen 1989 und 1993 erhöht sich die Sterblichkeitsrate in Russland um 34,6 %,[256] die Selbstmorde bei Männern nehmen im selben Zeitraum um 237 % zu.[257] Die durchschnittliche Lebenserwartung sinkt zwischen 1989 und 1996 bei Männern von 64,2 Jahren auf 60,4 Jahre.[258] Frauen und ältere Menschen verkraften den Zusammenbruch des Gesellschaftssystems besser, für Männer zwischen 40 und 60 stellt er eine persönliche Katastrophe dar, die eine ganze Generation nachhaltig schädigt.

Für jene wenigen, die sich im Geflecht von Kombinatsdirektoren, Gebietsverwaltungen und ins Land eindringendem Kapital vorteilhaft platzieren konnten, schlug indes die Sternstunde der ursprünglichen Akkumulation. Innerhalb weniger Monate war es möglich, sagenhafte Vermögen anzuhäufen. Im Ausverkauf des Landes bildete sich eine kleine oligarchische Schicht von Privatisierungsgewinnern in- und ausländischer Provenienz heraus.

Für den Wirtschaftssoziologen Wiktor Krasilschtschikow bedeutete die ökonomische Privatisierung gleichzeitig auch eine Privatisierung des Staates. »Die sofortige Privatisierung der materiellen Werte war zugleich die Privatisierung der Staatsfunktionen, in politischer wie administrativer Hinsicht, einschließlich des Rechts auf Gewaltausübung. Die wichtigste ökonomische Ressource in diesem System war die so genannte ›administrative Ressource‹, während der Staatsapparat so etwas wie ein Geschäftsunternehmen geworden ist.«[259]

Jelzin und sein Team deckten die Privatisierung von Wirtschaft und Staat politisch, bis dem Mann aus Swerdlowsk die Zügel aus der Hand glitten. Einer der wichtigsten Männer, die hinter den politischen Kulissen schon länger die Fäden im Land zog, trug den Namen Boris Beresowski. Die Geschichte seiner Bereicherung am Volksvermögen übersteigt die Möglichkeiten dieser Publikation. Der Journalist und Herausgeber der russischen Ausgabe des *Forbes Magazine*, Paul Klebnikow, beschreibt ihn in seiner lesenswerten Biografie als Pate des Präsidenten und Strippenzieher im Hintergrund, der in überheblicher Form

---

255 UNICEF (Hg.), *Crisis in Mortality, Health and Nutrition* (Economies in Transition Studies. Regional Monitoring Report) Nr. 2, August 1994. Florenz 1994, S. 3
256 UNICEF 1994, S. 35
257 UNICEF 1994, S. 53
258 UNICEF 1994, S. 24; Mangott 2009, S. 40
259 Viktor Krasilshchikov, Brasilien und Russland: Ähnlichkeiten in der neuzeitlichen Dynamik Europas. Eine quantitative Untersuchung. In: *Zeitschrift für Weltgeschichte*. Jg. 13, Heft 2 (Herbst 2012) Frankfurt/Main 2012, S. 137

gegenüber der *Financial Times* prahlte, er kontrolliere 50 % der russischen Wirtschaft und habe für die Wiederwahl Boris Jelzins im Jahr 1996 gesorgt.[260]

Diese Wiederwahl ging mit starker Einmischung von außen über die Bühne und war im Übrigen getürkt. »Es war ein wahrhafter Putsch mit einer Fälschungsrate von 10 %, wie auch Dmitri Medwedew Jahre später öffentlich feststellte«, meinte der Doyen der russischen Journalistik und Professor an der Lomonossow-Universität, Yassen Zassoursky, im Gespräch; und fügte Eindrücke aus dieser Wahlauseinandersetzung aus eigenem Erlebnis hinzu: »Zufällig befand ich mich unmittelbar nach der Wahl 1996 auf einem Flug in die USA und konnte einer Gruppe von Amerikanern zuhören, die gerade auf dem Heimweg waren und sich gegenseitig darin bestärkten, wie genial sie die Wiederwahl von Jelzin gedeichselt hatten. Es war ein Staatsstreich«, wiederholte Zassoursky.[261]

Jelzin garantierte die Fortsetzung der Phase wilder Akkumulation, an der sich das Russland wirtschaftlich dominierende Oligarchensystem herausbildete. Neben Beresowski (Autohandel, Sibneft-Öl, Medien) bereicherten sich Männer wie Michail Fridman (Alfa-Gruppe), Aleksandr Smolenski (SBS-Agro-Bank), Wladimir Gusinski (Most-Bank, Media-Most), Rem Wjachirew (Gasprom), Wladimir Potanin (Onexim-Bank) oder Michail Chodorkowski (Menatep-Bank, Jukos) in ungeahntem Ausmaß am Volksvermögen des Landes.

Der von Beresowski mit Klagen eingedeckte kritische Journalist Paul Klebnikow wurde 39jährig am 9. Juli 2004 vor dem Eingang zu seiner Redaktion in Moskau von Unbekannten erschossen. Unter Verdacht für die als Auftragsmord eingeschätzte Tat stehen sowohl Männer aus Grosny, die eine kritische Reportage über einen tschetschenischen Rebellenführer rächen hätten wollen, als auch von Beresowski angeheuerte Killer, die auf diese Weise einen jahrelangen Rechtsstreit des Oligarchen mit Klebnikow, der ihn immer wieder als Pate bezeichnet hatte, beenden wollten.

Besonders einfach und lukrativ funktionierte der groß angelegte Diebstahl am Volksvermögen in der Erdölbranche. Ein im Februar 2003 publizierter Bericht des Center for International Policy in Washington spricht davon, dass Russland in den 1990er Jahren den »wohl größten Rohstoff-Diebstahl erlitten (hat), der sich jemals in einer kurzen Zeit ereignet hat«.[262] Und das ging so: Ein Oligarch kauft russisches Öl auf dem Heimatmarkt für 10 US-Dollar pro Tonne, verkauft es an seine eigene Tochterfirma im Ausland zu einem ähnlich lächerlich geringen Preis, um es dann für das Zehn- bis Zwölffache auf dem Weltmarkt loszuschlagen. Der Profit verbleibt praktischer Weise gleich auf ausländischen

---

260 Paul Klebnikow 2001, S. 16
261 Gespräch mit Yassen Zassoursky am 2. September 2015 in Moskau
262 siehe: http://www.zeitschrift.com/Magazin/41-Russland.html, zit. in: Rode 2012, S. 472

Bankkonten. Ohne entsprechende Unterstützung im In- und Ausland, ohne das stillschweigende Einverständnis der Administration Jelzin, des IWF und des US-Finanzministeriums wären solche Transaktionen natürlich nicht denkbar gewesen.

Jelzins fortschreitender und immer sichtbarer werdender Alkoholismus demütigte zu Ende seiner Amtszeit dann das ökonomisch enteignete und gesellschaftlich erniedrigte russische Volk auch noch kulturell. Den Höhepunkt dieser Schmach bildete wohl ein Festakt vor dem Roten Rathaus in Berlin am 31. August 1994, der anlässlich des Abzugs sowjetischer Streitkräfte aus Deutschland ausgerichtet wurde. Dem volltrunkenen russischen Präsidenten versagte bei diesem für die Geschichte Russlands äußerst sensiblen Akt mehrmals die Stimme, dann entriss er zum Erstaunen aller, einschließlich des Bundeskanzlers Helmut Kohl und des Berliner Bürgermeisters Eberhard Diepgen, dem Dirigenten des Polizeiorchesters den Taktstock und hüpfte zwischen den Ehrengästen herum. Rundum war die Peinlichkeit spürbar, als er zu schlechter Letzt dann noch das Lied »Kalinka« ins Mikrophon grölte.[263] Der Tiefpunkt Russlands war nun auch auf diplomatischem Parkett erreicht.

… zum militärischen Vormarsch der NATO

Stellen wir uns vor dem geistigen Auge eine Landkarte Europas aus dem Jahr 1990 und daneben liegend die gleiche Landkarte zwanzig Jahre später vor. Wenn wir nun all jene Staaten, die 1990 bzw. 2010 Mitglieder des Nordatlantikpaktes sind, schwarz einfärben, dann bläht sich die schwarze Fläche in diesem Zeitraum enorm auf, sie schwappt vom Westen des Kontinents in die geografische Mitte Europas, geopolitisch gesehen weit nach Osten. Die Osterweiterung der NATO reicht im Frühjahr 2016 bis vor die Tore Russlands. Das militärische Ergebnis des Zweiten Weltkrieges, wie es sich in der Anfang 1945 auf Jalta getroffenen Vereinbarung über die Aufteilung der Einflusssphären widerspiegelte, ist längst Geschichte. Anstelle von sowjetischen haben US-amerikanische Soldaten Stellung von der Ostsee bis ans Schwarze Meer bezogen. Aus den 16 NATO-Staaten im Jahre 1990 sind 2016 28 geworden.

Im Sommer 1990 hatte sich das alles noch ganz anders angehört. Damals trafen einander in Bonn, Berlin (DDR) und Paris mehrmals die Staatschefs der beiden Deutschlands sowie die Vertreter der vier alliierten Mächte aus dem Zweiten Weltkrieg (Großbritannien, Frankreich, Sowjetunion, USA), um eine abschließende Regelung zur Lösung der »deutschen Frage« zu beschließen. Die Sowjetunion befand sich in extremer Defensive, war innenpolitisch zerrüttet, ökonomisch am Rande des Zusammenbruchs und sah sich mit dem Zerfall des Rates

---

263 Siehe: https://www.youtube.com/watch?v=G7BJUsxNtlI (15.7.2015)

für Gegenseitige Wirtschaftshilfe (RGW) konfrontiert. Am 9. November 1989 hatte die DDR-Behörde die Berliner Mauer geöffnet, nachdem bereits in den Monaten zuvor eine »Abstimmung mit den Füßen« gegen den von der Sozialistischen Einheitspartei Deutschlands (SED) geführten zweiten deutschen Staat ausgegangen war. Man kann sich unschwer vorstellen, dass in dieser Situation die Verhandlungen der ehemaligen Alliierten über die Zukunft Deutschlands nicht auf Augenhöhe stattfanden. Diese sogenannten Zwei-plus-Vier-Gespräche führten am 12. September 1990 in Moskau zur Paraphierung eines Staatsvertrages, der die Voraussetzung für die deutsche Einheit vom 3. Oktober bildete. Im Zuge dieser fünf Monate dauernden Verhandlungen ging es ganz wesentlich um die Zukunft der deutschen Staatlichkeit, den Abzug der sowjetischen Truppen aus der DDR und die Rolle eines vergrößerten Deutschlands im postkommunistischen internationalen Weltgeschehen.

In einer ganzen Reihe von Publikationen und Talk-Shows gaben journalistische Zeitzeugen und auch direkt an den Gesprächen Beteiligte seither ihre Eindrücke über den Ablauf der Verhandlungen wieder. Alle gemeinsam erzählen von der damals herrschenden freundschaftlichen Atmosphäre insbesondere zwischen dem deutschen Bundeskanzler Helmut Kohl und seinem sowjetischen Gegenüber Michail Gorbatschow. Auch die Jovialität und das Entgegenkommen des US-amerikanischen Außenministers James Baker prägen die Erinnerung an die welthistorisch entscheidenden Monate zwischen Mai und September 1990. Die Führung einer schon kaum mehr existierenden Sowjetunion traf auf vor Kraft strotzende westliche Staatsmänner, während die Vertreter der Deutschen Demokratischen Republik ihr eigenes Ende nur pro forma mitverhandelten.

Gorbatschows Zustimmung zum Abzug der Roten Armee aus der DDR und zum de facto Anschluss Ostdeutschlands an die BRD war, und das berichten Zeitzeugen unisono, an die damals für selbstverständlich erachtete Bedingung geknüpft, dass sich die NATO nicht nach Osten ausdehnen würde. Die bestehende NATO-Mitgliedschaft der BRD, so formulierte es der bundesdeutsche Außenminister Hans-Dietrich Genscher, würde keinesfalls zu Truppenverschiebungen oder einem Stützpunktaufbau auf dem Gebiet der früheren DDR führen. Ein erst 2009 im deutschen *Spiegel* veröffentlichter Vermerk über ein Gespräch zwischen den Außenministern Genscher (BRD) und Eduard Schewardnadse (UdSSR) am 10. Februar 1990 gibt dieses Selbstverständnis wieder. Genscher sagte demnach zu Schewardnadse: »Uns sei bewusst, dass die Zugehörigkeit eines vereinten Deutschlands komplizierte Fragen aufwerfe. Für uns stehe aber fest: Die NATO werde sich nicht nach Osten ausdehnen. (...) Was im Übrigen die Nichtausdehnung der NATO anbetreffe, so gelte dies ganz generell«,[264]

---

[264] http://www.spiegel.de/spiegel/print/d-67871653.html (17.7.2015)

setzte Genscher noch hinzu. Und Schewardnadse antwortete, er glaube allen Worten des Herrn Bundesministers.

In seiner legendären Rede auf der Münchner Sicherheitskonferenz am 10. Februar 2007 zitiert Wladimir Putin den damaligen Generalsekretär der NATO, Manfred Wörner. Dieser meinte am 17. Mai 1990 in Brüssel: »Das Faktum, dass wir bereit sind, keine NATO-Truppen außerhalb Deutschlands zu stationieren, gibt der Sowjetunion eine klare Sicherheitsgarantie.«[265] So tönte die Stimme der NATO im Februar 1990 – wohlgemerkt vor der Vergrößerung der Bundesrepublik Deutschland. Wo diese Garantie nun sei, fragte Putin im Jahr 2007 angesichts der extremen Erweiterung bitter.

Die Zusicherung, die »Zuständigkeit und die Streitkräfte der NATO nicht ostwärts zu verschieben«,[266] wurde dem russischen Präsidenten nicht nur aus Deutschland und von der NATO, sondern auch aus Washington direkt gegeben. Das damalige Direktoriumsmitglied des Ölriesen Chevron, die spätere Außenministerin Condoleezza Rice, und ihr Co-Autor Philip Zelikow geben in ihrem 1995 zuerst auf Englisch erschienenen Buch *Sternstunden der Diplomatie* ein Gespräch zwischen Baker und Gorbatschow wieder, aus dem diese Zusage hervorgeht: »Dann fragte Baker Gorbatschow, was ihm lieber sei, ein unabhängiges Deutschland außerhalb der NATO, ohne US-Truppen auf seinem Boden, oder ein vereinigtes Deutschland, das in die NATO eingebunden sei, mit der verbindlichen Zusage, ›daß es keine Ausdehnung der gegenwärtigen NATO-Zuständigkeit nach Osten geben wird.‹ Gorbatschow erwiderte, daß er darüber nachdenken werde. (...) Eines sei jedoch schon jetzt klar: ›Jede Ausdehnung der NATO-Zuständigkeiten ist unannehmbar.‹ – ›Einverstanden‹, sagte Baker.«[267] Das Versprechen Washingtons, die deutsche Einheit bzw. die russische Schwäche nicht als Auftakt zur NATO-Erweiterung im Osten zu nutzen, ist durch viele Quellen belegt; einen schriftlichen Vertrag, in dem dies festgelegt wurde, gibt es allerdings nicht. Gorbatschow scheint die mündliche Zusicherung für ausreichend befunden zu haben, zumal im Frühherbst 1990 noch kaum jemand an eine Auflösung der Sowjetunion oder ein Ende der Warschauer Vertragsorganisation (WVO) glaubte. Ob dies seiner Geschichtsvergessenheit oder Blauäugigkeit zuzuschreiben war oder er eine solche Festlegung schlicht für unwichtig oder undenkbar gehalten hat, darüber darf spekuliert werden.

25 Jahre später äußerte sich der mittlerweile um teures Geld für US-amerikanische oder westeuropäische Konferenzen buchbare letzte Sowjetpräsident in einem Interview mit dem *Heute-Journal* des ZDF am 8. November 2014, es sei

---

265 Siehe die Rede von Wladimir Putin: https://www.youtube.com/watch?v=vf9onezYKwY (29.10.2015)
266 Philip Zelikow/Condoleezza Rice, *Sternstunden der Diplomatie*. Berlin 1997, S. 257
267 Zelikow/Rice 1997, S. 261

bei den Vier-plus-Zwei-Gesprächen immer nur um die Verhinderung der Dislozierung von NATO-Truppen auf das Gebiet der DDR in einem vereinigten Deutschland gegangen. Ein Verzicht auf eine Osterweiterung der NATO insgesamt sei nie zur Debatte gestanden, daran habe niemand gedacht. Die Warschauer Vertragsorganisation (WVO) existierte ja noch, also wäre es unsinnig gewesen, über eine NATO-Erweiterung ins WVO-Gebiet zu sprechen.[268] Allerdings: Gorbatschow musste den Zustand von WVO und RGW Anfang 1990 gekannt haben: die nationalen Fliehkräfte in Ungarn und Polen, ganz zu schweigen von den baltischen Republiken, hatten die wirtschaftlichen und militärischen Bündnisse des Ostens bereits de facto obsolet gemacht, und tatsächlich erfolgte ihre Auflösung auch de jure bereits ein Jahr später.

Die US-Seite jedenfalls konnte die Ergebnisse der Zwei-plus-Vier-Gespräche als »Sternstunde der Diplomatie« verbuchen. Erstmals seit 1945 war es gelungen, Moskau die Kontrolle über einen Teil seines in Jalta festgeschriebenen Einflussgebietes zu entreißen.

Von nun an ging es Schlag auf Schlag in Richtung Osten. Nur sechs Wochen war es her, seit Boris Jelzin den älteren George Bush aus dem weißrussischen Belowescher Wald angerufen und ihm die eben von Russland, der Ukraine und Belarus vollzogene Auflösung der Sowjetunion gemeldet hatte, als die NATO auf ihrem Gipfel in Rom ein neues strategisches Konzept verabschiedete. An diesem 8. November 1991 stellte die westliche Militärallianz ihr Radar von Defensive auf Offensive. Nicht mehr ausschließlich die Verteidigung der Bündnispartner, wie sie in den Gründungsurkunden von 1949 festgelegt war, galt nunmehr als Zielvorgabe aller weiteren politischen und militärischen Überlegungen. Die NATO rüstete sich ab sofort auch für die Bewältigung von Krisen gleich welcher Art im gesamten euro-atlantischen Raum. Der Bündnisfall, wie er in Artikel 5 des Nordatlantikvertrages verankert ist, nach dem ein bewaffneter Angriff auf einen der Mitgliedsstaaten als Angriff auf die gesamte Allianz betrachtet wird, blieb selbstverständlich aufrecht. Dazu kam jedoch die Expansion über das Territorium der NATO-Länder hinaus. Am deutlichsten kommt dieser Strategiewechsel in Punkt 13 des neuen NATO-Konzepts zum Ausdruck. Dort heißt es: »Die Sicherheit des Bündnisses muß jedoch auch den globalen Kontext berücksichtigen. Sicherheitsinteressen des Bündnisses können von anderen Risiken berührt werden, einschließlich der Verbreitung von Massenvernichtungswaffen, der Unterbrechung der Zufuhr lebenswichtiger Ressourcen sowie von Terror und Sabotageakten.«[269]

---

268 http://www.zdf.de/ZDFmediathek/beitrag/video/2279118/ZDF-heute-journal-vom-08.-November-2014#/beitrag/video/2279118/ZDF-heute-journal-vom-08.-November-2014 (17.7.2015)
269 NATO-Strategiepapier vom 8. November 1991; zit. in: http://www.ag-friedensforschung.de/themen/NATO/1991-strategie.html (16.7.2015)

Damit gab sich die NATO ein Mandat zum weltweiten Eingriff, das sie so zuvor nicht gehabt und in Anspruch genommen hatte. Auf den Zusammenbruch der Sowjetunion und der WVO mit den neu auftauchenden Risiken ethnisch oder religiös motivierter Gebietsstreitigkeiten reagierte die NATO unmittelbar; und sie nutzte die Schwäche Moskaus, um ihr potenzielles Einsatzgebiet wegen möglicher »Unterbrechung der Zufuhr lebenswichtiger Ressourcen« oder wegen drohender »Instabilitäten, die aus ernsten wirtschaftlichen, sozialen und politischen Schwierigkeiten«[270] entstehen, zu vergrößern. Gleichzeitig zog Washington, dessen Selbstmandatierung für weltweite militärische Aktionen bisher unter dem Etikett von US-Armee, Luftwaffe und Marine durchgeführt wurde, seine NATO-Partner mit auf Expansionskurs. NATO- und US-Truppen verschmolzen strategisch miteinander.

Anfang der 1990er Jahre war es vor allem das eben vergrößerte Deutschland gewesen, das Wert auf eine Osterweiterung der NATO legte. Mit ihr, so dachten es sich die Strategen in Bonn bzw. Berlin, könnte der europäische Pfeiler des transatlantischen Bündnisses gestärkt werden. Washington erkannte dies als potenzielle Gefahr rechtzeitig und riss – nicht zuletzt aufgrund der Erfahrungen im bosnischen Bürgerkrieg – im Jahr 1994 die Initiative wieder an sich. »Die USA sind 1994 auf die deutsche Linie eingeschwenkt«, schreibt der österreichische Militärstratege Erich Reiter, »und haben dann selbst die Führung in der NATO-Osterweiterungspolitik übernommen. Dies war eine Gegenstrategie zur europäischen Vorstellung der Europäisierung der europäischen Sicherheit.«[271] Auch Yassen Zassoursky sieht Deutschland als treibende Kraft hinter den osteuropäischen Zerfallserscheinungen um das Jahr 1990: »Ich erinnere mich, wie George Bush (der Ältere, d. A.) im August 1991 in Kiew war und dort eindringlich vor dem ukrainischen Nationalismus gewarnt hatte.«[272] Zassoursky spricht die heute wegen dem zwischenzeitlich erfolgten vollkommenen Meinungsumschwung in Washington seltsam anmutende sogenannte »Chicken-Kiev«-Rede des US-Präsidenten an. Bush war im Vorfeld des ukrainischen Unabhängigkeitsreferendums nach Kiew gereist, um die Nationalisten – erfolglos, wie die Geschichte weisen sollte – vor einer unüberlegten Abspaltung zu warnen. Wörtlich sprach er von »selbstmörderischem Nationalismus«.[273]

Wie in Jugoslawien auch, wo US-Außenminister James Baker nur Tage vor der Unabhängigkeitserklärung Kroatiens und Sloweniens im Juni 1991 eine Anerkennung der Sezession durch die USA ausschloss, so war Washington auch

---

270 Ebd.
271 Erich Reiter, Die zweite NATO-Osterweiterung. In: *Österreichische Militärzeitschrift* Nr. 1/2003. Wien 2003, zit. in: Rode 2012, S. 824
272 Gespräch mit Yassen Zassoursky am 2. September 2015 in Moskau
273 Zit. in: *Washington Times* vom 23. Mai 2004

im Fall einer möglichen Neuordnung der Sowjetunion vorsichtig. Bonn preschte vor. »Es waren die Deutschen, die den postsowjetischen Raum zerstört haben«, ist Zassoursky sicher.

Die USA übernahmen in beiden Zerfallsprozessen erst nach deutschen Vorleistungen in Richtung territorialer Desintegration das politisch-militärische Ruder. Ende 1993 erfanden sie noch gemeinsam mit Deutschland in Travemünde die »Partnerschaft für den Frieden« als Angebot an ehemalige WVO-Länder, dem Nordatlantikpakt näher zu rücken. Und nachdem die US-Dominanz im Bündnis stabilisiert werden konnte, ergingen auf dem Madrider NATO-Gipfel 1997 die ersten Einladungen auf Mitgliedschaft an frühere Warschauer Vertragsstaaten. Polen, Ungarn und das erst vier Jahre alte Tschechien[274] nahmen an und traten am 12. März 1999 dem Nordatlantikpakt bei. Soweit die drei Länder auch geografisch vom Atlantik weg sein mögen, so nah wollten sie ihre frisch gebackenen bzw. gewendeten Eliten geopolitisch in die Obhut Washingtons und Brüssels bringen. Gezählte zwölf Tage nach ihrer Aufnahme befanden sich Polen, Ungarn und Tschechien bereits im Krieg. Das »Verteidigungs«bündnis ging auf dem Balkan zum Angriff über.

Mitten im NATO-Krieg gegen (Rest-)Jugoslawien feierte das mittlerweile auf 19 Mitglieder angewachsene Militärbündnis sein 50-jähriges Bestehen. Am Samstag, dem 24. April 1999 posierten die Vertreter der Länder neben NATO-Generalsekretär Javier Solana, dem späteren Außenpolitiker der Europäischen Union, für die Weltpresse und lächelten in die Kameras. Einzig aus Tschechien kamen inhaltliche Querschüsse gegen die Feier mitten im ersten NATO-Krieg. Außenminister Jan Kavan und Parlamentspräsident Václav Klaus übten (verhalten) Kritik an Washington.[275] Offen gegen die Bombardierung Jugoslawiens wagte sich jedoch niemand zu stellen.

78 Bombennächte, über 50 Bombentage, 1000 – nach anderen Angaben – 1600 Kampfjets mit 35 000 Lufteinsätzen, 15 000 Tonnen Explosivstoff, 1800 großteils bis zur Unkenntlichkeit zerfetzte Zivilisten, 500 (nach jugoslawischen Angaben) bzw. 5000 (nach einem NATO-Briefing) getötete Soldaten, Hunderttausende Vertriebene, mit abgereichertem Uran verseuchte Gebiete in der Vojvodina und im Kosovo, ganz zu schweigen von den zerstörten Brücken, Fabriken, Raffinerien, Wohnvierteln, Regierungsgebäuden, Gedenkstätten usw. usw. Das ist die kursorisch aufgelistete Bilanz des ersten großen NATO-Krieges überhaupt, den sich die Allianz zu ihrem 50-jährigen Bestehen zum grausamen Geschenk machte.[276] Vier Wochen nach Beginn der Bombenangriffe berichtete

---

274 Am 1. Jänner 1993 riefen Tschechien und die Slowakei ihre Unabhängigkeit aus.
275 Vgl. Radio Free Europe: http://www.rferl.org/content/article/1141893.html (28.10.2015)
276 Näheres siehe: Hannes Hofbauer, *Balkankrieg. Zehn Jahre Zerstörung Jugoslawiens*. Wien 2001, S. 118ff.

die Washington Post, dass die Anzahl der NATO-Kampfjets bereits den Bedarf überstieg: »Fast 400 zusätzliche Fluggeräte, die für den Einsatz vorgesehen sind, können nicht (ins Krisengebiet) verlegt werden, weil der Luftraum gesättigt ist.«[277] Der Luftraum Jugoslawiens war schlicht zu klein für die volle Feuerkraft der Nordatlantikallianz.

Die neuen osteuropäischen Mitglieder sahen sich vom ersten Tag dieser ohne UN-Mandat durchgeführten, völkerrechtswidrigen Aggression an mitten im Kampfgeschehen, obwohl dies viele ihrer Bürger nicht so wahr haben wollten. Militärisch am stärksten eingebunden war Ungarn, das wegen seiner Nachbarschaft zu Jugoslawien/Serbien von großer Bedeutung für die NATO war. Vom Flugfeld Taszár in der Nähe von Kaposvár stiegen täglich F-16 und andere US-amerikanische Kampfjets in Hunderten von Starts auf, um ihre todbringende Last über den nahen serbischen Städten und Industriezentren abzuwerfen.

Neben den eben erst der NATO beigetretenen Ländern Ungarn, Polen und Tschechien öffneten auch Bulgarien, Rumänien und Slowenien ihren Luftraum für die Aggression gegen Jugoslawien.

Der NATO-Angriff vom 24. März 1999 auf Jugoslawien war jedoch nicht der erste Einsatz nordatlantischer Kampfjets im post-kommunistischen Osteuropa. Fünf Jahre zuvor, am 28. Februar 1994, griff die NATO erstmals direkt ins Kriegsgeschehen auf dem Balkan ein. Ein Attentat auf dem zentralen Marktplatz in Sarajewo wurde von Washington flugs der serbischen Seite angelastet und daraufhin ein Flugverbot für bosnisch-serbische Maschinen erlassen. Als der serbisch-bosnische General Ratko Mladić dieses ignorierte, starteten US-amerikanische Kampfjets in NATO-Verkleidung und schossen die halbe serbisch-bosnische Luftwaffe – vier Cessna-Maschinen – ab. Ab diesem Zeitpunkt bombardierten die USA nadelstichartig bosnisch-serbische Stellungen, bis es am 30. August 1995 zu einem massiven Angriff kam. Um zwei Uhr morgens stiegen 60 NATO-Kampfjets vom US-Flugzeugträger »Roosevelt« und vom italienischen Stützpunkt Aviano aus auf und legten Bombenteppiche in die engen serbisch besiedelten Täler Bosniens rund um Pale und Lukavica. Mehr als 100 Menschen fanden dabei den Tod.[278]

US-Sonderbeauftragter Richard Holbrooke trieb laut eigener Darstellung Washington zur Tat. Von seinem Vorgesetzten, Vize-Außenminister Strobe Talbott, am Morgen nach einem weiteren Attentat in Sarajewo, dessen Urheberschaft bis heute umstritten ist, gefragt, ob Washington nun Vergeltung üben solle, antwortete Holbrooke, dass »die NATO-Luftangriffe gegen die bosnischen

---

277 William Drozdiak/Thomas Lippman, NATO Summit Ends With Restoration Vow. In: *Washington Post* vom 26. April 1999
278 Hofbauer 2001, S. 71

Serben aufnehmen (solle), und zwar keine ›Nadelstiche‹, sondern einen schweren und wenn möglich nachhaltigen Luftkrieg. (...) Dies sei, fuhr ich fort, seit dem Ende des Kalten Krieges der wichtigste Test für den amerikanischen Führungsanspruch nicht nur in Bosnien, sondern in ganz Europa.«[279] Es ging also, folgt man dem Falken Holbrooke, der eine wichtige Rolle im Zerfallsprozess Jugoslawiens spielte, ums Ganze. Nicht bloß Bosnien oder Jugoslawien standen auf der Agenda Washingtons, sondern die Hegemonie über ganz Europa, die exsowjetischen Republiken so weit wie möglich eingeschlossen. Den russischen Präsidenten Boris Jelzin brauchten Holbrooke und sein Chef William Clinton von diesem geopolitischen Ansinnen nicht zu überzeugen, er war darin – ohne Mitspracherecht – eingebunden. Die Rolle Moskaus in der jugoslawischen Tragödie der 1990er Jahre beweist dies deutlich, es gab sie schlicht nicht. Seit der von Gorbatschow ohne Bedingungen abgenickten Vereinigung Deutschlands sah der Kreml dem westlichen Vormarsch apathisch zu. Allenfalls persönliche Interessen wie jene von Jelzins Sonderbeauftragten für Jugoslawien, Wiktor Tschernomyrdin, der zugleich Aufsichtsratsvorsitzender des in eine Aktiengesellschaft umgewandelten Gaskonzerns Gasprom war, bewegte russische Politiker zu Kurzvisiten nach Belgrad, wenngleich ohne Erfolg. Und Ministerpräsident Jewgeni Primakow, die einzige deutlich vernehmbare kritische Stimme zum NATO-Krieg gegen Jugoslawien, wurde noch während des Bombardements von Jelzin entlassen.

Jelzin'sche Nachwehen

Das politische Ende von Boris Jelzin, der das russische Zepter pünktlich zum Jahrhundert-Ende am 31. Dezember 1999 an Wladimir Putin übergab, änderte vorerst nichts am aggressiven Kurs der USA und der NATO ihre Erweiterung im Osten betreffend. Nach dem Prager Gipfel im November 2002 begannen die Aufnahmegespräche mit Bulgarien, Rumänien, den drei baltischen Staaten, Slowenien und der mittlerweile zum neoliberalen Musterknaben konvertierten Slowakei. Dort, in Bratislava, saß bis 1998 mit Vladimír Mečiar ein dezidierter Skeptiker der NATO. Dennoch hatte auch seine Partei im Wahlkampf 2002 aus der Opposition heraus für die Aufnahme in die NATO plädiert. Auf die Frage, worauf dieser Sinneswandel zurückzuführen sei, antwortete sein Berater Augustín Húska: »Der NATO-Krieg 1999 gegen Jugoslawien war auch ein Signal an uns, keine Vision einer politischen Selbstständigkeit mehr zu haben. (...) Wir haben ja gesehen, was mit Kräften passiert, die unabhängig sein wollen«.[280] Der

---

279 Richard Holbrooke, *Meine Mission. Vom Krieg zum Frieden in Bosnien.* München 1998, S. 150/151
280 Gespräch mit Augustín Húska am 12. November 2002 in Bratislava

NATO-Krieg gegen Jugoslawien hatte also im Verständnis der stärksten slowakischen Partei, der HZDS, nicht bloß auf Belgrad gezielt.

Am 29. März 2004 traten alle sieben EU-Beitrittskandidaten dem Nordatlantikpakt bei, im April 2008 folgten Kroatien und Albanien. Keinem einzigen Land Osteuropas war es gestattet worden, vor dem Beitritt zum Militärbündnis der Europäischen Union anzugehören. Die führende NATO-Macht USA bewies damit über ein Vierteljahrhundert nicht nur ihren schier uneingeschränkten Handlungsspielraum über Osteuropa, sondern auch ihre Dominanz über Brüssel. Ganz offen spricht die von den USA in das UN-Menschenrechtskomitee entsandte Ruth Wedgewood diese Funktion der NATO-Erweiterung an und nennt sie eine »flankierende Maßnahme, um Westeuropa einzudämmen«.[281] Mitte der 2000er Jahre wurden zudem in Berlin und Paris tendenziell europäisch-souveränistische durch rein atlantisch orientierte Regierungen abgelöst. Gerhard Schröder und Jaques Chirac mussten das Feld für Angela Merkel (2005) und Nicolas Sarkozy (2007) räumen. Die Vorwärtsstrategie der NATO erhielt neuen Elan.

Parallel zum Vormarsch am Boden, bei dem die NATO einerseits Staaten wie Trophäen einsammelte und andererseits Krieg gegen jenes Land (Jugoslawien/Serbien) führte, das nicht bereit war, der Logik Washingtons zu folgen, startete das Pentagon ein neues Aufrüstungsprogramm im Weltall. Den Startschuss dazu gab Präsident William Clinton im Jänner 1999 mit der Unterzeichnung des Nationalen Raketenverteidigungsgesetzes (NMD). Zwei Monate später war es übrigens derselbe Clinton, der zum Luftkampf gegen Belgrad rief. Mit diesem National Missile Defense Act wollte Clinton an das SDI-Programm von Ronald Reagan anknüpfen, das zwar technisch niemals funktionierte, aber geopolitisch dazu gedient hatte, Moskau in die Knie zu zwingen.

Mit der Nationalen Raketenverteidigung plant Washington ein satellitengestütztes System zur Abwehr von Interkontinentalraketen, wofür die entsprechenden Abfangraketen zur See und auf dem Land stationiert werden. Ursprünglich waren dafür polnische und tschechische Standorte vorgesehen. Eine von Barack Obama überarbeitete NMD-Strategie aus dem Jahr 2009 setzt auf die Aufstellung von Kurz- und Mittelstreckenraketen. Dafür wird der Ausbau von Flughäfen in Polen und Rumänien vorangetrieben.

Weil Systeme zum Abfangen von Interkontinentalraketen gegen das 1972 zwischen den USA und der Sowjetunion ausverhandelte »Gleichgewicht des Schreckens« verstößt, das eine Art gegenseitige Vernichtungsmöglichkeit vorsah, ist Washington aus dem entsprechenden Vertrag ausgestiegen. Am 13. Dezember 2001 kündigte George Bush junior von der Weltöffentlichkeit weitgehend unbemerkt eines der wichtigsten Rüstungskontrollabkommen, den

---

281 Zit. in: Jürgen Elsässer, *Der deutsche Sonderweg*. München 2003, S. 141

»Anti-Ballistic-Missile« (ABM)-Vertrag; ein halbes Jahr später trat die Kündigung in Kraft. Dem militärischen Vormarsch von USA und NATO steht seither keine rechtliche Hürde mehr im Weg. An diesen Sündenfall Washingtons erinnerte später Russlands Präsident Wladimir Putin. In einem Interview mit der *Welt am Sonntag* klagte er im Sommer 2015: »Wir bewegen uns nirgendwo hin, während die Infrastruktur der Nato immer näher an unsere Grenzen heranrückt. Und der Beweis für unsere Aggression?« Er geht auf die Frage nach der Streitlust Russlands ein: »Schließlich sind die Vereinigten Staaten einseitig aus dem Abkommen zur Raketenabwehr ausgestiegen, dem ABM-Vertrag, der Grundlage für einen Großteil des internationalen Sicherheitssystems.«[282] Im Westen fast vergessen, klafft in Russland die Wunde der Kündigung des ABM-Vertrages.

Strategisch leicht durchschaubar ist der offensive Charakter des US-Raketenabwehrschirms und der Dislozierung von Mittelstreckenraketen. Die offizielle US-amerikanische Version, es handle sich dabei um Abwehrmaßnahmen gegen etwaige Angriffe von Seiten des Iran oder Nordkoreas, war nicht einmal in den US-hörigsten Kreisen glaubhaft. Von Anfang der neuen Clinton'schen Strategie an ging es um die Erringung der Erstschlagkapazität, denn die Möglichkeit, feindliche Raketenangriffe im Anflug ausschalten zu können, erhöht die Versuchung, selbst zum ersten – atomaren – Schlag auszuholen, weil die Gegenseite ihrer Zweitschlagkapazität beraubt wäre. Diese aggressive Stoßrichtung der US-Militärstrategie unterstreicht auch ein Aufsatz in dem vielleicht wichtigsten Organ der Washingtoner Machtelite, den *Foreign Affairs*. In der vom Council on Foreign Relations herausgegebenen Zeitschrift vermerken die beiden Militärexperten Keir Lieber und Daryl Press, dass das Abwehrprogramm »primär in einem offensiven Kontext sinnvoll (sei) – nicht in einem defensiven –, als Ergänzung einer amerikanischen Erstschlagfähigkeit, nicht als Schutzschild an sich.«[283] Für Washington gehört diese Fähigkeit zur sogenannten »Full Spectrum Dominance«, die auch eine umfassende Radarüberwachung sämtlicher militärischer Bewegungen in Russland umfasst. Die technische Machbarkeit solcher Planspiele bleibt freilich die große Unbekannte.

Was allerdings bekannt sein sollte, ist die Tatsache, dass mit der neuen Aufstellung von US-amerikanischen Raketen(abwehr)systemen in Osteuropa und auf Kriegsschiffen im Mittelmeer eine Strategie der Einkreisung Russlands verfolgt wird. Nicht der Iran, und nicht Nordkorea, stehen im Fadenkreuz der Aufrüstung, sondern das russische Kernland. Ein Blick auf die Landkarte überzeugt einen schließlich: Washington baut einen militärischen Ring rund um die

---

282 »Ich muss nichts bedauern«. Interview mit Wladimir Putin. In: *Welt am Sonntag* vom 7. Juni 2015
283 Keir Lieber/Dary Press, The Rise von U.S. Nuclear Primacy. In: *Foreign Affairs*, March 2006, zit. in: Thomas Mitsch/Jürgen Wagner, *Erstschlag und Raketenabwehr. Die nukleare Dimension des Neuen Kalten Krieges und die Rolle der NATO*. IMI-Analyse Nr. 2007/19, S. 3

eurasische Landmasse. In Osteuropa dienen ihm die neuen NATO-Staaten als Stützpunkte für die Aufstellung von Standard-Missile-3-Raketen (SM-3). Mit dieser zum Abfangen ballistischer Flugkörper geeigneten Lenkwaffe sind mittlerweile mehrere Marine-Einheiten der USA ausgestattet. Seit 18. Dezember 2015 ist die bis in eine Höhe von 250 Kilometern erfolgreich getestete SM-3 im rumänischen Deveselu einsatzbereit. Im polnischen Redzikowo wird dieses im Rahmen des Aegis Ashore Missile Defense System (AEGIS) aufgestellte Waffensystem spätestens 2018 in Betrieb gehen.[284] Das rheinland-pfälzische Hauptquartier in Ramstein fungiert dafür weiterhin als logistische Drehscheibe.

Die Reaktion Moskaus auf die Aufrüstungsschritte Washingtons war vorhersehbar. Russland stationierte Ende 2014 Kurzstreckenraketen der Klasse »Iskander« in Kaliningrad; die USA antworteten mit der Aufstellung von Mittelstreckenraketen der Marke »Patriot« in der Nähe von Warschau. Ein neuer Rüstungswettlauf ist eröffnet.

Dieser beginnt – von Russland aus betrachtet – auf niedrigem Niveau, denn der Zusammenbruch der Sowjetunion hat auch im Militärbereich sichtbare Spuren hinterlassen. Das strategische Rückgrat der eurasischen Atommacht – die land- und seegestützten Interkontinentalraketen – hat eine beispiellose Ausdünnung erfahren. Zwischen 1990 und 2008 ging die Zahl der Trägersysteme von 2500 auf 39 zurück, jene der Sprengköpfe von 10 271 auf 4238.[285] Im Vergleich dazu verfügen die USA mit 1. Juli 2008 über 1214 Trägersysteme und 5951 Sprengköpfe. Bei strategisch einsetzbaren U-Booten oder gar Flugzeugträgern sieht die russische Bilanz noch schlechter aus. Nicht zuletzt der von Tiflis mit US-Unterstützung provozierte kurze Krieg im Sommer 2008 um die georgischen Provinzen Südossetien und Abchasien, auf den weiter unten eingegangen wird, hat die russischen Militärs und den Kreml überzeugt, neue Rüstungsanstrengungen zu unternehmen.

---

284 http://de.sputniknews.com/militar/20150722/303406039.html (24.7.2015); siehe auch: http://www.navy.mil/submit/display.asp?story_id=92483 (15.1.2016)
285 Mangott 2009, S. 55

Stabilisierung in Moskau (2000–2012)

Als Wladimir Putin am 26. März 2000 die russischen Präsidentenwahlen bereits in der ersten Runde mit einer Zustimmung von 52,6 % – vor dem Kandidaten der Kommunistischen Partei, Gennadi Sjuganow (29,3 %) und dem Liberalen Grigori Jawlinski (5,8 %) – gewinnen konnte, war das wirkliche Rennen um die Macht im Kreml bereits zuvor längst entschieden gewesen. Die Wahl zum höchsten Staatsamt stellte gleichsam den Punkt auf dem »i« der Inthronisierung des neuen Machthabers dar.

Der aus Leningrad stammende Jurist hatte die längste Zeit seiner beruflichen Laufbahn im sowjetischen Geheimdienst KGB verbracht. 33jährig ging er 1985 in die DDR, wo er in den Jahren darauf die Protestbewegung gegen die kommunistische Führung beobachtete. 1990 zurück in Moskau beschäftigte den mittlerweile fließend Deutsch Sprechenden die Auflösung des Staates und seine Eingliederung in die BRD auch in beruflicher Hinsicht. Als Assistent an der Universität Leningrad forschte er über internationale Fragen. Erste politische Sporen verdiente sich Putin als Wahlhelfer seines früheren Professors, Anatoli Sobtschak, dem Bürgermeister der Stadt an der Newa, dessen Stellvertreter er wurde.

Nach einer verlorenen Wahl übersiedelte Putin 1996 in die Hauptstadt und nahm dort eine administrative Stelle im Kreml an. Während dieser Zeit muss er nicht nur dem Präsidenten Boris Jelzin, sondern auch dessen Hintermännern, der sogenannten »Familie« positiv aufgefallen sein. Die engere »Kreml-Familie« war es auch, die sich in den Jahren 1998 und 1999 um eine Nachfolge für den gesundheitlich immer sichtbarer angeschlagenen Jelzin kümmerte. Zu den einflussreichsten Familienmitgliedern zählten Jelzins Tochter Tatjana, deren Mann Walentin Jumaschew[286] sowie – als reichster und mächtigster Mann im Hintergrund – Boris Beresowski. Beresowski war in den Jahren 1993 und 1994 als Autohändler zu immensem Reichtum gelangt; sein Firmenimperium umfasste Energiekonzerne, Banken, eine Fluglinie und eine ganze Reihe von Medienunternehmen, mit deren Hilfe er im Jahr 1996 Jelzins Wiederwahl ermöglichte. Zu diesem Zweck schmiedete die graue Eminenz hinter Jelzin, die jeden klagte, der ihn den »Paten« nannte, die sogenannte »Sieben-Banker-Allianz«, einen Zusammenschluss von sieben Oligarchen zum Zwecke der Wahlkampfhilfe für ihren Mann im Kreml.

---

286 Walentin Jumaschews Tochter ist wiederum mit dem Oligarchen Oleg Deripaska verheiratet. Eine Untersuchung der Verwandtschaftsbeziehungen der russischen Neureichen wäre eine lohnende Arbeit, die hier nicht geleistet werden kann.

Die schlechte Gesundheit dieses Mannes machte es bereits zur Mitte seiner Amtszeit erforderlich, nach einem Nachfolger Ausschau zu halten. Dies war umso dringlicher, als Jelzin im September 1998 die Ernennung Jewgeni Primakows zum Ministerpräsident durch die Duma trotz mehrfachen Einspruchs nicht verhindern konnte. Der Ministerpräsident war, im Fall des präsidentiellen Ablebens, verfassungsmäßig als Stellvertreter des obersten Staatsmannes vorgesehen.

Primakow galt den wichtigsten Oligarchen – allen voran der »Kreml-Familie« – als rotes Tuch. Mit Hilfe der stärksten Fraktion im russischen Parlament, den Kommunisten, war er bereits Anfang 1996 anstelle des NATO-Freundes Andrej Kosyrew Außenminister geworden. In dieser Funktion versuchte er, die russisch-chinesischen Beziehungen zu stärken und vertiefte die Union mit Belarus, dessen Präsident Aljaksandr Lukaschenka sich mehrmals als »Schüler Primakows« outete.[287] Als Ministerpräsident protestierte Primakow immer wieder heftig gegen die Politik der NATO-Osterweiterung und die westlichen Drohgebärden gegen Jugoslawien. Einen Staatsbesuch in Washington sagte er kurzer Hand ab. Dieser war für den 24. März 1999 vorgesehen. Primakow saß bereits im Flugzeug Richtung USA, als er von den ersten Angriffen US-amerikanischer Bomber auf Jugoslawien erfuhr und sich spontan entschloss, nach Moskau zurückzukehren. Washington war empört. Und Jelzin entließ Primakow im Mai 1999 – noch während der Krieg gegen Belgrad im Gange war. Der Druck der »Kreml-Familie« in Richtung dieser Maßnahme war offensichtlich. Inwieweit auch Washington auf die Entlassung drängte, kann nur gemutmaßt werden. Die Suche nach einem Ersatz für Primakow gestaltete sich ob der Dringlichkeit schwierig. Boris Beresowski nahm für sich in Anspruch, Putin als Ministerpräsident »erfunden« zu haben und sprach in mehreren Interviews offen darüber. In dem höchst informativen Film *How Putin came to power*[288] nimmt er sich kein Blatt vor den Mund.

Putin schien dem »Paten« ein pflegeleichter Mann zu sein, leicht beeinflussbar und aus Dankbarkeit Zeit Lebens ergeben. Am 9. August 1999 gelobte ihn Jelzin als Ministerpräsident an; nur fünf Monate später, anlässlich eines Fototermins zum Jahreswechsel, verkündete der russische Präsident überraschend seinen Rücktritt, worauf Putin die Amtsgeschäfte seines Vorgängers übernahm. Die Wahl zum höchsten Staatsamt am 26. März 2000 gewann Putin bereits in der Rolle des (interimistischen) Präsidenten. Sein Versprechen, Boris Jelzin eine lebenslange Immunität zu gewähren, hielt er. Ansonsten erwies sich Putin wesentlich weniger pflegeleicht für russische Oligarchen, als diese es erwartet hatten. Insbesondere sein Mentor Beresowski wurde gerichtliche Strafverfahren wegen

---

287 https://de.wikipedia.org/wiki/Jewgeni_Maximowitsch_Primakow (26.7.2015)
288 »*How Putin came to power*«, Paris 2006. Siehe: https://www.youtube.com/watch?v=IpiZw1R8w-c (5.8.2015)

Geldwäsche, Korruption und anderer Mafia-Verbrechen nicht los. Im November 2000 übersiedelte Beresowski endgültig nach London, gab dafür politische Gründe an, weil er sich von Putin verfolgt fühlte, erhielt politisches Asyl und einen neuen Namen: Platon Elenin. Seine Familie wanderte nach Israel aus. Die gebrochene Macht von Beresowski markiert nicht nur den Aufstieg Wladimir Putins, sondern auch den Anfang der Rückkehr souveräner staatlicher Autorität auf die gesellschaftliche Bühne Russlands. Langsam begann Putin eine schleichende Kampagne zum Wiederaufbau eines Staates, dessen Institutionen ein Jahrzehnt lang delegitimiert und zerstört worden waren.

Konsolidierung der Macht

Noch in der Nacht, in der Putin von Jelzin interimistisch die Präsidentschaft übernahm, am 31. Dezember 1999, bricht er ins tschetschenische Grosny auf und trifft sich dort mit russischen Kommandanten und einfachen Soldaten, verteilt Geschenke und Orden und unterzeichnet persönlich Befehle für die kommenden Tage. Die Anwesenheit des Staatschefs sowie vor allem die schriftlich ausgefertigten Befehle machen einen unheimlichen Eindruck auf die Truppe, die sich seit drei Monaten im zweiten Tschetschenienkrieg befindet. Bislang war es üblich, Befehle mündlich überliefert zu bekommen, die persönliche Unterschrift des Präsidenten bedeutete persönliches Engagement und politische Haftung. Putins erster Auftritt als erster Mann im Staat hätte eindrücklicher nicht sein können. Und damit dies nicht nur die Soldaten im fernen Tschetschenien, sondern auch die Menschen an der Heimatfront würdigen konnten, sorgte ein Medientross für die entsprechende Verbreitung. Die mediale Vermittlung war Putin vom ersten Tag seines steilen politischen Aufstiegs an wichtig. Später als Präsident soll er Sergej Dorenko, einem der wichtigsten TV-Moderatoren des Landes, einmal gesagt haben, dass für die Menschen nur das wirklich sei, was ihnen im Fernsehen geboten wird, was sie dort nicht sehen, existiere nicht.[289]

Wer Lew Tolstojs kleines, posthum erschienenes Meisterwerk *Hadschi Murad*[290] gelesen hat, weiß, auf welch lange Tradition der kaukasische Widerstand gegen die russische Zentralregierung zurückblicken kann. Die Tschetschenen als Stachel im slawischen Fleisch hatten schon die Zaren und die Sowjetführer herausgefordert; mit dem Ende der Sowjetunion sahen sie eine neue Chance gekommen, sich von Moskau loszusagen. Ihr damaliger Führer, Dschochar Dudajew, erklärte noch vor der endgültigen Auflösung der UdSSR, der Tschetschenien als Autonome Republik innerhalb der Russländischen Sozialistischen Föderativen Sowjetrepublik (RSFSR) angehörte, am 1. November 1991

---

[289] https://www.youtube.com/watch?v=IpiZw1R8w-c (5.8.2015)
[290] Lew Tolstoi, *Hadschi Murat*, geschrieben um 1900, posthum 1912 erstmals veröffentlicht. Berlin 2000

die Unabhängigkeit. Drei Jahre später marschierten fast 50 000 russische Soldaten in ein von Artilleriebeschuss bereits völlig zerstörtes Grosny ein. In dem fast zweijährigen Krieg zwischen 1994 und 1996 fanden schätzungsweise 80 000 Menschen den Tod, die Tschetschenische Republik Itschkerien konnte sich als (nicht anerkannter) Staat behaupten.

Übergriffe tschetschenischer Bewaffneter auf das benachbarte Dagestan, bei denen im August und September 1999 hunderte Zivilisten und Soldaten ums Leben kamen, führten am 1. Oktober zum neuerlichen Eingreifen der Armee und zur Wiedereinnahme Grosnys durch Moskauer Truppen. Dieser zweite Tschetschenienkrieg sollte fast zehn Jahre dauern. Der russisch-deutsche Sozialanthropologe Alexej Klutschewsky[291] hat in einer Studie die Komplexität des Konfliktes sowohl in kultureller, als auch in (geo)politischer Hinsicht aufgearbeitet, was bemerkenswerte Schlussfolgerungen zulässt. Zwei Hauptthesen widersprechen sich nur vordergründig. Innenpolitisch wird der Krieg in Tschetschenien von einer Reihe russischer Politologen als »gelenkter Konflikt« dargestellt, der anfangs von Jelzin dazu benützt wurde, im Ringen um Macht regionale Konflikte zu schüren, derer man sich bei Zeiten zu bedienen wusste. Klutschewsky zitiert dazu Sergej Filatow, den damaligen Leiter des russischen Präsidialamtes. »Unter den höchsten Beamten gab es eine Kriegspartei«, meinte dieser in einem Interview. »Denn der Krieg in Tschetschenien war ein gelenkter Krieg. Wenn es sein musste, wurde der Krieg gestoppt, wie zum 9. Mai 1995 oder während des Beitritts Russlands zum Europarat.«[292] Wie andere Kriege auch, diente dieser »gelenkte« Krieg auch dazu, per äußerem Feind Unzufriedenheit im Inneren zu kanalisieren und damit von eigenen politischen Unzulänglichkeiten und sozialen Problemen abzulenken.

Dem Kaukasuskrieg als innenpolitisches Instrument Moskaus fügt Klutschewsky eine geopolitische These hinzu, die die USA ins Spiel bringt. Washington ist an einer Schwächung der Zentralregierung interessiert, was sich nach dem Ende der kommunistischen UdSSR schon in der Unterstützung von Boris Jelzin, dem machtvollen Zerstörer der Sowjetunion, manifestierte. Tschetschenien wird (zurecht) als eines der schwächsten Glieder der 1991 neu entstandenen Russländischen Föderation eingeschätzt. Außerdem führen durch das Kaukasus-Gebiet wichtige Transportwege für Erdöl, das in Tschetschenien selbst auch seit dem 19. Jahrhundert gefördert wird. »Um Russland aus dem Kaukasus zurückzudrängen«, so Klutschewsky, »ergibt sich die Aufgabe, die schwächsten Glieder

---

291 Alexej Klutschewsky, Vorschläge für eine andere Welt. Tschetschenien im Krieg um das autonome Subjekt. In: Leo Gabriel/Latautonomy (Hg.), *Politik der Eigenständigkeit. Lateinamerikanische Vorschläge für eine neue Demokratie.* Wien 2005, S. 294f.
292 Das Projekt Jelzin. Tatsache oder Märchen (auf Russisch), in: *Komsomolskaja Prawda* vom 19. August 2003; zit. in Klutschewsky 2005, S. 325

im Nordkaukasus zu finden. Und als solches hat sich Tschetschenien und, in geringerem Maße, auch Dagestan erwiesen. Zudem führt ein dauerhafter innerer Krieg in der RF (Russländischen Föderation, d. A.) zu einer ständigen Behinderung (...) der Souveränität Russlands. Immerhin waren die USA an der Auslösung des Konfliktes beteiligt: vor dem ersten Tschetschenienkrieg signalisierte der US-Botschafter in Moskau, dass er ein föderales Eingreifen begrüßen würde.« Mehr als 15 Jahre Krieg waren die Folge, was Moskau nicht nur internationale Reputation gekostet, sondern auch Einflussverlust in der Region beschert hat.

Putin war sich dieses schweren Erbes bewusst, nicht umsonst vergingen nur Stunden nach seinem Amtsantritt als Interimspräsident, bis er nach Grosny aufbrach. Tschetschenien war der Prüfstein, inwieweit es überhaupt noch möglich war, die wirtschaftlich heruntergekommene, militärisch vernachlässigte und administrativ-politisch nicht gefestigte Föderation zusammenzuhalten. Er nützte den äußeren Feind, der tatsächlich ein innerer war, um seine Macht und die der russischen Staatlichkeit zu konsolidieren.

Administrative Re-Zentralisierung

Unterdessen hatten die oft auf ethnischer Grundlage agierenden regionalen Fliehkräfte eine Drehgeschwindigkeit erreicht, die Russland nicht nur de facto, sondern in vielen Bereichen auch de jure in seine Bestandteile zerlegte. Die sogenannte »Russländische Föderation« – so die korrekte deutsche Übersetzung des jungen Staatsnamens – war keine Föderation, sondern ein anarchisches Konglomerat, in dem sich Regionen die exklusive Steuerhoheit anmaßten und föderale Gesetze einfach ignorierten. Bereits 1990 hatten sämtliche Republiken der UdSSR Souveränitätserklärungen abgegeben, was im Zentrum Moskau süffisant mit dem Begriff »Parade der Souveränitäten« kommentiert wurde.[293] Den Anfang hatte Estland bereits am 1. Dezember 1988 gemacht. Die einzelnen autonomen regionalen Subjekte nahmen sich daran ein Vorbild. So betonten beispielsweise Tatarstan oder Baschkortostan bei jeder Gelegenheit ihre »Souveränität«, wie weitgehend sie selbige auch immer interpretierten. Das Amur-Gebiet kontrollierte auf eigene Rechnung den russisch-chinesischen Grenzverkehr, Woronesch verbot die Ausfuhr von Zucker, Krasnodar jene von Weizen, Smolensk erfand eine Abgasabgabe für den Transitverkehr, was einem Wegzoll gleichkam, Tuwa behielt sich vor, einen Krieg zu erklären, Moskaus Bürgermeister Juri Luschkow verstand unter Selbstständigkeit die Beschränkung der Niederlassungsfreiheit in der Hauptstadt, und manch ein Gebiet wie beispielsweise Kursk ging dazu über,

---

293 Vgl. dazu: Theodor Schweisfurth, *Vom Einheitsstaat (UdSSR) zum Staatenbund (GUS). Juristische Stationen eines Staatszerfalls und einer Staatenbundentstehung.* Heidelberg 1992, S. 586f.

Zölle zu erheben.[294] »Russland hatte aufgehört, ein einheitlicher Rechtsraum zu sein,« fasste der Politologe Gerhard Mangott die Lage zusammen.[295]

In dieser Situation erließ der neue Präsident Wladimir Putin im Mai 2000 eine Föderalreform, die das Chaos der unterschiedlichsten Verwaltungen relativ rasch beseitigte und gleichzeitig zu einem enormen Machtzuwachs des Kreml führte. Die in 89 Einheiten heillos zersplitterten Regionen (*federalnyj subjekt*) wurden in sieben »föderale Bezirke« (*federalnyj okrug*) gegliedert. Die meist selbstherrlich agierenden Gouverneure oder Präsidenten verloren nach und nach ihren Sitz im »Föderationsrat« – einer Art Länderkammer –, was gleichbedeutend mit dem Verlust ihrer strafrechtlichen Immunität als Politiker war. Vor allem dieser Schritt war es, der Loyalität gewährleistete, denn ab sofort war es Gerichten jederzeit möglich, Strafanzeige gegen Regionalfürsten zu erheben; diese konnten sich nicht mehr hinter ihrem politischen Mandat verstecken. Nicht überraschend traf es jene wie etwa die Gouverneure von Kursk, Jaroslaw und Altaj, die sich dem neuen Kurs des Kreml widersetzten.[296] Das in Russland (und nicht nur dort) seit Urzeiten verbreitete System des »Kompromats«, nach dem gegen jede politische Persönlichkeit (von den unterschiedlichsten Stellen) kompromittierende Informationen gesammelt werden, um bei Bedarf – und nur dann – gegen die jeweilige Person verwendet zu werden, entpuppte sich anlässlich der Re-Zentralisierungsreform als äußerst hilfreiches Instrument. »Jeder Gouverneur versteht, dass er, sobald er sich gegen Putin stellt, eine gerichtliche Untersuchung zu gewärtigen hat«,[297] erklärte der liberale Duma-Abgeordnete Wladimir Ruzkoj einem Journalisten der *New York Times* den Sinn des ganzen Prozedere.

Um in der Folge keinen Widerstand gegen Föderalreformen aufkommen zu lassen, erließ Putin im Dezember 2004 ein Änderungsgesetz, das die Ernennung der Gouverneure zur alleinigen Chefsache des Präsidenten und diese damit zu seinen Statthaltern machte.[298] Als Vorwand dafür diente ihm ein terroristischer Anschlag im nordossetischen Beslan, bei dem islamistische Killer eine Schule überfallen hatten; 328 Menschen, großteils Kinder, kamen bei diesem Attentat ums Leben. Die Angst vor dem Terror nützte der Kreml-Chef, um Staatsmacht und eigenen Einfluss zu stärken und die Reste regionaler Autonomie zu zerschlagen.

---

294 Boris Reitschuster, *Wladimir Putin . Wohin steuert er Rußland?* Berlin 2004, S. 217, zit. in: Bernhard Rode, *Das eurasische Schachbrett. Amerikas neuer Kalter Krieg gegen Rußland*. Tübingen 2012, S. 242; siehe auch: Michael Thumann, *Das Lied von der Russischen Erde – Moskaus Ringen um Einheit und Größe*. Stuttgart-München 2002, S. 71
295 Gerhard Mangott, *Der russische Phönix. Das Erbe aus der Asche*. Wien 2009, S. 109
296 *New York Times* vom 15. September 2004
297 Ebd.
298 Vgl. dazu: http://www.bpb.de/internationales/europa/russland/137886/dokumentation-regelungen-zur-wahl-der-gouverneure (28.10.2015). Im Juni 2012 wurde mit einem neuen Gesetz die Wahl der Gouverneure wieder eingeführt.

Mehrere Dekrete forderten die Regions- und Gebietsverwaltungen zudem auf, ihre Gesetze den föderalen Erfordernissen anzupassen. Parallel dazu erklärte das russische Verfassungsgericht die unter Jelzin ausgerufenen »Souveränitätserklärungen« von Tatarstan und vier weiteren Republiken als rechtswidrig. Die Russländische Föderation, so der Schiedsspruch, dulde keine anderen »souveränen Gebilde« auf dem Territorium des Staates.[299]

Dem großen Reinemachen zu Hause folgte eine geopolitische Konsolidierung Russlands auf der Weltbühne. Am 10. Jänner 2000, mitten in den traditionell zwei Wochen dauernden Feiertagen zwischen dem gregorianischen und dem julianischen Jahreswechsel, nur wenige Tage nach der präsidentiellen Amtsübernahme Wladimir Putins, veröffentlichte der Kreml ein Strategiepapier unter dem Titel »Nationales Sicherheitskonzept der Russischen Föderation«, in dem die monozentrische Weltordnung des US-amerikanischen Universalismus offen als globale Gefahr und Bedrohung Russlands angesprochen wird. Putin selbst hatte es unterschrieben. Der in Leipzig lebende Russland-Experte Viktor Timtschenko hat sich dieses Papier näher angesehen und es für deutschsprachige LeserInnen zugänglich gemacht. Es gebe eine Tendenz in der Weltentwicklung, heißt es darin, die »auf der Dominanz der entwickelten Länder (...) unter Führung der USA« beruhe und »auf einseitige, vor allem militärische und gewaltsame Lösungen von Schlüsselproblemen der Weltpolitik unter Umgehung der grundlegenden Normen des Völkerrechts ausgerichtet« ist.[300] Das Strategiepapier steht eindeutig unter dem Schock, den der ohne UN-Mandat geführte NATO-Krieg gegen Jugoslawien in politischen Kreisen Moskaus ausgelöst hat; die Selbstermächtigung der westlichen Militärallianz zum Aggressionskrieg ließ im Kreml die Alarmglocken schrillen; der neue Staatschef erkannte darin eine direkte Gefahr für sein Land. Entsprechend lesen sich die einzelnen Punkte im Strategiepapier vom 10. Jänner 2000.

Bedroht sieht sich Russland durch die verstärkten »Bemühungen einiger Staaten, die auf die Schwächung der Position Russlands in politischen, wirtschaftlichen und anderen Bereichen abzielen«. Ohne die USA explizit zu nennen, wirft Putin dem Weißen Haus und dem Pentagon in Washington auch noch vor, »die Rolle der bestehenden Mechanismen zur Gewährleistung internationaler Sicherheit, vor allem UN und OSZE, zu schmälern und die Festigung der militärpolitischen Blöcke und Unionen, vor allem die Erweiterung der NATO nach Osten« zu betreiben sowie »die Schwächung der Integrationsprozesse innerhalb der Gemeinschaft Unabhängiger Staaten.«[301] Letztere Befürchtung beruht zum einen auf der

---

299 Thumann 2002, S. 206; zit. in: Rode 2012, S. 244
300 zit. in: Viktor Timtschenko, *Putin und das neue Russland*. München 2003, S. 249
301 Timtschenko 2003, S. 249f.

eigenen Moskauer Unfähigkeit, die seit 1991 als Totgeburt durch die Weltpolitik wankende »Gemeinschaft Unabhängiger Staaten« (GUS), der zu ihren besten Zeiten elf Mitgliedsländer angehörten, zu konsolidieren. Auch die im Frühjahr 1996 gegründete russisch-weißrussische Union und der Versuch, mit Kasachstan und Kirgistan vertiefte wirtschaftliche und politische Beziehungen herzustellen, kamen nicht recht vom Fleck. Zum anderen ist die Angst aber auch dem geopolitischen Vormarsch Washingtons an den Rändern Russlands geschuldet. Die im Oktober 1997 gegründete GUAM – das Kürzel setzt sich aus den Anfangsbuchstaben der teilnehmenden Staaten Georgien, Ukraine, Aserbaidschan und Moldawien zusammen – strebt nach wirtschaftlicher und militärischer Kooperation mit den USA. Usbekistan als zweites U trat später bei und bald auch wieder aus.

Ökonomische Integrationsversuche

Der Eintritt der Zahlungsunfähigkeit des russischen Staates am 17. August 1998 läuft in der Literatur unter den Stichworten »Rubelkrise« und »Staatsbankrott«. Schon Monate zuvor hatte die Asienkrise Moskau erreicht. Kapitalflucht und eine unter dem Einfluss von IWF-Kreditbedingungen völlig verfehlte Politik der Zentralbank, die Präsident Jelzin mit zusätzlichen Sparmaßnahmen sozial verschärfte, führten im Sommer 1998 zum Zusammenbruch des ohnedies nie wirklich auf die Beine gekommenen postkommunistischen Wirtschaftssystems. Der ungarisch-amerikanische Milliardär George Soros heizte mit seiner öffentlich geäußerten Empfehlung zur Rubel-Abwertung und Spekulationen gegen die russische Währung die Situation soweit an, dass der Rubelkurs binnen Tagen verfiel und sein Wert sich gegenüber dem US-Dollar innerhalb von zwei Wochen halbierte.[302] Eine Pleitewelle überzog das ganze Land.

Als unmittelbare Folge konnte, wie nach ähnlichen kapitalistischen Krisenszenarien üblich, ein rasanter Konzentrationsprozess beobachtet werden. Fusionen und Übernahmen ließen die großen Konzerne wachsen; manche von ihnen begannen, weltweit zu agieren. Der Politikwissenschaftler Felix Jaitner spricht in diesem Zusammenhang von einer Internationalisierung der russischen Oligarchie. »Dieser Internationalisierungsprozess stellte die fortwährende Einflussnahme der Oligarchen auf die Entwicklung des Landes sicher.«[303]

In politischer und makroökonomischer Hinsicht nützte Präsident Putin seine Chance. Sein wichtigstes Instrument dafür bestand in der großräumigen Umverteilung von Steuern. Unter Jelzin war es den mächtigen regionalen Verwaltungen erlaubt worden, 50 % und mehr der Steuereinnahmen für sich zu behalten und nur den geringeren Teil an die Zentrale in Moskau abzuführen.

---

302 Felix Jaitner, *Einführung des Kapitalismus in Russland. Von Gorbatschow bis Putin.* Hamburg 2014, S. 138f.
303 Jaitner 2014, S. 145

Mit einer großen Steuerreform setzte der Kreml derlei Sonderrechte außer Kraft; Ende Mai 2001 konnte Ministerpräsident Michail Kasjanow verkünden, dass von den Steuereinnahmen »55 % für das Zentrum und 45 % für die Regionen«[304] zur Verfügung stünden. Die Neuordnung der Finanzmittel brachte vor allem jene Regionen – wie Tatarstan, Jakutien oder Baschkortostan –, die zuvor hohe Quoten an Steuereinnahmen für sich beanspruchen konnten, in budgetäre Nöte. Dies führte wiederum dazu, dass sie sich gezwungen sahen, Industrieanlagen und lukrative Firmen zu verkaufen. Als Käufer trat in vielen Fällen der russische Staat auf, der nicht zuletzt wegen der anziehenden Erdöl- und Erdgaspreise Mehreinnahmen erzielen und es sich leisten konnte, strategisch bedeutende Betriebe in zentrale Staatshand rückzuführen.

Der unübersehbare wirtschaftliche Aufstieg unter Putin war fast ausschließlich auf die steigenden Rohölpreise zurückzuführen. Ein Blick auf die Preiskurve bei Rohöl mag genügen, um einem die Dimension der russischen Mehreinnahmen vor Augen zu führen. 1999 lag der Preis für die Referenzmarke »Brent« bei 12 US-Dollar pro Barrel; er kletterte bis Jänner 2001 auf 35 US-Dollar, um am 3. Juli 2008 seinen Höchststand von 143 US-Dollar zu erreichen.[305] Das heißt, die Erdölerlöse und die an den Ölpreis über Verträge gebundenen Erdgaserträge Russlands lagen 2008, vor ihrem Absturz, zwölfmal höher als vor der Amtszeit Putins. Damit ließ sich schon mancher Säckel füllen. Und der Kreml agierte entsprechend; die geförderte Ölmenge schoss binnen sieben Jahren (von 1999 bis 2006) von täglich 5,85 Mio. Barrel auf 9 Mio. Barrel in die Höhe.[306] Die Währungsreserven stiegen, die Schulden sanken. Im Jahr 2006 war Russland schuldenfrei, sowohl der Internationale Währungsfonds als auch der Pariser Club staatlicher Gläubiger wurden vollständig bedient. Auch konnte es sich das russische Finanzministerium leisten, vormals private Unternehmungen wie Sibneft, Jukos, Banken und Medienbetriebe ganz oder teilweise zu verstaatlichen. Laut dem Wirtschaftsjournalisten Jason Bush sank der Anteil des privaten Sektors von an der Börse gehandelten Unternehmen zwischen 2005 und 2006 von 70 % auf 65 %, der russische Staat kontrollierte demnach 2006 38 % des Kapitalmarktes.[307]

Zusätzlich zum üppig ausgestatteten Haushalt richtete die Regierung einen außerbudgetären Staatsfonds ein. In diesem sogenannten Stabilisierungsfonds landeten die überschüssigen Gewinne der staatlichen oder halbstaatlichen Energiebetriebe, um dort Reserven für schlechtere Zeiten zu bilden und – in einem eigenen Fonds – »Wohlstandsprojekte« zu finanzieren. Anfang 2008, am

---

304 Zit. in: Thuman 2002, S. 208; zit. in: Rode 2012, S. 244
305 https://de.wikipedia.org/wiki/%C3%96lpreis#/media/File:Brent_crude_oil_price_1986-2014.svg (11.8.2015)
306 John Edwards/Jack Kemp, *Russia's wrong Direction: What the United States can and should do* (Independent Task force Report Nr. 57, Council on Foreign Relations) New York 2006, S. 10
307 http://www.bloomberg.com/bw/stories/2006-12-17/russia-how-long-can-the-fun-last (29.7.2015)

Vorabend der Weltwirtschaftskrise, war der Stabilisierungsfonds mit geschätzten 170 Mrd. Dollar bzw. einem entsprechenden Währungskorb aus unterschiedlichen Devisen prall gefüllt. Und es oblag ausschließlich dem Kreml, nicht den Regionen, über dieses Geld zu verfügen.

Die ökonomische Re-Zentralisierung wurde von steuer- und sozialpolitischen Maßnahmen begleitet, die für die ganze Föderation galten. Dabei griff die russische Administration auf (neo)liberale Muster zurück, die erfolgreiche Unternehmer und (willige) Oligarchen steuerlich entlasteten. 2001 kürzte man die Steuersätze radikal. Mit der Einführung einer »flachen« Einkommensteuer in der Höhe von 13 %, die für alle Einkommen gleich war, signalisierte der Kreml auf der einen Seite, dass er es mit der Eintreibung von Steuern ernster meinte als in den Jahren zuvor, beruhigte aber gleichzeitig durch den extrem niedrigen Steuersatz die Großverdiener. Sozialabgaben sanken von 35,6 % auf 26 %, die Körperschaftssteuer von 24 % auf 20 %.[308]

Ehrlicher Weise muss bei aller notwendigen Kritik an diesem Modell hinzugefügt werden, dass die Steuermoral in den 1990er Jahren in Richtung Null tendierte, sodass mit der Einführung der – strukturell unsozialen – »Flat Tax« sowie den gesenkten Unternehmenssteuern mehr Geld ins staatliche Budget floss also zuvor. Tatsächlich konnte die Schattenwirtschaft zumindest teilweise zurückgedrängt werden, weil es für Unternehmer nun weniger lohnend war, Steuern gänzlich zu hinterziehen. In gewisser Weise trug Putin damit auch der wirtschaftlichen Realität im Lande Rechnung, in der Oligarchen durch ihre schiere ökonomische Macht die gesellschaftlichen Abläufe bestimmten. Die meisten von ihnen verstanden das Signal aus dem Kreml, das da lautete: Wir, der Kreml, legalisieren eure ökonomischen Machenschaften und schrauben die staatlichen finanziellen Forderungen auf ein Minimum, dafür erkennt ihr, die Oligarchen, uns als politische Macht an. In Wirklichkeit waren ökonomische und politische Macht ohnedies eng verschränkt. Das Land war einem Zangengriff von Oligarchie und staatlicher Gesetzgebung ausgeliefert, wie es Wiktor Krasilschtschikow vom Institut für Weltwirtschaft und Internationale Beziehungen (IMEMO) sieht.[309] Dies kam sowohl in der Steuergesetzgebung als auch in einer neuen Arbeitsgesetzgebung zum Ausdruck, die z. B. das Streikrecht von Lohnabhängigen untergrub. Auch soziale Errungenschaften, nun »Privilegien« genannt, verschwanden oder wurden monetarisiert.[310] Oligarchen wie Oleg Deripaska, Wiktor Raschnikow, Alischer Usmanow, Roman Abramowitsch, Igor Sjusin konnten zufrieden sein.

---

308 Mangott 2009, S. 87
309 Vgl. Wiktor Krasilshchikow, Brasilien und Russland. Ähnlichkeiten und Unterschiede der Entwicklungslinien? In: Zeitschrift für Weltgeschichte, 13. Jg., Heft 2 (2012). Frankfurt/Main 2012, S. 123f.
310 www.wsws.org/en/articles/2009/08/puti-a28.html?view=print (29.7.2015)

Soziale Proteste wie jener von Rentnern im Jahr 2005 blieben rar. Dies auch deshalb, weil das seit dem wirtschaftlichen Zusammenbruch von 1998 deutlich steigende Bruttoinlandsprodukt mit jährlichen Wachstumsraten von 5 % bis 9 % zwischen 1999 und 2008[311] auch zu einer spürbaren Verbesserung der allgemeinen Lebensbedingungen beitrug. Die drückende Armut vom Beginn der 1990er Jahre verschwand. Zwar ging die Schere zwischen Reich und Arm weiter auseinander, aber auch die unteren Klassen bekamen vom Aufschwung unter Putins ersten zwei Präsidentschaften etwas ab. Die Beschäftigen profitierten mehr als die Rentner. Staatsgeld floss in Schulen, Gesundheitswesen und Wohnbau. Die Bruttoreallöhne stiegen, und zwar zwischen 2000 und 2006 um durchschnittlich beachtliche 15 % pro Jahr.[312] Und glaubt man Umfrageergebnissen auch westlicher Meinungsforschungsinstitute, dann nahm die allgemeine Zufriedenheit sprunghaft zu. »Die Anzahl der Russen, die glauben, dass das Leben ›nicht schlecht‹ ist, wuchs zwischen 1999 und 2006 von 7 % auf 23 %, während die Zahl jener, die die Lebensbedingungen ›untragbar‹ finden, im selben Zeitraum von 53 % auf 29 % zurückging.«[313] Trotz niedriger Durchschnittslöhne, die Mitte der 2000er Jahre etwa ein Zehntel der deutschen oder österreichischen ausmachten, begannen sich mehr und mehr Russinnen und Russen als Angehörige einer Mittelklasse zu fühlen.

Zehn Jahre später, nachdem die Europäische Union und die USA – angeblich wegen der Krimkrise – Wirtschaftssanktionen gegen Russland erlassen hatten und sich die Lage in Russland auch wegen des gesunkenen Erdölpreises verschlechterte, wagte sich auch die Weltbank aus der Reserve und strich die positive soziale Schlagseite von Putins Politik hervor. Niemand geringerer als deren Chefökonomin Birgit Hansl meinte zu den Erfolgen der 2000er Jahre: »Russland hat eine beispiellose Reduktion der Armut gesehen. Kein anderes Schwellenland ist dem nahe gekommen.«[314] Angesichts einer möglichen Wirtschaftskrise schien es der Weltbank Mitte 2015 opportun, auf eine vergangene positive Entwicklung hinzuweisen; zu diesem Zeitpunkt war diese Aussage, die zuvor so nicht zu hören gewesen war, allerdings eine Verhöhnung Moskaus.

Zurück zum sogenannten Putinismus der 2000er Jahre. Der Konsolidierung im Inneren entsprachen außenpolitische Integrationsversuche wie die im ersten Jahr der Präsidentschaft Wladimir Putins gegründete Eurasische Wirtschaftsgemeinschaft. Unter Moskaus Führung bildeten Russland, Belarus, Kasachstan, Kirgistan und Tadschikistan eine eher lose Vereinigung, die sich dem Abbau von Zöllen und Handelshindernissen verschrieb. Später traten als Beobachter

---

311 Mangott 2009, S. 88
312 Ebd.
313 http://www.bloomberg.com/bw/stories/2006-12-17/russia-how-long-can-the-fun-last (29.7.2015)
314 *Die Presse* vom 20. Juni 2015

Moldawien und die Ukraine sowie Armenien hinzu. Usbekistan war zwischen 2006 und 2008 Mitglied der Wirtschaftsgemeinschaft, die sich Anfang 2015 in die wesentlich enger miteinander verwobene Eurasische Wirtschaftsunion umwandelte. Sie ist als Binnenmarkt und Zollunion konzipiert und nimmt sich in vielerlei Hinsicht die Organisationsform der Europäischen Union zum Vorbild. Wie dort gelten in der Eurasischen Wirtschaftsunion der freie Verkehr von Waren, Kapital, Dienstleistungen und Arbeitskräften.[315] Ihr gehören Ende 2015 neben Russland Belarus, Kasachstan, Armenien und Kirgistan an. Aleksej Kusnezov vom Zentrum für Europäische Studien (IMEMO) sieht im Aufbau einer eurasischen Union, die auch weiter Richtung Osten konzipiert ist, »ausschließlich wirtschaftliche Interessen und keine Ideologie. Die frühere Idee eines Zusammenwachsens zwischen Lissabon und Wladiwostok transformiert sich in die Idee Brest-Litowsk–Schanghai.«[316]

Der starke Staat

»Wir sollten jedenfalls eingestehen, dass der Zusammenbruch der Sowjetunion die größte geopolitische Katastrophe des Jahrhunderts war. Für die russische Nation stellte es ein wahrhaftes Drama dar. Dutzende Millionen unserer Bürger fanden sich außerhalb des russländischen Territoriums. Mehr noch: Die Epidemie der Desintegration infizierte Russland selbst.« Immer wieder kam und kommt die Sehnsucht nach dem starken Staat zum Ausdruck, wie in diesem Zitat aus der Rede Wladimir Putins an die Föderalversammlung am 25. April 2005.[317] Der Rückbezug auf die sowjetische Größe, deren Verlust beklagt wird, findet in allen Gesellschaftsschichten Anklang, er hat – wie auch bei Putin – wenig bis nichts Kommunistisches an sich, vielmehr speist er sich aus einer Mischung panslawischer, christlich-orthodoxer, nationaler und unionistisch-sowjetischer Ideen. Diese mögen einander in vielen Belangen widersprechen, finden aber in der Vorstellungswelt eines mächtigen, in jeder Hinsicht großen Staates ihren Platz. Das Selbstverständliche des Multikulturellen trifft scheinbar konfliktfrei auf Russisch-Nationales, ein Bekenntnis zur religiösen Vielfalt paart sich mit christlichem Selbstverständnis; der Unionsgedanke bietet den dazu passenden Schirm.

»Mit dem Amtsantritt Wladimir Putins im Jahr 2000 geht die Periode der primitiven Akkumulation Schritt für Schritt zu Ende«, erklärt der auch im Westen bekannte Moskauer Ökonom Aleksandr Busgalin die Rückkehr des Staates in marxistischer Terminologie.[318] Die wilden Jahre gingen zu Ende. Und Busgalin fügt seiner Analyse einen höchst interessanten Aspekt hinzu. Diese Wende

---

315 *Moskauer Deutsche Zeitung* vom 16. Januar 2015
316 Gespräch mit Aleksej Kusnezow am 28. August 2015 in Moskau
317 http://archive.kremlin.ru/eng/speeches/2005/04/25/2031_type70029type82912_87086.shtml (6.8.2015)
318 Gespräch mit Aleksandr Busgalin am 2. September 2015 in Moskau

weg von der anarchischen, hin zur staatlich geschützten Akkumulation fand mit dem Einverständnis der zwanzig wichtigsten Dollar-Milliardäre Russlands statt. Die meisten von ihnen hatten nämlich in der zweiten Hälfte der 1990er Jahre im Westen schlechte Erfahrungen gemacht. Als sie sich entschieden, ihr nach dem Zusammenbruch der Sowjetunion zusammengeraubtes Kapital in Westeuropa oder Nordamerika zu investieren, stießen sie bald an die Grenzen der dort propagierten freien Marktwirtschaft. Immer mehr Wirtschaftssektoren versperrten ihrem Geld den Weg; russisches Kapital war im Bankensektor, im Transport und Energiewesen nicht willkommen. »Dieses ›No‹ machte so manchen Oligarchen nachdenklich«, führt Busgalin aus, »und sie verstanden, dass der Staat als Schutzmacht ihrer Interessen hilfreich sein kann.« Das war auch der Beginn der Erneuerung des militärischen Sektors, weil so mancher Kapitaleigner in Militärindustrie zu investieren begann.

Von Anfang seiner Herrschaft an war Putin bemüht, die in den 1990er Jahren bis zur Unkenntlichkeit zerstörte Staatlichkeit wieder herzustellen. Schritt für Schritt setzte er die dafür nötigen oben beschriebenen administrativen, (geo)politischen und ökonomischen Maßnahmen. Die autoritäre Präsidialverfassung ermöglichte den Aufbau einer vertikalen Herrschaftsstruktur, die von oben nach unten wirkte und im Westen gebräuchliche demokratische Elemente vermissen ließ.

Putin verstand es geschickt, das vertikale, autoritäre Herrschaftsmodell populär zu gestalten. Dabei half ihm die Erinnerung der Menschen an die völlig chaotischen 1990er Jahre. Diese von liberaler Intelligenz im Inneren und meinungsbildenden Medien außerhalb Russlands als »demokratisch« bezeichnete Epoche hat den Ruf nach Demokratie an der alles Soziale und Gesellschaftliche vernichtenden Wirklichkeit zerschellen lassen. Demokratie ... das assoziieren die Menschen mit jener Transformationszeit, in der sie alles verloren haben, materielle Sicherheit genauso wie den Glauben an eine bessere Zukunft. So gesehen, hatte Putin leichtes Spiel, die durch vielerlei Enttäuschungen tief geschraubten Erwartungen zu erfüllen. Schon die Verhinderung des weiteren staatlichen und gesellschaftlichen Zerfalls wurde ihm als großartige Tat verbucht. Sein Stern ging auf wie der eines Popstars. Und die Bilder dazu gingen um die Welt: Putin als Judoka, Putin als Lachsfischer, Putin als Reiter, Putin als Kosmonaut, Putin als Motorradfahrer. Er, Putin, personifizierte auf geradezu perfekte Art die Spitze des vertikalen Staates. Jugendliche bejubelten ihn, Rentner und Pensionisten lobten seine nostalgischen Bemerkungen über die Sowjetzeit, und der Song »Einen wie Putin«,[319] in dem zwei junge Frauen vor ausgewähltem präsidentiellen Bildmaterial »einen wie Putin, einen Mann voller Kraft« wollen, stürmte die Hitparaden zwischen Murmansk

---

[319] https://www.youtube.com/watch?v=Iopmpe5g5og (30.7.2015)

und Wladiwostok. »Putin hat den Kapitalismus und das gesamte gesellschaftliche Gefüge stabilisiert. Das hat ihn nach der ›Zeit der Wirren‹ im Bewußtsein der Bevölkerungsmehrheit in den Rang einer nationalen Heilsfigur erhoben«,[320] erklärt der Russland-Kenner und scharfe Kapitalismus-Kritiker Werner Pirker die Helden-Aura, mit der sich der Leningrader Ex-KGB-Agent umgeben hat.

Die meinungsbildende westliche Wahrnehmung war schnell dabei, dieser politischen Transformation das Mäntelchen der Diktatur umzuhängen. »Jelzin, der Demokrat, Putin, der Diktator«, hieß es bald nicht nur zwischen den Zeilen. Diese Wahrnehmung ist definitiv falsch, konstatiert der Soziologe und linke Aktivist Boris Kagarlizki. »Das ganze Russlandbild vor allem in den USA basiert auf falschen Ideen, die sich auch deshalb so verbreitet haben, weil nach dem Ende des Kalten Krieges die Russland-Forschung in den diversen Instituten eingestellt oder nur auf Sparflamme weitergeführt wurde«, meint er.[321] »Ohne Expertise hatten mediale Kampagnen leichtes Spiel.« Kagarlizki beschreibt das politische System des Putinismus als weder diktatorisch, noch demokratisch. »Es ist ein bisschen autoritär, involviert oligarchische Gruppen in den Entscheidungsprozess und lässt die Mehrheit der Bevölkerung außerhalb des politischen Spiels.« In den »fetten Jahren« der hohen Erdöl- und Erdgaseinnahmen, so Kagarlizki weiter, wurden die sozialen Interessen der Massen allerdings als politischer Faktor anerkannt und dementsprechend gehandelt.

Der Umgang mit der größten Demonstrationsbewegung, die Moskau je gesehen hatte, macht deutlich, wie sensibel der Kreml auf sozialen Protest reagierte. Im Februar 2005 gingen Hunderttausende Menschen gegen den Versuch, Sozialleistungen zu kürzen, auf die Straße. Putin erkannte die Gefahr und nahm die Maßnahmen in Windeseile zurück. Solange der hohe Weltmarktpreis für Öl und Gas die Staatskasse mit ungeahnten Dollarmengen überflutete, so Kagarlizki, wurde die soziale Frage bei politischen Entscheidungen mitbedacht.

Mit einer ganzen Reihe – großteils symbolischer – Akzente setzte Putin zudem auf die Erinnerung an den starken (Sowjet)Staat. Der bemerkenswerteste bestand in der Wiedereinführung der sowjetischen Hymne, allerdings mit geändertem Text. 2005 entschloss sich dann der Kreml zu einem bislang nicht dagewesenen offensiven Akt, der weit über die Stärkung des nationalen Selbstbewusstseins hinausging. Mit der Gründung des englischsprachigen Fernsehsenders Russia Today (RT) gelang ein Mediencoup der besonderen Art. Ein professionell arbeitendes Korrespondenten-Netzwerk sorgt seitdem für weltweit

---

320 Werner Pirker auf: www.sachedesvolkes.wordpress.com/2014/03/20/werner-pirker-uber-putin-und-stalin/ (30.7.2015)
321 Gespräch mit Boris Kagarlizki am 1. September 2015 in Moskau

empfangbare Gegendarstellungen zu Reuters und CNN, die bis dahin das Monopol auf die Deutungshoheit des Zeitgeschehens innehatten.

Das Ende der Entspannung

Geopolitisch schien sich die Lage zwischen West und Ost weiter zu entspannen. Das war in erster Linie der fortgesetzten, vor allem auch militärischen Schwäche Russlands zuzuschreiben. Von Moskau ging seit der Ära Gorbatschow keinerlei Gefahr mehr aus. Im Gegenteil: Jelzin war immer hinter Washington gestanden, gelegentliche Misstöne aus russischen Regierungskreisen wurden von ihm – wie im Fall Primakow – abgestellt. Die erste Amtszeit Putins änderte an dieser Situation wenig. Der Kreml erkannte die Ergebnisse der georgischen »Rosen-Revolution« im Jahr 2003 an und ließ es im Jahr darauf auch zu, dass sich im Gefolge der sogenannten »orangen Revolution« in Kiew ein Machtwechsel vollzog, obwohl die US-amerikanischen Drahtzieher hinter der Inthronisierung von Wiktor Juschtschenko deutlich zu erkennen waren.

Russische Militärstützpunkte in Vietnam und Kuba wurden geschlossen, die NATO-Osterweiterung ohne laut hörbares Murren hingenommen und der amerikanische Krieg gegen den Terror fand positiven Widerhall im Kreml, der seinerseits als Pendant dazu radikale Islamisten im Kaukasus bekämpfte. »Putin setzte die Linie der Integration fort, die Russland als vollständiges Mitglied einer um den Westen zentrierten Welt betrachtete«,[322] beschrieb der Politikberater und Herausgeber des Politikjournals *Russia in Global Politics*, Fjodor Lukanow, die (fehlenden) geopolitischen Ambitionen Wladimir Putins in seiner ersten Amtszeit.

Die Querschläger gegen die ost-westliche Entspannungsphase kamen aus Washington; und sie zielten nicht auf Moskau allein, sondern auf eine europäisch-russische Annäherung. Eine solche strebt der Kreml in der Hoffnung auf eine zukünftige multipolare Weltordnung insbesondere durch Zusammenarbeit auf dem Energiesektor an. Vor allem der ungestillte Erdgasbedarf der Europäischen Union auf der einen und die riesigen Erdgasreserven Russlands auf der anderen Seite bieten für eine solche strategische Energiepartnerschaft eine gute Voraussetzung. Immerhin stammt ein Viertel des gesamten in der EU verbrauchten Gases aus Russland, wie aus einer Studie der Stiftung Wissenschaft und Politik hervorgeht.[323]

Putin betrachtet die Europäische Union als einen wichtigen strategischen Partner, mit deren Hilfe die von den USA seit 1999 immer offensiver betriebene Einkreisung Russlands verhindert werden sollte. In der EU-europäischen

---

[322] Zit in: Vladimir Volkow, Putin's ten years in Power: www.wsws.org/en/articles/2009/08/puti-a28.html (29.7.2015)
[323] Franz-Lothar Altmann, *Südosteuropa und die Sicherung der Energieversorgung der EU. Studie der Stiftung Wissenschaft und Politik*. Berlin, Januar 2007, S. 7

»gemeinsamen Außen- und Sicherheitspolitik« sah er eine Chance auf Mitgestaltung, musste jedoch bald zur Kenntnis nehmen, dass sich Deutschland als gewichtigster Ansprechpartner beharrlich weigerte, ohne Absprache mit Washington zu agieren. »Die Europäer blieben mit den USA verheiratet«,[324] kommentiert der Osteuropa-Historiker Alexander Rahr treffend die von Brüssel und Berlin zurückgewiesenen Avancen Moskaus.

Deutschlands kalte Schulter gegen Russland war mit amerikanischem Eis gekühlt worden, wiewohl es in den beiden deutschen Großparteien ohnedies keine russophilen Hitzköpfe gab. Das Ende des Kalten Krieges irritierte die Spitzen der Politik in Washington nur für kurze Zeit. Die Triebkräfte des militärisch-industriellen Komplexes fanden jenseits des (besiegten) Kommunismus bald neue brauchbare Feinde; zum einen war da der islamistische Terror, dem mit Kriegen in Afghanistan und im Irak und mit permanenten militärischen Einsätzen in vielen anderen Ländern des Nahen und Mittleren Ostens sowie Afrikas entgegengetreten werden musste; zum anderen boten die staatlichen Zerfallsprozesse in Osteuropa Gelegenheit, die NATO-Strategie – wie weiter oben beschrieben – im Jahr 1991 von Defensive auf Offensive umzustellen, indem die bedrohte »Zufuhr lebenswichtiger Ressourcen« oder »Instabilitäten aus wirtschaftlichen, sozialen und politischen Gründen« als Kriegsgründe vertraglich festgehalten wurden. Und seit in Russland anstelle von Atlantikfreunden mit Putin nach und nach Skeptiker und Gegner von NATO- und EU-Vormarsch in den Kreml einzogen, rückte Moskau wieder verstärkt ins Fadenkreuz des Pentagons und des Weißen Hauses in Washington.

US-amerikanische Strategen hatten spätestens seit dem Ende des Jugoslawienkrieges im Sommer 1999 zwei wesentliche Ziele vor Augen: Die Förderung von nationalen oder religiös motivierten Unabhängigkeitsbewegungen zur Schwächung einer sich konsolidierenden Zentrale in Moskau; dies war geradezu bilderbuchhaft mit albanisch-kosovarischen Kräften zwecks Vertreibung des starken Mannes von Belgrad, Slobodan Milošević, gelungen; und die Torpedierung russisch-europäischer Annäherungsversuche, die das globale Kräfteverhältnis zu Ungunsten der USA verschieben würden.

Also darf es nicht verwundern, dass sich das Russlandbild im Westen in den vergangenen Jahren stark verändert hat. Je klarer es wurde, dass Präsident Putin aus den Fußstapfen Jelzins heraustrat und das Land begann, seinen eigenen Weg zu gehen, desto skeptischer wurde man in Washington und Brüssel, desto feindseliger versprühten die Kommentatoren der meinungsbildenden Medien russophobe Parolen. Russische Herrschaft und russische Kultur begannen in der äußeren Wahrnehmung wieder ineinander – in ein eurasisches Monster – zu

---

324 Alexander Rahr, *Wladimir Putin – der »Deutsche« im Kreml*. München 2000, S. 265, zit. in: Rode 2012, S. 255

verschmelzen. Die Wortkreation vom »Putinismus« machte die Runde; sie war von Anfang an negativ konnotiert. Der Putinismus bestehe ökonomisch betrachtet aus Vetternwirtschaft und durchdringender Korruption, wie ihn nicht nur die englische Wikipedia-Ausgabe beschreibt;[325] Information und Bildung seien von »Propaganda« durchdrungen; das politische System zeichne sich durch Autoritarismus und geheimdienstliche Überwachung aus; die Justiz agiere willkürlich usw. usf.

An welchem historischen Punkt genau die Wende in der westlichen Wahrnehmung russischer Politik und Gesellschaft stattfand, ist schwer zu sagen. Eine wichtige Zäsur stellte jedoch die Verhaftung von Michail Chodorkowski am 25. Oktober 2003 dar. Viel ist darüber spekuliert worden, warum sich gerade dieser Oligarch in den Fängen der russischen Justiz wiederfand und die am weitesten verbreitete Theorie dazu, es wäre wegen seines politischen Engagements gewesen, stimmt so sicher nicht. Viel eher war es Chodorkowskis Plan, einen der mächtigsten Energieriesen des Landes, Jukos, der zur Gänze ihm gehörte, an den US-Konzern Exxon-Mobil zu verkaufen. Als er darüber im Juli 2003 mit US-Verteidigungsminister Dick Cheney konferierte, geriet nicht nur die Weltpolitik in helle Aufregung. Der deutsche *Spiegel* interpretierte die mögliche Neuordnung energetischer Besitzverhältnisse im Weltmaßstab nachträglich folgendermaßen: »Chodorkowski war der Mann, der Amerika Zutritt zum Rohstoffparadies Russland versprach.«[326] Und Russlands Präsident Wladimir Putin kommentierte den geplanten Mega-Deal anlässlich eines im September 2003 wohl deswegen angetretenen USA-Besuchs bei seinem Amtskollegen Bush in der *New York Times* mit den Worten: »Dies ist vor allem Sache des Unternehmens, aber ich denke, es wäre richtig, wenn sie vorab Konsultationen mit der russischen Regierung durchführten.«[327] Heute wissen wir, es blieb keine Sache des Unternehmens, und bereits wenige Wochen später wurde Chodorkowski in Nowosibirsk festgenommen und wegen Korruption, Geldwäsche und Steuerhinterziehung verurteilt.

Diese an einem der reichsten Männer der Welt zur Schau gestellte Macht des russischen Staatsapparates schockte Strategen und Kommentatoren in den USA, die es gewohnt sind, dass das Kapital in Wirtschaftsfragen dem Staat die Regeln diktiert und nicht umgekehrt. Seit dem Zusammenbruch der Sowjetunion war dergleichen auch nicht mehr passiert, die Anmaßung des Kreml forderte die Hüter des kapitalistischen Akkumulationsregimes heraus. Der prominente US-amerikanische Politikwissenschaftler und Berater vieler Präsidenten Zbigniew Brzeziński gab die neue Losung aus, indem er dem russischen Präsidenten gleich

---

325 www.en.wikipedia.org/wiki/Putinism (31.7.2015)
326 Walter Mayr, Triumph der Doppelmoral. In: *Spiegel* Nr. 46 vom 10. November 2003
327 http://2004.kremlin.ru/text/appears/2003/10/53439.html, zit. in: Timtschenko, S. 285

mit der ganz großen Keule kam, dem Faschismus-Vergleich: Die russische Präsidentschaft habe, so Brzeziński, »eine gewisse Ähnlichkeit mit dem italienischen Mussolini-Faschismus der 30er Jahre: autoritärer Staat, nationalistische Rhetorik, große historische Mythen über die Vergangenheit sowie privates Unternehmertum unter staatliche Kontrolle.«[328] In einem Kommentar im *Wall Street Journal* nannte der aus galizisch-polnischem Adel stammende Brzeziński den russischen Präsidenten »Moskaus Mussolini« und zeichnete Putins als eine von Stalin und KGB abgeleitete Persönlichkeit.[329]

Mit dem Faschismus-Putin-Vergleich von Brzeziński, der an anderen Fronten wie dem Krieg gegen den Irak nicht als Falke, sondern im Gegenteil als warnende Stimme in Erscheinung trat, war der Bann gebrochen. Die alte »Heartland«-Theorie von Halford Mackinder erhielt neue Schwungkraft. Genau 100 Jahre nach dem Geopolitiker Mackinder forderte der US-Stratege mit der Diffamierung des russischen Präsidenten zum Sprung nach Osten auf. Denn was anderes sollte die Konsequenz aus seiner Charakterisierung Putins sein, als ihn – wie einst Milošević – zu bekämpfen? Brzeziński war es übrigens auch, der 1999 offensiv den Krieg gegen Jugoslawien einforderte, den seine Schülerin Madeleine Albright in der Rolle der amerikanischen Außenministerin dann betrieb. Ein autoritärer Staat, der privates Unternehmertum unter seine Kontrolle bringt, muss zur liberal-demokratischen kapitalistischen Raison gebracht werden. Ins geopolitische Weltbild eines US-amerikanischen Vordenkers übersetzt, bedeutet dies die Notwendigkeit der Kontrolle über das eurasische Kernland. Und wenn diese nicht möglich sein sollte, muss darüber nachgedacht werden, wie dessen Einkreisung bewerkstelligt werden könnte; auch dafür war man theoretisch gerüstet, hatte doch der Mackinder-Schüler und Brzeziński-Lehrer Nicholas Spykman bereits während des Zweiten Weltkrieges ein Konzept zur Kontrolle der »rimlands«, den das russische »Herzland« umgebenden geografischen Bogen, ausgearbeitet. Das Brzeziński-Konzept einer Pluralisierung Eurasiens, wie er es in seinem 1997 erschienenen Buch *The Grand Chessboard*,[330] insbesondere in dem Kapitel »Das eurasische Schachbrett« vorstellt, findet später auch Eingang in Präsident Obamas Außenpolitik.[331]

Mit der Entwicklung einer Strategie sogenannter »sanfter Revolutionen« warf der Westen, allen voran Washington, neue Waffen auf das Schlachtfeld, das sich nun mitten in der Gesellschaft entfaltete.

---

328 Zbigniew Brzeziński im *Handelsblatt* vom 26./27./28. November 2004
329 Zbigniew Brzeziński im *Wall Street Journal* vom 20. September 2004, siehe: http://www.wsj.com/articles/SB10956324438212179o (11.12.2015)
330 Zbigniew Brzeziński, *The Grand Chessboard. American Primacy and its Geostrategic Imperatives*. New York 1997 (deutsch: *Die einzige Weltmacht: Amerikas Strategie der Vorherrschaft*. Frankfurt/Main 1999, S. 52ff.
331 Rode 2012, S. 1006

Chodorkowski stieg nach seiner Haftentlassung, die von Putin im Vorfeld der olympischen Spiele von Sotschi als Gnadenakt inszeniert worden war, zum Liebkind der westlichen Medien auf. Seine ans Peinliche grenzende Darstellung als geläuterter Oligarch zeichnet den Kreml-Kritiker als demokratischen Hoffnungsträger für Russland. »*Citizen Khodorkovsky*« nennt beispielsweise der Schweizer Filmemacher Eric Bergkraut sein Portrait des »Kämpfers für eine demokratische Gesellschaft«.[332] Mit dem Filmtitel spielt Bergkraut auf Edward Snowden und die Verfilmung seiner Verfolgung (*Citizen Four*) an. Chodorkowski soll etwas vom Glanz des Unbeugsamen und Gerechten abbekommen; die Ironie daran: der für eine bessere Gesellschaft in den USA kämpfende musste ausgerechnet in Russland Zuflucht suchen. Auch eine Oper gibt es schon über den russischen Oligarchen.[333] Auch sie vermittelt dasselbe Bild wie so gut wie alle westlichen Mainstream-Medien: Früher mag Chodorkowski raffgierig gewesen sein, seine Läuterung macht ihn zum Star und potenziellen Nachfolger Wladimir Putins in einem westorientierten Russland.

Das georgische Abenteuer

Am Morgen des 7. August 2008 ließ der georgische Präsident Michail Saakaschwili, einem Bericht des Spiegel[334] zufolge, der sich seinerseits auf westliche Geheimdienstquellen berief, 12000 Soldaten und über 70 gepanzerte Schützenfahrzeuge an der Grenze zu Südossetien zusammenziehen, um wenige Stunden später die Hauptstadt Zchinwali unter Beschuss zu nehmen. Die Einnahme Zchinwalis erfolgte in der darauf folgenden Nacht. Sie währte allerdings nur wenige Stunden, gerade solange, bis aus dem russländischen Nordossetien Entsatz kam und die georgische Soldateska vertrieb.

Schon jahrelang sah sich Tiflis mit Unabhängigkeitsbestrebungen in den Provinzen Südossetien,[335] Abchasien[336] und Adscharien[337] konfrontiert. Wie in den

---

332 https://www.3sat.de/page/?source=/sfdrs/184289/index.html (3.12.2015)
333 https://www.sirene.at/chodorkowski (3.12.2015)
334 Chronik einer Tragödie. In: *Spiegel* 35/2008, S. 126f. Siehe auch: Rode 2012, S. 951
335 Ende Dezember 1990 drangen georgische Spezialeinheiten in Südossetien ein, um nach einer Unabhängigkeitserklärung Zchinwalis und einer Aufhebung des südossetischen Autonomiestatuts durch das georgische Parlament die Wiedereingliederung der Region in ein damals von der UdSSR noch nicht unabhängiges Georgien militärisch zu erzwingen. Es folgte ein Jahr Bürgerkrieg. Südossetien erklärte in der Folge insgesamt viermal seine Unabhängigkeit. Immer wieder flammten Kämpfe auf und nach monatelangen Gefechten zwischen georgischen Regierungstruppen und südossetischen Verbänden musste sich Tiflis im Sommer 2004 geschlagen geben und zog seine Soldaten ab.
336 Bereits im März 1989 ersuchte die Abchasische Autonome Republik Moskau um Schutz vor dem erstarkenden georgischen Nationalismus. Ein Bürgerkrieg endete 1994 mit einem Waffenstillstandsabkommen. Dieses brach Tiflis im Juli 2006, indem es Soldaten gegen einen lokalen Oligarchen schickte. Während die USA Präsident Saakaschwili klammheimlich anstachelten, den militärischen Vormarsch für die Lösung der abchasischen Frage insgesamt zu nutzen, brachte Russland den Bruch des Waffenstillstands vor den UN-Sicherheitsrat, der den Vormarsch der georgischen Truppen verurteilte und die Anwesenheit russischer Friedenstruppen bestätigte.
337 Die prorussische Führung Adschariens wurde im Mai 2004 von Saakaschwili unter Androhung eines militärischen Angriffs entmachtet.

meisten Fällen sezessionswilliger Regionen im postkommunistischen Kontext wurzelte die Unzufriedenheit der Bevölkerung in ungelösten sozialen Problemen, die sich mit Hilfe skrupelloser Politiker rasch ethnisierten. Die Austragung des Konflikts fand dann auf vorgeblich nationaler oder religiöser Ebene statt, derer sich äußere Kräfte zu bedienen wussten (und wissen). Die Regierung in Tiflis war fest entschlossen, die georgische Autorität auf dem gesamten Territorium des Staates mit allen Mitteln durchzusetzen und die außer Kontrolle geratenen Provinzen Abchasien und Südossetien unter die Hoheit der Zentrale zurück zu zwingen.

Der Einsatz des georgischen Militärs gegen abtrünnige Landesteile hatte freilich eine Vorgeschichte. Der nicht nur von seinen Gegnern als politischer Abenteurer eingeschätzte Saakaschwili hätte wohl ohne diese Vorgeschichte nicht ein Drittel seiner Armee in Gang gesetzt; er war sich seiner Sache sicher. Denn am 4. April 2008, vier Monate vor dem Angriffsbefehl, beschloss der NATO-Gipfel in Bukarest die Aufnahme Georgiens und der Ukraine in das westliche Militärbündnis. In Punkt 23 der Gipfelerklärung von Bukarest heißt es lapidar: »Die NATO begrüßt die euro-atlantischen Bestrebungen der Ukraine und Georgiens, die dem Bündnis beitreten wollen. Wir kamen heute überein, dass diese Länder NATO-Mitglieder werden. Beide Staaten haben wertvolle Beiträge zu Bündnisoperationen geleistet.«[338] Die wertvollen Beiträge bestanden in entsandten Kampftruppen nach Afghanistan und/oder den Irak. Das Aufnahmeversprechen blieb indes vage, Konkreteres sollte erst im Dezember 2008 besprochen werden. Denn der Gipfel von Bukarest war sich über das weitere Prozedere der NATO-Erweiterung uneinig. Er ließ den tiefen Riss erkennen, der durch die Allianz verlief. Auf der einen Seite standen die militärisch alle Aktionen dominierenden USA und die neuen Mitgliedsstaaten in Osteuropa, auf der anderen Seite Frankreich und Deutschland. Erstere wollten ohne Rücksicht auf Verluste vorwärts preschen, letztere kalkulierten ihre Verluste für den Fall einer zu raschen Ausweitung ohne Rücksichtnahme auf Russland. Dementsprechend eindringlich hatte auch Wladimir Putin auf seiner Bukarester Rede vor einer Aufnahme Georgiens und der Ukraine in die NATO gewarnt. »Das Entstehen eines mächtigen Militärblocks an unseren Grenzen würde Russland als direkte Bedrohung der Sicherheit unseres Landes betrachten«,[339] meinte er mit direktem Bezug auf die Bereitschaft, Georgien und die Ukraine in das Militärbündnis aufzunehmen. Und Putin wurde noch konkreter, wie die *Frankfurter Rundschau* berichtete. Ihr Korrespondent Florian Hassel gibt ein Gespräch wieder, das wäh-

---

338 http://www.nato.diplo.de/Vertretung/nato/de/06/Gipfelerklaerungen/GipfelerklBukarest__Seite.html (24.7.2015)
339 *Der Spiegel* vom 4. April 2008, siehe: http://www.spiegel.de/politik/ausland/fiasko-in-bukarest-gipfel-gescheitert-nato-in-der-sinnkrise-a-545456.html (24.7.2015)

rend des Gipfeltreffens der NATO in Bukarest stattgefunden hat. Darin droht der Kreml-Chef in Bezug auf weitere Osterweiterungsschritte der NATO klar und deutlich. »So wie der Westen den Kosovo, werde Moskau Abchasien und Südossetien anerkennen und eine Pufferzone zwischen der NATO und seinen Grenzen schaffen«,[340] wird ein Delegationsmitglied zitiert. Das – wenn auch ohne Zeitplan – am 4. April 2008 abgesegnete NATO-Beitrittsversprechen für Georgien war der Auftakt zum Krieg um Südossetien und Abchasien.

Georgiens Präsident Saakaschwili verfolgte den Streit in der NATO um die Aufnahme seines Landes intensiv. Und er setzte, wie seine atlantisch orientierten Freunde in Polen, dem Baltikum oder Bulgarien, auf die USA. Immerhin war er auch dort, an der Universität Columbia, auf Kosten des US-Außenministeriums ausgebildet und vom Weißen Haus in Washington auf eine politische Karriere in seiner kaukasischen Heimat vorbereitet worden. Oder, wie der deutsche *Spiegel* im März 2004 seinen Aufstieg beschrieb: »(Saakaschwili) war Washingtons Wunschkandidat: Als ehemaliger Stipendiat des US-Außenministeriums und Mitarbeiter einer auch in der Ölbranche tätigen Kanzlei in Manhattan bringt der Jurist an der Spitze der Kaukasus-Republik zwischen Kaspischem und Schwarzem Meer ausreichend Einfühlungsvermögen für amerikanische Interessen mit.«[341]

Nur Washington, so die Einschätzung Saakaschwilis, sei an einer Aufnahme Georgiens in die westlichen Militärstrukturen vorbehaltlos interessiert. Nur dort habe man verstanden, wie wichtig es sei, die im Kalten Krieg gezogene antikommunistische Karte durch ein neues geopolitisch ausgerichtetes Blatt zu ersetzen, um Russland einzudämmen und seine eurasischen Begehrlichkeiten – mögen sie wirtschaftlicher oder geopolitischer Art sein – zu torpedieren. Dieses Weltbild vor Augen, ging Tiflis in die Offensive.

In der (Wieder)Herstellung einer einheitlichen georgischen Staatlichkeit ohne abtrünnige Landesteile sahen sowohl der atlantisch orientierte Präsident als auch seine westlichen Partner eine Garantie für die Kontrolle der von westlichen Erdölkonzernen wie British Petrol oder Chevron Texaco und dem aserbaidschanischen Ölmonopolisten SOCAR betriebenen Pipeline Baku–Tiflis–Ceyhan. Unter Umgehung Russlands fließt darin seit Sommer 2006 aserbaidschanisches Öl auf einer Strecke von 250 Kilometer durch Georgien. Zwar durchquert die Ölleitung keines der abtrünnigen Gebiete, zur Sicherung der Leitung hat Tiflis dennoch eine von den USA trainierte, 400 Mann starke Sondereinsatztruppe aufgestellt.[342] Sie agiert mit Black-Hawk-Hubschraubern und Drohnen wie ein Staat im Staate und versteht sich gewisser Weise im Pipeline-Krieg gegen Russland.

---

340 Florian Hassler, Countdown zum Krieg. Wie Putin und Saakaschwili den Kampf um Ossetien vorbereiten. In: *Frankfurter Rundschau* vom 11. September 2008
341 *Der Spiegel* 13/2004, S. 140f.
342 https://de.wikipedia.org/wiki/Baku-Tiflis-Ceyhan-Pipeline (26.7.2015)

An der südossetischen und abchasischen Front glaubte Saakaschwili, nicht nur politisch, sondern auch militärisch auf US-amerikanische Unterstützung zählen zu dürfen. Immerhin waren bereits seit der sogenannten »Rosenrevolution« 2003 Ausbildner der US-Army im Land. Über die im Irak stationierte 1. georgische Brigade bestand zudem ein ständiger Kontakt zum Pentagon. Diese Spezialtruppe wurde übrigens am 9. August 2008, nachdem das russische Militär Zchinwali erobert hatte und Tiflis in die Defensive geraten war, mit Hilfe einer von den USA beigestellten Luftbrücke aus dem Irak nach Georgien verlegt, kam jedoch, was ihr Eingreifen betrifft, zu spät.[343]

Ob sich Saakaschwili vor seinem militärischen Abenteuer eine offizielle Erlaubnis dafür in Washington geholt hat oder nicht, darüber geben Archive (noch) keine Auskunft. Sicher ist jedenfalls, dass auch innerhalb der Washingtoner Administration nicht alle an einem Strang zogen. So war das Außenministerium skeptisch, was eine militärische Lösung der georgischen Staatlichkeit betraf, während Vizepräsident Dick Cheney erklärtermaßen zu den Falken gehörte. Namhafte Beobachter wie der Völkerrechtsexperte Andreas Zumach[344] gehen davon aus, dass es vor allem Cheney war, der mahnende Stimmen in den Wind schlug und dazu neigte, »Georgien weiterhin als ›Fackel der Freiheit‹ (George W. Bush) zu befeuern«.[345]

Ein Jahr nach dem Georgien-Krieg referierte der pensionierte US-General Ronald Magnum vor der Gesellschaft für Politisch-Strategische Studien an der österreichischen Landesverteidigungsakademie über die Fehler, die seiner Meinung nach Tiflis und Washington im Sommer 2008 gemacht und die zum Sieg der russischen Armee in der Auseinandersetzung mit Georgien geführt hätten. Dabei gestand er vor andächtig lauschendem Publikum freimütig die Unterstützung der USA für die georgische Seite ein. Er selbst war mit neun weiteren US-Offizieren während des Krieges in Tiflis und beriet die georgische Seite beim Aufbau einer nationalen Strategie und gegen die – wie er sie nannte – südossetischen Separatisten. Vor allem mangelnde nachrichtendienstliche Expertise und Schwächen der georgischen Reservisten seien für die Niederlage verantwortlich gewesen. Was an dieser besonders schmerzte, war für den US-Berater neben dem Kontrollverlust über Abchasien und Südossetien vor allem die in weitere Ferne gerückte NATO-Mitgliedschaft Georgiens. »Eine frühere Mitgliedschaft hätte es für Russland unmöglich gemacht, Georgien anzugreifen«, schloss der General seinen Vortrag.[346]

---

343 Rode 2012, S. 952
344 Andreas Zumach, Washington gab grünes Licht. In: *Die Tageszeitung* vom 13. August 2008
345 Christian Wernicke, Schmach der Supermacht. In: *Süddeutsche Zeitung* vom 17. Mai 2010
346 Hannes Hofbauer, Washingtons Strategie für Tbilissi. Wenn ein pensionierter General aus der Schule plaudert. In: *Neues Deutschland* vom 21. Dezember 2009

Soft Power: das Konzept »Farbrevolution«

Der Zusammenbruch der Sowjetunion setzte nationale Fliehkräfte frei. Das war auch darauf zurückzuführen, dass mit dem Ende des in vielerlei Hinsicht pervertierten Kommunismus in weiten Kreisen die soziale Frage insgesamt diskreditiert war. Nicht nur wie Pilze im feucht-warmen Klima aus dem Boden schießende liberale Apologeten begannen das Hohelied »Jeder ist seines Glückes Schmied« zu singen und staatliche Agenden als schädlich für die Gesellschaft zu brandmarken, auch der sowjetische Durchschnittsbürger wollte von den Jahrzehnte lang offiziell gepriesenen und mit der Wirklichkeit nie Schritt halten könnenden »sozialistischen Errungenschaften« nichts mehr wissen. Der »Sozialismus« war gestern, um Soziales wollte sich heute niemand kümmern. Viel zu viele glaubten an eine persönliche Zukunft vom Tellerwäscher zum Millionär.

Diesen Zustand einer in ihrer Struktur zerstörten Gesellschaft wussten sich innere wie äußere Kräfte geschickt zu Nutze zu machen. Der verlockende Gedankengang lautete: Wenn der soziale Zusammenhalt nichts mehr wert war, wie es die Niedergangsphase des realen Sozialismus jedem und jeder drastisch vor Augen führte, dann erschienen nationale oder religiöse Bindungen als Ersatz für die verschwundene soziale Sicherheit. Nach diesem einfach gestrickten Muster ethnisierten sich soziale Fragen in rasendem Tempo. Nationale und religiöse Identitäten schienen geeignet, fehlende soziale und regionale Politik zu ersetzen. Die Sowjetunion als Sinnbild einer multinationalen Staatlichkeit war ja von oberster Stelle aufgelöst worden, und mit dieser Auflösung stand der Sowjetmensch am medialen Pranger.

Der tristen sozialen Lage entsprechend, bekamen radikale Elemente schnell und ausreichend Zulauf. »Volksfronten« und »Nationalkomitees« traten öffentlich auf, die mutigsten ihrer Mitglieder rissen die Symbole von Sozialismus und Sowjetherrschaft von Dachgiebeln und Hausmauern oder aus ihren Verankerungen. Vom lettischen Riga über das rumänisch-sprachige Moldawien bis zum islamischen Fergana-Tal breitete sich in den Jahren 1990/1991 national und/oder religiös argumentierte Gewalt aus. Menschen starben für »ihre« Nation, für »ihre« Religion.

Heilsversprechen von außen dynamisierten den inneren Zerfallsprozess. Nun begann sich die von Washington und seinem Geheimdienst CIA jahrelang betriebene antisowjetische Zersetzungsarbeit bezahlt zu machen. Baltische und ukrainische Exilgruppen hatten über Jahrzehnte besondere Aufmerksamkeit und Unterstützung erfahren, wie die weiter oben erwähnten Kontakte der USA zum Stellvertreter Stepan Banderas, Jaroslaw Stezko, den US-Präsident Ronald Reagan 1983 persönlich empfangen hatte. Auch die Weigerung einer Reihe von westlichen Staaten, dortselbst deponierte estnische und lettische Goldreserven nach dem Zweiten Weltkrieg an die UdSSR zu übergeben, muss als Teil dieser antisowjetischen Politik des langen Atems gesehen werden. Erst im Moment ihrer nationalen Unabhängigkeit Anfang der 1990er Jahre erhielten Tallinn und Riga das Vorkriegsgold zurück.[347]

In Washington, Brüssel und insbesondere in Berlin fanden die unterschiedlichen nationalen (und religiösen) Fliehkräfte mächtige Verbündete. Zum einen deshalb, weil bürgerliche Regierungen mit nationalen Begehrlichkeiten (so sie nicht das eigene Territorium betreffen oder bedrohen) viel besser umgehen können als mit sozialen. Das liegt in der Natur der – der Begriff sei an dieser Stelle erlaubt – Klassengesellschaft, wie sie von bürgerlichen Kräften repräsentiert wird. Zum anderen, weil mit der Unterstützung nationaler oder religiöser politischer Elemente rest-sowjetischem Denken der Garaus gemacht werden konnte. Dass ein Vierteljahrhundert später, in den 2010er Jahren, Washington, Berlin und Brüssel die nationalen und religiösen Geister, die sie riefen, nicht mehr los wurden, kümmerte am Höhepunkt des sowjetischen gesellschaftlichen Zerfallsprozesses im Westen niemanden.

Den Anfang macht die Bundesrepublik

Der 3. Oktober 1990 markiert eine wesentliche Zäsur der europäischen Zeitgeschichte. Erstmals seit dem Ende des Zweiten Weltkrieges wurde an diesem Tag, Schlag Mitternacht, eine neue Grenze nach ethnisch-nationalen Kriterien gezogen. Die sogenannte Wiedervereinigung der beiden Deutschlands – BRD und DDR – kam der politischen und ökonomischen Übernahme von fünf Bundesländern und Ost-Berlin in die westdeutschen Strukturen gleich. Bereits bevor dies passierte, hatte sich der Inhalt des Aufstandes im Osten von einer sozialen hin zu einer nationalen Erhebung verändert. Aus dem von den demonstrierenden Massen in Leipzig, Ost-Berlin und Karl-Marx-Stadt hinausposaunten »Wir sind das Volk« wurde binnen Tagen »Wir sind *ein* Volk«. In ersterem Slogan kam eine Protesthaltung gegen die kommunistische Führung zum Ausdruck: Das Volk begehrte gegen die Machthaber auf, unten gegen oben, eine im Kern soziale Frage, wie sie in der Geschichte immer wieder Revolutionen befeuert hat. Der zweite Slogan betrifft die eigene Führung, ja den eigenen Staat, nur mehr am Rande; die Forderung geht nach Bonn, in den Westen Deutschlands. Und sie speist sich aus der nationalen Identität als Deutscher: »Wir sind *ein* Volk«.

347 https://en.wikipedia.org/wiki/State_continuity_of_the_Baltic_states (6.8.2015)

Mitten in Europa war die nationale Frage zur Kernaussage einer Protestbewegung geworden – mehr noch: Mitten in Europa hatte diese Bewegung mit der nationalen Frage Erfolg. Deutschland vergrößerte sich. Nachahmer ließen nicht lange auf sich warten, wenngleich nationale Aufrufe am östlichen Rande Europas anders als im deutschen Kern desintegrierende Auswirkungen hatten.

In den kommenden Monaten und Jahren orientierten sich Protestierende überall in Osteuropa und der (Post-)Sowjetunion am deutschen Vorbild. »Nationale Selbstbestimmung« wurde zur treibenden Kraft gesellschaftlicher Bewegungen mit teilweise erschreckenden Ergebnissen. Jugoslawiens Desintegration begann mit slowenischen und kroatischen nationalen Erhebungen, die im Juni 1991 zur Ausrufung der staatlichen Unabhängigkeit führten. Zu diesem Zeitpunkt war es in erster Linie Berlin, das die nationalen Forderungen unterstützte, während Washington dazu (noch) nicht bereit war. Am 21. Juni, nur vier Tage vor dem Ausscheren Sloweniens und Kroatiens aus dem jugoslawischen Staatsverband, wehrte sich US-Außenminister James Baker im Belgrader Palast der Föderation noch gegen den – von Deutschland beschleunigten – Zusammenbruch Jugoslawiens. Nach Gesprächen mit den Präsidenten aller sechs Republiken trat Baker vor die Kameras der internationalen Presse und verkündete: »Wir wollen nicht, dass sich die Geschichte für Jugoslawien wiederholt. (...) Wenn sich Slowenien in einigen Tagen unabhängig erklärt, werden wir diese Erklärung nicht anerkennen.«[348] Im Falle Jugoslawiens schien Washington auf »nationale Selbstbestimmung« nicht ausreichend vorbereitet. Es war das eben erst vergrößerte Deutschland, sein Außenminister Hans-Dietrich Genscher und sein Kanzler Helmut Kohl, die von Anfang an auf dem Balkan auf die nationale Karte setzten. Die USA zogen erst später nach.

Das Paradigma von der »nationalen Selbstbestimmung« entpuppte sich bald als die entscheidende zerstörerische Kraft. Alle drei multiethnischen Staaten – Sowjetunion, Jugoslawien, Tschechoslowakei – zerfielen entlang nationaler, oft imaginierter Grenzen in ihre Bestandteile. Gegen territoriale Vergrößerungen auf Basis ethnisch-nationaler Identität erhob ausgerechnet Deutschland am lautesten Einspruch, dem es selbst gelungen war, auf diese Weise zu expandieren. Nationale Kräfte, die auf Großrumänien (unter Einbeziehung Moldawiens), auf Großungarn (unter Einbeziehung Transsilvaniens, der Südslowakei und Teilen der Vojvodina), auf Großserbien (unter Einbeziehung der Republika Srpska und des Nordkosovo) oder Großalbanien (unter Einbeziehung des Kosovo, der Region um das montenegrinische Ulcinj, des makedonischen Westens und des zu Serbien gehörenden Preševo-Tales) setzten, galten im Westen als politisch gefährlich und wurden als »Nationalisten« diffamiert.

348 Teilnahme des Autors an der Pressekonferenz von James Baker am 21. Juni 1991 in Belgrad

Nationale Integration war nur den Deutschen erlaubt worden. Für die osteuropäische Peripherie nutzten Berlin, Brüssel und Washington das von den örtlichen Eliten vorangetriebene Konzept der »nationalen Selbstbestimmung«, um Desintegrationsprozesse voranzutreiben und Ost-Ost-Beziehungen zu verhindern. Mit kleineren staatlichen Einheiten, so das richtige Kalkül, würde es sich später leichter verhandeln lassen, wenn es um die Neuordnung des europäischen und eurasischen Raumes ging. Anfangs klammheimlich und später offen unterstützte man sezessionistische Kräfte. Die bosnisch-muslimische Seite fand ihre besten Fürsprecher in Berlin und Paris, die Kosovo-Albaner in Berlin und Washington; baltische, moldawische, ukrainische und belorussische Unabhängigkeitskämpfer wurden in den USA und Westeuropa um Hilfe vorstellig. »Nationale Selbstbestimmung« erwies sich tatsächlich als Treibriemen für die geopolitische Neuaufstellung auf dem Kontinent.

Zivilgesellschaftliches Intervenieren[349]

Die Mutter aller farbigen Revolutionäre war schwarz-weiß. Ihr Name: *Otpor*, zu Deutsch: »Widerstand«. Als Symbol führte sie eine geballte weiße Faust auf schwarzem Grund; alles Rote war ihr verhasst. Gegründet wurde Otpor bereits Anfang der 1990er Jahre in Belgrad, zeitgleich und in scharfer Gegnerschaft zum rasanten Aufstieg von Slobodan Milošević. Ihr Schlachtruf lautete: »gotov je«, »er ist fertig«. Gemeint war damit das große Feindbild: Milošević. Erste Demonstrationen im Sommer 1988 gegen seine Sozialistische Partei Serbiens (SPS) hatten durchaus sozialen Charakter, die Menschen gingen gegen Preiserhöhungen auf die Straße, die vom Internationalen Währungsfonds diktiert waren. Otpor formte aus Teilen dieser sozialen Protestbewegung eine politische Kraft, die ein einziges Ziel verfolgte: den Sturz des »Autokraten«, wie die Aktivisten Milošević bezeichneten.

Slobodan Milošević hatte sich zur Jahreswende 1990/1991 von der Schocktherapie des IWF losgesagt, indem er ohne in Washington nachzufragen die Notenpresse zum Druck von Dinar für Lohnauszahlungen an Staatsbedienstete in Gang setzte und damit den von den internationalen Finanzorganisationen oktroyierten Austeritätskurs torpedierte. Dies brachte ihm zwar Zustimmung im Volk samt mehreren Wahlsiegen, aber Ablehnung im Westen. Otpor blieb dabei: »Milošević muss weg«. Es sollte einige Jahre dauern, bis westliche Geldgeber das Potenzial dieser Protestbewegung für sich zu nutzen lernten.

---

349 Dieses Kapitel ist eine wesentlich überarbeitete Fassung des Beitrages von: Hannes Hofbauer, Civil Society Intervention as a Geopolitical Instrument (2012). Siehe: http://www.strategic-culture.org/news/2012/10/01/civil-society-intervention-as-a-geopolitical-instrument.html. Deutsche Fassung: Zur geopolitischen Instrumentalisierung gesellschaftlicher Unzufriedenheit: Die Farb- und Blumenrevolutionen der 00er Jahre. In: *Telegraph* Nr. 125/126, Berlin 2012

Theoretische Grundlagen des zivilgesellschaftlich-farbrevolutionären Widerstandes fanden die Mitglieder von Otpor beim US-amerikanischen Politologen Gene Sharp in dessen erstmals 1973 erschienenem Buch *The Politics of Nonviolent Action*.[350] Der 1928 geborene Sharp schöpfte seine Autorität in pazifistischen Kreisen aus eigenem Widerstand während des Koreakrieges, der ihm einen neunmonatigen Gefängnisaufenthalt in den USA bescherte. Seine wissenschaftliche Tätigkeit kreist um den Begriff der »gewaltfreien Aktion«, mit deren Hilfe Diktaturen und Autokratien zu überwinden seien. Ausschließlich auf die politische Sphäre konzentriert, fehlt Sharp der Bezug zu ökonomischen Machtverhältnissen und dahinter stehenden Eigentümerstrukturen. Dies garantiert ihm positive Aufmerksamkeit bei den wirklich Mächtigen, deren herrschaftliche Grundlagen er nicht antastet. In Sharps zweitem Hauptwerk *From Dictatorship to Democracy*,[351] auf Englisch 1993 erschienen, verfestigt er seinen rein politikorientierten Zugang und übernimmt weitgehend die bürgerliche Definition von »Demokratie« als parlamentarisch und liberal.

Sharps Handbücher zur gewaltfreien Aktion verstehen sich als konkrete Handlungsanleitungen für kritische junge Menschen im Kampf gegen ihnen missliebige politische Herrschaft. Er beschreibt 198 Methoden, wie einer solchen Herrschaft beizukommen sei.[352] Diese reichen von »öffentlichen Reden« über Graffiti sprayen, Flugblätter verteilen, allerlei symbolische Proteste, sozialem Boykott gegenüber unbeliebten Personen, Orten oder Parteien, kollektives Verschwinden vom Arbeitsplatz, Sit-Ins, Walk-Outs, Pray-Ins, Streiks, Wahlboykott und Zurückweisung öffentlicher Subventionen bis zu umfassendem zivilem Widerstand. Jede Aktion findet in den 198 Anleitungen ihren Platz, und jede und jeder, die oder der schon einmal im Leben öffentlich aufbegehrt hat, kann ihre oder seine Aktion darin finden.

Wirkmächtig wird der Sharp'sche Aktionsplan erst im Umfeld der realen, global und vor Ort bestehenden Kräfteverhältnisse – konkreter: dort, wo sich die stärkste Militärmacht der Welt hinter die eine oder andere Protestbewegung stellt, weil sie ihrerseits Interessen hat, auf die jeweilige politische Führung Einfluss zu nehmen. Während des Systemzusammenbruchs in Osteuropa kam Sharps »Politik der gewaltfreien Aktion« gerade recht. Bereits in den späten 1980er Jahren galt seine Anleitung für gesellschaftliche Boykott-Haltung kleinen Dissidentenkreisen als Bibel. Die bundesdeutsche Grüne der ersten Stunde, Petra Kelly, war es auch, die Sharps Bücher in die DDR schmuggelte, wo sie in Leipziger Dissidentenkreisen auf entsprechenden Widerhall stießen.[353]

---

350 Gene Sharp, *The Politics of Nonviolent Action* (3 Bände). Boston 1973/1985
351 Gene Sharp, *Von der Diktatur zur Demokratie. Ein Leitfaden für die Befreiung*. München 2008
352 http://judicial-discipline-reform.org/docs/Prof_Gene_Sharp_Politics_Nonviolent_Action.pdf (7.8.2015)
353 https://de.wikipedia.org/wiki/Gene_Sharp (7.8.2015)

Hinter den praktischen Anleitungen zum Umsturz steht die Frage der Legitimität von politischer Herrschaft. Nach dem Ende der Sowjetunion und Jugoslawiens stand diese Frage im Zentrum politischer und philosophischer Debatten. Wo die alte Führung oder vermeintliche Wiedergänger derselben nicht weichen wollten, fühlten sich Oppositionelle legitimiert, ihren Sturz zu betreiben. Nicht nur der US-Amerikaner Gene Sharp, auch sein viel berühmterer – und weniger pazifistisch eingestellter – Kollege Samuel Huntington fühlte sich berufen, dafür seine Hilfe anzubieten. 1991 gab er einen Leitfaden zum Umsturz diktatorischer Regimes heraus.[354] Huntington schätzt die Kräfte osteuropäischer Oppositionsbewegungen realistisch ein und empfiehlt ihnen eine Annäherung an den großen Bruder jenseits des großen Teiches. »Von zentraler Bedeutung ist für Huntington die Mobilisierung von Unterstützung in den USA, wo Abgeordnete mit moralischen Missionen die Regierung gerne unter Druck setzen, aber dazu mit dramatischem Material beliefert werden müssen«,[355] schreibt die Politologin Mária Huber. Und weiter: »Zwecks erfolgreichem Demokratieexport empfiehlt Huntington den US-freundlichen zivilgesellschaftlichen Gruppen in Osteuropa, sich auf einen charismatischen Führer zu einigen und hohe Militärs in ihre Reihen zu integrieren. Nach dem Motto: Man kann ja nie wissen, ob die Idee mit der Gewaltfreiheit ausreichend ist und nicht im entscheidenden Moment auch härtere, militärische Mittel zum Einsatz kommen müssen. Nicht nur in der Ukraine 2014 hat sich dann ja auch gezeigt, wie verschränkt pazifistischer Protest und (rechts)radikale Gewalt im entscheidenden historischen Moment miteinander sein können.

Das Geld kommt aus dem Westen

Seit Mitte der 1990er Jahre tummeln sich Horden von NGOs in den ehemaligen Ländern des Rates für gegenseitige Wirtschaftshilfe und Jugoslawien. Ihre »mission«, wie es auf Englisch bezeichnender Weise heißt, begegnet einem unter verschiedenen Schlagworten. Die eindringlichsten lauten: »Democracy«, »Nation-Building« und »New Governance«. Mit seinem Theaterstück *Die Fahrt im Einbaum* hat Peter Handke dieser Spezies von fragwürdigen Helfern am Beispiel Bosnien-Herzegowinas ein dramaturgisches Anti-Denkmal der besonderen Art gesetzt.[356] Wiewohl der immanente Zweck ihrer Tätigkeit in monatlichen Überweisungen auf ihre Gehaltskonten in mehrfacher Höhe des Lohns der von ihnen betreuten »locals« besteht, lassen sie dennoch das höhere Ziel nicht aus den Augen: die politische Intervention.

---

354 Samuel Huntington, How Countries Democratize. In: *Political Science Quarterly*, 4/1991, S. 579ff.
355 Mária Huber, Demokratieexport nach Osteuropa: US-Strategien in der Ukraine. In: *Blätter für deutsche und internationale Politik*, Bonn 12/2005, S. 1471
356 Peter Handke, *Die Fahrt im Einbaum*, Berlin 1999

Die kräftigste Missionsgruppe in Sachen Westdemokratie für Ost- und Südländer ist die US-Stiftung »National Endowment for Democracy« (NED). 1983 vom US-Kongress ins Leben gerufen und seither jährlich mit dreistelligen Millionenbeträgen (in Dollar) direkt vom US-Außenamt finanziert, verteilt das NED die Gelder über vier sogenannte Nichtregierungsorganisationen an farbig und blumenrevolutionär Gesonnene in Osteuropa, Asien und Afrika. Die vier Organisationen sind das den Demokraten nahestehende »National Democratic Institute for International Affairs« (NDI), sein republikanisches Gegenstück »International Republican Institute« (IRI), eine Außenstelle der US-Handelskammer, das »Center for International Private Enterprise« (CIPE) und ihr Gegenüber, das »American Center for International Labor Solidarity« (ACILS).

Als Idee entstand die Stiftung »National Endowment for Democracy« unter der Ära Ronald Reagan im Sommer 1982, als es darum ging, eine US-amerikanische Strategie zu entwickeln, wie der unter dem Kriegsrecht Wojciech Jaruzelskis in die Defensive gedrängten Solidarność geholfen werden könne. »CIA-Chef Casey (ist) zu dem Schluß gekommen, daß das Kriegsrecht wohl Erfolg gezeigt und die ›Solidarnosc‹ an die Wand gedrängt habe«, schreibt der Journalist Bernhard Rode.[357] »Der Berater des Weißen Hauses Ed Meese sowie der Professor der Georgetown-Universität Allen C. Weinstein kamen dabei auf die Idee, diese Unterstützung einer privaten Organisation zu übertragen. Das war die Geburtsstunde des NED.« Und Reagan-Biograf Peter Schweizer konkretisiert: »Das NED entwickelte sich zu einem bedeutenden Werkzeug zur Unterminierung der Sowjetmacht.«[358]

Die Grundlage von Stiftungen wie dem NED, der staatlichen Entwicklungsagentur USAID, dem ebenfalls von US-Staatsgeldern finanzierten Freedom House oder seiner britischen Kopie, der »Westminster Foundation for Democracy«, bildet ein besonderes Demokratieverständnis mit universalistischem Anspruch. Dieses weltweit zu verbreiten, haben sich US- und UK-Stiftungen zur Aufgabe gemacht. Paradigmatisch dafür ist Ronald Reagans Westminster-Rede vor dem britischen Parlament am 8. Juni 1982, in der er für die USA den weltweit gültigen Anspruch erhebt, Demokratie – wie er sie vom US-amerikanischen Vorbild her versteht – durchzusetzen.[359] Er betrachte es als seine Pflicht, »die Infrastruktur der Demokratie zu stärken, ein System freier Presse, Gewerkschaften, politischer Parteien und Universitäten« zu gestalten und »uns als Nation dafür zu verwenden, demokratische Entwicklung zu fördern«. Beispielhaft spricht er dabei Polen und Afghanistan an.

357 Bernhard Rode, *Das Eurasische Schachbrett. Amerikas neuer Kalter Krieg gegen Rußland*. Tübingen 2012, S. 761
358 Peter Schweizer, *Reagan's War. The Epic Story of His Forty-Year Struggle and Final Triumph Over Communism*. New York, London, Toronto, Sydney, Auckland 2002, S. 186
359 http://www.reagan.utexas.edu/archives/speeches/1982/60882a.htm (7.8.2015)

Die Form der Demokratie, die Reagan 1982 oder dem NED Zeit ihres Bestehens vorschwebt, wird nicht näher erläutert, zu selbstverständlich scheint sie ihren Protagonisten. Tatsächlich basiert ihr Konzept auf unumstößlichen kapitalistischen Notwendigkeiten und deren Verwaltung durch politische Organe. Diese werden entsprechend einem als nicht hinterfragbar geltenden marktwirtschaftlichen Prinzip gewählt, dessen konkurrenzkapitalistischer Idealzustand ständig in Richtung Monopolbildung tendiert. Am perfektesten ist diese Art von Demokratie, die auf einem »konstitutionellem Liberalismus«[360] beruht, in einem bürgerlich-parlamentarischen Zweiparteiensystem unter einem starken Präsidenten ausgeprägt. Die dabei offerierte Wahlmöglichkeit schließt Systemfragen aus und reduziert sozio-ökonomische Debatten – wenn sie überhaupt angestoßen werden – im weitest möglichen Fall auf steuerpolitische Maßnahmen. Das Demokratieverständnis osteuropäischer und nordafrikanischer Revolutionsbewegungen war und ist allerdings ein breiter angelegtes, dient es doch nicht in erster Linie der Verteidigung auf welche Art auch immer erworbenen Eigentums, sondern ist jedenfalls in der Selbstwahrnehmung und Zielsetzung ein umstürzlerisches, revolutionäres.

Umbruchzeiten eröffnen systematisch radikale Perspektiven. Diese in die Bahnen eines liberalen Demokratieverständnisses zu lenken, ist die eigentliche Aufgabe der missionierenden Interventionen von NED, USAID, Westminster Foundation, Freedom House oder der Soros-Stiftung. Der damalige leitende Redakteur der meinungsbildenden US-Zeitschrift *Foreign Affairs*, Fareed Zakaria, hat 1997 in Bezug auf osteuropäische Wahlgänge, die nicht entsprechend bürgerlich-liberale Mehrheiten ergeben haben, das Unwort von der »illiberalen Demokratie« geprägt, z. B. im Fall der Wahl von Vladimír Mečiar in der Slowakei. Hier war, so meinte er, weniger die Demokratie an sich (faire und freie Wahlen), sondern der konstitutionelle Liberalismus angekränkelt. Demokratie ohne liberales Grundgerüst betrachtet er gar als eine gesellschaftliche Gefahr: »Demokratie ohne konstitutionellen Liberalismus ist nicht bloß unzulänglich, sondern gefährlich«,[361] gibt Zakaria, politischer Chefkommentator von CNN bis *Time Magazine*, die ideologische Linie vor. Mečiar, Iliescu, Milošević, Janukowytsch, Putin ... sie alle hatten in der Slowakei, Rumänien, Jugoslawien, der Ukraine und Russland an der Urne Mehrheiten erhalten und wurden bzw. werden im Westen dennoch als Despoten, Autokraten, Nationalisten, Kommunisten oder Nationalkommunisten diffamiert.

Im Monopolanspruch der Demokratie als einer bürgerlichen, konstitutionell-liberalen begründet sich die Aufgabenstellung westlicher Stiftungen, den

---

360 Vgl. Ingo Pies/Martin Leschke (Hrsg.), *F. A. von Hayeks konstitutioneller Liberalismus*, Tübingen 2003
361 Fareed Zakaria, The Rise of Illiberal Democracy, in: *Foreign Affairs* 76 (1997), Heft 6, S. 42

Protestbewegungen ihre Farbe aufzudrücken. Der Ablauf jeder zivilgesellschaftlichen Intervention zur Herstellung dieser westlichen Art von Demokratie könnte idealtypisch folgendermaßen dargestellt werden: Anfangs muss eine vorhandene, meist sozial konnotierte Unzufriedenheit »politisiert«, das heißt ihrer gefährlichen sozialrevolutionären Elemente entkleidet werden. In einem zweiten Schritt folgen intensive Kaderschulungen in Studiengängen zur bürgerlich-liberalen Demokratie, entsprechendem Nation-Building bzw. State-Building und Regime-Change. Damit sind die Aufgaben sogenannter zivilgesellschaftlicher Interventionen umschrieben. Oder, wie es einer der Gründerväter des NED, Allen Weinstein, bereits im September 1991 treffend formuliert hat: »Eine Menge von dem, was wir heute tun, wurde vor 25 Jahren von der CIA verdeckt getan.«[362]

In vielen Fällen, wie dem von James Woosley, lässt sich diese Entwicklung auch biografisch nachzeichnen. Woosley war zwischen 1993 und 1995 Chef des CIA, um später den Vorstand des Freedom House zu leiten. In seinem Lebenslauf verschränkt sich die militärische mit der zivilgesellschaftlichen Interventionskraft. Beim NATO-General Wesley Clark, der 1999 an oberster Stelle Krieg gegen Jugoslawien führte, ist es ähnlich; er kam kurz darauf ins Leitungsorgan des NED. Eine Reihe anderer Beispiele bestätigen Weinsteins Diktum vom Miteinander geheimdienstlicher, militärischer und zivilgesellschaftlicher Kräfte.

Reichen die zivilgesellschaftlichen Interventionen nicht, um missliebige Regierungen loszuwerden, dann kommt – wie gegen Jugoslawien 1999 – Militär zum Einsatz. Die Verschränkung von zivilen Missionen und militärischer Drohung bzw. militärischem Eingriff ist erstmals unter US-Präsident William Clinton in Jugoslawien/Serbien im Sinne ihres Erfinders erfolgreich durchgeführt worden, war anschließend in den 2000er Jahren in vielen Ländern Osteuropas im Einsatz und hat unter Barack Obama auch den arabischen Raum erreicht. Die serbische Otpor-Gruppe entwickelte – mit tatkräftiger Hilfe der oben genannten westlichen Stiftungen – aus der serbischen Oppositionsbewegung ein Exportmodell. Von Georgien über die Ukraine bis nach Belarus wurden Schulungen und Seminare für zivilen Widerstand abgehalten, um dem Westen nicht willfährige Regierungen wie die von Schewardnadse, Kutschma/Janukowytsch oder Lukaschenka zu stürzen. Dass es nicht überall nach Plan verlief, zeigt das Beispiel Belarus, wo die örtlichen Farbrevolutionäre politisch verfolgt wurden und mit ihren Infrastruktureinrichtungen wie Radiosendern oder Zeitungen nach Polen oder Litauen fliehen mussten.

---

362 *Washington Post* vom 21. September 1991

An Russlands Grenzen[363]

»Es ist Zeit«, so übersetzt man den Namen »Pora«, den sich ukrainische Oppositionelle zu Anfang der 2000er Jahre gegeben haben. Metaphorisch will das heißen: Zeit zum Abdanken für den damaligen Präsidenten Leonid Kutschma, Zeit zur Befreiung der Ukraine von der Oligarchen-Diktatur. Pora, das stellte sich bald heraus, ist ein idealtypisches Exemplar einer farbrevolutionären Konstruktion.

Im Kiewer Bezirk Podol, nahe der Metrostation Kontrakt-Platz treffen wir im Frühjahr 2005 Michajlo Swistowitsch. Er ist einer der führenden Figuren von Pora. Das Hauptquartier der Gruppe erinnert an ein besetztes Haus im Berliner Kreuzberg der späten 1980er Jahre: die Wände sind mit Parolen beschmiert, in den Zimmern stapeln sich Matratzen und Bettgestelle. Vor zwei, drei Computern sitzen junge Leute und surfen ein wenig gelangweilt durch die virtuelle Welt. Nach einigem Suchen finden wir ein ruhiges Plätzchen zwischen Bergen von Schlafsäcken, um das vereinbarte Interview halbwegs ungestört führen zu können. Dass wir den Kontakt über die Soros-Gesellschaft »Renaissance-Stiftung« aufgenommen haben, erleichtert hier die Kommunikation. »Ja, in der Renaissance-Stiftung sitzen die, die Geld geben«, weiß Michajlo Swistowitsch,[364] der nicht unbedingt dem klassischen Bild eines jugendlichen Revolutionärs entspricht. Als 38-jähriger hatte er eine Karriere als Filialleiter einer Bank hinter sich, bevor er sich entschied, gegen Kutschma und seine Entourage zu Felde zu ziehen.

Die Idee für die Bildung einer revolutionären Avantgarde, als solche verstehen sich die Teilnehmer von Pora, entstand im September 2001, »nach einem Seminar mit Vertretern der serbischen Gruppe Otpor«, wie der frühere Banker einräumt. In der Folge fusionierten dann zwei Gruppen, die Jugendlichen um die Internetzeitung *Majdan* in Kiew und die Jugend-Otpor aus Lwiw/Lemberg zu »Pora«. Der Januar und der Februar 2004 wurden als die Rekrutierungsphase genützt. Auf etwa 20 Seminaren mit Belgrader Otpor-Führern tauchten Tausende junge Ukrainer auf, von »denen wir uns die Besten für unsere Organisation auswählten. Die serbischen Otpor-Leute erzählten über ihre Erfahrungen beim Kampf gegen Milošević und wir lernten daraus«. Von Anfang an hatte Pora die ukrainischen Präsidentschaftswahlen im Visier. Dass diese gefälscht werden würden, davon gingen die aus großteils studentischem Milieu stammenden jungen Menschen schon lange vor deren Abhaltung aus. »Wir mussten das Volk darauf einstellen, dass die Macht verbrecherisch war. Und eine gute, möglichst führungslose Struktur aufbauen, um nicht mit einem Schlag durch Verhaftungen außer Kraft« gesetzt werden zu können.«

363 Zusammengefasst aus: Hannes Hofbauer, Ukraine orange: neue Orientierung, alte Verhältnisse. In: ders., *Mitten in Europa. Politische Reiseberichte aus Bosnien-Herzegowina, Belarus, der Ukraine, Transnistrien/Moldawien und Albanien*. Wien 2006, S. 99/100
364 Gespräch mit Michajlo Swistowitsch am 27. April 2005 in Kiew

Pora begann in der Nacht vom 28. auf den 29. März 2004. »In 17 Regionen der Ukraine klebten wir Plakate, auf denen nur die Frage stand: ›Was ist Kutschmismus?‹, und darunter unsere Internetadresse.« Michajlo Swistowitsch erklärt die Revolutionsstrategie detailliert. Nach dieser Aktion wurden 14 Leute kurzfristig festgenommen, um nach ein paar Stunden wieder auf freiem Fuß zu sein. »Wer einmal mit der Polizei Kontakt hatte, den holten wir in die zweite Reihe zurück. Dadurch entwickelte eine Reihe von Leuten Führungsqualitäten.«

Die zweite Etappe des Angriffs von Pora bestand in der »Dekodierung des Kutschmismus«. Im April 2004 wurden zu diesem Zweck Ukraine-weit fünf verschiedene Plakate affichiert. »Kutschmismus ist Verbrechen«, lautete das frechste davon. Außerdem wurden dem herrschenden System Arbeitslosigkeit, Armut, Hoffnungslosigkeit und Korruption vorgeworfen. Nun war der Durchbruch gelungen. Pora hatte ein revolutionäres, regierungsfeindliches Image. Junge Leute an den Universitäten begannen, im Namen von Pora zu demonstrieren. Während der orangenen Revolution agierte Pora dann im Hintergrund. »Wir spielten in der Zeltstadt am Majdan-Platz nur eine geringe Rolle«, weiß Swistowitsch. »Stattdessen blockierten wir die Generalstaatsanwaltschaft, besetzten das Bildungsministerium und waren auf den Bahnhöfen, um ankommende Janukowytsch-Anhänger umzuorientieren.« Auch Straßen, die von Osten her in die Hauptstadt führten, wurden von Pora-Aktivisten blockiert. Das hatte zum Ziel, Anhängern von Wiktor Janukowytsch die Anreise in die Hauptstadt unmöglich zu machen.

Während also Tausende und Abertausende mit Bussen und Zügen aus Lwiw/Lemberg, Iwano-Frankiwsk, Tscherniwzi/Czernowitz und anderen westlichen Städten nach Kiew kamen und hier das Rückgrat der Demonstrationen bildeten, gab es ein eigenes Kommando, die Pora-Garden, das Kiew von Janukowytsch-Anhängern frei hielt. Ob sich das auf den Bahnhöfen friedlich abgespielt habe, wenn ein Zug mit Leuten aus dem Donezk-Gebiet angekommen sei, will ich von dem Pora-Führer wissen. »Ja, es gab keine Gewalt. Wir leisteten Überzeugungsarbeit. Da waren ständig einige Hundert von uns, die am Bahnhof ausharrten, um Janukowytsch-Anhänger wieder zurückzuschicken.« Und noch eine Kleinigkeit verriet mir Michajlo Swistowitsch: »Der Unterschied zwischen uns und ihnen bestand auch darin, dass wir bereit waren, für die Sache zu sterben.« Ich muss mir kurz vorstellen, wie überzeugend es wohl ist, von ein paar Hundert zum Sterben bereiten Aktivisten am Bahnhof umringt zu sein. Auch woher Pora das Geld für all diese Aktionen erhielt, erzählt Swistowitsch bereitwillig: »Das Geld für die ersten Plakate kam von der Westminster-Stiftung und dem Moser-Fonds. Es wurde während der Otpor-Seminare ausgeteilt, desgleichen Mobiltelefone und Büromaterial. Später sammelten wir dann über unsere Internetseite auch Geld im Lande selbst.«

Die 1992 gegründete Westminster-Stiftung ist eine von der britischen Regierung ins Leben gerufene »Nichtregierungsorganisation« (NGO) und wurde damals von Tony Blair patroniert. Zudem dürften in Kanada ansässige Auslandsukrainer sehr freigiebig gewesen sein. Von ausländischen Interessen oder inländischen Oligarchengruppen missbraucht fühlt sich der Pora-Kämpfer nicht. Er streitet ab, dass die USA eine Rolle während des orangenen Dezemberumsturzes gespielt haben – »außer dass sie uns moralisch unterstützt und finanziell geholfen haben.«

Mit dieser kleinen Reportage über die bekannteste und effektivste Farbrevolution, den orangenen Umsturz in der Ukraine, kehrten wir im Frühjahr 2005 aus Kiew nach Wien zurück. Damals war den wenigsten Beobachtern bewusst, wie stark die lokal vorhandene Unzufriedenheit von westlichen Demokratie-Instituten gefördert und finanziert worden war. Heute weiß man um das Zusammenspiel von osteuropäischen bzw. nordafrikanischen NGOs mit vorwiegend US-amerikanischen und britischen Stiftungen, die allesamt staatlich finanziert sind und nichtsdestotrotz den Status von NGOs in Anspruch nehmen, wiewohl sie das »N« zu Unrecht auf ihrem Etikett führen. Wie das orange Abenteuer der Ukraine ausgegangen ist, hat uns die Geschichte gezeigt. Die Revolutionäre von Pora sind nach Hause gegangen oder haben es sich in unteren Chargen von westaffinen Parteien bequem gemacht, die Zweier-»Koalition der Willigen« aus Wiktor Juschtschenko und Julija Tymoschenko ist im Machtrausch zerstoben und der von ihnen als Feind von Demokratie und Volk titulierte Wiktor Janukowytsch hat die nachfolgenden Wahlen im Jahr 2010 gewonnen. Und so brauchte es noch einen weiteren Anlauf innerer zivilgesellschaftlicher Empörung und äußerer Unterstützung, bis Anfang 2014, diesmal mit Hilfe rechter Schläger und US-amerikanischer und EU-europäischer Politiker, die Ukraine – zumindest die größten Teile von ihr – in westliches Fahrwasser gerieten.

Wer revoltiert?

Rosen in Georgien (2003), Zedern im Libanon (2005), Tulpen in Kirgistan (2005), Kornblumen in Belarus (2006) … die meisten Farbrevolutionen nannten sich nach Blumen oder Pflanzen. Ihre radikalsten AktivistInnen versammelten sich unter schlagkräftig klingenden Namen wie »Kmara« (»Genug«, Georgien), »Mjaft« (»Genug«, Albanien), »Subr« (»Wisent«, Belarus) oder »Kifaya« (»Genug«, Ägypten). Gemeinsam war und ist ihnen ihr jugendliches Alter, die Sehnsucht nach westlichem Lebensstil, ein hervorragendes Englisch und zuvorderst der Hass auf die herrschenden politischen Machtverhältnisse im Land.

In aller Regel vom jeweiligen System gut ausgebildet, kann ihnen dieses nach erfolgreichem Studium keine adäquate Nutzung ihres Wissens anbieten. Das mag politische oder wirtschaftliche Gründe haben, die jungen Menschen können sich in die Gesellschaft nicht integrieren. Ihre in beiden Bereichen – Politik und Lebensstandard – zu hohen und deswegen enttäuschten Ansprüche führen sie schnurstracks in die Opposition.

Als ihr Gegenüber, als ihren Gegner orten sie die lokale Macht: politisch erstarrt, wirtschaftlich korrupt, kulturell rückwärtsgewandt. So jedenfalls empfinden es die am sozialen Aufstieg Gehinderten. Die strukturellen geo- und wirtschaftspolitischen Ursachen dieses gesellschaftlichen Zustandes werden in aller Regel nicht diskutiert oder spätestens im Angesicht finanzieller Unterstützung aus dem Westen argumentativ verworfen. Derweil handelt es sich bei all diesen farbigen oder blumigen »Revolutionen« im Kern um soziale Unzufriedenheit, die den Zusammenbruch von sozio-ökonomischen Strukturen an den Rändern EU-Europas – im Osten und im Südosten – reflektiert. Überall dort hat die sogenannte Transformation die Länder entindustrialisiert und ökonomisch peripherisiert, ohne den »Reform«-Gesellschaften eine neue Perspektive zu bieten. Die Revolte begreift die Jugend als Alternative zur Emigration.

Proteste in Russland

Im russischen Kernland kamen Farbrevolutionen nicht so recht auf Touren. Das mag in erster Linie an der – verglichen mit der Ukraine oder Georgien – guten ökonomischen und sozialen Performance liegen, die Russland in der ersten Hälfte der 2000er Jahre hinlegte. Die vollständige Entschuldung beraubte die Kreditgeber der internationalen Finanzorganisationen IWF und Weltbank ihres Erpressungspotenzials, wie es weltweit über Strukturanpassungsprogramme und erzwungene Austeritätsmaßnahmen zum Einsatz kommt. Der Kreml konnte dank der sprudelnden Gas- und Öleinnahmen ohne große Druckausübung von außen wirtschaften. Sozialpolitisch brachte er das Gießkannenprinzip zur Anwendung, mit dem er Schwachen unter die Arme griff und den Mittelstand förderte. Dies nötigte selbst dem US-amerikanischen Think-Tank »Council on Foreign Relations« Respekt ab: »Signifikante Erhöhungen bei Sozialausgaben wie Löhnen, Bildung, Gesundheit und Wohnen werden das Bruttoinlandsprodukt für 2006 vermutlich um 3,2 % weniger wachsen lassen. Die Möglichkeit für solche Sozialmaßnahmen hat vor zehn Jahren noch nicht existiert.«[365] Eine erfolgreiche soziale Befriedung war das Resultat, allenfalls Rentner begehrten auf.

---

365 John Edwards/Jack Kemp, *Russia's wrong Direction: What the United States can and should do* (Independent Task Force Report Nr. 57, Council on Foreign Relations) o.O. März 2006, S. 11

Dies erklärt auch, warum den Massenprotesten in den Jahren 2011 und 2012 soziale Forderungen fast durchgängig fehlten. Der Ablauf der winterlichen Demonstrationen erinnerte dann doch an Vorbilder in Kiew oder Tiflis. Am Tag nach den russischen Parlamentswahlen vom 4. Dezember 2011 versammelten sich im Stadtzentrum von Moskau, gegenüber dem Kreml an der Moskwa, ein paar Tausend Menschen. Unter roten, schwarz-gelb-weißen und orangen Fahnen forderten Kommunisten, Nationale und Liberale den Rücktritt von Ministerpräsident Wladimir Putin und Präsident Dmitri Medwedew. Diese hatten am 24. September 2011 eine Personalrochade verkündet und in der Folge die Ämter getauscht, um – so der offensichtliche Grund – Putin auch nach zwei Amtsperioden de facto (als Ministerpräsident) an der Macht zu halten und ihm die Chance zu geben, anschließend an die Präsidentschaft von Medwedew erneut für den Kreml-Chefposten kandidieren zu können. Dieses Prozedere war zwar verfassungsmäßig korrekt, hinterließ beim Wahlvolk aber einen schalen Beigeschmack. Der Unmut über die Personalrochade und den Ablauf der Parlamentswahlen brachte dann die Opposition auf die Straße. Ihre einzige Gemeinsamkeit fokussierte in der Losung: Putin und Medwedew müssen weg. Weiter gehende politische oder soziale Forderungen fehlten. Darin ähnelte die Protestbewegung jenen in Serbien 1999 und der Ukraine 2004. Den Kern der Protestierenden bildete eine neu-bürgerliche Schicht, eine »Bewegung aufgebrachter Bürger, nicht des Volks«, wie es der scharfe Gesellschaftskritiker Werner Pirker nannte. »Die Sorgen und Nöte der einfachen Menschen lassen den russischen ›Wutbürger‹ weitgehend kalt. Dessen Streben nach politischer Emanzipation wiederum interessiert die Masse der Subalternen nicht.«[366] Die Zusammensetzung der DemonstrantInnen in Moskau war dann doch viel breiter als jene in Kiew oder Tiflis. Auch in Hinblick auf ausländische Unterstützung kann man die Proteste in Russland, die am 10. Dezember mit – je nach Quelle – 25 000 bzw. 100 000 TeilnehmerInnen ihren Höhepunkt erreichte, nicht mit ähnlichen in den Nachbarländern vergleichen.

Kommunisten, Nationalbolschewisten und Linke-Front-Aktivisten standen als linke Kritiker auf der Straße – ein Phänomen, das es an anderer Stelle im Osten Europas seit Jahren nicht gegeben hatte. Weder die sogenannte Rosennoch die orange Revolution in Georgien und der Ukraine duldete erklärte Linke in ihren Reihen. Kontakte zu Regierungskreisen oder NGOs in den USA und Westeuropa oder gar finanzielle Unterstützung von dort waren für solche russischen Oppositionsgruppen undenkbar. Liberale und Rechte wiederum, die sich um Persönlichkeiten wie Grigori Jawlinski, Boris Nemzow oder Aleksej Nawalny gruppierten, brachten schlicht zu wenige Menschen auf die Straße, um einen

---

366 Werner Pirker, Am Wendepunkt. Jahresrückblick 2011. In: *junge Welt* vom 2. Januar 2012

revolutionären Kippeffekt auslösen zu können. Das mag auch an der staatlichen Repression gelegen haben, die darauf achtete, Demonstrationswillige bereits im Vorfeld zu immobilisieren, indem Busse aufgehalten und diverse Einschränkungen für Demonstrationsorte erlassen wurden.

Auch die mediale Rezeption der Proteste war in Russland weit schwächer als in Georgien oder der Ukraine. Verantwortlich dafür waren die Eigentumsverhältnisse und Reichweiten der großen Fernsehstationen. So genossen Jawlinski, Nemzow und Nawalny im Westen Europas und in den USA weit mehr Aufmerksamkeit als zu Hause.

Im Mai 2012, rund um die Präsidentenwahlen, wiederholte sich das Demonstrationsszenario. Auch diesmal blieben die Effekte bescheiden und tangierten die Macht im Kreml nicht. Kurz zuvor schreckten drei junge Frauen die Weltpresse auf, indem sie maskiert in das Allerheiligste der Christ-Erlöser-Kathedrale in Moskau eindrangen und mit einem sogenannten »Punk-Gebet« gegen Putin und den Patriarchen Kyrill I. protestierten. Dabei beschimpften die sich »Pussy Riot« nennenden Musikerinnen den obersten Kirchenführer und warfen mit Ausdrücken wie »Gottesscheiße« um sich.[367] Ihrer Verhaftung folgte ein Gerichtsverfahren, in dem die drei wegen »Rowdytums aus religiösem Hass« und »Verletzung der öffentlichen Ordnung« zu je zwei Jahren Haft verurteilt wurden, von denen sie drei Viertel der Strafe absaßen.

Die Aktion war für jeden kritischen Menschen ein verständlicher Protest gegen die staatliche und kirchliche Autorität und insbesondere ihre Verzahnung. Über die Form lässt sich streiten, aber ihre gewaltlose, künstlerisch inspirierte Umsetzung stieß innerhalb und außerhalb Russlands auf viel Sympathie. Fragwürdig sind allerdings die Reaktionen führender westlicher Politiker und Medien, die sich in Scheinheiligkeit überboten. Schnell war klar: der Prozess gegen Pussy Riot wurde für den Westen zum politischen Instrument; oder, wie es z. B. das *Deutschlandradio* am 20. Juli 2012 ausdrückte, zum »Lackmustest«[368] für Putin.

Von Angela Merkel bis Barack Obama warfen sich die höchsten politischen Würdenträger für eine Aktion ins Zeug, die sie zu Hause nicht toleriert hätten. Man stelle sich die Situation einmal unter anderen Vorzeichen vor: Im Kölner Dom stürmen Maskierte mit Musikinstrumenten und Kameras den Altarraum und schreien Staat und Kirche beleidigende Slogans in das Hauptschiff, »Gottesscheiße« inklusive. Der deutsche Bundespräsident wird der Kriegstreiberei bezichtigt, die Kanzlerin der Komplizenschaft mit dem CIA und der

---

367 *Tagesspiegel* vom 17. August 2012, zit. auf: https://de.wikipedia.org/wiki/Pussy_Riot#cite_note-18 (9.8.2015)
368 http://www.deutschlandradio.de/das-verfahren-gegen-pussy-riot-ist-eine-art-lackmustest.331.de.html?dram:article_id=214948 (9.8.2015)

Käuflichkeit durch Oligarchen, die sich hinter börsennotierten Konzernen verstecken. Nach der Verhaftung wird den nun Demaskierten Blasphemie, Verleumdung und Störung der öffentlichen Ordnung vorgeworfen. Noch während des Prozesses tritt die wichtigste russische Nichtregierungsorganisation auf und bezeichnet die Aktivistinnen als »politische Gefangene« – wie es Amnesty International mit den drei Pussy-Riot-Frauen tat. Nun treten russische, chinesische und brasilianische Offizielle auf und raten der deutschen Justiz, die drei erratischen Kirchgängerinnen tunlichst freizusprechen, alles andere würde böse Assoziationen an die Zeit der Inquisition oder des Nationalsozialismus wecken. Trotzdem verurteilt, meldet sich Putin zu Wort und lässt Merkel, dem deutschen Justizapparat und der Welt ausrichten, das Urteil sei zu hart und stünde nicht im Einklang mit den Werten der russischen Gesellschaft. Die deutschen Medien wären voll mit Berichten und Kommentaren, die sich ausländische Einmischung verböten und den Schiedsspruch als angemessen bezeichneten. Immerhin dürfe es ja nicht ungestraft bleiben, Kirche und Staat aufs gröbste zu beleidigen und ihren Amtsträgern Verbrechen vorzuwerfen ohne dafür Beweise vorzulegen.

Nun, umgekehrt ist genau dies passiert. Die Pussy-Riot-Aktivistinnen legten im Gerichtssaal noch einiges drauf: Eine von ihnen behauptete, das ganze Verfahren habe nichts mit der Aktion in der Christ-Erlöser-Kirche zu tun, sondern sei eines »über das gesamte Staatssystem der Russischen Föderation, das zu seinem eigenen Unglück in seiner Grausamkeit gegen die Menschen, seiner Gleichgültigkeit gegenüber ihrer Ehre und Würde, so gern das Schlimmste zitiert, was in der russischen Geschichte je geschehen ist.« Und schloss ihr Plädoyer mit der großen Keule: »Diese Imitation eines Gerichtsverfahrens kommt dem Muster der ›Gerichtstroiken‹ der Stalinzeit nahe.«[369]

Die deutsche Kanzlerin Angela Merkel konnte dieser Argumentation etwas abgewinnen und sprach von einem »unverhältnismäßig hartem Urteil, das nicht im Einklang mit den europäischen Werten von Rechtstaatlichkeit und Demokratie« stünde. Und sie fügte in ungeahnter Doppelbödigkeit noch hinzu: »Eine lebendige Zivilgesellschaft und politisch aktive Bürger sind eine notwendige Voraussetzung und keine Bedrohung für Russlands Modernisierung«.[370] US-Präsident Barack Obama wiederum, in dessen Land schon wegen weit geringerer Vergehen Polizisten ihre Waffe zücken und (vermeintliche) Unruhestifter über den Haufen schießen, ließ ausrichten, das Urteil sei »unverhältnismäßig«.[371]

---

[369] Nadeschda Tolokonnikowa in ihrem Schlussplädoyer am 13. August 2012. Zit. in: https://de.wikipedia.org/wiki/Pussy_Riot#cite_note-48 (9.8.2015)
[370] *Der Spiegel* vom 17. August 2012, siehe: http://www.spiegel.de/politik/ausland/pussy-riot-prozess-merkel-beklagt-unverhaeltnismaessig-hartes-urteil-a-850721.html
[371] https://www.wsws.org/de/articles/2012/08/puss-a24.html (9.8.2015)

Keine noch so durchsichtige Heuchelei war den westlichen Staatschefs peinlich, wenn es darum ging, dem Kreml die Leviten zu lesen.

An einer Stelle allerdings klinkten sich amerikanische und EU-europäische Medien und Politiker aus. Als nämlich eine barbusige Aktivistin der ukrainischen Femen-Gruppe aus Protest gegen das Pussy-Riot-Urteil am 17. August 2012 mitten in Kiew ein drei Meter hohes Holzkreuz umsägte,[372] schwiegen die westlichen TV-Stationen dazu. Das wollten die Verantwortlichen niemandem zeigen: eine nackte Frau mit Motorsäge, die ein christliches Kreuz absägt und damit Solidarität mit jenen zum Ausdruck bringt, die man gerade mühevoll als politisch von der russischen Justiz Verfolgte aufgebaut hatte.

Moskau ist gewarnt

Die »Soft Power«, mit der westliche Regierungen und von diesen unterstützte Nichtregierungsorganisationen politisch überall dort intervenieren, wo dem Washingtoner oder Brüsseler liberalen Demokratiemodell nicht ausreichend gefolgt wird, hat spätestens seit Mitte der 2000er Jahre auch Russland ins Fadenkreuz genommen. Wiewohl mäßig erfolgreich, bewertet sie der Kreml offensichtlich dennoch als Gefahr für die innere Stabilität.

Ein erstes Gesetz, um die Tätigkeiten ausländischer NGOs besser kontrollieren zu können, passierte bereits im März 2005 die Duma. Im Juli 2012 beschloss dann das russische Parlament mit nur drei Gegenstimmen noch eine Verschärfung dieses Gesetzes, das ausländische Organisationen, die politisch in Russland entweder direkt oder qua Unterstützung lokaler Gruppen tätig sind, zur Offenlegung von Geldflüssen zwingen. Die einzelnen NGOs müssen seit damals ihre Geldgeber und die Höhe der Zuwendungen zu nennen. Der Staat behält sich eine rigide Kontrolle der Finanzierungsströme vor; im Nichteinhaltungsfall drohen Geld- und Haftstrafen. Im Juli 2015 prüfte dann die Moskauer Generalstaatsanwaltschaft die sogenannte »Patriotische Stopp-Liste«. Auf diese setzte die Duma zwölf ausländisch finanzierte NGOs, die »unpatriotischer« antirussischer Aktivitäten verdächtigt wurden. Darunter befanden sich das National Endowment for Democracy, Freedom House, die MacArthur Foundation und das International Republican Institute.[373] Vier Monate später wurde ein gerichtlicher Bann über die erste dieser zwölf Organisationen verhängt. Die Generalstaatsanwaltschaft bezeichnete die Open Society Foundation des ungarisch-stämmigen Spekulanten George Soros Ende November 2015 als »unerwünschte Gruppe«. Sie darf in Russland nicht mehr tätig sein.[374]

372 https://www.youtube.com/watch?v=nO2Ae3Nw-Kg (9.8.2015)
373 http://www.theguardian.com/world/2015/jul/22/american-ngo-macarthur-foundation-withdraw-russia-patriotic-stop-list (3.12.2015)
374 https://www.rt.com/politics/323919-soros-foundation-recognized-as-undesirable/ (3.12.2015)

Die Empörung über dieses Vorgehen in EU-Europa und US-Amerika wirkt gekünstelt. Denn einerseits ist seit mehreren Jahren die finanzielle und logistische Interventionskraft ausländischer Stiftungen in Osteuropa, Asien und Afrika für regierungskritische, farbrevolutionäre Oppositionsbewegungen offenkundig. So werden z. B. im Jahresbericht 2011 des National Endowment for Democracy (NED) Höhe und Adressaten von Unterstützungsgeldern beispielsweise für osteuropäische Oppositionelle penibel aufgelistet. Der finanzielle Schwerpunkt lag in diesem Jahr, wenig erstaunlich, auf Belarus, wo für Organisationen wie »Freedom of Information« (1,23 Mio. US-Dollar) oder »Civil Society« (310 000 US-Dollar) und andere insgesamt 3,5 Mio. US-Dollar bereitgestellt wurden.[375] Im Jahr 2014 widmete sich die amerikanische Stiftung NED der Ukraine. Aus dem Jahresbericht geht hervor, dass in diesem »dynamischen und tumultreichen Jahr«, wie die Stiftung die blutigen Ereignisse in Kiew nobel umschreibt, 82 ukrainische Gruppen mit insgesamt 4,5 Mio. US-Dollar versorgt wurden.[376] Die allermeisten von ihnen erhielten Zuwendungen zwischen 20 000 und 40 000 US-Dollar wie die Gruppe »Demokratische Ideen und Werte« für »Betreuung der Webseite« und das »Organisieren von Runden Tischen« oder das »Odessa-Komitee für Wahlbeobachtung« für Seminare und Druckkosten usw. usf. Eine Initiative sticht allerdings heraus, was die Höhe der amerikanischen Zuwendung betrifft. Das »Zentrum für internationale Privatwirtschaft« bekam in zwei Tranchen 608 Mio. US-Dollar. Dort, wo es um das handfeste Umsetzen in liberaler Demokratie geschulter Kräfte geht, sitzt der Geldbeutel offensichtlich lockerer.

Moskau war also vor ausländischen Umtrieben gewarnt. Und es ist nicht das erste Land, das sich in jüngster Zeit gegen die zivilgesellschaftlichen Interventionen westlicher Stiftungen zur Wehr setzt. Bereits im Dezember 2010 hat Venezuela die Schließung des NED-Büros in Caracas veranlasst; und im Dezember 2011 kam es in Kairo zur Durchsuchung von fünf Stiftungen – darunter die Konrad-Adenauer-Stiftung – und anschließenden Anklageerhebung gegen mehr als 40 verantwortliche Mitarbeiter wegen Betreibens »illegaler ausländischer Aktivitäten mittels illegaler Geldtransaktionen«.[377]

So gesehen kann es wohl nach den Erfahrungen in Serbien, der Ukraine oder Georgien nicht verwundern, wenn sich Moskau gegen zivilgesellschaftliche Interventionen von außen zu schützen beginnt. Man denke nur an die Reaktionen im umgekehrten Fall. Wie würde beispielsweise die EU reagieren, wenn russische oder chinesische Gelder für Oppositionsgruppen flössen – etwa zur Unterstützung von Gruppen, die für »nationale Selbstbestimmung« eintreten?

---

375 *Annual Report* des National Endowment for Democracy 2011, www.ned.org
376 http://live-ned.pantheon.io/region/central-and-eastern-europe/ukraine-2014/ (11.8.2015)
377 Vgl. die Homepage der Konrad-Adenauer-Stiftung: http:// www.kas.de/wf/de/71.10991/ (4.4.2012)

Damit könnte man in Moskau oder Beijing übrigens eins zu eins das Argument der deutschen Parteinahme für Kroatien oder Bosnien im jugoslawischen Zerfallsprozess übernehmen. National artikulierte Unzufriedenheit ist weitum in EU-Europa vernehmbar. Von Griechenland bis nach Belgien ließen sich rasch junge Menschen finden, die gegen das EU-Establishment zu Felde zögen; Geldzuwendungen von russischen Stiftungen würden ihre Arbeit erleichtern. Kapitalkontrollen für solche Zuschüsse wären von Seiten der Europäischen Union rasch bei der Hand. Nichts anderes hat die Duma in Moskau beschlossen, als sie die Offenlegung von ausländischen Geldern für sogenannte Demokratie-Projekte gesetzlich festschrieb. Im Übrigen agiert Moskau weit unbeholfener als der Westen. Da werden als Nichtregierungsorganisationen getarnte Unterstützer für Putin ins Leben gerufen, die unter Bezeichnungen wie »Naschi« (»Unsere«) Euphorie für das Regime simulieren sollen. Auch in der international nicht anerkannten Republik Transnistrien war mit russischer logistischer und wohl auch finanzieller Hilfe phasenweise eine Jugendgruppe aktiv. Unter dem Namen »Proriv« (»Durchbruch«), im Logo ein schwarzer Schriftzug vor gelbem Hintergrund mit Guevara-Konterfei, startete sie Aktionen gegen die OSZE, als deren US-amerikanischer Leiter vor anstehenden Wahlen in Tiraspol verlauten ließ, den Ausgang des Urnengangs keinesfalls anerkennen zu wollen.[378]

Das zivilgesellschaftliche Terrain ist jedenfalls auch von Russland als Kampffeld für geopolitische Auseinandersetzungen erkannt worden. Verglichen mit US-Stiftungen kann deren Schlagkraft allerdings vernachlässigt werden. Die Lenkung und Instrumentalisierung von jugendlichem Engagement für die Durchsetzung auswärtiger Interessen ist bislang vornehmlich ein in den USA und Großbritannien betriebenes Projekt. Im Visier stehen dabei zunehmend Moskau und die Russland umgebenden Länder.

---

378 Näheres siehe: Hannes Hofbauer, Transnistrien. Niemandsland am Dnjestr. In: ders., *Mitten in Europa. Politische Reiseberichte aus Bosnien-Herzegowina, Belarus, der Ukraine, Transnistrien/Moldawien und Albanien*. Wien 2006, S. 149f.

Kampf um die Ukraine

Erste Kämpfe um die Neuausrichtung der Ukraine fanden bereits vor der im Dezember 1991 proklamierten Unabhängigkeit statt. Sie begannen auf kulturellem Gebiet. Damals ging es um die Gotteshäuser im Westen des Landes, dem früheren Galizien und der Nordbukowina, und wem diese gehörten. Mit der Wiederauferstehung der unierten, Rom unterstehenden Glaubensgemeinschaft zum Jahreswechsel 1989/1990 traten west-geschulte, in Wien und Rom ausgebildete Priester auf den Plan. Sie forderten die Rückgabe von Gebetsstätten der unierten Kirche, die unter Stalin im Jahre 1948 mit dem Moskauer Patriarchat vereinigt und als eigene Kirche verboten worden war.

Die meisten Priester der Griechisch-Katholischen, wie sich die Unierten auch nennen, widersetzten sich der Zwangsvereinigung nach der Eingliederung Ostgaliziens in die Sowjetunion im Anschluss an den Zweiten Weltkrieg und gingen in den Untergrund. Dort überlebten die wenigsten in Freiheit; nur der Bischof von Lemberg wurde 1963 aus der Haft entlassen, ging nach Rom ins Exil und wurde dort symbolträchtig zum Großerzbischof ernannt. Sein großerzbischöflicher Nachfahre beanspruchte 1991 jene Kirchenhäuser, die den Unierten vor deren Verbot gehört hatten. Daraufhin kam es über die Frage des Eigentums zu Scharmützeln mit Toten und Verletzten zwischen den Moskauer und den lateinischen Christen, wie der in Lwow ansässige Bischof des Moskauer Patriarchats in einem Vortrag in Wien beklagte.[379]

Ukrainische Nationalisten und Konservativ-Nationale um die westukrainische Partei »Volksbewegung« (»Ruch«) sowie Habsburg-Nostalgiker vertrieben Moskau-orientierte orthodoxe Popen. Unterstützt wurden sie vom damaligen Papst Johannes Paul II., der sich nicht nur seiner polnischen Herkunft wegen in der Traditionslinie der von Polen-Litauen Ende des 16. Jahrhunderts betriebenen Union von Brest sah. Mit der Union von Brest eröffnete der polnische König Sigismund III. im Jahre 1596 dem katholischen Rom neue Dimensionen. Griechisch-orthodox Betende wurden – ohne liturgische Abstriche von ihrem byzantinisch gefeierten Gottesdienst machen zu müssen – dem Papst in Rom unterstellt; ihre Priester mussten und müssen sich bis heute nicht den strengen Regelns des Zölibats zu unterwerfen. Der kulturelle Ausgriff war Rom wichtiger als die Einhaltung Jahrhunderte alter Normen und Gelübde.

---

[379] 89. Ökumenisches Symposion der Stiftung »Pro Oriente« zum Thema »Orthodoxe und Griechisch-Unierte in der Westukraine«, Mitschrift vom 30. Juni 1998

Auch die in Wien beheimatete Speerspitze des Katholizismus, die vordergründig mit ökumenischem Unterton agierende Organisation »Pro Oriente«, setzte Anfang der 1990er Jahre auf die Bekehrung russisch-orthodoxer Gemeinden und ihre Heranführung an die katholische Kirchenhierarchie in Rom. Der unmittelbar an die Aufrufung der ukrainischen Unabhängigkeit 1991 einsetzende Kirchenkampf im Westen des Landes forderte Tote und Verletzte. Pro Oriente gab sich nach außen hin den Anschein kirchenübergreifender ökumenischer Toleranz, begriff sich aber in der Tradition eines proselytischen weströmischen Universalismus,[380] der orthodoxe Kirchenhierarchien und Gläubige für den römischen Papst abwarb. Dies kam schon darin zum Ausdruck, dass die Organisation im Wiener Schottenstift ausgebildete Popen in den frühen 1990er Jahren nach Lwow/Lwiw/Lemberg schickte, um dort nach dem und den Rechten zu sehen. In ukrainisch-nationalen Kreisen um neu entstandene politische Organisationen wie Ruch und Swoboda fanden sie kongeniale Partner.

20 Jahre nach dem Kirchenkampf brüstet sich die rechtsradikale Partei »Swoboda«, an dieser kulturellen Westorientierung mitgewirkt zu haben. Sie weist auf ihrer eigenen Homepage stolz darauf hin, Anfang der 1990er Jahre auf der Seite Roms und des Westens gestanden zu sein: »Im Jahr 1992 verteidigte die Partei aktiv das Eigentum und die Gebäude der ukrainischen Kirchen in Wolodymyr-Wolynskyj, Luzk und anderen Städten gegen die Moskau-gebundene ukrainisch-orthodoxe Kirche.«[381] Diese positive Bezugnahme zeigt, wie wichtig die Eroberung der Gotteshäuser durch die Unierten bis heute eingeschätzt wird. Ihre Bedeutung geht weit über den immanent religiösen Rahmen hinaus.

Die unierte Kirche sicherte seit der »Union von Brest« 1596 die gesellschaftlich-kulturelle Flanke der wirtschaftlichen und geopolitischen Expansion des Westens. Um national-ukrainische Begehrlichkeiten im Keim zu ersticken, bezeichnete Wien die griechisch-katholischen Bewohner Galiziens – in Anlehnung an den für die Bewohner und Dialekte der Grenzgebiete zwischen Polen-Litauern und Russland bis ins 17. Jahrhundert üblichen Begriff »Rusynen« – als »Ruthenen«.[382] Nur unter diesem Namen tauchten sie bis zum Ende der Habsburgermonarchie 1918 in den Statistiken auf.

Jene Ukrainer, die unter dem russischen Zaren lebten und seit der Eingliederung des Kosaken-Hetmanats als »Kleinrussen« bezeichnet wurden, blieben für Rom unerreichbar. Die dortigen Christen unterstanden dem Moskauer Patriarchat und waren dementsprechend russisch-orthodox – und blieben es auch in der Sowjetunion, selbst wenn in dieser Zeit die Religion stark rückläufig war.

---

380 Myroslaw Marynowitsch, Die Rolle der Kirchen in der postkommunistischen Gesellschaft. In: Gerhard Simon (Hg.), *Die neue Ukraine. Gesellschaft, Wirtschaft, Politik (1991–2001)*, Köln-Weimar-Wien 2002, S. 177
381 http://en.svoboda.org.ua/about/history/ (3.3.2014)
382 Andreas Kappeler, *Kleine Geschichte der Ukraine*. München 1994, S. 21f

Moskau betrachtete seit jeher den Vormarsch der unierten, dem Papst in Rom unterstellten Kirche als proselytisch und lehnte ihre Missions- und Abwerbungsversuche ab. Stalin setzte die kirchenpolitische Linie des Zaren und des Moskauer Patriarchats politisch fort und verfolgte die Unierten als westliche Agenten. Erst der Zusammenbruch der Sowjetunion öffnete Rom erneut Tür und Kirchentor für die (griechisch-)katholische Sache. 400 Jahre nach der Union von Brest war die Westukraine – vorerst religiös bzw. kulturell – wieder in westlicher Hand.

Im Zentrum des Landes, dort, wo es weder einen historischen Bezug auf die katholische Kirche noch auf die polnische bzw. die habsburgische Herrschaft gab, formierten sich orthodoxe Popen mit starker Unterstützung von Exilkirchen in den USA und der neuen politischen Führung um Präsident Leonid Krawtschuk zu anti-»moskowitischen« Strömungen und gründeten parallel zur ukrainischen Unabhängigkeit 1991 die nationale, ukrainisch-orthodoxe Kirche. Im Osten und Süden der Ukraine hingegen war dieser Los-von-Moskau-Bewegung kein Erfolg beschieden. Der in der Propagandaabteilung der KPdSU groß gewordene Krawtschuk ließ es sich als erster Präsident der unabhängigen Ukraine nicht nehmen, in Kiews Gotteshäusern als gottesfürchtig Betender die ukrainisch-nationale, sich selbst als autonom sehende Kirche aus der Taufe zu heben. Weder das Moskauer Patriarchat noch der oströmische »Papst«, der Ökumenische Patriarch von Konstantinopel, erkennen allerdings diesen Versuch an, eine ukrainisch-orthodoxe Nationalkirche zu errichten.

Derselbe Krawtschuk war es auch, der die Ukraine als ersten Nachfolgestaat der früheren Sowjetunion am 8. Februar 1994 in das NATO-Programm der »Partnerschaft für den Frieden« führte. Sein Nachfolger im Präsidentenamt, Leonid Kutschma, betonte mehrmals die Notwendigkeit einer vollständigen geopolitischen Umorientierung in Richtung Atlantik. In einer damals wenig Aufsehen erregenden Rede vor der parlamentarischen Versammlung der später aufgelösten Westeuropäischen Union (WEU) gab er die Linie vor: »Das strategische Ziel unseres Landes ist die Integration in die europäischen und euro-atlantischen Strukturen«,[383] meinte Kutschma auf dieser Pariser Versammlung im Juni 1996.

Zeitgleich mit der Aufnahme der Ukraine in das NATO-Programm rief Washington ein Komitee zur Einflussnahme auf die ukrainische Politik ins Leben. Dem American-Ukrainian Advisory Committee (AUAC) stand niemand geringerer als das Urgestein US-amerikanischer Präsidentenberater Zbigniew Brzeziński vor. Daneben steuerten Präsidentenberater Henry Kissinger und der ehemalige Verteidigungsminister unter Ronald Reagan, Frank Carlucci,

---

[383] zit. in: Christian Wehrschütz, *Die Ukraine und die NATO. Gedanken zu einer komplexen Partnerschaft*. Siehe: www.bmlv.gv.at/pdf_pool/publikationen/14_sr2_11.wehr.pdf (12.4.2012)

ihre Expertise bei. Den Spekulanten George Soros holte man sich offensichtlich wegen seiner schier unerschöpflichen Geldmittel mit ins Boot. Die engen Verbindungen zu führenden Personen der ukrainischen Politik gewährleistete niemand geringerer als der erste Präsident des Landes Leonid Krawtschuk, der ebenfalls dem AUAC-Ausschuss angehörte.[384]

Es gab also bereits lange vor der im Kapitel »Farbrevolutionen« beschriebenen »orangen Revolution« im Winter 2004/2005 deutliche Avancen einer westorientierten ukrainischen Elite in Richtung NATO und Europäischer Union.[385] Unter dem zeit ihres gemeinsamen Höhenfluges zerstrittenen Zweigestirn Juschtschenko–Tymoschenko erging dann im April 2008 eine Einladung der NATO an die Ukraine, dem Bündnis beizutreten. Die Umsetzung scheiterte (vorläufig?) an Zwistigkeiten innerhalb der Nordatlantikallianz. Diese verschärften sich noch durch die allzu forsche Gangart des georgischen Präsidenten Saakaschwili bei der versuchten Heimholung zweier abtrünniger Provinzen. Und in der Ukraine kam mit der Wahl 2010 jener Wiktor Janukowytsch an die Schalthebel des Präsidentenamtes, den sechs Jahre zuvor die orange Revolution verhindert hatte. Damit war – bis zu seiner verfassungswidrigen Ablöse im Februar 2014 – die atlantische Option vom Tisch; Janukowytsch stand geopolitisch für eine Balance zwischen West und Ost, was ihm von politischen Falken im Westen als NATO- und EU-Feindschaft ausgelegt wurde.

Eine nicht zu unterschätzende politische Kraft der Ukraine soll hier noch Erwähnung finden, bevor wir uns den Ereignissen des Winters 2013/2014 zuwenden, die das Land letztlich zerrissen. Die Rede ist von organisierten rechtsradikalen Strukturen. Sie tauchten, wie wir gesehen haben, nicht erst am sogenannten Euromajdan 2013/2014 auf, sondern waren schon im Kirchenkampf der frühen 1990er Jahre engagiert. Historisch wurzeln sie in den 1930er Jahren, blühten im Widerstand gegen Polen und die Rote Armee auf und ließen sich Anfang der 1940er Jahre von den Nationalsozialisten als Vorfeldtruppe gegen die Sowjetunion instrumentalisieren. Als Allukrainische Vereinigung Swoboda spielten sie in der Übergangsregierung bis Oktober 2014 auch parlamentarisch eine wichtige Rolle.

Swoboda nimmt für sich in Anspruch, in der Nachfolge der Organisation Ukrainischer Nationalisten (OUN) zu stehen,[386] die 1929 in Wien gegründet worden war.[387] Deren Führer Stepan Bandera gilt der ukrainischen Rechten

---

384 siehe Näheres bei: Bernhard Rode, *Das Eurasische Schachbrett. Amerikas neuer Kalter Krieg gegen Rußland*. Tübingen 2012, S. 437
385 ausführlicher unter: Hannes Hofbauer, »Orange Revolution«. Kurswechsel Richtung Atlantik (2004-2005). In: Ronald Thoden/Sabine Schiffer (Hg.), *Ukraine im Visier. Russlands Nachbar als Zielscheibe geostrategischer Interessen*. Frankfurt/Main 2014, S. 18-30
386 http://en.svoboda.org.ua/about/history/ (26.11.2015)
387 Andreas Kappeler, *Kleine Geschichte der Ukraine*. München 1994, S. 209

als Held. Ihm wurden in der Westukraine unter der Regierungszeit Wiktor Juschtschenkos Dutzende Denkmäler errichtet, Straßen wurden nach ihm benannt und Ehrenbürgerschaften vergeben. Bandera war Adolf Hitlers wichtigste Ansprechperson in der Region. Im September 1939 im Zuge der Besetzung Polens von den Nazis aus einem polnischen Gefängnis befreit, wo er wegen Beteiligung am Mord des polnischen Innenministers Bronisław Pieracki einsaß, kämpfte seine OUN unter deutscher Anleitung an vorderster Front gegen die Rote Armee, die ihrerseits in Folge des Hitler-Stalin-Paktes nach Westen vorgerückt war. Banderas radikaler Nationalismus brachte ihn allerdings auch in Widerspruch zu den Nazis, deren Großmachtpläne keine selbstständige Ukraine vorsahen. Sie sperrten Bandera in das KZ Sachsenhausen. Mit dem Nahen der Front erinnerte man sich in Berlin wieder seiner Dienste, entließ ihn im September 1944 aus der Haft, versorgte die mittlerweile gebildete Ukrainische Aufstandsarmee mit Waffen und schickte sie gen Osten.

Nach der Niederlage der Wehrmacht sickerten Banderas Leute hinter die sowjetischen Linien und begannen einen für beide Seiten verlustreichen Guerillakrieg. Als neuer Partner der Rechtsradikalen waren nach der Niederlage der Wehrmacht sogleich London und Washington zur Stelle, die im ukrainischen Nationalismus einen natürlichen Verbündeten gegen die Rote Armee ausmachten. Für ein knappes Jahrzehnt befeuerten die Westalliierten den Bürgerkrieg in der nunmehr sowjetischen Westukraine, indem sie den Aufständischen per Fallschirm Truppen und Material zukommen ließen und ihnen, wo immer es ging, logistisch halfen. Banderas Sicherheitschef, Mykola Lebed, nahm 1950 Zuflucht bei der CIA und wurde für den US-amerikanischen Geheimdienst zu einer der wichtigsten Schlüsselfiguren im ukrainischen Untergrund. Die CIA beauftragte den Bandera-Gefährten mit einer eigenen Operation »Aerodynamic«, die den Einfluss der USA auf ukrainischem Gebiet während des Kalten Krieges sichern sollte.[388] Stepan Bandera selbst konnte sich auf ukrainischem Territorium nicht halten, floh nach München und lebte dort bis zu seiner Ermordung durch einen KGB-Agenten im Jahre 1959 unter falschem Namen, gedeckt von den bundesdeutschen Behörden.

Die ukrainische Rechte hatte es also leicht, Partner im Westen zu finden; sowohl das faschistische Berlin als auch die antifaschistischen Alliierten in London und Washington wussten sich ihrer zu bedienen. Im Kampf gegen Russland standen sie entsprechend des Zeitenlaufs Seite an Seite. Nicht unterschätzen darf man in diesem Zusammenhang die ukrainische Emigration insbesondere aus Kanada, die seit Ende des Ersten Weltkrieges existierte und eine Verbindung

---

[388] Mathias Bröckers/Paul Schreyer, *Wir sind die Guten. Ansichten eines Putinverstehers oder wie uns die Medien manipulieren.* Frankfurt/Main 2014, S. 78, 82

der verschiedenen Kräfte bewerkstelligte. Als die ukrainischen Nationalisten, ob rechtsradikal oder rechtsliberal, dann Anfang der 1990er Jahre wieder gegen Moskau aufstanden, war ihr »natürlicher« Verbündeter sogleich wieder zur Stelle, diesmal als gemeinsam auftretendes deutsch-amerikanisches Gespann.

Die Europäische Union prescht vor: das Assoziierungsabkommen 2013[389]

Das lange vorbereitete Wochenende im litauischen Vilnius endete bereits am Freitag. Tags darauf, am 30. November 2013, waren die Staats- oder Regierungschefs von 28 EU-Mitgliedern und sechs ehemaligen Sowjetrepubliken sowie die Spitzen der EU-Administration wieder in ihre jeweiligen Kapitale zurückgekehrt. Das Ergebnis des Ostgipfels war für Brüssel ernüchternd. Erstmals seit dem Zusammenbruch des Rates für Gegenseitige Wirtschaftshilfe mussten die EU-Kommissare ein klares »Njet« auf ein Integrationsangebot zur Kenntnis nehmen. Die Ukraine erkannte, nicht ohne tatkräftigen Druck aus Moskau, die Gefahren der ökonomischen Peripherisierung und der geopolitischen Sprengkraft des Assoziierungsabkommens, das ihrem Präsidenten in Vilnius zur Unterschrift vorgelegt worden war. Wiktor Janukowytsch verweigerte die Paraphierung, während daheim in Kiew Menschen begannen, für den Anschluss an EU-Europa zu demonstrieren. Das »Njet« zur ökonomischen Unterordnung unter die Spielregeln der EU und zur geopolitischen Umorientierung in Richtung NATO – nichts anderes hatte das Assoziierungsabkommen im Sinn – sollte der Auftakt für einen Bürgerkrieg in der Ukraine sein, der das Land in Stücke riss. Brüssel wollte ein Nein nicht akzeptieren. Und in der Ukraine selbst missverstanden viele Menschen das EU-Angebot als Ticket in Richtung persönlicher Wohlfahrt. Ein Blick über die Grenze nach Rumänien oder an den Schwarzmeeranrainer-Staat Bulgarien hätte genügt, sie eines Schlechteren zu belehren.

Der Einfluss Brüssels hat sich mit den Ergebnissen von Vilnius anfangs nur zögerlich nach Osten erweitert. Die in Litauen unterzeichneten Assoziierungsabkommen mit Moldawien und Georgien folgten dabei jenem Muster, das Westeuropas ökonomische und politische Führer bereits seit 1989/1991 betrieben und das von bürgerlicher Seite als »Integration« beschrieben wird. Bevor wir uns dem neuen Ausgriff der EU in Richtung post-sowjetischer Republiken widmen, wie er in Vilnius bis an den Dnestr und in den Kaukasus stattgefunden hat, wollen wir uns kurz die EU-europäischen Erweiterungen der vergangenen 25 Jahre in Erinnerung rufen.

---

389 Teile dieses Unterkapitels sind eine überarbeitete Neufassung von: Hannes Hofbauer, »Ostpartnerschaft« endet am Dnestr. Das Scheitern von Brüssels neuer Erweiterungsoffensive. In: *Lunapark 21*, Heft 24, Winter 2013/2014, S. 32ff.

Die Transformation des europäischen Ostens in den 1990er Jahren

Akkumulationshungriges Kapital im Westen des Kontinents sah im Niedergang der osteuropäischen Ökonomien Ende der 1980er Jahre seine Chance. Plötzlich taten sich Märkte auf, die bisher nur reguliert und kontrolliert zugänglich waren. Zwar kannten vor allem IWF-Mitglieder wie Ungarn, Polen und Rumänien bereits zuvor westliches Investment, das in Form von Joint Ventures oder Auftragsfertigung z. B. Textilien oder Möbel für den Weltmarkt herstellte, aber noch herrschte trotz IWF-Vorgaben das politische Primat über ökonomische Prozesse. Damit war es nach 1989/1991 schlagartig vorbei. In den post-sowjetischen Staaten (mit Ausnahme der baltischen Republiken) gelang es einer Allianz aus ehemaligen Betriebsdirektoren und Staatsbeamten, Kapital zu konzentrieren und damit eine Oligarchisierung der wirtschaftlichen und politischen Verhältnisse einzuleiten. Ausländische Investoren hatten demgegenüber gewisse Startnachteile.

Anders in den osteuropäischen Ländern, wo es vor allem westeuropäischen Unternehmen gelang, den herrschenden Kapitalmangel zu nützen und in wenigen Jahren sämtliche lukrative Branchen zu übernehmen. Der Eigentümerwechsel war ein totaler. Unterschiedliche Privatisierungsarten wie der Transfer über Treuhandgesellschaften, eine volkskapitalistisch argumentierte Coupon-Privatisierung, die Restitution an Erben vormaliger Eigentümer oder die Versteigerung ehemaligen Volkseigentums stellten die Grundlagen der vormaligen Wirtschaftsweise auf den Kopf. Dazu kamen der Rückbau industrieller Fertigungstiefen und die Eingliederung einzelner, zerschlagener Produktionseinheiten als verlängerte Werkstätten in globale Güterketten.

Alle Lebensbereiche mussten auf Marktwirtschaft umgestellt werden. Dabei galt es überhaupt erst, Arbeits- und Wohnungsmärkte zu installieren. Eine bis dahin fehlende Mobilität und Flexibilität der Bevölkerung musste in Gang gesetzt werden. Diese durch wirtschaftlichen Zwang zu erzielen, war eine der Hauptaufgaben und größten Sorgen der unheiligen Dreifaltigkeit aus Europäischer Gemeinschaft/Union, IWF und Weltbank.

Die Transformation der 1990er Jahre war jedoch mehr als ein rein ökonomischer Prozess. Der Austausch bzw. die Umpolung der gesamten politischen Elite bedurfte einer mindestens genauso peniblen Vorbereitung wie die wirtschaftliche Aneignung. »Institution Building«, »Good Governance« und »Rule of Law« hießen die dementsprechend ideologieschwangeren Losungen. Sie begegnen uns in exakt derselben Schreibe bei der von Polen und Schweden 2008 vorgeschlagenen und dann 2009 eingerichteten »Ostpartnerschaft« der EU für die Heranführung postsowjetischer Staaten an Brüssel wieder. Das Ziel war (und ist), willfährige Administratoren für Legislative und Exekutive, Politik und Jurisdiktion heranzuziehen. Die in weiten Teilen der jeweiligen Gesellschaften vorhandene Abscheu vor den Jahrzehnte lang dominierenden kommunistischen Verwaltungen hat die Transformation wesentlich beschleunigt.

Auffällig und bis heute wenig besprochen war dann die vielleicht einschneidendste Änderung, nämlich jene der europäischen Landkarte. Keines der drei bestehenden multinationalen Staatsgebilde im Osten des Kontinents hat die Transformation überlebt. Sowjetunion, Tschechoslowakei und Jugoslawien mussten einer besonderen Form der »Nationalisierung« weichen. Dieser territorialen Zersplitterung lagen zwar innere Widersprüche zugrunde, die allerdings von außen dynamisiert wurden, was nicht nur in Jugoslawien so augenscheinlich wie verheerend gewesen ist.

Als Transmissionsriemen für die (periphere) Integration osteuropäischer Länder in den Wirtschafts- und Wertekanon der Europäischen Union fungierte der »Acquis communautaire«, ein aus 20 000 Akten und 80 000 Seiten bestehendes Gesetzeswerk in mehr als 30 Kapiteln, das sämtlichen neuen EU-Mitgliedern aufgestülpt wurde.[390] Die angeblichen Verhandlungen starteten im zweiten Halbjahr 1998 und bestanden nicht im Finden möglicher Kompromisse zwischen Brüssel und den Aufnahmekandidaten, sondern im Wie und Wann des Umsetzens der EU-Vorgaben in nationale Gesetze. Die Aufnahme der osteuropäischen Länder in die EU erfolgte dann 2004 bzw. 2007 (für Rumänien und Bulgarien) und 2013 für Kroatien. Mit den in Vilnius 2013 unterzeichneten Assoziationsabkommen zwischen Brüssel, Chişinău und Tiflis wiederholte sich dieser Vorgang der rituellen Unterwerfung.

Die »Ostpartnerschaft«

Brüssels Expansionshunger war auch nach drei Erweiterungsrunden gegen Osten noch nicht gestillt. Mit Hilfe der sogenannten »Ostpartnerschaft« sollen sechs ehemalige Sowjetrepubliken gezielt an den EU-Binnenmarkt herangeführt werden. Die sechs »Partnerländer« sind Moldawien, Georgien, die Ukraine, Belarus, Armenien und Aserbaidschan. Das 2009 auf Betreiben Polens und Schwedens gegründete Forum ist direkt der EU-Kommission unterstellt und agiert im Rahmen der »Europäischen Nachbarschaftspolitik«, die sich seit 2004 die Erweiterung des ökonomischen und politischen Einflussbereichs zur Aufgabe gestellt hat. Während Frankreich dabei in erster Linie die südlichen Mittelmeeranrainer-Staaten im Auge hat, fokussieren Polen und Skandinavien ihre Erweiterungsbemühungen auf den Osten. Deutschland unterstützte von Anfang an beide Vorhaben, ohne sich in die erste Reihe der Initiative zu stellen. Diese

---

390 Vgl. hierzu: Hannes Hofbauer, *EU-Osterweiterung. Historische Basis – ökonomische Triebkräfte – soziale Folgen.* Wien 2007

anfängliche Zurückhaltung hat, was den Süden betrifft, mit fehlenden historischen Beziehungen in Nordafrika zu tun und beruht im Osten auf einer gewissen Furcht vor einem Wirtschaftskrieg mit Russland, der ja dann im März 2014 mit US-amerikanischen und EU-europäischen Sanktionen begann.

Die Abhängigkeit Deutschlands vom russischen Gas, das über Belarus und die Ostsee ins Land kommt, erklärte auch Angela Merkels vergleichsweise beruhigende Worte am Gipfel von Vilnius im November 2013.

Mit einem Budget von 600 Mio. Euro bis Ende 2013[391] bediente die Ostpartnerschaft neben technischen Ausgaben hauptsächlich den ideologischen Überbau des Erweiterungsprojektes. Die diesbezüglichen Schlagworte klingen auf Englisch genauso floskelhaft wie in jeder anderen Sprache, haben sich aber als Anglizismen EU-weit im Sprachgebrauch festgesetzt. Da ist die Rede von »shared values«, »good governance« und »rule of law«. Die handhabbaren Schwerpunkte lassen sich auf vier Top-Anliegen eingrenzen:

— die Einrichtung EU-kompatibler Administrationen, neudeutsch »institution building« genannt,
— der Aufbau einer von Russland unabhängigen Gasversorgung unter dem Stichwort »energy security«,
— zwischenstaatliche und interregionale Vernetzung, genannt »regional development« und
— die Zurückdrängung des Staates aus der Ökonomie bei gleichzeitiger Marktöffnung mit der euphemistischen Bezeichnung »economic integration«.

Mit anderen Worten: Es geht um die Durchsetzung der vier wesentlichen kapitalistischen Freiheiten in den internationalen Beziehungen: freier Verkehr von Waren, Kapital, Dienstleistungen und (quotiert) Arbeitskraft. Um diese zu gewährleisten und damit Investitionssicherheit für EU-europäisches Kapital zu garantieren, bedarf es entsprechender legislativer und exekutiver, administrativer und institutioneller Anpassungen an den Kanon der Europäischen Union. Sollten dafür die Mittel der Ostpartnerschaft nicht ausreichen, kann auch auf den um Dimensionen reichlicher gefüllten Topf des sehr sperrig klingenden »Europäischen Nachbarschafts- und Partnerinstruments« (ENPI) zurückgegriffen werden. Über diese ausschließlich für Erweiterungspläne der EU geschaffene Finanzierungsagentur standen zwischen 2007 und 2013 11,2 Mrd. Euro zur Verfügung, wie auf der Homepage stolz vermerkt.[392] Im Dezember 2013 wurde derselbe Topf mit dem leicht veränderten Namen »Europäisches Nachbarschaftsinstrument« (ENI) – die »Partner« fielen diesmal unter den Tisch – nochmals mit

---

391 http://europa.eu/rapid/press-release_IP-09-1891_de.htm (17.9.2015)
392 http://eur-lex.europa.eu/legal-content/DE/TXT/?uri=uriserv:r17101 (17.9.2015)

15,4 Mrd. Euro bis 2020 gefüllt. Mit solchen Summen lässt sich leicht Einfluss auf die »Nachbarschaft« ausüben, vermerkt auch der Politikwissenschaftler Jürgen Wagner, der dieser Art von Erweiterungspolitik einen »assymetrisch-imperialen Charakter« zuschreibt.[393]

Die Ostpartnerschaft stellt den multilateralen Rahmen für diese Art von Integration dar, die eingedenk der strukturellen Ungleichheiten zwischen westeuropäischen Zentralräumen und dem postsowjetischen Osten nur eine periphere sein kann. Lohndifferenzen von 1:10 oder das Auseinanderklaffen von Steuer- und Sozialsystemen sind der »Ostpartnerschaft« keine Arbeitskreise wert. Darin zeigt sich wie schon im gesamten Transformations- und Erweiterungsprozess seit den 1990er Jahren, dass es ausschließlich um ökonomische Konvergenz geht, bei gleichzeitiger Beibehaltung sozialer Divergenz.

Zuckerbrot und Peitsche

Schon Monate vor dem Ostpartnerschaftsgipfel in Vilnius wechselten einander politische Erpressungen und Angebote ab, kleinere wirtschaftliche Scharmützel zwischen Moskau und Brüssel inklusive. Die EU inszenierte die Forderung nach Herausgabe der wegen Bestechung, Amtsmissbrauch und persönlicher Vorteilnahme inhaftierten früheren, orangen ukrainischen Ministerpräsidentin Julija Tymoschenko als Mittelding zwischen juristischer Gerechtigkeit und medizinischer Notwendigkeit. Moskau wiederum verhängte kurzerhand Embargos für moldawischen Wein und ukrainische Schokolade, auch hier musste offiziellerseits die Gesundheit der russischen Bürger als Argument für die Einfuhrverbote herhalten. Litauen wiederum drohte Russland mit der Sperre der Transitrouten nach Kaliningrad, nachdem Moskau litauische LWKs tagelang am Grenzübergang hatte warten lassen.

Hinter der härter gewordenen beiderseitigen Gangart stand der Kampf um Einfluss in der geografischen Mitte Europas. Die Unterzeichnung von Assoziierungsabkommen war und ist dabei das wichtigste Etappenziel Brüssels. Während in der »Ostpartnerschaft« die sechs postsowjetischen Länder multilateral auf ihre Westorientierung vorbereitet werden, besteht der (vorläufige) Schlusspunkt dieser Entwicklung in bilateral formulierten Assoziierungsabkommen. Wie stark der darin verankerte Integrationskurs in Richtung Westen gleichzeitig Desintegration gegenüber Russland betreibt, zeigt ein Blick in ein Vorbereitungspapier die Ukraine betreffend. Wie schon bei den osteuropäischen EU-Neulingen ist auch hier die militärische Absicherung des vornehmlich ökonomischen Ausgriffs

---

393 Jürgen Wagner, Expansion durch Assoziierung: Die Ukraine und Europas neoliberale Erweiterungsstrategie auf dem Weg zur Weltmacht. In: Peter Strutynski (Hg.), *Ein Spiel mit dem Feuer. Die Ukraine, Russland und der Westen.* Köln 2014, S. 125

auffällig, wenn ein »gemeinsames verstärktes Operieren zwischen ukrainischen friedenserhaltenden Einheiten und Kräften von EU-Mitgliedsstaaten« gefordert wird, das darin bestehen soll, »ukrainische Militärkräfte in die multinationalen taktischen EU-Kampftruppen einzubinden« und »eine Militärkooperation zwischen der EU und der Ukraine voranzutreiben.«[394]

Der Kern des Assoziierungsabkommen findet sich dann unter der Überschrift »Ökonomische Zusammenarbeit«. Hier wird Klartext geschrieben: »Die Partner kooperieren, um die Ukraine bei der Etablierung einer voll funktionsfähigen Marktwirtschaft zu unterstützen«, heißt es bereits im ersten Satz. Die folgenden Vorgaben lesen sich dann wie aus dem Lehrbuch für Wirtschaftsliberalismus und Sparpakete. Kiew wird aufgefordert, »die Erfahrung der EU und der Europäischen Zentralbank zu teilen, um den Geld-, Finanz- und Bankensektor (...) zu entwickeln und zu stärken«, wozu es in erster Linie »Reformen im Rentensystem und im öffentlichen Sektor« brauche. Ohne jeden ironischen Unterton wird dann der Ukraine »die beste Expertise der EU und der EU-Mitgliedstaaten in Bezug auf Rentenreformen« anempfohlen sowie die »Reduktion staatlicher Einmischung in die Preispolitik entlang der besten Praxis der Europäischen Union.« Mit anderen Worten: Energie- und Lebensmittelsubventionen müssen abgeschafft werden, der staatlich regulierte Gaspreis muss einer Liberalisierung weichen. Auch »transparente Privatisierungsgesetze in Abstimmung mit der besten EU-Praxis« werden eingefordert. Wie diese »beste EU-Praxis« bei den Privatisierungen ausgesehen hat, das kann man sich zwischen Rostock und Sofia ansehen. Es wirkt fast unglaubwürdig, dass Brüssel auch Ende 2013 noch mit dieser Vorgangsweise auf Werbetour hing.

Der Druck des Westens in Richtung »marktkonformer« Gaspreise geht auf das Jahr 2010 zurück. Damals ließ sich Kiew (unter Präsident Janukowytsch) auf einen 15 Mrd. US-Dollar schweren Stand-by-Kredit des Internationalen Währungsfonds ein.[395] Als wesentliche Bedingung verlangten die Banker aus Washington die Streichung der Energiesubventionen, was eine Erhöhung der Gaspreise um 100 % bedeutet hätte, sowie das Anheben des Rentenalters von 55 auf 60 Jahre. Janukowytsch unterschrieb die Vereinbarung, hielt sich in der Folge aber nicht daran, weshalb der IWF die Überweisungen, die immer in Tranchen erfolgen, einstellte.

Das Polski Instytut Spraw Międzynarodowych (PISM) in Warschau hat sich übrigens die Mühe gemacht, zu erheben, wer von den Freihandelsversprechen der Europäischen Union in der Ukraine profitiert. EU-Erweiterungskommissar

---

[394] EU-Ukraine Association Agenda to prepare and facilitate the implementation of the Association Agreement vom 24. Juni 2013, S. 6
[395] Amat Adarov u. a., *How to Stabilise the Economy of Ukraine* (Background Study des Wiener Instituts für Internationale Wirtschaftsvergleiche). Wien, 15.4.2015, S. 28

Stefan Füle ging ja bei ungezählten Verhandlungsterminen mit der Prognose durch die Couloirs, das Assoziierungsabkommen würde ein jährliches Wachstum von 6 % garantieren. PISM wies diese Wachstumsraten konkreten Unternehmen und Oligarchen zu. Die größten Nutznießer sollten Petro Poroschenko, der spätere Präsident, mit seinem Süßwarenkonzern Roshen, Andrij Werewskyj mit dem Agrarriesen Kernel und Juri Kosjuk mit seinen gigantischen Hühnerfarmen sein.[396] Wiktor Janukowytsch und sein oligarchisches Umfeld (Sohn Aleksandr Janukowytsch, Rinat Achmetow, Dmitri Firtasch) hätten nach derselben PISM-Studie wirtschaftlich zu den Verlierern gehört.

Mit den Unterschriften der moldawischen und georgischen Delegationsführer unter die Assoziierungsverträge blieb Brüssels neuerlicher Erweiterungsschub auf halbem Wege stecken. Belarus und Aserbaidschan lagen schon im Vorfeld der Partnerschaftsinitiative weit hinter EU-europäischen Vorgaben zurück. Armenien hat mit seiner Ankündigung, der russisch-weißrussisch-kasachischen Zollunion beitreten zu wollen, José Manuel Barrosos Kommissare vor den Kopf gestoßen, ist doch das Brüsseler Integrationsangebot ein exklusives. Wirtschaftliche Präferenzabkommen mit Drittstaaten sind Mitgliedsländern der EU untersagt; eine ähnliche Linie wird auch bei den Assoziierungsverträgen angestrebt.

Die verhalten ausgedrückte Freude der EU-Granden über die Unterzeichnung der Abkommen durch Chişinău und Tiflis ließ vergessen, dass sich Brüssel damit ausgerechnet jene zwei Staaten an die wirtschaftliche und politische Kandare nehmen will, die territorial nicht gefestigt sind. In Moldawien endet der Einfluss Chişinăus am Fluss Dnestr/Nistru, der mitten durch das kleine, 4 Mio. EinwohnerInnen zählende Land fließt. 600 000 von ihnen leben östlich des Dnestr, in dem von keinem Staat der Welt (außer von den gleichermaßen isolierten Abchasien und Südossetien) anerkannten Transnistrien, wo allerdings die industriellen Kernstücke des Landes angesiedelt sind. Georgien wiederum erhebt zwar Anspruch auf die seit 2008 abtrünnigen Gebiete Südossetien und Abchasien, die sich seit der russischen Militärintervention jedoch als unabhängige Republiken bezeichnen. Auch hier ist unklar, bis wohin die neuen Regeln der militärischen und wirtschaftlichen Kooperation mit der EU Gültigkeit haben. Brüssel, so hat es den Anschein, könnte sich mit seinem Vorrücken an den Dnestr und in den Kaukasus mehr Probleme als Vorteile eingehandelt haben.

Kiew wiederum zog in letzter Minute die Notbremse. Ministerpräsident Mykola Asarow sistierte am 21. November 2013 das bereits vollständig ausverhandelte Abkommen per Dekret mit dem Hinweis, »die nationalen

---

[396] Piotr Koscinski/Ievgen Vorobiov, Do oligarchs in Ukraine gain or lose with the EU Association Agreement? In: *Pism-Bulletin* Nr. 85 (539), Warschau, 19.8.2013, zit. in: Julien Vercueil, Die Ukraine im Schraubstock. In: *Le monde diplomatique* vom Juli 2014

Sicherheitsinteressen wahren und (...) die Wirtschaftsbeziehungen mit der Russischen Föderation beleben zu wollen sowie den inneren Markt auf Beziehungen gleicher Augenhöhe mit der EU vorzubereiten.«[397] Die Nachrichtenagentur RIA-Nowosti zitiert Asarows Rede vor der Werchowna Rada, dem ukrainischen Parlament: »Es ist durchaus klar, dass die Normalisierung der Beziehungen mit der Russischen Föderation und die Beilegung aller Streitfragen für die Regierung in den Vordergrund getreten sind«, erläutert er die Hintergründe für die Ablehnung, um dann zu den harten Fakten zu kommen: »Der schrumpfende Handel mit Russland und anderen GUS-Staaten gefährdet ernsthaft die ukrainische Wirtschaft. Die Verschlechterung der Wirtschaftsbeziehungen mit Russland hat zur Folge gehabt, dass die Rating-Agentur »Fitch« die Bonität der Ukraine vor kurzem abgestuft hat. Der ›letzte Tropfen‹«, so Asarow weiter, sei »die Forderung des Internationalen Währungsfonds vom 20. November« gewesen, »die Gaspreise für die ukrainischen Haushalte zu erhöhen, die Gehälter einzufrieren und die Ausgaben zu kürzen.« Nur dann dürfe die Ukraine mit Krediten rechnen.[398] Was für Brüsseler Ohren als Affront klang, war gleichwohl geopolitischer Einsicht und wirtschaftlicher Vernunft geschuldet. Der Druck aus Moskau dürfte letztlich den Ausschlag gegeben haben. Dort war man neben den geopolitischen Implikationen auch wirtschaftlich besorgt. Mit dem Assoziierungsabkommen hätte sich nämlich auch der russische Markt für Waren aus der EU geöffnet, die dann als »ukrainisch« deklariert und wegen des damals bestehenden Freihandelsabkommens zollfrei und ohne weitere Kontrolle nach Russland gelangt wären. Wladimir Putin argumentierte entsprechend, als er in einem ARD-Interview meinte: »Alle europäischen Waren würden direkt in den Zollraum der Russischen Föderation gelangen. (...) Nehmen wir mal an, der Zusammenbau von Autos in der Ukraine, im großen Stil gemacht. Laut dem Assoziierungsabkommen gilt die Ware als in der Ukraine hergestellt. Im Rahmen der Freihandelszone zwischen Russland und der Ukraine würde die Ware auf unseren Markt gelangen. Und Ihre Firmen (westliche Firmen, d. A.), die Milliarden von Euro in Russland investiert haben, z. B. Volkswagen, BWM, Peugeot, Citroën und so weiter, sie sind zu uns auf unseren Markt zu anderen Konditionen gekommen.«[399] Durch das Assoziierungsabkommen der EU mit der Ukraine fühlte sich Moskau nicht nur geopolitisch unter Druck gesetzt, sondern auch wirtschaftlich hintergangen.

Mykola Asarow landete im Übrigen als einer der ersten auf der Sanktionsliste der USA, mit der Washington im März 2014 eine neue, bislang nicht dagewesene

---

[397] Zit. in: http://orf.at/stories/2207353/2207351/ (30.11.2013)
[398] http://de.sputniknews.com/politik/20131122/267332026/Ukrainischer-Premier-Asarow-besttigt-Handel-mit-Russland-hat.html (30.11.2013)
[399] Wladimir Putin im ARD-Interview am 17. November 2014.
Siehe: https://www.youtube.com/watch?v=3EXToQnI75g (10.11.2015)

Front gegen Russland und jene, die sie einer zu engen Bindung an Moskau verdächtigte, eröffnete.

Zurück zum Assoziierungsabkommen. Die dort vorgeschriebene Einbindung des ukrainischen Militärs in EU-europäische Kampftruppen stieß in Sewastopol an ihre Grenzen, wo die russische Marine einen wichtigen Flottenstützpunkt unterhielt und – seit der Annexion bzw. dem Beitritt der Krim zu Russland am 18. März 2014 – weiter unterhält. Noch weniger kompatibel bzw. für die Ukraine brauchbar ist eine EU-Anbindung der Ukraine auf wirtschaftlichem Gebiet, denn Kiew hängt in vielerlei Hinsicht am russischen Tropf. Schon der vordergründig zwischen EU-Europa und Russland ausbalanciert scheinende Außenhandel, der 2012 in beide Richtungen ein Volumen von etwa 45 Mrd. Dollar umfasste,[400] offenbart bei näherer Betrachtung eine wesentlich höhere Abhängigkeit von Russland. Hauptsächlich im Osten der Ukraine stehen jene strategisch wichtigen Fabriken, die Maschinen, Flugzeugteile, Rüstungsgüter und Komponenten für die Weltraum- und Waffenindustrie nach Russland liefern. In der am Dnepr liegenden Industriestadt Saporischschja werden zum Beispiel Militärhubschrauber und Antriebssysteme für zahlreiche russische Flugzeugtypen gebaut. Die Automobilindustrie wiederum fertigt teilweise mit französischer und südkoreanischer Lizenz PKW und LKW sowie im Joint-Venture mit dem weißrussischen Unternehmen Belkommunmasch Oberleitungsbusse. So sie nicht für den heimischen Markt produzieren, finden die Kraftwagen nicht in Westeuropa, sondern in Russland, Belarus und Kasachstan Absatz.

Die Außenhandelsstatistik zeigt die Ostorientierung der ukrainischen Ökonomie deutlich. 32 % der ukrainischen Exporte – gerechnet nach Warenwert – gingen vor dem Machtwechsel in Kiew laut dem »Wiener Institut für Internationale Wirtschaftsvergleiche« in die aus Russland, Belarus und Kasachstan bestehende Zollunion; allein nach Russland waren es 25 %. Demgegenüber machte der Exportanteil in Richtung Europäische Union insgesamt 20 % aus, Italien und Deutschland nahmen je 3 % der Ausfuhren auf.

Bei den Importen ist die Abhängigkeit von Russland noch größer: 40 % der ukrainischen Einfuhren stammen aus dem Raum Russland-Belarus-Kasachstan, während 29 % aus den 28 EU-Ländern kommen. Auf Russland allein entfallen – wegen der ukrainischen Energieimporte – 32 %, auf Deutschland 8 %.[401] Die Warenstruktur ukrainischer Exporte in die EU beschränkt sich in der Hauptsache auf Rohstoffe wie Kohle und Stahl. Ukrainische Industrieprodukte sind auf dem EU-Markt nicht konkurrenzfähig, weshalb das EU-Versprechen auf

---

[400] Peter Havlik, *Vilnius Eastern Partnership Summit: A Milestone in EU-Russia Relations – not just for Ukraine* (WIIW Policy Notes and Reports No. 11), 25 Nov 2013, S. 18ff.

[401] Amat Adarov u. a., *How to Stabilise the Economy of Ukraine* (Background Study des Wiener Instituts für internationale Wirtschaftsvergleiche). Wien, 15.4.2015, S. 33ff.

Markterweiterung ein einseitiges ist. Profitieren werden nach der anschließend an den Machtwechsel von Kiew im März bzw. Juni 2014 getätigten Unterzeichnung des Abkommens hauptsächlich Westfirmen.

Interessant in Hinblick auf die von Washington aus forcierte Sanktionspolitik gegen Russland ist der US-amerikanische Anteil am Außenhandel der Ukraine. Dieser beträgt gerade einmal 1,5 % der Ausfuhren und 3,4 % der Einfuhren des Landes. Da liegen bei den Ausfuhren die Türkei, Ägypten, Indien, Belarus, Polen, der Libanon oder der Iran vor den USA; auch ukrainische Importe stammen – neben Russland – eher aus China, Deutschland, Belarus oder Polen denn aus den USA.[402]

Wie gering die Bedeutung der USA – ökonomisch betrachtet – für den ehemals sowjetischen Raum ist, offenbart auch ein Blick in die russische Außenhandelsstatistik. Während die Länder der Europäischen Union 2013, also vor der westlichen Sanktionspolitik, 51 % der russischen Exporte abnahmen und für 36 % der russischen Importe verantwortlich waren, lagen die Vergleichszahlen für die USA bei 2,5 % bzw. 4,8 %.[403] Vor diesem Hintergrund werden die in Washington vorangetriebenen Sanktionen gegen Russland verständlich. Die USA haben wirtschaftlich gesehen im Kampf um die Ukraine wenig zu verlieren und könnten sich auch ein vollständiges Embargo gegen Russland leisten. Im Gegenteil: Washington bietet mit dem seit den 2010er Jahren betriebenen, staatlich unterstützten Aufbau einer Exportstruktur für Flüssiggas, die Fracking-Gas in großen Mengen verschiffbar macht, Konzernen wie Exxon ungeahnte Möglichkeiten der Markterweiterung. Diese zielen direkt auf den größten Konkurrenten Gasprom.

Der ökonomischen Vernunft, die dem Kiewer »Njet« im November 2013 zugrunde lag, half Moskau mit erpresserischen Mitteln nach. So wurden in den Monaten davor ukrainische Lebensmittel vom russischen Markt mit fadenscheinigen Begründungen, sie würden gesundheitlichen Kriterien nicht entsprechen, ferngehalten. Und auch bei der ganz großen Rechnung, der Energielieferung, spürte Kiew das Erpressungspotenzial des großen Nachbarn. Während Belarus im ersten Quartal 2014 für 1000 Kubikmeter Gas 166 US-Dollar verrechnet wurden,[404] musste die Ukraine über das Jahr 2013 – bei schwankenden Preisen – durchschnittlich 420 US-Dollar überweisen. Die Differenz, die sich Minsk ersparte, betrug auf das Jahr gerechnet 10 Mrd. US-Dollar. Moskau wusste – und weiß – die wirtschaftliche Abhängigkeit der Ukraine für seine eigenen wirtschaftlichen und geopolitischen Interessen zu nutzen.

---

402 ebd.
403 ebd.
404 http://www.rferl.org/content/russian-gas-how-much-gazprom/25442003.html

Die von der EU angebotene Alternative einer Westorientierung wiederum zwingt der Ukraine die Unterordnung unter das Akkumulationsregime der stärksten Kapitalgruppen auf, was gleichbedeutend mit der Schließung vorhandener industrieller Kapazitäten ist, weil die dort erzeugten Produkte auf den Westmärkten keinen Absatz finden. Neue Investitionen könnten mit einer von ihren Arbeitsplätzen per Betriebsschließungen vertriebenen, vergleichsweise gut ausgebildeten und extrem billigen Arbeitskraft rechnen. Der Mindestlohn von monatlich 78 Euro,[405] den der IWF im Mai 2014 einfrieren ließ, entfaltet für Konzerne, die für den Weltmarkt produzieren, eine ungeheure Anziehungskraft, die sich entsprechend in medialen Lobeshymnen über ungeahnte unternehmerische Chancen niederschlägt.

Eine Liberalisierung des Bodenmarktes zielt darauf ab, die südukrainischen Schwarzerde-Böden mit dann geänderten Eigentumsverhältnissen zu einer Kornkammer für Westeuropa zu machen. Eine so gestaltete, agrarische Zukunft schließt an den »Brotfrieden« von 1918 und den deutschen Vormarsch Anfang der 1940er Jahre an. Der Grad der Wertschöpfung ist allerdings bei Agroexporten deutlich geringer, eine weitreichende ökonomische Peripherisierung der Ukraine die Folge.

Jazenjuk und Poroschenko unterschreiben

Einen Verfassungsputsch und hunderte Bürgerkriegstote später unterschrieben Arsenij Jazenjuk und Petro Poroschenko in getrennten Akten der eine den politischen (am 21. März 2014) und der andere den wirtschaftlichen Teil (am 27. Juni 2014) des schließlich auf 2135 Seiten angeschwollenen Dokuments. Interessant dabei, dass ein Teil der handelnden Personen für eine solche Unterschrift gar nicht legitimiert war, denn Jazenjuk war in einem Akt, den nicht nur die russische Seite als Putsch bezeichnet, am 27. Februar 2014 – während in Kiew rechte Schlägerbanden nach Parteigängern des vertriebenen Präsidenten Wiktor Janukowytsch suchten – von der Werchowna Rada zum interimistischen Ministerpräsidenten gekürt worden. Diese Wahl war nicht verfassungskonform, weil Artikel 106 der ukrainischen Verfassung – ähnlich wie die französische – die Einsetzung eines Ministerpräsidenten dem Präsidenten vorbehält, der diesen mit Zustimmung des Parlaments ernennt.[406] Dieser war jedoch in der Nacht auf den 22. Februar 2014 in die Flucht geschlagen worden. Seine Absetzung widersprach zudem der ukrainischen Verfassung, nach der sowohl eine Prüfung durch das Verfassungsgericht als auch eine Zweidrittelmehrheit der Abgeordneten notwendig gewesen wäre. Beides fand nicht statt. Anstatt der für die Absetzung des

---

405 http://en.wikipedia.org/wiki/List_of_sovereign_states_in_Europe_by_minimum_wage
406 http://www.verfassungen.net/ua/verf96-i.htm (28.9.2015)

Präsidenten nötigen 338 Stimmen weist das Protokoll der Parlamentssitzung nur 328 auf; und selbst diese 328 dürften nicht zustande gekommen sein, waren doch laut Anwesenheitsliste am 22. Februar überhaupt nur 248 Abgeordnete (von insgesamt 450) im Saal.[407]

Die geopolitische Neuausrichtung der Ukraine wurde also just zu einem Zeitpunkt besiegelt, an dem den Verantwortlichen dafür die Legitimität fehlte. In Brüssel hat dies nicht nur niemanden gestört, im Gegenteil: Die als »revolutionär« titulierte, verfassungslose Zeit der von den USA und EU-Europa inthronisierten, interimistisch agierenden Kräfte wurde genutzt, um den eigenen Interessen zum Durchbruch zu verhelfen. EU-Ratspräsident Herman Van Rompuy gratulierte der »Ukraine und ihren 46 Millionen Einwohnern«, die mit diesem Akt der Unterzeichnung des Assoziierungsabkommens näher an das »Herz Europas und den europäischen Lebensstil« herangerückt wären.[408]

Mit Arsenij Jazenjuk gelang es Washington, seinen Mann an die Schalthebel der heraufdämmernden Bürgerkriegsepoche zu setzen. Seit der Gründung der Open Ukraine Foundation im Jahr 2007 sicherte sich der spätere Ministerpräsident Zugang zu US-amerikanischem Geld. Die gut dotierte Organisation, die Demokratieaufbau, freie Marktwirtschaft und Menschenrechte auf ihrer Agenda hat, wurde direkt vom US-Außenministerium und von der NATO finanziert[409] und erhielt des weiteren Zuschüsse vom National Endowment for Democracy, von Chatham House und von der Swedbank. Zeitgleich mit der Gründung dieser US-amerikanischen Lobbygruppe wurde Jazenjuk vom orangen Präsidenten Juschtschenko zum Außenminister der Ukraine ernannt; kurz darauf, im Dezember 2007, nahm er den Posten des Parlamentspräsidenten ein; keine vier Wochen später verfasste er – zusammen mit Juschtschenko – einen Bittbrief an die NATO um Aufnahme. Weil er dazu als Parlamentspräsident keine Befugnis hatte und die Mehrheit der Abgeordneten – wie die des Volkes – dagegen war, kam es zur Blockade des Präsidiums im Sitzungssaal. Der Aufforderung der gewählten Mandatare, seine Unterschrift unter das NATO-Aufnahmeansuchen zurückzuziehen, kam Jazenjuk nicht nach. Washington wusste also bereits spätestens seit 2007, dass es sich auf seinen Mann in Kiew verlassen konnte. Und im Frühjahr 2014 enttäuschte der damals 40-jährige Czernowitzer seine Sponsoren nicht. Wie banal sich die US-amerikanische Einflussnahme auf die Einsetzung willigen Personals nach dem Regimewechsel anhört, darüber gibt ein geleaktes Telefonat zwischen dem US-Botschafter in Kiew und seiner Chefin, Vizeaußenministerin Victoria Nuland, Auskunft. Hören wir kurz hinein.

---

407 siehe ausführlich: Gabriele Krone-Schmalz, *Russland verstehen. Der Kampf um die Ukraine und die Arroganz des Westens*. München 2015, S. 23
408 zit. in: www.reuters.com/assets/Print?aid=USBREA2K0JY20140321 (6.5.2014)
409 https://de.wikipedia.org/wiki/Arsenij_Jazenjuk (17.9.2015)

Nuland: »Ich denke nicht, dass Klitsch (d. h. Klitschko, d. A.) in die Regierung sollte. Ich denke, das ist nicht notwendig, Ich halte das für keine gute Idee.« Botschafter Geoffrey Pyatt, hörbar erstaunt über so ungeschminkte und offene Anweisungen, wie mit lokalen Politikern zu verfahren sei: »Ja, ich meine«, stottert er, »wenn es darum geht, dass er nicht in die Regierung kommt, sollte man ihn einfach draußen lassen.« Darauf Nuland: »Ich denke, Jaz (Jazenjuk, d. A.) ist der Typ, der die wirtschaftliche Erfahrung mitbringt.«[410] Und »Jaz« kam ins Amt des Ministerpräsidenten.

Petro Poroschenko kann ihm gegenüber mit einem deutlich bunteren politischen und persönlichen Lebenslauf aufwarten. Politisch verdiente er sich seine Sporen als Außenminister unter Juschtschenko und als Wirtschaftsminister unter Janukowytsch. Ökonomisch mauserte sich der 1965 bei Odessa Geborene in der Epoche der wilden, ursprünglichen Akkumulation vom Kakaoimporteur zu einem der reichsten Männer Osteuropas. Sein geschätztes Vermögen von 1,6 Mrd. US-Dollar erzielte er aus einem Konzernmix, der Süßwaren, Rüstungsgüter, Schiffswerften, Ländereien im Umfang von 100 000 Hektar, Taxiunternehmen, Versicherungen sowie TV-, Radio- und Printmedien umfasst.[411] Poroschenkos Versprechen im Wahlkampf, sich als Präsident von seinem Firmenimperium zu trennen, hielt er übrigens nicht ein. Auf die Frage eines Journalisten der französischen Tageszeitung *Le Monde*, wie er es denn mit seiner politischen Glaubwürdigkeit vereinen können, wenn er entgegen festen Zusagen, seinen Schokoladekonzern Roshen und seine TV-Stationen im Falle der Wahl zum höchsten Amt im Staate zu verkaufen, antwortete der Oligarch im Stil seiner »Berufs«kollegen: »Das Problem besteht nicht darin, reich zu sein, sondern darin, sich aus dem Staatsbudget für die eigene Tasche zu bedienen.« Er selbst, so setzte Poroschenko in frecher Weinerlichkeit fort, hätte nie aus Staatsfonds Geld erhalten, seine Geschäfte seinen total transparent und im Übrigen solle man nicht vergessen, »dass unsere Produktion (gemeint war seine Schokoladenfabrik in Russland) immer wieder von Russland gestoppt worden ist.«[412]

Anders als Jazenjuk wird Poroschenko eher eine Nähe zu Brüssel nachgesagt. Seiner Inthronisierung als Präsident im Juni 2014 gingen informelle Gespräche mit dem Oligarchen-Kollegen Dmytro Firtasch und der »Lichtgestalt der deutschen Medien«, dem von der Konrad-Adenauer-Stiftung unterstützten früheren Boxweltmeister und späteren Kiewer Bürgermeister Witali Klitschko voraus. Die Gespräche mussten Anfang April 2014 in Wien stattfinden, weil Königsmacher Firtasch, der geschätzte 10 Mrd. US-Dollar schwer sein soll und weite Teile

---

410 Zit. in: http://www.bbc.com/news/world-europe-26079957 (11.12.2015)
411 https://de.wikipedia.org/wiki/Petro_Poroschenko (20.9.2015)
412 Interview mit Petro Poroschenko in: *Le Monde* vom 7./8. Juni 2015

der ukrainischen Banken-, Chemie,- Gas- und Medienbranche kontrolliert, von der US-Justiz wegen Bestechung gesucht wurde und ein Auslieferungsersuchen der USA an Österreich seine Bewegungsfreiheit behinderte.[413] Im April 2015 entschied das Landesgericht Wien übrigens, Firtasch nicht an die USA auszuliefern, wobei der Richter interessanter Weise den Schiedsspruch (geo)politisch begründete: »Amerika betrachtete Firtasch offensichtlich als jemanden, der seine wirtschaftlichen Interessen bedrohte«.[414]

Mit Jazenjuk und Poroschenko beschlossen also zwei politisch von unterschiedlichen westlichen Kräften getragene Politiker die Anbindung der Ukraine an Washington bzw. Brüssel. Eine Einbeziehung des Volkes in die Entscheidungsfindung fand nicht statt; sein Skeptizismus wurde ausgeklammert. In den vergangenen Jahren haben Meinungsumfragen grosso modo folgendes Bild ergeben: Eine EU-Mitgliedschaft wäre beliebter als eine Teilnahme am Nordatlantikpakt. Erstere steht allerdings nicht zur Debatte; für letztere hat das Parlament in Kiew am 23. Dezember 2014 indes den Weg bereitet. Mit großer Mehrheit wurde ein von Präsident Poroschenko eingebrachtes Gesetz zur Aufhebung des blockfreien Status angenommen. Damit wäre die wichtigste Vorleistung für eine etwaige zukünftige Aufnahme in die NATO getätigt.

Eine absolute Mehrheit für eine Teilnahme am Brüsseler Integrationsprojekt war bis zum Machtwechsel im Frühjahr 2014 aus keiner seriösen Meinungsumfrage herauszulesen. Im Dezember 2011, als auch die Regierung Janukowytsch öffentlich für die Anbindung an die EU eintrat, konnten sich gerade einmal 46 % für eine Mitgliedschaft unter dem Banner der zwölf goldenen Sternen vor blauem Hintergrund erwärmen, und im Süden und Osten des Landes überwogen immer die Nein-Stimmen.[415]

Was eine NATO-Mitgliedschaft der Ukraine betrifft, so ist eine solche in der Ukraine nicht mehrheitsfähig. Im April 2008, als die NATO erstmals die Aufnahme der Ukraine und Georgiens ankündigte, unterstützten gerade einmal 21,8 % die Teilnahme an der westlichen Militärallianz, 59,6 % waren dagegen.[416] Der orange Präsident Juschtschenko rechtfertigte damals die seiner Meinung nach schlechte Performance des Volkes gegenüber Amtskollegen George Bush folgendermaßen: »Vor drei Jahren haben wir die Arbeit mit 17 % der Bürger angefangen, welche die Integration in das Verteidigungsbündnis unterstützen. Vor einem Jahr haben uns 33 % unterstützt, jetzt bereits 40 %. Und wir haben mit der (Agitations-)Arbeit noch nicht angefangen«, vereinnahmte er die Unent-

---

413 http://derstandard.at/1395364287079/Ukrainischer-Oligarch-Firtasch-erhielt-offenbar-Besuch-von-Klitschko (29.9.2015)
414 https://de.wikipedia.org/wiki/Dmytro_Firtasch (20.9.2015)
415 vgl.: http://dif.org.ua/en/publications/press-relizy/dfefwgr.htm (20.9.2015)
416 http://ukraine-nachrichten.de/ukrainer-ziehen-eu-beitritt-nato_416 (20.9.2015)

schlossenen als Ja-Sager.[417] Bis zum Bürgerkrieg änderte sich an den Positionen zur NATO nichts; seit damals gibt es keine seriösen Umfragen mehr.

Einen Hinweis auf die aktuelle Stimmung gegenüber der Erweiterungspolitik Brüssels und Washingtons in Osteuropa mag eine Umfrage im Nachbarland Moldawien geben. Dort veröffentlichten die Meinungsforscher des Institute of Public Policy Anfang Mai 2015, also eineinhalb Jahre nach der Zustimmung Chișinăus zur Assoziierung mit der EU, entsprechende Umfragedaten. Darin kommt zum Ausdruck, dass sich nur 32 % der MoldawierInnen für eine EU-Mitgliedschaft erwärmen können, obwohl das Assoziierungsabkommen eine solche gar nicht beinhaltet. Demgegenüber sprachen sich 50 % für eine Zollunion mit Russland aus, wogegen Brüssel ja sein Contra-Projekt gestartet hatte. Der frühere Ministerpräsident Iurie Leancă, einer der heftigsten EU-Befürworter in Moldawien, kommentierte die Volksmeinung trocken: »Wir haben die Unterstützung in der Gesellschaft verloren.«[418] Und Regierungsmitglied Jan Feldman setzte, laut *New York Times*, nach: »Die Idee von Europa hat sich selbst diskreditiert.« Die Gründe dafür sind vielfältig und reichen von der Einsicht des einfachen Mannes und der einfachen Frau, mit moldawischen (bzw. ukrainischen) Produkten zwar auf dem russischen, nicht aber auf dem EU-europäischen oder dem US-amerikanischen Markt reüssieren zu können, über die Furcht vor einem Krieg, den Brüssel und Washington für die Durchsetzung ihrer Interessen vom Zaun zu brechen bereit sind, bis zum Umgang der Europäischen Union mit schwachen Mitgliedsstaaten wie etwa Griechenland und einer Brüsseler Regulierungswut, die sich auch im Osten herumgesprochen hat. Letztere wird als Bedrohung der eigenen nationalen Souveränität angesehen.

Am 15. September 2014 ratifizierte das EU-Parlament mit 535 zu 127 Stimmen den 2135 Seiten starken Wälzer des Assoziierungsabkommens. Dass diesen mutmaßlich keiner der Abgeordneten vollständig gelesen hat, tut nichts zur Sache. Wegen des mittlerweile tobenden Bürgerkrieges verschob Brüssel sein Inkrafttreten auf 2016.

Um diesen Weg in Richtung peripherer Westintegration abzusichern, entschloss man sich in Kiew (und wohl auch in Washington), Ausländer zwecks Übernahme von Regierungsgeschäften einzubürgern, gleichsam um damit sein Misstrauen dem heimischen Personal gegenüber zu unterstreichen – ganz so, als fände man in der von 46 Mio. EinwohnerInnen bevölkerten Ukraine keine verlässlichen Kräfte, wobei die Verlässlichkeit bei allen diesen Fällen von Washington geprüft worden sein dürfte. Der Anfang Dezember 2014 angelobten

---

417 *Kommersant-Ukraine* am 2. April 2008, zit. in: http://ukraine-nachrichten.de/ukrainer-ziehen-eu-beitritt-nato_416 (20.9.2015)
418 *New York Times* vom 21. Mai 2015

Regierung gehören sage und schreibe drei Minister an, die zuvor im Eilverfahren die ukrainische Staatsbürgerschaft erhalten hatten, um höchste Ämter im Staat bekleiden zu dürfen: Finanzministerin wird die US-Amerikanerin Natalie Jaresko. Sie war bereits unmittelbar nach der Unabhängigkeitserklärung des Landes 1992 in der Kiewer US-Botschaft tätig gewesen, mithin von Washington gescannt und für gut befunden. Vor ihrer Ernennung zur Chefin eines der wichtigsten Ressorts leitete sie den in Kiew ansässigen Horizon Capital Investment Fund. Wirtschaftsminister wurde der Litauer Aivaras Abromavičius, ein in den USA ausgebildeter Finanzmanager; und ins Amt des Gesundheitsministers kam ein Landsmann von Saakaschwili, der Georgier Aleksandr Kwitaschwili,[419] der Anfang der 1990er Jahre ebenfalls ein Studium in den USA absolviert hatte und seither als Gesundheitsmanager in post-sowjetischen Ländern unterwegs ist.

Vom Majdan zum Bürgerkrieg

Als sich am Abend des 21. November 2013 ein paar Hundert Demonstranten auf dem Majdan Nesaleschnosti, dem Platz der Unabhängigkeit im Zentrum von Kiew, versammelten, dachte niemand an »orange« Wiedergänger einer neun Jahre zuvor angezettelten Revolte. Und bei der orangen Farbe blieb es diesmal auch nicht – es sollte blutig rot enden.

Das Feindbild der Demonstranten war indes dasselbe, sogar in seiner personifizierten Form. Wieder ging es gegen Wiktor Janukowytsch – 2004 als Präsidentschaftskandidat, 2013 als Präsident der Republik. Dieser war am selben Tag vom ukrainischen Parlament aufgefordert worden, keine Unterschrift unter das Assoziierungsabkommen mit der EU zu setzen; dem kam er eine Woche später in Vilnius nach. Am Majdan empörten sich junge Menschen, die EU-Fahne schwenkend, über den Beschluss der Werchowna Rada.

Die Beweggründe der Protestierenden sind nachvollziehbar. Seit 2004 – oder genauer gesagt, seit der Ausrufung der Unabhängigkeit im Jahr 1991 – haben sich die Lebensbedingungen in der Ukraine Schritt für Schritt verschlechtert. Dynamisch entwickelte sich einzig die Schere zwischen arm und reich: Sie ging extrem auseinander. Das »System Kutschma«, wie Anfang der 2000er Jahre die spezielle ukrainische Art der Oligarchenherrschaft bezeichnet worden war, hatte sich weiter verfestigt; Janukowytsch fungierte als Garant dieser Zustände und symbolisierte die innere gesellschaftliche Blockade. Die Chance der Jugend bestand in der Emigration. Wer das nicht hinnehmen wollte oder konnte, sah sich zum Protest genötigt.

Die Hoffnung auf Hilfe von außen, insbesondere auf die Europäische Union, die USA und die NATO, war einer Mischung aus Verzweiflung, Blauäugigkeit

---

419 *Die Presse* vom 4. Dezember 2014

und Manipulation geschuldet. Verzweifelt über die eigene Lage und den Zustand des Landes, glaubte man Brüsseler Versprechen in einer von ausländischen Kapitalinteressen gestalteten, angeblich lichten Zukunft und übersah die mannigfaltigen Formen der Manipulation. Diese reichten vom willig aufgegriffenen Gerücht, es gehe bei dem Assoziierungsabkommen um eine Vorform der EU-Mitgliedschaft bis zu der mit viel Geld aus den USA und EU-Europa über unzählige NGOs verbreiteten Kernbotschaft, man kämpfe für Menschenrechte und Demokratie, wiewohl die postsowjetische Geschichte lehrte, dass hinter dieser Botschaft knallharte wirtschaftliche und geopolitische Interessen standen.

In den Wochen und Monaten nach den ersten Bürgerprotesten sah der Majdan eine Eskalation der Gewalt, wie sie Kiew seit dem Ende des Zweiten Weltkrieges nicht erlebt hatte. Am 29./30. November 2014 versuchte die Spezialeinheit »Berkut« des ukrainischen Innenministeriums den Platz zu räumen, stieß jedoch auf massiven Widerstand, dem sie mit exzessiver Gewalt begegnete. Diese Erfahrung führte in den Reihen der Demonstranten zur Bildung sogenannter »Selbstverteidigungskräfte«, die binnen kurzer Zeit von Rechtsradikalen unterwandert waren. Aus der Westukraine strömten bald Zehntausende in die Hauptstadt und verstärkten die mittlerweile zur Trutzburg ausgebaute Zeltstadt auf dem zentralen Kiewer Platz. Rund um den Majdan besetzten Stoßtrupps der Protestierenden – mittlerweile bestens organisiert – umliegende öffentliche Gebäude wie das Rathaus, das in der Folge als ihre Kommandozentrale fungierte. Beim Sturz des nahen Lenin-Denkmals am 8. Dezember nahmen die Vertreter der Weltpresse erstmals die Existenz der rechtsradikalen Swoboda-Partei wahr, die sich zur Demontage des historischen Parteiführers bekannte; der westlichen Öffentlichkeit wurde der zunehmend radikale Charakter des Aufstandes tunlichst verschwiegen. Auch als am besetzten Rathaus ein riesiges Portrait des Ahnherren der Rechten, Stepan Bandera, hochgezogen wurde, durften dies TV-Konsumenten in Deutschland oder Österreich nicht zu Gesicht bekommen.

Die ukrainischen Sicherheitskräfte agierten, wie Sicherheitskräfte überall in der Welt auf eine solche Situation reagiert hätten: mit Gewalt. Räumungsversuche und Razzien hinterließen Dutzende teils schwer Verletzte. Gerüchte über verschleppte Demonstranten machten die Runde im immer eisiger werdenden Zeltlager.

Zwischen dem 4. und dem 14. Dezember lancierten dann EU und USA eine Kampagne zur Unterstützung der Demonstranten. Die Spitzen der westlichen Politik wurden ausgesandt, um sich mit den Protestierenden vor Ort zu solidarisieren. Der deutsche Außenminister Guido Westerwelle, EU-Außenbeauftragte Catherine Ashton, die im State Department als Vizeaußenministerin für Europa zuständige Victoria Nuland, US-Senator John McCain ... sie alle und noch eine

Reihe anderer Repräsentanten Brüssels und Washingtons mischten sich unter die Kämpfer am Majdan, die sich zu jenem Zeitpunkt bereits im Krieg mit der Staatsmacht fühlten – und wohl auch befanden. Westerwelle hakte sich beim boxenden Brüderpaar Witali und Wladimir Klitschko unter;[420] Nuland verteilte Bagels und bahnte sich den Weg zwischen Herstellern von Molotow-Cocktails und hoch aufschießenden Barrikaden. McCain wiederum ließ sich auf seiner Rede auf dem Majdan von Swoboda-Führer Oleh Tjahnybok und dem mitgebrachten Senator von der Demokratischen Partei Chris Murphy flankieren.[421]

Die Bilder sind eindrucksvoll und im Zeitalter der digitalisierten Information auch heute noch abrufbar. Es lohnt sich, einen Blick darauf zu werfen. Da stehen SpitzenvertreterInnen der Europäischen Union und der USA Hand in Hand mit ukrainischen Oppositionellen, darunter Faschisten, die gerade dabei sind, ihre demokratisch gewählte (und – ganz nebenbei bemerkt – von der EU und den USA anerkannte) Regierung durch Straßenblockaden, Gebäudebesetzungen, Brandbomben und Todesdrohungen von der Macht zu vertreiben. Brüssel und Washington feuern sie an und versprechen im Falle ihres Sieges Kredite und Demokratie. Die Unterstützung aus dem Westen stärkt die radikalsten Elemente auf dem Majdan, sehen diese doch, dass es ihnen gelingt, mit martialischem Auftreten nicht nur höchste Aufmerksamkeit, sondern auch höchste Anerkennung zu erlangen.

Spätestens Mitte Dezember 2013 war auch klar, dass die Ukraine Brüssel und Washington nur als Kampffeld gegen Russland diente, einem Russland, das unter Putin Schritt für Schritt, aber beharrlich, den von Gorbatschow und Jelzin eingeschlagenen Weg der Unterordnung unter westliche geopolitische und wirtschaftliche Interessen verlassen hatte.

Das Bewusstsein darüber, wie sehr die Sorge um demokratische Standards in der Ukraine vorgeschoben war, um auf Moskau zielen zu können, kommt beispielhaft in einer Antwort von US-Senator John McCain auf eine Journalistenfrage anlässlich seines Besuches auf dem Majdan zum Ausdruck. Auf die Rolle Putins angesprochen, antwortet der Vietnamveteran und ehemalige republikanische US-Präsidentschaftskandidat: »Es gibt keinen Zweifel, dass die Ukraine von vitalem Interesse für Putin ist. Ich denke es war Kissinger – bin aber nicht sicher –, der sagte, Russland ohne Ukraine ist eine östliche Macht, mit der Ukraine eine westliche Macht. Hier beginnt Russland, genau hier in Kiew.«[422] McCain hätte auch den Präsidentenberater Zbigniew Brzeziński zitieren können, der schon im

---

420 http://de.sputniknews.com/militar/20131205/267417500/Kiew-Westerwelle-geht-mit-Klitschkos-auf-Euro-Maidan-.html (21.9.2015)
421 http://www.businessinsider.com/john-mccain-meets-oleh-tyahnybok-in-ukraine-2013-12?IR=T (21.9.2015)
422 zit in: *Guardian* vom 15. Dezember 2013; siehe: http://www.theguardian.com/world/2013/dec/15/john-mccain-ukraine-protests-support-just-cause (21.9.2015)

Jahr 1994 meinte: »Ohne die Ukraine wird Russland nie wieder eine Weltmacht werden.«[423] Um die Zurückdrängung dieses Russlands ging es. Deshalb standen in der Protestbewegung Rechtsliberale und Faschisten aus der Ukraine Seite an Seite mit den höchsten Diplomaten aus Deutschland, Polen, Schweden und den USA im Kiewer Kampfgeschehen. McCain war nicht der einzige, der wusste, was er tat, als er den Kämpfern vom Majdan Mut zusprach.

Nach der US-amerikanischen und EU-europäischen Solidaritätskampagne mit den Aufständischen eskalierte die Lage. Nichts anderes war zu erwarten gewesen. Die ukrainischen Behörden verschärften das Demonstrationsrecht, stellten Vermummung und hetzerische Aufrufe unter Strafe; die Demonstranten reagierten mit einem versuchten Sturm auf das Parlament und der Ansage, Janukowytsch, sollten sie seiner habhaft werden, vor ein Tribunal stellen zu wollen.

Im Januar 2014 waren erste Todesopfer zu beklagen. Einer der wenigen linken Aktivisten vom Majdan, Ilja Budrajzkis, beschreibt die Lage vor Ort: »Die Demonstranten laufen mit Helmen und Knüppeln durch die Straßen und wenn sie einen einzelnen Polizisten sehen, verprügeln sie ihn. Deswegen sind dort auch keine Polizisten mehr. Die Regierung kann es auf einen Bürgerkrieg ankommen lassen oder sich zurückziehen.« Auf die Frage, wie die Demonstranten auf die Ultra-Rechten reagieren, antwortet er überraschend: »Überwiegend positiv. Aber nicht, weil viele ihre Ideologie unterstützen, sondern weil sie objektiv die mutigsten und buchstäblich kämpferischsten Teile der Bewegung sind. Keiner geht so offensiv gegen die Polizei vor wie die Ultra-Rechten. Andere sehen sie aber auch als Extremisten, die ein schlechtes Licht auf die Bewegung werfen.«[424] Von einer Querfront der anderen Art zeugt auch ein Bericht eines ehemaligen israelischen Soldaten, der unter dem Tarnnamen »Delta« eine 40-köpfige Truppe befehligte, die sich Schlachten mit den Ordnungskräften lieferte: »Ich gehöre nicht zu ›Swoboda‹, aber ich nehme ihre Befehle entgegen. Sie wissen, dass ich Israeli, Jude und Ex-IDF-Soldat bin. Sie nennen mich ›Bruder‹«.[425]

Erzählungen wie die beiden obigen mögen den Eindruck erwecken, das ganze Volk sei wie ein Mann hinter den Aufständischen gestanden. In gewisser Weise mag dies sogar stimmen, nämlich dann, wenn unter »Volk« eine imaginierte »ukrainische Nation« verstanden wird. Ein solches Selbstverständnis grenzt sich von allem Sowjetischen, Russischen, Asiatischen ab. Es betrachtet die eigene Nation als dem Russischen kulturell überlegen. Mit Hilfe des Westens hofft man, die »europäischen« Wurzeln des Ukrainischen, was immer darunter zu verstehen

---

423 zit. in: Rode, S. 236
424 zit. in: *Marx21* vom 19. Februar 2014
425 zit. in: *Haaretz* vom 28. Februar 2014

ist und wo immer diese angelegt sein sollen, zu stärken und sich vom Asiatischen, Barbarischen distanzieren zu können.

Immer wieder stieß der Autor dieser Zeilen in den Jahrzehnten seiner Recherchen im postsowjetischen Raum auf diese Grundstimmung. Vom Baltikum bis nach Galizien ist sie auch unter Intellektuellen, die sich selbst gegen die Zuordnung »Nationalist« wehren würden, vorherrschend. Dass sich auch ein Linker oder ein Israeli davon hinreißen lassen, mag der Ausnahmesituation auf dem Kiewer Majdan geschuldet gewesen sein, zeigt aber doch die tiefe Kluft, die mitten durch das Land ging und geht.

Denn im Osten und Süden des Landes sind Querfronten mit Bandera-Leuten schlicht undenkbar. Dort zählt der Sieg über Hitler-Deutschland im Großen Vaterländischen Krieg, wie er genannt wird, zum kulturellen Erbe, das auch Generationen später selbstverständlich verteidigt wird. In Kiew und insbesondere im Westen der Ukraine ist man indes dazu übergegangen, die 1940er Jahre als Epoche der brutalen Diktatoren Hitler und Stalin zusammenzufassen und die Gräueltaten gegeneinander aufzurechnen. Die vor allem in Deutschland auch an universitären Instituten mehr und mehr gelehrte Totalitarismus-Theorie gibt dafür den entsprechenden wissenschaftlichen Rahmen ab. Dies verinnerlicht, war Hitler nicht böser als Stalin, schon eher umgekehrt Stalin böser als Hitler, und Bandera als Kämpfer gegen Stalin ein Held der ukrainischen Nation.

Wie gespalten die Ukraine in der Frage der Proteste vom Majdan tatsächlich war, zeigen Umfragen vom Dezember 2013, die westlichen Medienkonsumenten allerdings vorenthalten wurden. Denen zufolge sprachen sich zwischen 45 % und 50 % für bzw. zwischen 42 % und 50 % gegen die Demonstrationen aus, wobei in Richtung Osten und Süden des Landes die Zustimmung zum Majdan rapide sank.[426]

Den Februar 2014 hindurch sah der interessierte Beobachter im russischen Fernsehen, das über den Sender RT auch auf Englisch zu empfangen ist, mit Molotow-Cocktails beworfene, brennende ukrainische Polizisten, deren Kollegen, auf die lange, schwere, von Demonstranten gezogene Stahlketten niedergingen, Bulldozer, die polizeiliche Absperrungen beiseiteschoben und anderen Gewalttaten mehr. Am 18. Februar attackierten Abteilungen des längst schwer bewaffneten Rechten Sektors, einer auf dem Majdan entstandenen paramilitärischen Gruppe, die Zentrale der regierenden Partei der Regionen mit Molotow-Cocktails und setzten Autos in Brand. Die eingreifende Polizei hatte ihren bis dahin höchsten Blutzoll zu zahlen: sieben Polizisten starben, mehr als 100

---

426 Zahlen von: Research and Branding Group vom 10. Dezember 2013 und Interfax-Ukraine vom 30. Dezember 2013. Zit. in: https://en.wikipedia.org/wiki/Euromaidan#cite_note-RBpoll491213-135 (21.9.2015)

wurden verletzt.[427] Dies vor Augen, erschien die von ARD, ZDF, ORF und so gut wie allen anderen Westsendern vermittelte Realität einer Parallelwelt entsprungen, in der es am Majdan angeblich – immer noch – gegen Korruption und für Demokratie ging.

Den Schlusspunkt der »Revolution« setzte eine Verhandlungsfarce unter EU-europäischer Ägide. Am 20. Februar 2014 einigten sich Präsident Janukowytsch und die drei Außenminister Deutschlands, Frankreichs und Polens nach Rücksprache mit Oppositionsführern auf dem Majdan auf vorgezogene Wahlen und eine Verfassungsänderung, die die Rechte des Präsidenten einschränkte. Parallel zu den Gesprächen, bei denen auch der russische Abgesandte Wladimir Lukin teilnahm, kamen draußen am Hauptplatz von Kiew mindestens 70 Menschen – Demonstranten und Polizisten – durch gezielte Schüsse ums Leben. Als tags darauf, am 21. Februar, Polens Radosław Sikorski und Deutschlands Frank-Walter Steinmeier (der Franzose war schon abgereist) an der Unterzeichnung des Abkommens teilnahmen, das von Janukowytsch und den drei Oppositionsführern Arsenij Jazenjuk, Witali Klitschko und Oleh Tjahnybok unterschrieben wurde, brachen Majdan-Aktivisten sofort den Waffenstillstand, buhten einen »ihrer« Unterhändler, Klitschko, aus und forderten den Präsidenten ultimativ auf, das Land bis zum nächsten Tag um 10 Uhr Vormittag zu verlassen. Janukowytsch floh, und im Parlament übernahmen seine Gegner die Macht.

Die Schüsse vom Majdan, denen am 20. Februar nach unterschiedlichen Quellen bis zu 100 Menschen zum Opfer fielen und die zum Scheitern der Gespräche führten, konnten bis Redaktionsschluss dieses Buches zwei Jahre danach keiner der beiden Seiten zugeordnet werden. In einem kurz darauf geführten, mutmaßlich vom russischen Geheimdienst am 4. März veröffentlichten Telefongespräch zwischen dem estnischen Außenminister Urmas Paet und der EU-Außenbeauftragten Catherine Ashton berichtet der Este von einer Begegnung mit einer Ärztin namens Olga, die ihm gesagt hätte, die untersuchten Leichen, ob Demonstranten oder Polizisten, wiesen alle dieselben Verletzungen von denselben Waffen auf. Paet wörtlich: »Es ist wirklich beunruhigend, dass die neue Koalition (Jazenjuk als interimistischer Premier, d. A.) keine Untersuchung der Vorfälle will und dass hier (in Kiew, d. A.) ein stärker werdendes Verständnis zu spüren ist, dass es nicht Janukowytsch-Leute waren, sondern jemand von der neuen Koalition.«[428] Ashton gab sich ratlos. Die Telefone zwischen Kiew, Brüssel und Washington liefen heiß, offensichtlich zu dem Zweck, jene Aussage von Olga, die das ganze Projekt einer »demokratischen Ukraine« und den Kampf dafür vollkommen diskreditiert

---

[427] siehe: Mathias Bröckers/Paul Schreyer, *Wir sind die Guten. Ansichten eines Putinverstehers oder wie uns die Medien manipulieren.* Frankfurt/Main 2014, S. 89
[428] Zit. in: CNN vom 3. März 2014. Siehe: https://en.wikipedia.org/wiki/Euromaidan#Snipers_deployed_during_the_Ukrainian_revolution (21.9.2015)

hätte, zu widerrufen bzw. abzuschwächen. Urmas Paet kam dem Brüsseler Ansinnen nach und behauptete später, irgendwelchen Gerüchten aufgesessen zu sein, und die Ärztin Olga Bogomolez widerrief sogar ihre Aussage, dass die Opfer alle in derselben Weise und durch dieselbe »Handschrift« ermordet worden wären. Der neue ukrainische Gesundheitsminister Oleh Musij brachte dann die ganze Angelegenheit wieder in die gewünschte (antirussische) Spur. Am 8. März 2014 gab er der *Associated Press* ein Interview, in dem er den russischen Geheimdienst als Täter ausmachte: »Ich denke, es war nicht nur ein Teil des alten Regimes (das die Provokation lancierte), sondern das Werk russischer Spezialkräfte, die die Ideologie des alten Regimes aufrechterhalten wollten.«[429] Der Feind war ausgemacht, die Sache konnte auf sich beruhen.

Die Ukraine zerfällt – die Krim wird bzw. bleibt russisch

Die verfassungswidrige Inthronisierung einer interimistischen Regierung in Kiew, die am 22. Februar 2014 den in der Nacht zuvor geflohenen Präsident Janukowytsch für abgesetzt erklärt hatte, bildete die legitimatorische Grundlage für politische Vertreter der Krim, sich dem »Putsch in Kiew«, wie sie es nannten, entgegenzustellen. Der mit westlicher – konkret: US-amerikanischer – Hilfe ins Ministeramt gehievte Jazenjuk besaß, von der Halbinsel Krim aus gesehen, keine Legitimation, die Geschicke des Landes und schon gar nicht die der Krim zu lenken. Ein bereits am Tag nach der Machtübernahme in der Werchowna Rada aufgehobenes Gesetz, das den Gebrauch des Russischen als regionale Amtssprache ermöglicht hatte, bestätigte die am Schwarzen Meer vorherrschende Meinung eines antirussischen Staatsstreiches in Kiew.

Immerhin gaben auf der Krim nach einer Volkszählung aus dem Jahr 2001 77 % der 2 Mio. EinwohnerInnen Russisch als Muttersprache an, dazu kommen noch 380 000 Menschen aus Sewastopol, das wegen seiner Sonderstellung als Flottenstützpunkt der russischen Marine eine eigene administrative Einheit bildet, in der fast ausschließlich Russen leben. Auf der Krim spricht so gut wie niemand ukrainisch; das in Kiew verabschiedete Verbot der russischen Sprache für regionale Amtsgeschäfte war mehr als ein Affront gegen die russischen und russischsprachigen Siedlungsgebiete im Osten und Süden des Landes, es machte ausschließlich russisch Sprechende zu Menschen zweiter Klasse. Die ebenfalls auf Druck des Westens später erfolgte Ankündigung des ukrainischen Interimspräsidenten Oleksandr Turtschynow, dem russischfeindlichen Sprachengesetz seine Zustimmung verweigern zu wollen, konnte die Gemüter auf der Krim nicht mehr beruhigen.

Moskau wiederum fürchtete nicht zu Unrecht um den Status seiner Schwarzmeerflotte, hatten sich doch vor aller Welt sichtbar Männer in die neue Kiewer

---

429 Russia, Ukraine Feud over sniper carnage. *Associated Press* vom 8. März 2014

Regierung gedrängt, die jahrelang als laute Protagonisten eines NATO-Beitritts der Ukraine durch die Lande zogen und oftmals – wie Jazenjuk persönlich – auch direkt auf der Payroll US-amerikanischer Organisationen standen.

Der Marinestützpunkt Sewastopol ist ein historisches Symbol und aktuelle Drehscheibe eines der wenigen Zugänge Russlands zum Meer. Mit dem Frieden von Küçük Kaynarca 1774 zwischen dem Osmanischen und dem Zarenreich, der den Fluss Dnestr als Grenze festlegte, verlor die Hohe Pforte ihren Einfluss auf der Krim;[430] zehn Jahre danach annektierte Russland die Halbinsel. Der Chef der zaristischen Marine baute die ursprünglich von griechischen Kolonisten begründete Stadt zum militärischen Stützpunkt aus. Abgesehen von der zweijährigen deutschen Besetzung durch die Wehrmacht von 1942 bis 1944 blieb die Krim bis 1954 ein Teil Russlands, als KPdSU- und Staatschef Nikita Chruschtschow sie der Ukrainischen Sozialistischen Sowjetrepublik zum Geschenk machte. Damals hatte die Übergabe von der russischen zur ukrainischen Sowjetrepublik so gut wie keine Auswirkungen auf das Leben der BewohnerInnen.

Dies änderte sich mit dem Aufkommen der unterschiedlichen Nationalismen in der Ära der zerfallenden Sowjetunion Anfang der 1990er Jahre. In Kiew diskutierte die politische Elite die Abspaltung von Moskau auf Basis einer gesellschaftlich und kulturell voranzutreibenden Ukrainisierung. Wie überall sonst in der Sowjetunion und Osteuropa stand die nationale Frage im Mittelpunkt neuer Integrationsüberlegungen, die allerdings den größeren, auf Sowjetideologie und Kommunismus aufgebauten Raum desintegrierte. Für die russische Bevölkerung auf der Krim stellte der ukrainische Nationalismus von Anfang an eine Bedrohung dar. Deshalb hielt die Halbinsel am 20. Januar 1991, also fast ein Jahr vor dem ukrainischen Unabhängigkeitsreferendum vom 1. Dezember 1991, eine Volksbefragung ab, mit der sie die Autonome Sozialistische Sowjetrepublik Krim (ASSK) als eigenständiges Subjekt innerhalb der – zu Ende gehenden – UdSSR begründete. Diese lehnte sich an die historische Sowjetrepublik Krim an, die zwischen 1921 und 1942 bestanden hatte. 93 % der EinwohnerInnen sprachen sich im Januar 1991 für die Eigenständigkeit aus und manifestierten damit ihren Willen, nicht als Minderheit innerhalb einer sich national verstehenden Ukraine leben zu wollen. Die Geschichte ging darüber hinweg, die Krim wurde Teil der unabhängigen Ukraine und im Dezember 1991 stimmten 54 % der Krimbewohner dieser Unabhängigkeit zu. Die Sowjetunion, als deren Bestandteil sie sich kurz davor konstituiert hatten, existierte ja nicht mehr.

Moskaus Sorge um den Flottenstützpunkt Sewastopol, der von Kiew immer wieder hinterfragt wurde, führte im Juli 1993 zu einer Erklärung der russischen

---

430 Hannes Hofbauer/Viorel Roman, *Bukowina – Bessarabien – Moldawien. Vergessenes Land zwischen Westeuropa, Rußland und der Türkei.* Wien 1993, S. 183

Duma, Sewastopol nach dem Vorbild Gibraltars als exterritoriale Stadt der Russländischen Föderation zuschlagen zu wollen.[431] Entspannung im Streit um den einzigen Marinestützpunkt Russlands im Schwarzen Meer, das für Moskau das Tor zum Mittelmeer darstellt, trat erst ein, als 1997 eine Art Pachtvertrag zwischen Russland und der Ukraine geschlossen werden konnte. Dieser garantierte der russischen Flotte eine 20jährige Anwesenheit auf der Krim. Janukowytsch verlängerte den ursprünglich nur bis 2017 gültigen Vertrag bis ins Jahr 2042. Die Unabhängigkeitserklärung der Krim am 11. März 2014 und der darauf folgende Anschluss an die Russländische Föderation machten diese Abmachung allerdings obsolet.

Die Wochen zwischen dem Machtwechsel in Kiew und der Sezession der Krim führten der Welt vor Augen, dass Jazenjuk und seine Leute keine Kontrolle über die Halbinsel im Schwarzen Meer besaßen. Sezessionsbereite Politiker vor Ort, Anti-Majdan-AktivistInnen und Soldaten der russischen Flotte führten die Krim Schritt für Schritt »heim nach Russland«. Ein Referendum am 16. März bestätigte mit großer Mehrheit den bereits zuvor von der autonomen Regionalverwaltung erklärten Anschluss an Moskau. Zwei Tage später empfing Wladimir Putin die Spitzenvertreter der Krim im Kreml, informierte über deren Aufnahmegesuch und legalisierte kurz darauf die Erweiterung der Russländischen Föderation um zwei territoriale Subjekte: die Republik Krim und die Stadt Sewastopol.

Eine im Frühjahr 2015, ein knappes Jahr danach, in ganz Russland durchgeführte Meinungsumfrage ergab eine überwältigende Zustimmung der Bevölkerung zur »Vereinigung der Krim mit Russland«, wie die Frage lautete. Demnach gaben 88 % der Russinnen und Russen an, »definitiv dafür« (55 %) bzw. »eher dafür« (33 %) zu sein; 10 % sprachen sich »definitiv dagegen« (2 %) bzw. »eher dagegen« (8 %) aus.[432] Die Haltung Brüssels und Berlins in der Krim-Frage quittierten dieselben RussInnen mit Ablehnung gegenüber der Europäischen Union: 64 % der Befragten geben Anfang 2015 an, eine »grundsätzlich schlechte« (38 %) bzw. eine »sehr schlechte« (26 %) Einstellung gegenüber der EU zu haben.

Die Interimsregierung in Kiew wurde von den Vorgängen auf der Krim völlig überrollt. Das reibungslose Zusammenspiel von lokaler Verwaltung, Demonstranten und russischem Militär, das anfangs ohne Kennzeichnung agierte, überraschte ausgerechnet jene, die nur Tage zuvor eine putschartige Machtübernahme des Landes inszeniert hatten. Die ukrainischen Soldaten auf der Krim

---

431 https://de.wikipedia.org/wiki/Krim (24.9.2015)
432 Umfrage des Forschungsinstituts »Lewada Center«, zit. in: *Kulturaustausch. Zeitschrift für internationale Perspektiven*, hg. vom Institut für Auslandsbeziehungen. Nr. 3/2015, S. 20

liefen teils zu den Russen über oder demobilisierten ohne Rücksprache mit ihren Befehlshabern.

Auch in Westeuropa und den USA herrschte eine Mischung aus ungläubigem Staunen und blankem Entsetzen. Die Sezession der Krim wurde sogleich als völkerrechtswidrige Annexion bezeichnet und Sanktionen gegen Russland sogar noch vor der offiziellen Eingliederung ergriffen. Die Generalversammlung der UNO nahm am 27. März eine – nicht bindende – Resolution an, in der 100 (von 193 Mitgliedsstaaten) das Krim-Referendum als ungültig bezeichneten.

Die Debatte über die völkerrechtliche Einordnung der Anbindung der Krim an Russland ist seither nicht zum Erliegen gekommen. Moskau argumentiert seine Haltung auch nachträglich und anhaltend mit dem »Selbstbestimmungsrecht der Völker als Grundprinzip des Völkerrechts, das im 1. Artikel der Charta der Vereinten Nationen, im Internationalen Pakt über wirtschaftliche, soziale und kulturelle Rechte (...) verankert wurde.«[433] Unter der Überschrift »Zur Wiedervereinigung der Krim mit Russland« lässt der Kreml seine Sicht der Dinge über seine Botschaften verbreiten: »Das Selbstbestimmungsrecht des Volkes der Krim in Form einer Sezession«, heißt es da, »entstand wegen der systematischen und groben Verletzung dieses Rechtes seitens der zentralen Mächte der Ukraine« und sieht den Auslöser des Abtrennungsprozesses »im Staatsstreich in Kiew vom Februar 2014, der unter Gewalt und Einmischung von außen verwirklicht wurde. (...) Die Regierung in Kiew hörte auf, die Interessen der Bürgerinnen und Bürger der Krim zu vertreten.«[434]

Der Westen sah dies bis auf wenige Stimmen vollkommen anders. Für Washington, Brüssel und Berlin lag ein eindeutiger Bruch des Völkerrechts vor. Auch Norman Paech, ein der Linken in Deutschland nahe stehender Völkerrechtler, argumentierte in diese Richtung. Er erinnert an die UN-Charta Art. 2, Ziff. 4, in der die Garantie der territorialen Unversehrtheit festgeschrieben und damit völkerrechtlich verbindlich ist.[435] Das Prinzip der territorialen Integrität hätte sich in den vergangenen Jahrzehnten über das Recht auf Selbstbestimmung geschoben, das nur in Ausnahmesituationen, in denen »die Rechte eines Volkes dauerhaft und schwerwiegend verletzt werden und ein Autonomiestatus verweigert wird«, schlagend würde. Paech sieht eine solche Ausnahmesituation im Fall der Krim nicht gegeben und führt zudem noch ins Treffen, dass die ukrainische Verfassung keine Sezession vorsieht.

Mit Völkerrecht hat die ukrainische Verfassung allerdings nichts zu tun, wie der Jurist Reinhard Merkel in der *Frankfurter Allgemeinen Zeitung* korrekterweise

---
433 Aus einer Pressemitteilung der Botschaft der Russischen Föderation in Wien vom 10. Juni 2015.
434 Ebd.
435 Norman Paech, Wem gehört die Krim? Die Krimkrise und das Völkerrecht. In: Peter Strutynski (Hg.), *Ein Spiel mit dem Feuer. Die Ukraine, Russland und der Westen.* Köln 2014, S. 59

betonte. Er war eine der ganz wenigen Stimmen aus dem in westlichen Mainstream auftretenden Chor wütender Ankläger, der im Anschluss der Krim an Russland keine Annexion sieht. »Hat Russland die Krim annektiert? Nein«, postuliert der Hamburger Rechtswissenschaftler gleich zu Beginn seines Beitrages. Um im selben Ton fortzufahren: »Waren das Referendum auf der Krim und deren Abspaltung von der Ukraine völkerrechtswidrig? Nein. Waren sie also rechtens? Nein; sie verstießen gegen die ukrainische Verfassung (aber das ist keine Frage des Völkerrechts). Hätte aber Russland wegen dieser Verfassungswidrigkeit den Beitritt der Krim nicht ablehnen müssen? Nein; die ukrainische Verfassung bindet Russland nicht. War dessen Handeln also völkerrechtsgemäß? Nein; jedenfalls seine militärische Präsenz auf der Krim außerhalb seiner Pachtgebiete dort war völkerrechtswidrig. Folgt daraus nicht, dass die von dieser Militärpräsenz erst möglich gemachte Abspaltung der Krim null und nichtig war und somit deren nachfolgender Beitritt zu Russland doch nichts anderes als eine maskierte Annexion? Nein.«[436]

Der Vorwurf der Annexion ist einer der schwerwiegendsten im zwischenstaatlichen Rechtsgefüge. Mit Annexion wird die gewaltsame Aneignung eines Territoriums gegen den Willen des angegriffenen Staates bezeichnet. Nach UN-Charta Art. 51 berechtigt sie zu Notwehraktionen seitens Dritter, die dem Angegriffenen zu Hilfe kommen dürfen. Damit einher geht in der Debatte die Frage der Legitimation der Vertreter des angegriffenen Staates; und genau an diesem Punkt widersprechen sich die beiden Prinzipien der territorialen Integrität und des Selbstbestimmungsrechtes.

Reinhard Merkel ist sich dieser Problematik bewusst. Und er kommt zu dem Schluss, dass mit dem Annexionsgeschrei des Westens in erster Linie »die eigene Empörung beglaubigt« werden sollte. Mit einem juristischen Seziermesser schneidet er die begriffliche Verbindung zwischen »Völkerrecht« und »Annexion« auseinander. Gerade die Abfolge der Ereignisse – Sezession der Krim, Unabhängigkeitserklärung und Anschluss an Russland – erlauben es seiner Meinung nach nicht, Russland den Vorwurf der Annexion zu machen, selbst dann nicht, »wenn alle drei (Ereignisse, d. A.) völkerrechtswidrig gewesen sein sollten.« Und dann kommt sein schlagendstes Argument: der Unterschied zwischen Verletzung des Völkerrechts, die er für gegeben hält, und Annexion, schreibt er, »ist ungefähr der zwischen Wegnehmen und Annehmen. Auch wenn ein Geber, hier die De-facto-Regierung der Krim, rechtswidrig handelt, macht er den Annehmenden nicht zum Wegnehmer.« Russland, so sein Schluss, hat die Krim nicht annektiert.

---

436 *Frankfurter Allgemeine Zeitung* vom 7. April 2014. Siehe: http://www.faz.net/aktuell/feuilleton/debatten/die-krim-und-das-voelkerrecht-kuehle-ironie-der-geschichte-12884464.html (23.9.2015)

Washington, Brüssel und Berlin verhängten parallel zu den Geschehnissen in Kiew und Sewastopol Sanktionen gegen missliebige Ukrainer und Russen. Mit eilig verfassten Verordnungen vom 5. und 6. März sperrte man (mit Stichtag 6. März) Konten und Vermögenswerte hochrangiger Personen, die den Westmächten schon ein halbes Jahr zuvor während der Verhandlungen über einen Assoziierungsvertrag mit der Ukraine in die Quere gekommen waren. Der Zeitpunkt der ersten Sanktionsrunde zeigt: Es war nicht die – noch gar nicht erklärte – Unabhängigkeit der Krim und schon gar nicht die Aufnahme derselben ins russländische Staatsgefüge, sondern pure Rache an jenen, die den wirtschaftlichen und militärischen Vormarsch des Westens vor den Toren Kiews stoppen wollten.

Die Verordnung des Rates der Europäischen Union Nr. 208/2014 vom 5. März 2014 beweist dies eindrucksvoll. Ihr Kernsatz lautet: »Sämtliche Gelder und wirtschaftlichen Ressourcen, die Eigentum oder Besitz der in Anhang I aufgeführten natürlichen oder juristischen Person, Einrichtung oder Organisation sind oder von dieser gehalten oder kontrolliert werden, werden eingefroren.«[437] Diese erste Sanktionsliste, mit der jede andere bis dahin gültige Rechtssicherheit außer Kraft gesetzt wurde – was ja auch der Sinn solcher Maßnahmen ist –, umfasst 18 Namen. Die prominentesten von ihnen sind Wiktor Janukowytsch und Mykola Asarow, der frühere Präsident und der Ministerpräsident der Ukraine; dazu drei ehemalige Minister bzw. Vizeminister, der Generalstaatsanwalt und – aus Gründen der ansonsten verpönten Sippenhaftung – vier Söhne von zu Feinden erklärten, entlassenen staatlichen Würdenträgern. Selbst für hart gesottene Beobachter der EU- und NATO-Erweiterungsprozesse ist es fast unerträglich, sich parallel zu den Sanktionslisten die Personalliste der neuen putschartig an die Macht gekommenen Minister und des Generalstaatsanwaltes anzusehen. Dort sitzen in jenen Tagen, in denen die EU (und die USA) ukrainische Ex-Politiker zu Unpersonen erklärt und sie mit Reiseverboten und Eigentumsentzug belegt, vier Faschisten der Swoboda-Partei auf Ministerposten. Auch den Posten des Generalstaatsanwaltes, der unter Janukowytsch Wiktor Pschonka hieß und seit dem 5. März 2014 Sanktionen ausgesetzt ist, bekleidet mit Oleh Machnizkyj ein Parteigänger von Swoboda, einer Partei, deren langjähriges Symbol, die Wolfsangel, als politische Äußerungsform unter das deutsche Verbotsgesetz fällt. Brüssel und Washington ficht das nicht an.

Zehn Tage später erhöhen die USA ihre Schlagzahl. Mit einer neuerlichen Direktive, der Executive Order 13661 vom 17. März,[438] tauchen erstmals russische

---

437 siehe: http://eur-lex.europa.eu/LexUriServ/LexUriServ.do?uri=OJ:L:2014:066:0001:0010:DE:PDF (23.9.2015)
438 https://www.whitehouse.gov/the-press-office/2014/03/17/executive-order-blocking-property-additional-persons-contributing-situat (23.9.2015)

Staatsbürger auf der nun erweiterten Sanktionsliste auf. Von den fünf Männern und zwei Frauen sticht vor allem Sergej Glasjew heraus.[439] Er war Putins Emissär in Sachen Abwehr der sogenannten »Ostpartnerschaft«, mit der sechs ex-sowjetische Republiken unter den NATO- und EU-Schirm getrieben werden sollten. Die Unterschriftsverweigerung von Janukowytsch unter das Assoziierungsabkommen im November 2013 geht wesentlich auf seine Bemühungen zurück. Auch das Ausscheren Armeniens aus den westlichen Plänen trägt seine Handschrift. Soviel Renitenz ruft nach Vergeltung, weshalb Glasjew als Allererster auf die US-Liste kam. Die Biografie des 58-jährigen und seine wirtschaftlichen und geopolitischen Positionen machen neben seiner politischen Arbeit auf vorbildhafte Weise deutlich, warum er zum Feindbild des Westens geworden ist. Der aus einer proletarischen Familie stammende, in der ukrainischen Industriestadt Saporischschje geborene Glasjew trat schon früh offen gegen Jelzin auf, kandidierte auf verschiedenen Listen für die Duma, der er Jahrzehnte lang angehörte, wobei er auch keine Berührungsängste mit der Kommunistischen Partei der Russländischen Föderation (KPRF) kannte. Der sowohl zum Chemiker als auch zum Wirtschaftswissenschaftler ausgebildete Politiker gilt als einer der glaubwürdigsten Vertreter einer russischen Bourgeoisie, die sich zunehmend gegen ausländischen Einfluss wappnet.[440] Als Putins wichtigster Berater für die Ukraine fiel er immer wieder mit Bemerkungen auf, die vor einer Kolonisierung des Landes durch EU-europäische und US-amerikanische Interessen warnte. Nach Washington setzte ihn auch die Europäische Union auf die Schwarze Liste, was Glasjew auch daran hindert, seine historisch vergleichsweise engen Beziehungen zu Wien, wo er immer wieder Vorträge hielt, zu pflegen.

Massaker in Odessa und Repression in Kiew

Wer im Sommer 2003 Odessa besuchte, erlebte die Schwarzmeermetropole als eine vernachlässigte Stadt, in der riesige Platanen und sich an Häuserwänden entlang rankende Weinreben den baulichen Verfall gnädig verdeckten. Der Verwaltung mangelte es sichtbar an Geld, Odessa wurde von Kiew stiefväterlich behandelt, finanziell ausgehungert. Bei der damals notwendigen Einholung eines ukrainischen Visums in Wien konnte der Autor ein Gespräch im Konsulat mithören, in dem sich drei Diplomaten darüber amüsierten, dass nun sie, die ukrainische Botschaft, für die Ausstellung eines Visums für Odessa zuständig seien. Auch ihnen war klar: Odessa ist eine russische Stadt.

Am 2. Mai 2014 starben mindestens 42 Menschen im Odessitischen Gewerkschaftshaus, das zuvor von ukrainischen Nationalisten in Brand gesteckt worden

---

439 http://www.businessinsider.com/russians-sanctioned-by-white-house-2014-3?IR=T (23.9.2015)
440 Gespräch mit Boris Kagarlizki am 1. September 2015 in Moskau

war. Die Opfer waren durchwegs Anti-Majdan-AktivistInnen, die vor rechten Schlägern in dem Hause Schutz gesucht hatten. Soviel scheint an der Erzählung über diesen nach 1945 schrecklichsten Tag in der Geschichte der Schwarzmeerstadt als Erkenntnis gesichert; über die Umstände, wie es zur Tragödie kam, gehen die Meinungen indes weit auseinander. Die großen deutschen Medien stellten die Ereignisse als eine Auseinandersetzung zwischen gewaltbereiten proukrainischen und prorussischen Fanatikern dar, die aufeinander losgingen. Die Tageszeitung *Die Welt* lässt einen einheimischen Journalisten vor Ort zu Wort kommen, der einen »Einwohner von Odessa« aus dem »prorussischen Lager mit seinem Karabiner« auf nationalistische ukrainische Fußballfans und die Polizei schießen sieht, wobei vier Personen sterben.[441] Die Wut darüber, so liest man weiter, trieb eine aufgebrachte Menge vor das Gewerkschaftshaus, wo ein Zeltlager der Anti-Majdan-Aktivisten zerstört und die aufgeschreckten Menschen ins Gewerkschaftshaus getrieben wurden. Darin starben dann 42 von ihnen an Rauchgasvergiftungen und Verbrennungen. Über erschossene oder zu Tode geprügelte prorussische Aktivisten, die sich aus den Fenstern retten wollten und geifernden ukrainisch-nationalen Horden in die Hände fielen, liest man in besagter *Welt* nichts. Selbst die Verursacher des Feuers will uns die Tageszeitung zehn Tage nach dem Massensterben nicht verraten. Und das, obwohl genügend Filmmaterial[442] existiert, das schießende und lynchende Nationalisten zeigt, wie sie Hilfe suchende Menschen zu Tode bringen.

Noch ein Jahr nach dem Massaker fasst die *Frankfurter Allgemeine Zeitung* das Geschehen desinformativ zusammen: »Am Anfang prügelten sich nationalistische Fußballfans und prorussische Aktivisten in der Innenstadt. Dann schossen sie aufeinander. Und am Ende schlugen Flammen aus den Fenstern des Gewerkschaftshauses. Dutzende Menschen erstickten darin, alle Anhänger der prorussischen Seite.«[443] Kein Wort von organisierten Radikalen des Rechten Sektors, von mit Schutzwesten bekleideten »Zivilisten«, die auf Menschen schießen, die sich vor Rauch und Flammen auf die Gesimse des zweiten Stockwerkes retten wollten.

Was geschah wirklich in an jenem 2. Mai in Odessa? Der Journalist Ulrich Heyden gibt nach vielen Gesprächen, die er in Odessa Monate nach dem Massaker geführt hatte, folgenden glaubwürdigen Ablauf wieder: »Schon mittags versammelten sich 1000 Fußballfans (eines für den Abend anberaumten Matches, d. A.) und aus der ganzen Ukraine in einem Sonderzug und mit Bussen

---

441 Bericht von Julia Smirnova in *Die Welt* vom 11. Mai 2014; siehe: http://www.welt.de/politik/ausland/article127870079/Was-geschah-in-Odessa-Protokoll-einer-Eskalation.html (23.9.2015)
442 Siehe beispielsweise: https://www.youtube.com/watch?v=LWfuRcm1Rkc (28.9.2015)
443 *Frankfurter Allgemeine Zeitung* am 7. März 2015; siehe: http://www.faz.net/aktuell/politik/ausland/europa/ukraine-krise-die-tragoedie-von-odessa-13467886.html (23.9.2015)

angekarrte Mitglieder von Maidan-Hundertschaften und Aktivisten des Rechten Sektors zu einem ›Marsch für eine einige Ukraine‹. Die rechten Aktivisten waren mit Helmen, Schildern, Schlagstöcken, Luftdruckpistolen und offenbar auch scharfen Waffen ausgerüstet. (...) Sie wollten den prorussischen Kräften in der Stadt, die vor dem Gewerkschaftshaus ein Zeltlager errichtet hatten, eine schlagkräftige Lektion erteilen. Als es am späten Nachmittag des 2. Mai bei einer Straßenschlacht zwischen Fußballfans und rechten Aktivisten auf der einen und hunderten Regierungsgegnern auf der anderen Seite zu sechs Toten kam, stieg der Hass auf die ›Separatisten‹ ins Unermessliche. (...) Per Megaphon rief der Funktionär der Klitschko-Partei »Udar«, Andrej Jusow, dazu auf, zum Zeltlager der Regierungsgegner vor dem Gewerkschaftshaus zu gehen. Dort kam es dann zu einem Massaker.«[444] Weiter hinten in seiner Reportage zitiert Heyden dann noch einen 73jährigen Odessiten, der sich als Sympathisant der Regierungsgegner im Gewerkschaftshaus befand und versuchte, Leute vor dem Erstickungstod zu retten. Wiktor Trubtschaninow, so sein Name, ist sich sicher, »dass die Angreifer vom Rechten Sektor, die über Seiteneingänge in das Gebäude eingedrungen und auf Menschenjagd gegangen waren, im Auftrag der Regierung in Kiew handelten: ›Kiew wollte Odessa mit seinem Zeltlager eine Lektion erteilen.‹«[445]

In Online-Medien kursierten Gerüchte, wonach das Massaker von Odessa eine geplante Aktion gewesen sei, die direkt vom Interimspräsidenten in Kiew, Oleksandr Turtschinow, und seinem Sicherheitsberater, dem bekannten Rechtsradikalen Andrij Parubij, provoziert und angeleitet wurde. Zu verifizieren sind sie nicht; ein Blick auf die zahlreich vorhandenen Filmdokumente,[446] die die exzessive Gewalt gegen Regierungsgegner dokumentieren und Parubij im ausführlichen Gespräch mit späteren Tätern zeigen, geben solchen Gerüchten allerdings Nahrung.

Berichte wie der obige stießen in westlichen Medien und Politik auf taube Ohren. Dort vermeidet man bis heute jede Schuldzuweisung und redet die Tragödie klein.

Kiew wiederum machte sogleich dunkle Gestalten im Umfeld des russischen Geheimdienstes als Hintermänner der Tragödie aus; Interimspräsident Turtschinow äußerte mehrmals den Verdacht, Russland sei für die Unruhen am 2. Mai verantwortlich. Beweise blieb er schuldig.[447] Der von Kiew eingesetzte Gouverneur von Odessa, Wolodymyr Nemyrowskyj, gegen den Anti-Majdan-Aktivisten schon vor den Gewaltexzessen protestiert hatten, begrüßte die Angriffe auf

---

444 Ulrich Heyden, Das Schweigen der Ermittler in Odessa. In: *Neues Deutschland* vom 8. September 2014
445 ebd.
446 Siehe eine Zusammenfassung: http://www.voltairenet.org/article183807.html (28.9.2015)
447 http://ukraineunderattack.org/en/7871-terrorists-responsible-for-attacks-in-kharkiv-and-odessa-were-trained-by-russians-turchynov.html (28.9.2015)

die regierungsfeindliche Zeltstadt vor dem Gewerkschaftshaus als »rechtmäßig«, weil damit »bewaffnete Terroristen neutralisiert« worden seien, wie er sich ausdrückte.[448] Er gab damit eine Argumentationslinie vor, der sich die Kiewer Regierung in der Folge tausendfach bedienen sollte, um ihre Angriffe auf Städte und Menschen in der Ostukraine zu rechtfertigen. Die ehemalige orange Regierungschefin Julija Tymoschenko, Führerin der Vaterlandspartei und mitten im Wahlkampf um die Nachfolge von Janukowytsch stehend, reiste am Tag nach dem Massaker in die Schwarzmeerstadt Odessa und verneigte sich respektvoll vor den Mördern: »Ich will allen danken, die nach Odessa kamen, um für die Ukraine zu kämpfen«, meinte sie auf einer eigens dafür anberaumten Pressekonferenz.[449] Mit diesem Satz bestätigte sie zugleich die Version der Regierungsgegner, die immer behauptet hatten, dass ukrainische Rechtsradikale von außen gezielt und organisiert nach Odessa kamen, um dort den Widerstand der Einheimischen gegen die Putschregierung in der Hauptstadt zu brechen.

Nach dem Massaker blockierte Kiew jede Untersuchung des Massenmordes. Gerade diese Blockadehaltung und die Tatsache, dass kein einziger nationalistischer Täter längerfristig in Haft genommen wurde, machen stutzig. Auch durch Augenzeugen belegte oder filmisch dokumentierte Gewalttaten haben nicht dazu geführt, dass die namentlich bekannten Täter zur Verantwortung gezogen wurden. Zwei dieser Fälle sind besonders erhellend. Ulrich Heyden, der über das Odessa-Massaker einen Film[450] drehte, hat sie recherchiert.[451] Da ist z. B. der Majdan-Aktivist Wsewolod Gontscharewski, den mehrere Personen gesehen haben, wie er vor dem Gewerkschaftshaus mit einer langen Eisenstange auf Verletzte einschlug. Er wurde von einem Gericht in Cherson freigesprochen. Oder Mykola Wolkow, der in einer Reihe von Filmdokumenten zu sehen ist, wie er mit beiden Händen eine Pistole hält und immer wieder auf Menschen zielt, die das Gewerkschaftshaus verlassen wollen. Kurzfristig festgenommen, wurde er am 29. Mai aus dem Untersuchungsgefängnis in Kiew entlassen. Drei Tag vor seinem todbringenden Auftritt in Odessa zeigt ihn ein Film,[452] wie er auf einem von ihm kontrollierten Straßenkontrollpunkt aus den Händen des damaligen Sekretärs des ukrainischen Sicherheitsrates, Andrej Parubij, mehrere schusssichere Westen in Empfang nimmt.[453] Der schätzungsweise 30jährige Wolkow, eine mögliche Schlüsselfigur in der Tragödie von Odessa, stirbt Anfang 2015 angeblich an

---

448 zit. in: http://www.heise.de/tp/artikel/42/42708/1.html (27.9.2015)
449 http://ukraine-human-rights.org/yulia-tymoshenko-thanks-the-people-who-set-the-trade-union-building-ablaze/ (27.9.2015)
450 Ulrich Heyden/Marco Benson, *Lauffeuer* (2015)
451 Ulrich Heyden in: *Neues Deutschland* vom 8. September 2014. Siehe auch: http://www.heise.de/tp/artikel/42/42708/1.html (23.9.2015)
452 https://www.youtube.com/watch?v=8tVITa8wegQ (28.9.2015)
453 http://www.heise.de/tp/artikel/42/42708/1.html (27.9.2015)

einer Lungenkrankheit, die nach den tragischen Ereignissen vom 2. Mai 2014 ausgebrochen sein soll.[454]

In den Tagen nach dem Brand im Gewerkschaftshaus zogen ukrainische Rechtsradikale durch die Straßen von Odessa und machten Jagd auf tatsächliche oder vermeintliche Regierungsgegner. Schon ein öffentlich gezeigtes orange-schwarzes Sankt-Georgs-Band, das für russische Tapferkeit im Zweiten Weltkrieg steht, machte den Träger zur Zielscheibe brutaler Schläger.

Vier Monate nach dem Brand im Gewerkschaftshaus sitzen zwölf Aktivisten im Gefängnis; es sind ausschließlich Regierungsgegner, also prorussisch Gesinnte.[455]

Im ganzen Land herrscht Hexenjagd. Jene, die sich am Majdan die Kehle mit dem Spruch »Ruhm der Ukraine« heiser geschrien haben, befinden sich im Jagdfieber; jene, die dagegen waren oder sich der nationalen Euphorie gegenüber auch nur bedeckt hielten, haben Angst. Jede Aussage, die Verständnis für Anti-Majdan-Aktivisten zeigt, gilt als un-ukrainisch, unpatriotisch und als Stimme des Verrats an der »Einheit der Ukraine«. Je nach Gelegenheit drohen solchen »Vaterlandsverrätern« richterliche Verfolgung, physische Attacken oder auch schon mal der Tod. Büros der Partei der Regionen und der Kommunistischen Partei der Ukraine werden verwüstet, deren Häuser in Brand gesteckt. Todesdrohungen gegen Kritiker des Majdan sind an der Tagesordnung. Zigtausende von ihnen müssen fliehen, wie beispielsweise jener Lehrer, den der Autor ein Jahr, nachdem die ganze Familie den Heimatort Cherson verlassen musste, im russischen Wladimir trifft.[456]

Wiktor K. ist knapp 50 Jahre alt. Obwohl er sich mit Frau und zwei Kindern ins sichere Russland retten konnte, will er seine Geschichte nur unter der Zusicherung der Anonymität erzählen, viele Freunde und Verwandte leben nach wie vor in der Ukraine. Er fürchtet, sie könnten Repressionen ausgesetzt werden, wenn sein Name bekannt wird. Wiktor K., der lange Jahre in Kiew studiert und unterrichtet hatte, empfand erstmals im Sommer 2013 so richtig Angst. Damals konnte er sich davon überzeugen, dass in der Nähe seiner Heimatstadt Trainingslager für Rechtsradikale installiert worden waren. »Dort wurden unter militärischer Anleitung Schießübungen veranstaltet. Es waren Swoboda-Leute, die da in den Wäldern herumschossen. Und der ukrainischen Polizei war das bekannt.« Auf mein erstauntes Nachfragen, das damals doch Wiktor Janukowytsch Präsident des Landes gewesen sei und warum dieser eine militärische Ausbildung von ukrainischen Nationalisten, noch dazu fernab von deren Hochburgen in der

---

454 http://wakeupfromyourslumber.com/odessa-murderer-mykola-has-died-in-the-hospital/ (27.9.2015)
455 http://www.heise.de/tp/artikel/42/42708/1.html (27.9.2015)
456 Gespräch mit Wiktor K. in Wladimir am 4. September 2015

galizischen Westukraine, dulden sollte, antwortet Wiktor K.: »Da ging es nicht um Ideologie und auch nicht um Korruption, glaube ich, sondern einfach um eine Mischung aus Desinteresse und Angst.« Angst? »Ja, die Massenmedien des Landes waren alle gegen Janukowytsch und seine Partei der Regionen eingestellt. Und er fürchtete deren Berichte mehr als die Rechtsradikalen im Wald.« Janukowytsch scheute also eine mögliche negative Berichterstattung im Fall, dass gegen die Rechten massiv vorgegangen würde? »Ja, eine solche war ihm allerdings sicher, wenn er gegen die Nationalisten vorgegangen wäre. Man muss sich die damalige Situation vorstellen. Über etliche US-Fonds floss Geld für ukrainische Medien ins Land, die von ein paar Oligarchen kontrolliert waren. Deswegen waren der Polizei die Hände gebunden.« Ob er persönlich die Lage als bedrohlich eingeschätzt habe, will ich von Wiktor K. wissen. »Erst dann, als über Facebook Drohungen eingingen, ich sollte auf meinen Sohn aufpassen, man würde ihn demnächst zusammenschlagen. Das war die Antwort auf meinen Versuch, in der lokalen Presse auf die Ausbildung von Swoboda-Soldaten im Wald aufmerksam zu machen. Aber das schlimmste Erlebnis hatte ich, als ich die Drohungen gegen meinen Sohn der Polizei melden wollte. Dort kannte ich einen hohen Offizier und sagte zu ihm: So geht das wohl nicht, dass da nichts dagegen getan wird. Und er antwortete: ›Ich kann da gar nichts machen.‹ Die Polizei, so viel verstand ich in dem Moment, glaubte schon im Sommer 2013, dass demnächst Radikale an die Macht kommen würden.« Lange vor der Besetzung des Majdan war also schon klar, dass sich die Machtverhältnisse ändern würden? »Ja, mir schon«, antwortet Wiktor K. »Ich empfand das Ganze als konkrete Vorbereitung für einen Staatsstreich und verstand auch, dass es keine zweite Orange Revolution geben würde, wenn dafür schon Menschen in den Wäldern militärisch trainierten. Es war das standardisierte Vorgehen der USA zum Regimewechsel.«

Wiktor K. hat seine Wohnung in Cherson verkauft und versucht, in Russland ein neues Leben zu beginnen. Das, was in der Ukraine seit dem Herbst 2013 passiert ist, empfindet er als Zerstörung seiner Heimat. »Die Leute werden zur Armee gezwungen, manche direkt von ihrem Arbeitsplatz weg. Für die, die keine Arbeit haben, bedeutet die Armee zumindest ein geringes Einkommen. Je ärmer die Leute, desto eher herrscht Krieg«, meint er bitter. Und für die Zukunft sieht er ein geteiltes Land: »Der Osten wird abgetrennt und kommt zu Russland. Aber vorher bestehen die USA und Kiew noch darauf, die dortige Infrastruktur so weit wie möglich zu zerstören.«

Repressionsgeschichten gibt es viele. Insbesondere die politische Linke sowie Vertreter der Partei der Regionen befinden sich seit dem 20. Februar 2014, als die Hoffnung auf eine friedliche Konfliktlösung zu Grabe getragen wurde, im Visier einer nationalukrainischen Allianz, die von Krawatten tragenden Parteiführern der neuen Regierung bis zu rechtsradikalen Schlägertruppen und gedungenen Mördern reicht. Zwei Beispiele mögen die bedrohliche Lage für »Vaterlandsverräter« verdeutlichen. Am 16. Mai 2014 verließ der Generalsekretär der Kommunistischen Partei der Ukraine, Petro Symonenko, nach einer Diskussion ein Fernsehstudio im Zentrum von Kiew. Gerade hatte er öffentlich erklärt, dass im Lande Chaos und Anarchie herrschten, sich die Ukraine im Krieg befände und Territorien verlieren würde. Oligarchen, so meinte er, gründeten eigene Armeen und unterstützten die Naziorganisation »Rechter Sektor«, was die bevorstehende Präsidentschaftswahl am 25. Mai irregulär machen würde. Nach der Sendung, berichtet der Journalist Reinhard Lauterbach in der Tageszeitung *junge Welt*, lauerten Faschisten Symonenko an einer Straßensperre auf und bewarfen sein Auto mit Molotow-Cocktails. Er und sein Begleiter entkamen dem Anschlag nur mit Mühe.[457]

Das zweite Beispiel, das hier zur Sprache kommen soll, endete tödlich. Das Opfer dieses Anschlages war Oleh Kalaschnikow, ein Anti-Majdan-Aktivist und beliebter ehemaliger Parlamentsabgeordneter der Partei der Regionen. Der 52-Jährige wurde am 15. April 2015 in seiner Wohnung erschossen. Er war das achte Opfer in einer nie aufgeklärten Serie mysteriöser Selbstmorde und Anschläge auf hochrangige Funktionäre der Partei der Regionen im Jahr 2015.[458] Kurz vor seiner Ermordung schrieb Kalaschnikow noch von der Stimmung, die gegenüber Menschen wie ihm in Kiew herrschte. Er versuchte gerade, ein Vorbereitungskomitee für einen Festakt zur Feier des 70. Jahrestages des Sieges der Roten Armee über Hitlerdeutschland zustande zu bringen. Im Kiew Poroschenkos und Jazenjuks machte er sich damit mehr als unbeliebt. »Es herrscht ein offener Genozid gegen Dissidenten«, meinte er. »Todesdrohungen und ständige schmutzige Beleidigungen« gehörten zur »Norm« gegenüber jenen, die das Gedenken an den Großen Vaterländischen Krieg hochhielten. Kalaschnikow erlebte die 70-Jahr-Feier nicht mehr.

Krieg im Donbass

Der Frühling des Jahres 2014 hätte als Jahreszeit der Selbstbestimmung in die Annalen der ukrainischen Geschichte eingehen können. Überall im Osten und Süden des Landes protestierten russischsprachige UkrainerInnen und ethnische RussInnen gegen die verfassungswidrige Machtübernahme des Oligarchen Petro

---

457 Reinhard Lauterbach, Keine Einigung in Kiew. Ukraine: Anschlag auf KPU-Generalsekretär Simonenko. Krimtataren-Emir droht Rußland mit Dschihad. In: *junge Welt* vom 20. Mai 2014
458 Diese waren: Aleksej Kolesnik, Vorsitzender in der Region Charkow; Stanislaw Melnik; Sergej Walter, Bürgermeister von Melitopol; Aleksandr Bordjuga, Vizepolizeichef von Melitopol; Michail Tschetschetow; Sergej Melnitschuk, Staatsanwalt aus Odessa; sowie der frühere Vorsitzende der Regionaladministration in Saporischschje. Siehe: http://www.rt.com/news/250073-ukraine-mp-killed-kiev/ (27.9.2015)

Poroschenko und seiner rechts-nationalen Regierung in Kiew. Die russische Trikolore schwingend, zogen Tausende in Charkiw, Luhansk, Donezk, Mariupol, Slowjansk und vielen anderen Städten protestierend vor die Präfekturen und Rathäuser, versammelten sich unter Lenin-Denkmälern oder äußerten entlang der Einkaufsstraßen ihrer Stadt Unmut über den Putsch in der Hauptstadt, wie sie den Machtwechsel nannten. Sie forderten politische Autonomie, Verbesserung der sozialen Verhältnisse und das Recht auf die eigene Sprache.

Hätte. Der Konjunktiv muss betont werden. Denn Selbstbestimmung war nur für das Ukrainisch-Nationale vorgesehen. Die Proteste vom Kiewer Majdan nahmen für sich sämtliche positive Attribute einer politischen Bewegung in Anspruch. Sie vereinten in ihrer Selbstwahrnehmung das Demokratische mit dem Nationalen und setzten dieser Allianz mit dem Bekenntnis zum Europäischen und zum Nordatlantischen jene Kronen auf, die von Brüssel und Washington vergeben werden. Die Putschisten von Kiew – wir wollen einmal kurz in der Diktion der autonomistischen Seite verharren – nahmen die Adjektive »demokratisch«, »national«, »europäisch« und »nordatlantisch« vom Hauptplatz mit hinein in die Werchowna Rada ... und schon war die Hegemonie über den Diskurs gewonnen. Dass es dazu 5 Mrd. US-Dollar Hilfe bedurfte, wie US-Sonderbeauftragte Victoria Nuland freimütig zugab, erleichterte die Sache. Diesen Betrag nannte die stellvertretende Außenministerin in einem Gespräch mit ihrem Botschafter in Kiew am 28. Januar 2014, während auf dem Majdan die Früchte dieser Investition zu sehen waren.[459]

Die Menschen im Osten und Süden des Landes fühlten sich vom ukrainischen Nationalismus bedroht. Sie sprechen in ihrer übergroßen Mehrheit (70 % bis 80 %) russisch, sind – so sie 2014 älter als 40 Jahre waren – in der Sowjetunion zur Schule gegangen, besuchen oft die russisch-orthodoxe Kirche, sehen russisches Fernsehen und sind verwandtschaftlich, kulturell, am Arbeitsplatz und im Freizeitverhalten mit Russland verbunden. Als sie sahen, dass Straßenproteste in Kiew den gewählten Präsidenten hinwegfegten und statt seiner eine russophobe, Kreml-feindliche Junta – wir bleiben noch bei ihrer Diktion – an die Macht spülten, versuchten sie nach kurzer Schockstarre Ähnliches. Ohne Hilfe von außen, wie sie der Majdan, Jazenjuk, Swoboda und Poroschenko aus EU-und US-Geldtöpfen genossen, musste ihr Aufstand allerdings (vorerst) scheitern.

Wer waren nun die Menschen, die sich in Donezk, Luhansk, Slowjansk, Charkiw, Odessa und anderswo gegen den Kiewer Majdan und seine Folgen zu wehren begannen? »Es waren Leute, die eine Atmosphäre von Angst und Terror«

---

[459] Die 5 Mrd. US-Dollar kamen in der Hauptsache vom US-Außenministerium und anderen staatlichen Stellen der USA und wurden seit der ukrainischen Unabhängigkeit sogenannten Nichtregierungsorganisationen zur Verfügung gestellt. Siehe: *Die Zeit* vom 17. Mai 2015

spürten, die durch das Auftauchen rechtsradikaler Schläger vom Rechten Sektor in vielen dieser Städte verstärkt wurden, wie Sergej Kiritschuk von der sozialistischen Bewegung »Borotba« (»Kampf«) meint. Der sich als Ukrainer verstehende Aktivist analysiert die Zusammensetzung der Protestler im Osten und Süden soziologisch: »Hauptsächlich zwei Beweggründe führten dazu, warum die Menschen auf die Straßen gingen: der Wunsch nach einer maximalen Kooperation und Verbindung mit Russland und eine antioligarchische, antikapitalistische Grundstimmung. Die Menschen waren empört darüber, dass die Regierung in Kiew ausschließlich Milliardäre als Gouverneure in den südöstlichen Regionen eingesetzt hat.«[460] Kiew vergab die politischen Führungsposten im russisch besiedelten Teil des Landes wie Feudaltitel. Auch unter Janukowytsch waren die Reichsten zu politischen Ämtern gekommen, doch jetzt geschah dies in noch schamloserer Form. Diese sichtbare Verhöhnung lokaler Interessen wollten sich viele nicht mehr gefallen lassen.

Ein Blick auf die Namen der von Kiew unmittelbar nach der sogenannten Revolution inthronisierten Gebietsverwalter zeigt, wer da politisch bedient wurde: Ihor Kolomojskyj wurde Gouverneur von Dnipropetrowsk. Der ukrainisch-zypriotisch-israelische Geschäftsmann wird in der Forbes-Liste von 2011 an 377. Stelle der reichsten Menschen der Welt angeführt; er zeigte sich für den Gouverneurstitel mit der Finanzierung einer Privatarmee erkenntlich, die verschiedene Bataillone (Dnipro, Ajdar, Asow) zum Kampf gegen die Separatisten entsandte. Donezk erhielt am 2. März 2014 den Milliardär Serhij Taruta als Gouverneur vorgesetzt. 2,7 Mrd. US-Dollar schwer, unterhält er – wie andere Oligarchen auch – einen Fußballklub. Dem Gesundheitsunternehmer Ihor Baluta wurde das Gouvernement Charkiw zugesprochen, wo er sich Anfang März sogleich auf Demonstrationen der proeuropäischen Kräfte begab und den Kampf gegen »die Russen« aufnahm. Odessa bekam es nach dem Umsturz in Kiew mit Ihor Palyzja zu tun, geschäftlich gesprochen eine Unterabteilung des Oligarchen Kolomojskyj, dem er freundschaftlich verbunden ist.[461] Sein Nachfolger toppte dann noch die bislang in der Ukraine übliche gewesene Absurdität. Am 30. Mai 2015 ernannte Poroschenko den ehemaligen georgischen Staatspräsidenten Michail Saakaschwili, der vor einem heimatlichen Strafverfahren in den USA Zuflucht gefunden hatte, zum Gouverneur von Odessa. Er will, wie er in einem Interview sagte, »Odessa als Versuchslabor für die Ukraine nutzen«. Auf die Nachfrage des Journalisten, wer denn die Reformpolitik bezahlen würde, der er sich fern der Heimat verschrieben hat, antwortete Saakaschwili unbefangen:

---

460 Sergei Kirichuk, Terror in Ukraine forces left wing organisation Borotba unterground – Interview with Sergei Kirichuk. In: http://www.marxist.com/terror-in-ukraine-forces-left-wing-organisation-borotba-underground.htm (12.10.2015)
461 *Financial Times* vom 6. Mai 2014

»Die USA haben drei Millionen Dollar gegeben.«[462] So skurril kann Fremdherrschaft sein.

Bei den ukrainischen Regionalwahlen Ende Oktober 2015 musste Saakaschwilis Kandidat für das Amt des odessitischen Bürgermeisters, Aleksandr Borowik, eine empfindliche Niederlage einstecken; sein Gegenspieler, Gennadi Truchanow von der Partei der Regionen gewann auf Anhieb 53 % der Stimmen. Als Reaktion darauf sprach Saakaschwili von Wahlfälschung »durch die Mafia« und drohte damit, den Urnengang wiederholen zu lassen. Auf einer Versammlung in Odessa unmittelbar nach der Wahl sieht man den ehemaligen georgischen Präsidenten vor zwei EU-Fahnen stehen. Er hört interessiert einem Redner zu, der offen zur physischen Vernichtung jener aufruft, die sonntags zuvor falsch gewählt haben und sich damit gegen den nationalistischen Polit-Kurs in Kiew stellen. »Eines ist allen klar: Diejenigen, die wir am 2. Mai nicht bekamen, sind alle noch hier«, spielt er auf das Massaker im Gewerkschaftshaus von Odessa an, bei dem ein halbes Jahr zuvor mehr als 100 Menschen verbrannt und erschlagen worden sind, indem er sich positiv darauf bezieht. Zum Ausgang der Kommunalwahlen fragt der Redner abschließend suggestiv: »Damals (am 2. Mai, d. A.) haben wir nicht aufgegeben. Werden wir jetzt aufgeben?«[463] Der von Poroschenko für die Region Odessa eingesetzte Saakaschwili flankiert die indirekten Aufrufe zu Mord und Totschlag an der Opposition staatsmännisch. Westliche Medien haben darüber nicht berichtet.[464]

Der gegen Poroschenko und Jazenjuk protestierende linke Aktivist Sergej Kiritschuk hingegen musste die Ukraine verlassen. Er floh nach Deutschland.

Anfang März 2014 gingen die Menschen im Osten und Süden massenhaft auf die Straßen. Am 2. März, dem ersten Sonntag nach dem Machtwechsel in Kiew, versammelten sich Tausende am Oktoberplatz im Zentrum von Donezk, schwangen russische und sowjetische Fahnen und riefen Slogans gegen die Faschisten in der Hauptstadt. Tags darauf drang die Abordnung einer Bürgerversammlung mit Hilfe der Polizei, die ihr den Weg durch die protestierende Menge freimachte, zur Sitzung der Donezker Regionalverwaltung vor und übergab eine Note mit der Forderung, die Regierung in Kiew nicht anzuerkennen. Zeitgleich startete eine Unterschriftenaktion desselben Inhalts. Stattdessen sollte Pawel Gubarew als »Volksgouverneur« ausgerufen werden.[465] Der erste Schritt in Richtung der späteren »Volksrepublik Donezk« (VRD) war getan.

---

462 *Der Standard* vom 16. September 2015
463 https://www.youtube.com/watch?v=IJbCid7wxsI (2.11.2015)
464 Eric Zuesse, U.S.-Imposed Georgian Governor of Ukraine's Odessa, Fails in Electoral Attempt. In: http://www.strategic-culture.org/news/2015/11/01/us-imposed-georgian-governor-ukraine-odessa-fails-electoral-attempt.html (1.11.2015)
465 http://vz.ru/news/2014/3/3/675276.html, zit. in: Halyna Mokrushyna, Bearing Witness in Donetsk: Ukraine's Euromaidan Revolution and the War in Donbas, siehe: http://www.truth-out.org/news/

Der Kampf um das regionale Verwaltungsgebäude in Donezk sollte einen ganzen Monat dauern, bis am 6. April 2014 die Volksrepublik ausgerufen wurde. In einem ersten Akt nach der Unabhängigkeitserklärung sandte man einen Brief an den Kreml mit der Bitte um Aufnahme in die Russländische Föderation.[466]

Den ganzen Frühling 2014 über ist viel Blut im Donbass geflossen. Der große Angriff aus Kiew erfolgte parallel zu den tragischen Ereignissen in Odessa Anfang Mai. Am selben 2. Mai, als in Odessa hundert Menschen im Gewerkschaftshaus verbrannten, flogen Kampfhubschrauber der ukrainischen Armee erste Luftangriffe gegen die Stadt Slowjansk. Eine Woche später, am für Russland symbolträchtigen 9. Mai, dem Tag des Sieges über Hitler-Deutschland, rollten Panzer durch Mariupol. TeilnehmerInnen an der Gedenkparade sowie unbeteiligte Passanten wurden aus Panzern heraus oder von Scharfschützen erschossen.[467]

In Kiew änderte sich die Diktion. Aus »Separatisten« wurden »Terroristen«, und diese bekämpfte man mit allen Mitteln – aus der Luft mit Kampfflugzeugen und Hubschraubern, die Streumunition abwarfen und die Ostukraine auf Jahre verseuchen,[468] zu Lande mit Raketenwerfern, Panzern und Truppen. Die offizielle ukrainische Armee erhielt Unterstützung von irregulären Truppen rechtsradikaler Nationalisten. Hitlergrüße, Hakenkreuze und andere faschistische Symbole gehörten an der Front zum Alltag und wurden stolz präsentiert, wie beispielsweise die ZDF-Nachrichtensendung »heute« zeigte.[469] Bei den Radikalen machte das Eindruck, in Kiew wusste man die antirussisch-rassistische Grundeinstellung von Kampfeinheiten wie »Asow« zu schätzen und im Westen sah man gnädig darüber hinweg.

Die Tatsache, dass eine eben unter – gelinde gesagt – fragwürdigen Bedingungen an die Macht gekommene Regierung Krieg gegen das eigene Volk führte, kam in den meinungsbildenden Medien des Westens nicht zur Sprache. Berichte wie jener der Oberärztin Nadeschda Tschegodajewa konnten deutsche oder österreichische Medienkonsumenten allenfalls russischen Medien entnehmen. Tschegodajewa arbeitet im Krankenhaus Nr. 21 in Donezk. »Fast jeden Tag gerät das Wohngebiet an der Frontlinie unter Beschuss«, erzählt sie dem Korrespondenten der *Moskauer Deutschen Zeitung*. »Erst am Tag zuvor wurde eine Frau tödlich getroffen, nur 200 Meter vom Krankenhaus entfernt. Wenn in Europa jemand ums Leben kommt, ist das ein Drama. Was hindert die Europäer daran, Poroschenko zu stoppen?«, fragt sie. »Von der Ukraine erhält der Donbass nur

---

item/30854-bearing-witness-in-donetsk-ukraine-s-euromaidan-revolution-and-the-war-in-donbas (12.10.2015)
466 ebd.; siehe auch: Der Standard vom 13. Mai 2014
467 http://sputniknews.com/voiceofrussia/news/2014_05_09/Mariupol-police-HQ-being-stormed-self-defense-forces-6352/ (7.12.2015), siehe auch den Filmausschnitt: https://www.youtube.com/watch?v=hzbWZPZyRdQ (12.5.2014)
468 *Die Presse* vom 22. Oktober 2014
469 ZDF-Nachrichtung »heute« vom 8. September 2014

Granaten.«[470] Erschreckend einfache Geschichten, die das Leben bzw. den Tod im Donbass beschreiben, fehlen in der westlichen Wahrnehmung.

Nur hie und da empören sich Journalisten vor Ort über Kriegsverbrechen, nicht ohne meist zugleich der sezessionistischen Gegenseite Ähnliches zu unterstellen. Wie in jedem Krieg hält sich keine Seite an moralische Imperative, die in Friedenszeiten postuliert wurden. Doch um die Einschätzung von Gräuel und Verbrechen geht es hier nicht, sondern um die Unterstützung EU-Europas und der USA für eine Regierung, die Krieg gegen das eigene Volk führt. Dass dieses Volk im Osten und Süden des Landes zum Feind – zum russischen Feind – umdefiniert wurde, um eine Rechtfertigung für den Angriff zu haben, gehört zur propagandistischen Begleitung des Kriegshandwerkes, wie es wohl zu Beginn jedes militärischen Informationsseminars gelehrt wird.

Zwischen den ersten Angriffen ukrainischer Kampfhubschrauber auf Slowjansk Anfang Mai 2014 und dem Abflauen der Kämpfe nach der Vereinbarung von Minsk im Februar 2015 fanden schätzungsweise 10 000 Menschen bei Kriegshandlungen den Tod, 2 Mio. flohen aus ihrer Heimat; das Gebiet Donezk hat seit Kriegsbeginn ein Drittel seiner vormals 4,3 Mio. EinwohnerInnen verloren.[471] In welchem Ausmaß die Ostukraine in den ersten Kriegsmonaten zerstört wurde, zeigt die russische Studie »Haupttendenzen und Charakteristika der sozioökonomischen Lange im Donbass«, die der *Spiegel* in Auszügen veröffentlichte. Demzufolge ging im Spätherbst 2014 die Industrieproduktion in Donezk und Luhansk um 59 % bzw. 85 % zurück, sämtliche Chemiefabriken und sieben Stahlwerke schlossen ihre Tore, 69 von 93 Kohlegruben standen still und 40 000 Kleinbetriebe meldeten Konkurs an.[472] An Infrastrukturzerstörungen listet die russische Studie auf: 30 zerstörte Brücken, 1000 Kilometer unbrauchbar gemachte Straßen, 4585 zerbombte Häuser, 58 zerstörte oder beschädigte Heizwerke. Dazu kamen noch der in Schutt und Asche gelegte, kurz zuvor neu gebaute Flughafen in Donezk, sowie von Strom- und Wasserversorgung abgeschnittene Dörfer und Stadtteile. »Mehr als die Hälfte der arbeitsfähigen Bevölkerung hat Arbeit und Einkommen verloren. Dem Donbass droht eine humanitäre Katastrophe«, fasst der russische Bericht die bedrückende Situation nach sechs Monaten Bombenkrieg zusammen.

---

470 *Moskauer Deutsche Zeitung* Nr. 16 vom August 2015
471 Ebd.
472 *Der Spiegel* Nr. 47/2014, S. 103

Die Volksrepubliken

Am 11. Mai 2014 hielt die unter Kontrolle der Separatisten stehende Region Donezk ein Referendum über die Unabhängigkeit ab. Daran nahmen, laut Auskunft der erst seit kurzem im Amt befindlichen Administration, 75 % der Bevölkerung teil, von denen 89 % für eine Loslösung von der Ukraine votierten.[473] Washington und Brüssel verlauteten im Gleichschritt mit Kiew, das Referendum sei illegal und bedeutungslos. Moskau wiederum, das den Separatisten anfangs von der Durchführung abgeraten hatte, erkannte das Resultat dennoch an.[474]

Spätestens zu diesem Zeitpunkt war klar, dass Kiew keine Kontrolle mehr über den Donbass hatte. Die Welt musste darangehen – oder hätte darangehen müssen –, sich mit der Wirklichkeit vor Ort zu beschäftigen. Auf gewisse Weise war dies auch in Westeuropa und Nordamerika der Fall; nämlich insoweit, als dass alle bekannten Personen, die in die Vorgänge in Donezk und Luhansk involviert waren, mit Einreiseverboten belegt und ihre Westkonten – die die meisten Betroffenen gar nicht hatten – gesperrt wurden. Damit hoffte man in Washington und Brüssel, sei es getan; war es freilich nicht.

Das Personal der neu erstandenen »Volksrepubliken« setzte sich aus einem politisch und gesellschaftlich gesehen bunten Haufen zusammen; Sowjetnostalgiker waren und sind genauso darunter wie Eurasier, tiefgläubige Orthodoxe, russische Nationalisten und Internationalisten. Eines einte sie von Beginn an: Soziologisch betrachtet sind sie der Antipode zu den von Kiew aufgestellten Verwaltern. Dort herrschen Großkapital und Oligarchen, hier der sprichwörtliche kleine Mann. Bis auf wenige Ausnahmen sind Frauen in den oberen Etagen nicht präsent.

Las man ausschließlich deutsch- oder englischsprachige Medien, dann konnte man den Eindruck bekommen, alle führenden Köpfe im volksrepublikanischen Donbass seien rechtsradikal oder russisch-national. Einer der bekanntesten Vordenker der eurasischen Schule, Aleksandr Dugin, machte als Mentor die mediale Runde und der Begriff »Neurussland« wurde als Erfindung der Donbasser Volksrepubliken dargestellt, obwohl er historisch in die Zeit Katharinas II. zurückreicht. Das Feindbild sollte aus russischen Nationalisten und Rechtsradikalen bestehen, wobei immer wieder darauf hingewiesen wurde, dass die Donbasser Führung in der Bevölkerung vor Ort keine Unterstützung besitze.

Wahr daran ist, dass sich allerlei Abenteurer unter den Separatisten befanden und sich eine großrussische Diktion aus der Zeit der Übernahme ehemaliger osmanisch beherrschter Gebiete im 18. Jahrhundert mit einem russländischen Anspruch vermischte, der sich wiederum an das sowjetische Vorbild anlehnte;

---

473 http://lenta.ru/articles/2014/05/12/referendum (10.8.2014)
474 *Der Standard* vom 12. Mai 2014

das Russisch-Nationale betont die Ethnie, das Russländische die Staatsnation, in der auch andere Ethnien ihren Platz haben. Anders als auf der ukrainisch-nationalen Seite wird im Donbass allerdings über die nationale Frage hinaus immer auch die soziale gestellt. Gegen Kapital und Oligarchen gerichtete Forderungen gehören hier zur politischen Debatte, während Ähnliches in Kiew fehlt.

Die Führungsgarnituren im Donbass eint politisch am ehesten eine Querfront-Ideologie aus Linken und Rechten, wobei die Begriffe links und rechts seit dem Ende der Sowjetunion in das reale Leben ohnedies kaum mehr einzuordnen sind. Einige träumen vom Zarenreich, andere von einer Sowjetunion 2.0, wie der erste Volksgouverneur von Donezk und Gründer der Volkswehr Donbass, Pawel Gubarew. Er spannt einen großen ideologischen Bogen, der die Volksrepublik seiner Meinung nach eint. Im Gespräch mit dem Leiter der Eurasischen Jugend aus Moskau, Juri Kofner, spricht Gubarew über die politische Ausrichtung der Donezker »Volksmacht«: »Wir nennen unsere Revolution weder sozialistisch noch kommunistisch. Bei uns gibt es Sozialisten, Stalinisten, Konservative, Monarchisten, Populisten und auch russische Imperialisten – ›zaristische‹, deren Ideal das Russische Reich vor 1917 ist –, wie auch ›sowjetische‹, die von einer Sowjetunion 2.0 träumen. In diesem Sinne entsteht in Neurussland wirklich eine neue Ideologie. Ich nenne sie Volksmacht.«[475]

Einige der Gründerväter der Donezker Volksrepublik wie beispielsweise Andrej Purgin, der schon 2005 einen Verein »Republik Donezk« ins Leben gerufen hatte, bezeichnen sich selbst als Rechte, finden aber nichts dabei, vor Lenin-Denkmälern Reden zu halten und mit Kommunisten zusammen Politik zu machen.[476] Purgins Vorbild, der Philosoph Aleksandr Dugin, wird in westlichen Medien als russisch-nationalistischer Eurasier dargestellt, was insofern falsch ist, als dass sein Begriff von Eurasien eben gerade nicht russisch-national, sondern ethnisch übergreifend ist. Im Gegensatz zum westlichen Vorurteil, rassistisch zu sein, sucht Dugin Verbündete im tatarisch-mongolischen Umfeld, ohne das sein Eurasien weder historisch existiert hat noch in der Zukunft existieren kann. Dugins rechte Ideologie speist sich also nicht aus Nationalismus oder Rassismus, sondern aus seinem unerschütterlichen Antikommunismus.

Der Premierminister der Donezker Volksrepublik wiederum, Aleksandr Sachartschenko, entzieht sich weitgehend politischen Zuordnungen. Wenn er allerdings bei seiner Rede zum Jahresrückblick 2014 sagt, dass das »politische Modell unseres Staates bereits im Namen begründet liegt – Donezker Volksrepublik«,[477]

---

475 »Neurussland vereint Rote und Weiße«, Interview mit Pawel Gubarew in: *Compact* Nr. 11/2014
476 *Die Welt* vom 16. Mai 2014
477 »Die entscheidenden Schlachten liegen noch vor uns«. Rede von Aleksandr Sachartschenko in Donezk am 25. Dezember 2014. Zit. in: http://vineyardsaker.de/novorossiya/die-entscheidenden-schlachten-liegen-noch-vor-uns/ (12.10.2015)

dann hört sich das für europäische Ohren eher links an. Immer wieder mischen sich in die grundsätzlich EU- und US-feindliche Diktion der Volksrepublikaner antikapitalistische bzw. sozialistische Bemerkungen. So auch in einem aufschlussreichen Interview mit dem Sprecher der Donezker Volksrepublik Wladimir Markowitsch, das die Journalistin Susann Witt-Stahl im Mai 2014 geführt hat. Im Konflikt mit Kiew sah dieser auch einen Wirtschaftskrieg, der um Produktionsstätten geführt wird: »In der Ukraine und Polen sollen 60 Minen und Stahlwerke geschlossen werden. Die EU hat die ukrainische Regierung zu diesem Schritt bewogen, um der britischen und deutschen Schwerindustrie zu neuem Aufschwung zu verhelfen und ihr Wettbewerbsvorteile zu verschaffen«,[478] erklärt Markowitsch die Hintergründe des Krieges in marxistisch-materialistischer Diktion. Ganz nebenbei erfährt man in dem Gespräch auch, worauf er und seine Kumpane die Idee der Volksrepublik historisch gründen: »Die Region Donbass war vor rund hundert Jahren, lange vor der Besetzung durch die Deutschen 1941, schon einmal unabhängig und hieß ›Sowjetrepublik Donezk – Kriwoj Rog‹.« Nach kurzlebiger Selbstständigkeit ging die kleine Sowjetrepublik schon im März 1918 in der Ukraine auf.

Auch explizit linke Programmatik findet sich im Osten der Ukraine. Am 28. Juli 2014 veröffentlichte eine Allianz aus einem Dutzend Gruppen, die von »Borotba« über die »Luhansker Wache« bis zur »Charkiwer Volkseinheit« reicht, ein »Manifest der Volksbefreiungsfront«,[479] das sie großspurig »der Ukraine, Neurussland und den russischen Karpaten« widmeten. Gleich zu Beginn orten sie ihre Feinde in »liberal-faschistischen Eliten – dem kriminellen Bündnis von Oligarchen, Bürokraten, Militärs und reiner Kriminalität, die die Interessen ausländischer Staaten bedienen.« Nach dem anfänglich kriegerischen Duktus wird es bald sozialpolitisch: »Jeder arbeitende Bürger (hat) das Recht auf ärztliche Behandlung, auf Bildung, Renten- und Sozialfürsorge durch den Staat« sowie »vollwertigen Schutz im Falle von Arbeitsunfähigkeit«. Das hört sich vollkommen konträr zu allem an, was in Kiew propagiert wird. Wenn dann noch davon die Rede ist, dass der Staat »der größte Halter von Kapital ist und die strategischen Zweige der Wirtschaft kontrollieren soll«, dann klingt das in den Ohren der EU- und US-Geldgeber schon nach reinem Kommunismus.

Bei dem hier kurz skizzierten »Manifest der Volksbefreiungsfront« handelt es sich nicht um das Programm der Donbasser Volksrepubliken, aber es drückt die Positionen einer sozialistischen Minderheit im Osten der Ukraine aus, die

---

478 »Wir bezahlen mit unserem Blut für die Wirtschaftskrise Europas«. Interview mit der Regierung der Volksrepublik Donbass am 10. Mai 2014. In: http://www.hintergrund.de/201405103099/politik/welt/wir-bezahlen-mit-unserem-blut-fuer-die-wirtschaftskrise-europas.html (10.4.2015)
479 Manifest der Volksbefreiungsfront der Ukraine, Neurusslands und der russischen Karpaten. Zit. in: http://echo.msk.ru/doc/1357330-echo.html (5.8.2014)

dort überleben kann, während sie in Kiew oder dem Westen des Landes harter Verfolgung ausgesetzt wäre.

Aus Fronten werden Grenzen

Slowjansk, Mariupol, Luhansk und Donezk heißen die vier großen Städte im Osten der Ukraine, die monatelang dem Kriegsgeschehen ausgeliefert waren. Im nördlich des Bezirks Donezk gelegenen Slowjansk übernahmen Anti-Majdan-Aktivisten und prorussische Aktivisten am 12. April 2014 die Kontrolle über Polizeistationen, Rathaus und andere offizielle Gebäude. Der damals regierende Bürgermeister öffnete ihnen eigenhändig die Tore und hieß sie willkommen. Drei Monate lang kämpften die Separatisten gegen Luftangriffe und Bodenoffensiven Kiews, bis die ukrainische Armee – mit Hilfe deutscher, schwedischer und polnischer Militärs sowie rechtsradikaler ukrainischer Freiwilliger – am 5. Juli die Stadt einnahmen und der Zentralmacht unterstellten. Die logistische Hilfe westlicher Militärs zur Wiedereinnahme der Stadt wird bis heute von Berlin und anderen beteiligten NATO-Hauptstädten bestritten. Allerdings waren keine zwei Wochen, nachdem Aufständische die Verwaltung der Stadt übernommen hatten, drei Offiziere der deutschen Bundeswehr mit Militärinspekteuren aus vier weiteren NATO-Staaten sowie Begleitpersonal aus Kiew von den Separatisten festgenommen und der Öffentlichkeit als Spione präsentiert worden. Tagelange beharrte Berlin darauf, dass die in Zivil aufgegriffenen Militärs Teil einer Beobachtermission der OSZE seien, die sich um Deeskalation bemühte. Die OSZE selbst sah sich daraufhin gezwungen, diese Behauptung zu falsifizieren. Claus Neukirch, Vize-Chef des OSZE-Kriseninterventionszentrums, stellte in einem ORF-Interview klar, dass die 13 in Slowjansk festgehaltenen Militärpersonen nicht Teil der 125 Personen umfassenden OZSE-Mission in der Ukraine seien, sondern auf Basis eines bilateralen deutsch-ukrainischen Vertrages unterwegs wären.[480] Einen Aufschrei der Empörung rief diese Information nicht hervor. Er wäre mehr als gerechtfertigt gewesen. Immerhin hatten sich Bundeswehroffiziere, als Zivilisten getarnt, auf Anleitung Kiews in ein Bürgerkriegsgebiet begeben, um eine abtrünnige Provinz auszuspionieren. Dies kann wohl nur den Zweck gehabt haben, die OSZE-Tarnung zu nützen, um militärisch relevante Informationen für kommende Angriffe der ukrainischen Armee zu sammeln; andernfalls hätte Berlin ja nicht Militärs schicken müssen, sondern es bei Zivilisten bewenden lassen können. Über die Art und Relevanz der gesammelten Informationen ist in der Folge nicht mehr diskutiert worden. Auch aus der OSZE vernahm man keine weiteren Wortmeldungen; sie verwies auf die Tatsache, dass der bilaterale

---

480 ORF-Interview mit Neukirch, siehe: http://deutsche-wirtschafts-nachrichten.de/2014/04/27/osze-bestaetigt-gefangene-in-slowjansk-sind-keine-osze-mitarbeiter/ (20.10.2015)

deutsch-ukrainische Vertrag im Jahr 1990 mit Hilfe der OSZE zustande gekommen war. Parallel zu der als OSZE-Mission getarnten deutschen Spionageaktion traf am 12. April 2014 CIA-Chef John Brennan in Kiew ein; auch er wollte – für einen Geheimdienstler wenig überraschend – unerkannt bleiben. Russische Kollegen deckten seinen Besuch allerdings auf. Unmittelbar nach seinen Gesprächen mit der ukrainischen Staats- und Militärführung kündigte Innenminister Arsen Awakow eine militärische Operation gegen die abtrünnige Stadt Slowjansk an. »Für den Kreml und die russischen Medien ist dieser Zusammenhang ein weiterer Beleg dafür, dass die USA das Handeln der Regierung in Kiew maßgeblich steuern«,[481] vermerkte der Hamburger *Spiegel* ohne weiteren Kommentar, der sich von der Einschätzung des Kreml distanziert hätte.

Mariupol, die am Asowschen Meer gelegene Hafen- und Stahlstadt, litt im Frühling 2014 unter mehreren Machtwechseln, die meist nur Teile der Stadt betrafen. Am 13. Juni eroberte die ukrainische Nationalgarde mit Einheiten der Armee das Hauptquartier der volksrepublikanischen Kräfte, nachdem zuvor Stahlarbeiter unter Anleitung des Oligarchen Rinat Achmetow separatistische Aufständische gewaltlos aus der Stadt begleitet hatten. Eine ähnliche Aktion Achmetows in Donezk scheiterte. Der Stahlbaron hatte sich geweigert, Abgaben an die dortige Volksrepublik zu leisten, woraufhin die neuen Machthaber die Verstaatlichung seiner Besitzungen ankündigten.

Die Millionenstadt Donezk sowie die Nachbarmetropole Luhansk lagen für lange Monate unter Beschuss der ukrainischen Armee, konnten aber – nicht zuletzt mit Hilfe Russlands, von der noch die Rede sein wird – eine Einnahme durch die Zentralregierung abwehren. Immer wieder flammten Kämpfe um die beiden Flughäfen und andere strategische Punkte auf, wobei – grob gesagt – Kiew auf die Unterstützung des Westens sowie auf ukrainisch-nationalistische Verbände zählen konnte und die Volksrepubliken russische Hilfe beanspruchten und in ihren Reihen Freiwillige aus Russland, Serbien, aber auch vereinzelt aus Frankreich oder Deutschland standen. Tschetschenische Kämpfer waren – eine Ironie der Geschichte – auf beiden Seiten der Front aktiv: muslimische Fundamentalisten kämpften für die ukrainische, Mannen des Moskau-freundlichen tschetschenischen Präsidenten Ramsan Kadyrow für die volksrepublikanische Seite.

Russische Hilfe für die vom ukrainischen Militär eingekesselten Städte Donezk und Luhansk kam in mehreren Wellen ... und verschiedenen Formen. Ende August 2014 fuhren die ersten 280 Lastkraftwagen von Südrussland aus in die Kampfgebiete, um dringend benötigte Lebensmittel und Medikamente zu Verteilstellen in den Volksrepubliken zu bringen. In den folgenden zehn Monaten

---

481 Christoph Sydow, Brennan in der Ukraine: Was machte der CIA-Chef in Kiew? In: *Der Spiegel* am 15. April 2014

rollte Konvoi nach Konvoi in den Donbass, fast 3000 Fahrzeuge brachten vor allem Lebensmittel und medizinische Hilfe.[482] Kiew verdächtigte Moskau von Anfang an, damit als Hilfsgüter getarnte Waffenlieferungen für die Aufständischen zu transportieren und versuchte, die Konvois an der Einreise zu hindern. Durch die fehlende Kontrolle über die ukrainisch-russische Grenze war dies aber nicht möglich. Westeuropa und die USA folgten in ihrer Argumentation den ukrainischen Machthabern. Obwohl vor aller Welt sichtbar war, dass Kiew eine Strategie des Aushungerns betrieb und bereits hunderttausende Menschen auf der Flucht waren, kritisierten Washington und Brüssel die russischen Hilfslieferungen heftig. EU-Außenbeauftragte Catherine Ashton verurteilte die Hilfslieferungen und sprach von einer »Grenzverletzung durch Russland«, die nicht toleriert werden könne.[483] Anstatt selbst etwas gegen die von Kiew verursachte humanitäre Katastrophe zu tun und Hilfe für Donezk und Luhansk bereitzustellen, unterstützten die Staatschefs und Außenminister der USA und der EU das zynische Kalkül Poroschenkos und Jazenjuks, die Ostukraine aushungern zu wollen und damit einen Keil zwischen die aktivistischen Separatisten und die Bevölkerung zu treiben.

Diese Strategie vereitelte Moskau mit seinen Hilfskonvois, die vielleicht geringen materiellen Nutzen brachten, aber psychologisch wichtig waren, um die Kampfkraft der Separatisten zu stärken. Selbige Kampfkraft wurde auch von russischen Freiwilligen unterstützt, die sich über Anwerbestellen in ganz Russland melden konnten und für ihre russischen Brüder in den Krieg zogen. Die Debatte darüber, inwieweit manche und wie viele dieser Kämpfer, deren Zahl unbekannt blieb, als verdeckte Soldaten der regulären russischen Armee operierten, wurde in westlichen Medien heftig geführt. Moskau dementierte jede direkte Verwicklung in den Konflikt. Belastbare Evidenz über derlei russische Operationen blieben die Kritiker der Einmischung Moskaus schuldig. Allenfalls tauchten Leichname russischer Soldaten auf, die im Kampf gegen Kiew getötet worden sein sollen. Die Generalsekretärin des russischen Komitees der Soldatenmütter, das seit dem Afghanistankrieg in den 1980er Jahren existiert, klagte Moskau in der westlichen Presse an, einen unsichtbaren Krieg gegen die Ukraine zu führen und dafür viele Menschenleben zu opfern. In der französischen *Le Monde* kam Walentina Melnikowa ausführlich zu Wort: »Wir verfügen, verdammt noch mal, über kein einziges Dokument«, räumt sie ein. »Die Soldaten haben keine Ausweise bei sich, keine militärischen Insignien. Was sicher ist, dass es auf der Krim keine Opfer gegeben hat. Aber im Osten der Ukraine sind nach meiner

---

482 http://de.sputniknews.com/politik/20150626/302960999.html (9.11.2015)
483 Zit. in: *Kyiv Post* vom 22. August 2014. Siehe: http://www.kyivpost.com/content/ukraine/entry-of-russian-convoy-into-ukraine-is-clear-violation-of-ukrainian-border-ashtons-spokesperson-361768.html (9.11.2015)

Schätzung 500 Russen gefallen und wurden 1500 verletzt. Aber nochmals, einen Beweis dafür haben wir nicht.«[484]

Aus Kiew kamen immer wieder Meldungen über russische Soldaten, die Seite an Seite mit den Separatisten kämpften. Poroschenko selbst zog während seiner Rede auf der Münchner Sicherheitskonferenz Anfang Februar 2015 russische Pässe und Militärausweise aus der Tasche, um damit die Präsenz Moskaus zu dokumentieren, worüber die *Frankfurter Allgemeine Zeitung* mit der respektlosen Überschrift »Poroschenkos Nummer mit den Pässen« berichtete.[485] Ende November sollen es – so der ukrainische Verteidigungsminister Stepan Poltorak – 7500 russische Soldaten gewesen sein, die in der Ostukraine im Einsatz waren.[486]

Die Beteiligung von russischen Soldaten am Krieg in der Ostukraine blieb, so es sie gegeben hat, unsichtbar. »Es gibt keine bewaffneten Truppen, keine ›russischen Instruktoren‹ in der Ukraine – und da waren niemals welche«, behauptete Wladimir Putin im Juni 2014.[487] Zielführender als offiziell eigene Leute in einen Krieg jenseits der russischen Grenze zu schicken, schienen dem Kreml logistische Unterstützung sowie Waffenlieferungen für die Aufständischen. Auch hier stritt Moskau lange Monate jede Aktivität ab und behauptete, die Separatisten hätten sich aus ukrainischen Waffenlagern bedient. Diese Argumentation war allerdings wenig glaubwürdig.

Die volksrepublikanischen Aufständischen verfügen über modernste Geräte, die nicht aus alten ukrainischen Beständen stammen. So fährt in ihrer Artillerie der T-80-Panzer, ausgestattet mit neuester Technologie und einer sogenannte Reaktivpanzerung, die sich im Fall eines Treffers vom Fahrzeug ablöst, was es ukrainischen Waffen erschwert, den Panzer außer Gefecht zu setzen. Auch das Luftabwehrsystem S-400 tauchte auf Seiten der Rebellen in der Ostukraine auf. Mit ihm können, so ein Bericht in der *Frankfurter Allgemeinen Zeitung*, Kampfflugzeuge, Raketen und Marschflugkörper, ja sogar Drohnen bekämpft werden: »Die Rebellen können deshalb praktisch nicht mehr aus der Luft angegriffen werden«, resümiert das Blatt.[488]

Ende 2014 wird dann auch von Seiten der Volksrepublik eingestanden, dass Waffen aus Russland ihr Überleben gesichert haben. Andrej Purgin, Urgestein der Donezker Unabhängigkeitsbewegung und mittlerweile zum Parlamentspräsidenten der Volksrepublik ernannt, räumte gegenüber der österreichischen Journalistin Jutta Sommerbauer auf die Frage, ob schwere Waffen aus Russland

---

[484] *Le Monde* vom 8. Dezember 2014
[485] *Frankfurter Allgemeine Zeitung* vom 7. Februar 2015
[486] *Der Standard* vom 23. November 2014
[487] zit. in: http://www.businessinsider.com/putin-taunts-us-ukraine-2014-6 (30.5.2014)
[488] *Frankfurter Allgemeine Zeitung* vom 8. Februar 2015

geliefert wurden, ein, dass »Russland uns Hilfe zukommen (ließ), als wir beinahe ausgelöscht worden waren. Putin hat das gemacht, wovon er immer gesprochen hat. Er sagte: Wir werden nicht zulassen, dass Landsleute getötet werden. Aber er half uns erst, als die Ukrainer uns faktisch vernichtet hatten.«[489]

Mit Waffenlieferungen hielten sich auch westliche Regierungen nicht zurück. Bereits seit dem Spätsommer 2014 tobte diesbezüglich ein gewisser Stellvertreterkrieg auf niedrigem Niveau. Stolz, wenn auch diplomatisch ungeschickt, verkündete Poroschenko-Berater Juri Luzenko am 7. September 2014 über seine Facebook-Seite, dass ihm fünf NATO-Staaten die Lieferung von Kriegsgerät zugesagt hätten: die USA, Frankreich, Italien, Polen und Norwegen seien bereit, so der Mann im Überschwang, Waffen gegen die »Terroristen« beizustellen. Die Zusicherung, so Luzenko weiter, sei ihm auf dem NATO-Gipfel im walisischen Newport eine Woche zuvor gegeben worden.[490] Dementi aus den Staatskanzleien der geouteten Staaten kamen zaghaft. Und sie wurden immer wieder durch die Wirklichkeit Lügen gestraft. So reiste beispielsweise zwei Monate später US-Vizepräsident Joe Biden nach Kiew und war sich dabei nicht zu schade, persönlich Radargeräte mit an Bord zu nehmen und diese – als Vorhut für weitere Bewaffnung aus den USA – an die Kiewer Behörden zu übergeben.[491]

Als Sinnbild für die ukrainisch-amerikanische Waffenbrüderschaft konnte die interessierte Öffentlichkeit im Januar 2015 ein Filmdokument bestaunen, das man so nicht für möglich gehalten hätte. Da taucht der Oberbefehlshaber der US-Landstreitkräfte für Europa und die Nachfolgestaaten der Sowjetunion, Generalleutnant Frederik »Ben« Hodges, am 23. Januar in einem Kiewer Militärkrankenhaus auf und verleiht Tapferkeitsmedaillen an schwer verletzte ukrainische Soldaten. Immer wieder greift er in die Schachtel, die ihm ein Begleitoffizier nachträgt, holt ein dreieckiges Metallstück mit weißem Schwert auf blauem Grund hervor, das »Symbol der US-Armee in Europa« und reicht es über das Krankenbett meist ausgezehrt wirkenden jungen Männern. Vor einem dieser Veteranen bleibt er etwas länger stehen und lässt sich dessen Geschichte erzählen. Der Mann war in Debalzewo (noch vor der weiter unten beschriebenen Einkesselung des Ortes) von einer Granate der Volkswehrtruppen getroffen worden, die ihm einen Arm wegsprengte, wodurch er auch unbeholfen wirkt, als er mit der verbliebenen, zweiten Hand die US-Tapferkeitsauszeichnung entgegennimmt. An der Handstütze des Krankenbetts hängen kameragerecht eine in den ukrainischen Nationalfarben gehaltene blau-gelbe Schleife und ein Rosenkranz

---

489 *Die Presse* vom 16. Dezember 2014
490 *Kurier* vom 8. September 2014
491 *Der Standard* vom 23. November 2014

mit Christuskreuz. Das ukrainische Fernsehen filmt die erbärmliche Szene als Heldenepos.[492]

Anfang Februar 2015, die Rebellen hatten in den Wochen zuvor beträchtliche Geländegewinne erzielt, meldete sich US-Außenminister John Kerry zu Wort, um eine mögliche Lieferung von Panzerabwehrraketen, Drohnen und anderem Gerät an die Regierung anzukündigen;[493] für die unmittelbar bevorstehende Kraftprobe zwischen Donezker Volkswehr und ukrainischer Armee um die Kontrolle des wichtigen Verkehrsknotenpunktes Debalzewo kam Kerrys Vorstoß jedoch zu spät.

Debalzewo liegt an der Straßen- und Bahnverbindung, die von Donezk nach Luhansk führt. Hier gelang den Kämpfern der Donezker Volkswehr wenige Tage vor dem Abkommen von Minsk II am 12. Februar 2015 ein entscheidender Durchbruch. Mehr als 5000 völlig demoralisierte und von Kiew offensichtlich im Stich gelassene ukrainische Soldaten erlebten in Debalzewo, was es bedeutet, eingekesselt zu sein. Ihr demütigender Abzug hallte bis weit in die Hauptstadt Kiew, wo aufgebrachte Bürger demonstrierten und Präsident Poroschenko Verrat an der Truppe vorwarfen. Mit der Einnahme von Debalzewo wurde die Landkarte der beiden Volksrepubliken neu gezeichnet. Aus der Frontlinie ist eine Grenze geworden, die bei Redaktionsschluss dieses Buches ein knappes Jahr nach den Ereignissen einen eingefrorenen Konflikt symbolisiert.

Kiew hatte indes bereits zuvor seine Hoheitsansprüche auf die Ostukraine aufgegeben. Zwar gingen reguläre und irreguläre Verbände militärisch weiter gegen die abtrünnigen Provinzen vor, doch politisch und wirtschaftlich gab die Führung in Kiew den Anspruch auf den Osten des Landes auf. Mit dem Erlass Nr. 875 vom 15. November 2014 unterzeichnete Präsident Poroschenko die Unzuständigkeit Kiews über die östlichen Territorien. »Alle Institutionen des ukrainischen Staates stellen dort ihre Tätigkeit ein und werden abgezogen«, fasst der Journalist Serhij Kowtun den staatlichen Offenbarungseid zusammen.[494] »Alle Staatsunternehmen, allein 252 Energiebetriebe, Verwaltungsapparat, Rentenfonds, Beamte, Lehrer, Ärzte, Richter, Universitäten und Schulen, Krankenhäuser, Kindergärten und Gefängnisse, Häftlinge, soziale Einrichtungen«, für all das erklärte sich Kiew nicht mehr zuständig. Die Beamten wurden aufgefordert, die abtrünnigen Gebiete zu verlassen, die Eisenbahn stellte ihre Verbindung nach Luhansk und Donezk ein, die Budgeterstellung erfolgte ohne die ostukrainischen Bezirke. Dies traf unmittelbar von einem Tag auf den anderen Rentner,

---

492 https://www.youtube.com/watch?v=ombzmu_HcIU (15.2.2015)
493 *Der Standard* vom 2. Februar 2015
494 Serhij Kowtun, Der ukrainische Präsident setzt in den aufständischen Gebieten die Renten aus – bis zum Sieg. In: *Hintergrund* vom 16. Dezember 2014; siehe http://www.hintergrund.de/201412163362/politik/welt/kriegswaffe-hunger.html (9.11.2015)

die sich mit ihrer Arbeit den Anspruch auf monatliche Auszahlungen erworben hatten und jetzt schlicht darum betrogen worden waren. Auch Grundleistungen wie die Stromversorgung wurden unterbrochen; das Land, um dessen Kontrolle man militärisch kämpfte, wurde zum feindlichen Territorium erklärt und die Menschen allesamt zu Fremden umdefiniert, mit denen man nichts zu tun haben wollte.

Nun mag man einwenden, dieser Erlass Nr. 875 reflektierte die Wirklichkeit vor Ort, haben doch die Kiewer Autoritäten in der ostukrainischen Verwaltung nichts zu sagen. Mit der Einstellung jeglichen Zahlungsverkehrs und der vollständigen wirtschaftlichen und sozialen Blockade enthebt sich Kiew aber auch des Anspruchs auf das Territorium und der dort lebenden Menschen. Der Erlass vom 15. November 2014 gleicht einem Stempel mit der Aufschrift: »Ihr geht uns nichts an.« Und die Bevölkerung konnte dies nur auf eine Weise verstehen: Von Kiew haben wir nichts mehr zu erwarten – außer Bomben und Granaten.

Ein Blick auf ähnlich gelagerte Konflikte zeigt, dass damit auch anders umgegangen werden kann. So ist beispielsweise Moskau die ganzen Jahre der kriegerischen Auseinandersetzung in Tschetschenien hindurch seinen finanziellen Verpflichtungen nachgekommen. Während russische Panzer ganze Stadtviertel in Grosny platt machten und die Luftwaffe Dörfer zerstörte, gingen parallel dazu die Entlohnung der Beamten und Rentenzahlungen weiter.[495] So zynisch man diese Politik – zu Recht – einschätzen mag, Moskau dokumentierte damit: »Dies ist unser Land. Und dies sind unsere Menschen.« Poroschenko hat einen anderen Weg gewählt. Die Separatistengebiete wurden damit noch stärker in die Arme Russlands getrieben, es blieb ihnen auch keine andere Wahl.

Vom Einsatz gegen »Terroristen« zum Stellvertreterkrieg gegen Russland

Während Kiew im Winter 2014/2015 wieder und wieder ostukrainische Ortschaften unter Granatbeschuss nehmen ließ und das russische Fernsehen täglich Bilder von in ihrem eigenen Blut liegenden, erschossenen Zivilisten und zerbombten Häusern vornehmlich aus dem Bezirk Donezk ausstrahlte, arbeiteten die ukrainischen Politiker und Medien an der Konstruktion eines Diskurses, der diese Tatsachen vergessen machen sollte. Nicht mehr in erster Linie die »Terroristen« aus dem Osten des Landes waren es, die nun der Welt als Feind präsentiert wurden, sondern Russland übernahm die Rolle des Bösewichts, der bekämpft werden musste. Es sollte nur ein halbes Jahr dauern, bis diese Darstellung auch im Westen diskurshegemonial wurde.

---

495 Ebd.

Schon Anfang Dezember 2014 erklärte der Bürgermeister von Lwiw/Lemberg, mit inbrünstiger Überzeugung: »Wir befinden uns im Krieg mit Russland.«[496] Andrij Sadowijs Weltbild kreist dabei um Sieg oder Niederlage, die Ukraine sieht er als Vormauer des Westens, für den diese ihre Soldaten gegen das Böse, gegen Moskau, schickt. »Wenn die Ukraine in diesem Krieg mit Russland steckenbleibt«, meint der politisch langgediente ukrainische Nationalist, »dann wird das auch die Zukunft der EU beeinflussen. Wenn die Ukraine gewinnt, dann wird auch die EU gewinnen, wenn die Ukraine verliert, wird auch die EU verlieren. Wenn die EU das nicht versteht, werden auch für die EU sehr schwierige Zeiten anbrechen«. Die Interviewer vom Wiener *Kurier* haben sichtbar Mühe mit dem einfach gestrickten Weltbild des Lembergers und fragen nach: »Es ist kein erklärter Krieg, der hier stattfindet. Was findet da statt?« Sadowij bleibt dabei: »Das ist ein ukrainisch-russischer Krieg. Der erste ukrainisch-russische Krieg. Als solcher wird er in den Geschichtsbüchern stehen.« Punkt, aus, basta.

Nun könnte man meinen, der Chef einer westukrainischen Stadt ist wohl nicht in der Lage, Diskurse in gesamtstaatlicher Dimension zu beeinflussen. Und man hat Recht damit. Sadowij ist nur einer unter vielen, die den Krieg mit Russland herbeireden, um vom Krieg gegen die eigenen Leute abzulenken. Im Mai 2015, also bereits nach dem Abkommen von Minsk II, das vertrauensbildend wirken sollte und dies auch – zumindest für eine Weile – tat, trat niemand geringerer als Präsident Petro Poroschenko vor die Mikrophone, um zu deklamieren: »Das ist nicht ein Kampf gegen Separatisten, die von Russland unterstützt werden, das ist ein echter Krieg mit Russland«.[497] Diese Sichtweise verfestigte sich, auch bei den Partnern im Westen. Die Separatisten im Osten traten in den Hintergrund, der neue Feind – Russland – ins Rampenlicht der medialen Wahrnehmung im Westen.

Washington übernahm bereitwillig die neue Sichtweise. Ohnedies befand man sich bereits vor der Abspaltung der Krim, die im Westen als Annexion interpretiert wurde, seit März 2014 im Sanktionsmodus gegen Russland. Embargomaßnahmen bestimmten die Beziehung zu Moskau. Und spätestens seit der Katastrophe vom 17. Juli 2014, als eine mit 298 Insassen voll besetzte Maschine der Malaysian Airlines auf ihrem Flug von Amsterdam nach Kuala Lumpur östlich von Donezk abgeschossen wurde, nutzte der Westen jede sich bietende Gelegenheit, »dem Russen« Böses in die Schuhe zu schieben. Obwohl auch der 15 Monate nach der Tragödie veröffentlichte niederländische Expertenbericht nur den Abschuss bestätigte und keine Täterzuordnung abgab, war für westliche Politiker und Medien von den Stunden der ersten Berichterstattung an klar, wer

---

496 Interview mit Andrij Sadowij. In: *Kurier* vom 6. Dezember 2014
497 Poroschenko in einem Interview mit der BBC, zit. in: *Die Welt* vom 21. Mai 2015

der Täter sei. Kiew machte Moskau direkt verantwortlich, zwischen Washington und Brüssel stritt man sich darüber, wie direkt der Kreml in die Vorgänge rund um den Abschuss des Fluges MH-17 verwickelt war. Hunderte Headlines und Cartoons nutzten die Tragödie, um daraus geopolitisches Kapital zu schlagen. Im österreichischen *Kurier* erschien eine dieser vielsagenden antirussischen Zeichnungen vom Hauscartoonisten Michael Pammesberger.[498] Darauf zu sehen ist ein vermummter Kindersoldat, dessen Helm eine russische Trikolore ziert, mit einer für ihn viel zu großen Maschinenpistole. Dem Patronenmagazin entnimmt man die Aufschrift »Made in Russia« in englischer Sprache, sicherheitshalber für ein Publikum gedacht, dem man nicht einmal kyrillische Buchstaben zumuten will. Hinter dem Kindersoldaten mit dem rauchenden Gewehr, dem ein »Ups« entfährt, sitzt ein Zeitung lesender Putin mit asiatisierten Gesichtszügen im Fauteuil, schlenkert mit seinen Hausschuhen und betrachtet seinen Schützling mit unbeteiligt wirkender Mine. Darum herum liegen Handgranaten und Raketen verstreut am Boden. Die Botschaft: »Der« Russe lässt seine Kinder schlecht beaufsichtigt Krieg spielen, der Flug MH-17 ist wohl ein russischer Kollateralschaden.

Die politisch wichtigste Aussage des offiziellen niederländischen Berichts über den Abschuss der malaysischen Maschine ging übrigens im Hick-Hack der Schuldzuweisungen zwischen USA/EU einerseits und Russland andererseits bei westlichen Berichterstattern weitgehend unter: Kiew hätte, so die Untersuchungskommission, in diesen Julitagen des Jahres 2014 den Luftraum über der Ostukraine sperren oder die Fluglinien vor möglichen Folgen der Kriegshandlungen warnen müssen. Immerhin flog die ukrainische Luftwaffe in diesem Gebiet ständige Angriffe gegen die abtrünnigen Städte; und nur wenige Tage zuvor waren eine Frachtmaschine und ein Kampfjet der Armee von Rebellen über Donezk und Luhansk abgeschossen worden. Im kollektiven Gedächtnis westlicher Medienkonsumenten blieb beim Stichwort MH-17 wohl nur ein Satz: Der Russe war's.

Bringt Minsk II den Frieden?[499]

Im Februar 2015 war dann die seit der Ablehnung des Assoziierungsabkommens durch den damaligen ukrainischen Präsidenten im November 2013 immer russlandfeindlicher werdende Berichterstattung herausgefordert. Auf Initiative Moskaus fand ein erster ernsthafter Versuch zur Deeskalation der tiefen ukrainischen Krise statt. Ein Jahr nach den blutigen Ereignissen auf dem Kiewer Majdan trafen in der weißrussischen Hauptstadt Minsk die wichtigsten Proponenten der

---
498 *Kurier* vom 19. Juli 2014
499 Vgl. Hannes Hofbauer, Minsk II und die Folgen. In: *Volksstimme* Nr. 4/2015

Kampfparteien mit europäischen Vermittlern zusammen. Die Teilnehmer von Minsk II, das formal auf der Grundlage eines wenig ergiebigen ersten Treffens im September 2014 am selben Ort stattgefunden hat, waren der weißrussische Präsident Aljaksandr Lukaschenka, Angela Merkel, François Hollande, Wladimir Putin, Petro Poroschenko sowie die Führer der beiden Volksrepubliken, Aleksandr Sachartschenko und Igor Plotnizki. Weil der ukrainische Präsident nicht direkt mit den abtrünnigen Separatisten sprechen wollte, wurden Mittelsmänner eingeschaltet, was die Verhandlungen auf 18 Stunden verlängerte. Nicht mit am Tisch saßen die US-Amerikaner, was dem Ausgang der Gespräche sichtbar gut tat.

Wer sich die Fernsehaufnahmen vom Treffen der vier Staatschefs am 12. Februar 2015 in Minsk angesehen hat, dem wird die Körpersprache und noch mehr der Gesichtsausdruck des ukrainischen Präsidenten Petro Poroschenko in Erinnerung geblieben sein. So sieht niemand aus, der erfolgreich verhandelt hat. Poroschenkos Mimik war die eines Verlierers. Russlands Wladimir Putin hingegen gab den Strahlemann. Es war ihm gelungen, eine Vereinbarung zwischen Kiew und den Separatisten aus dem Osten der Ukraine zustande zu bringen, die auch von den zwei wichtigsten EU-Staaten anerkannt wurde. Mehr noch: ein paar Tage später verabschiedete der UNO-Sicherheitsrat die Resolution 2202, mit der das Minsker Abkommen auch international Anerkennung fand. Die Moskauer Diplomatie hatte in Minsk einen vollen Erfolg gelandet.

Was steht nun genau in diesem Minsker Papier, das auch ein knappes Jahr nach seiner Unterzeichnung den Leitfaden für eine mögliche Lösung der ukrainischen Krise abgibt? Trotz seiner nur 13 kurz gehaltenen Paragrafen (vielleicht auch gerade wegen der prägnanten Kürze) spricht es eine klare Sprache. Gleich zu Anfang geht es um die Herstellung eines Waffenstillstandes, dem eine Entmilitarisierung folgen soll. Die Umsetzung des ursprünglich mit 15. Februar 2015 terminisierten Waffenstillstandes verzögerte sich. Dies war der unterschiedlichen Interpretation geschuldet, wo sich zum Zeitpunkt der Vereinbarung die Frontlinie befunden hatte. Den ostukrainischen Separatisten galten in diesem Moment die rund um das Städtchen Debalzewo (an der Verbindungsstrecke von Donezk und Luhansk gelegen) kämpfenden Kiewer Einheiten bereits als eingekesselt, das heißt, die Frontlinie verlief in deren Rücken. Die Aufforderung, unter Zurücklassung des militärischen Gerätes aus dem Donbass abzuziehen, war in dieser Sichtweise logisch. Die Generalität in Kiew bestritt jedoch bis zuletzt die Einkesselung ihrer Truppen und sah dementsprechend den Frontverlauf an deutlich anderer Stelle, nämlich wesentlich näher bei der Großstadt Donezk. Ein kurzer, aber opferreicher Waffengang bestätigte die Position der Separatisten, die sich als Selbstverteidigungskräfte sehen. Später zogen beide Seiten die schweren Waffen hinter die je nach Waffengattung abgestuften vereinbarten Linien zurück und schufen eine dementsprechende Sicherheitszone von 50 km bis 140 km.

Die Vereinbarung von Minsk beinhaltet über die Fragen der unmittelbaren Entmilitarisierung sowie den Gefangenenaustausch hinaus auch (geo)politisch und wirtschaftlich weit reichende Vorstellungen. So verpflichtete sich Kiew in Punkt 11 zur Durchführung einer Verfassungsreform bis Jahresende 2015, die eine Föderalisierung und Dezentralisierung des Landes zum Ziel hat, und zwar – wie es im Juristensprech heißt –: »unter Berücksichtigung der Besonderheiten der gesonderten Kreise der Gebiete Donezk und Luhansk, die mit den Vertretern dieser Kreise abgestimmt ist.«[500] In den Anmerkungen wird klar, wie stark das Minsker Abkommen den Einfluss Kiews auf Donezk und Luhansk schmälert. Da ist die Rede von einer garantierten Amnestie für alle, die sich an den Kämpfen beteiligt haben, was die offizielle ukrainische Wahrnehmung der Separatisten als »Terroristen« Lügen straft. Mehr noch: Den in Kiew propagandistisch als Verbrecher dargestellten Verwaltungsorganen im Osten wird in der Vereinbarung von Minsk de facto die Macht übergeben. Zwar verbleibt alles unter dem Deckmantel ukrainischer Gesetze, doch diese müssen so föderal ausgerichtet sein, dass die lokale Selbstverwaltung inklusive Ernennung der Gerichte und Staatsanwälte nicht ohne Zustimmung der örtlichen Machthaber, die sich einer Wahl zu stellen haben, erfolgen kann; zudem wird Donezk und Luhansk die Aufstellung einer eigenen Volksmiliz »mit dem Ziel der Aufrechterhaltung der öffentlichen Ordnung« ermöglicht. In anderen Worten: Die Ukraine verliert ihr Gewaltmonopol im Osten; zudem verpflichtet sich Kiew, eine wirtschaftliche Zusammenarbeit des Donbass mit Russland zu unterstützen, was de facto auf einen autonomen Status der aufmüpfigen Region hinausläuft. Die einheitliche (ukrainische) Staatsklammer bleibt formal bestehen, wird auch von Moskau anerkannt und für gut befunden, doch die ukrainische Staatsmacht verliert im Osten ihr Durchgriffsrecht.

Bei der Durchsicht des Minsker Abkommens fällt vor allem ein großer Widerspruch auf, an dem der Konflikt – jenseits von möglichen provokativen Vorgängen an der militärischen Front – jederzeit auch politisch-diplomatisch neu entflammen kann. Während einerseits über eine Verfassungsreform die Grundlagen für die Autonomie der Region innerhalb der ukrainischen Staatlichkeit implementiert werden sollen, beharrt Kiew andererseits auf einer Formulierung, die den ganzen Minsker Maßnahmenkomplex als temporäre Erscheinung sieht. Immer wieder bezieht sich das Abkommen auf eine »zeitweilige Ordnung

---

500 Vgl. das Abkommen von Minsk vom 12. Februar 2015 in der Übersetzung von Andreas Stein (ukraine-nachrichten.de), siehe: http://ukraine-nachrichten.de/ma%C3%9Fnahmenkomplex-umsetzung-minsker-vereinbarungen_4202_politik (25.2.2015)

der lokalen Selbstverwaltung in einzelnen Kreisen der Gebiete Donezk und Luhansk«, wie sie von der Werchowna Rada in Kiew bereits nach der ersten, mehr oder weniger gescheiterten Minsker Vereinbarung vom 19. September 2014 verabschiedet wurde. Während die Interpretation des Wortes »zeitweilig« einen großen Spielraum erlaubt, wird die anvisierte Verfassungsreform als eine endgültige betrachtet; zur Auflösung dieses Widerspruchs könnten Hitzköpfe auf beiden Seiten versucht sein, erneut zur Waffe zu greifen.

Umstritten ist auch die Größe des Territoriums bzw. der »einzelnen Kreise der Gebiete Donezk und Luhansk«, wie es im Text heißt. Während die Kiewer Führung davon ausgeht, dass es sich dabei um jenes Land handelt, das unmittelbar vor der ersten Minsker Vereinbarung Mitte September 2014 von den Rebellen gehalten wurde, nehmen diese an, dass sich das Friedenspapier auf ein wesentlich größeres Gebiet bezieht, nämlich auf jenes Territorium, das die Separatisten am Vorabend von Minsk II, also Mitte Februar 2015, in Besitz und Verwaltung genommen hatten. Neben großen Landstrichen zwischen Donezk und Luhansk hat sich das Einflussgebiet der Rebellen zwischenzeitlich insbesondere um den Flughafen Donezk, einen durchgängigen Zugang zum Asowschen Meer und die Verbindungsstraße zwischen den beiden Städten erweitert. Konflikte um die Auslegung der Gebietsgröße sind vorprogrammiert, zumal viele im Donbass auch die Hafenstadt Mariupol zu ihrem Territorium rechnen. In dieser knapp 50 Kilometer von der russischen Grenze entfernt gelegenen Stadt befindet sich mit den Hafenanlagen nicht nur ein wichtiges Tor zur Welt, sondern auch das Stahlkombinat »Asowstal«, wofür die Donbasser Kohle die Energie liefert.

Mit dem Minsker Abkommen ist der Moskauer Diplomatie ein Husarenstück gelungen. Vor der von den Selbstverteidigungskräften des Donbass aufgebauten militärischen Drohkulisse, zu deren Stärke Russland nicht unwesentlich beigetragen hat, knüpfte der Chefdiplomat des Kreml, Außenminister Sergej Lawrow, die Fäden für eine mögliche Nachkriegsordnung. Geht es nach Minsk II, wäre Moskau mit dieser Ordnung mehrfach gedient. Ein wesentliches industrielles Herzstück der Ukraine, so zerstört es im Moment auch sein mag, läge fernab Kiewer Einflusses und wäre in der Lage, ohne Umwege über die ukrainische Zentrale wirtschaftlichen Austausch mit Russland zu betreiben. Gleichzeitig ersparte sich Moskau die Kosten für Wiederaufbau und nötige Reformvorhaben bzw. könnte solche dosiert einsetzen, ohne für absehbare soziale und ökonomische wie ökologische Desaster verantwortlich gemacht werden zu können. Und zum Dritten hätte man mit einer Lösung ohne Eigenstaatlichkeit des Donbass auch die quirligen und teilweise auf Sowjetnostalgie setzenden national-bolschewistischen Separatisten in die Schranken gewiesen. Manche ihrer Ideen, wie der Wunsch nach Enteignung örtlicher Oligarchen, kommen im Kreml gar nicht gut an.

Noch einen Trumpf hat Moskau mit Minsk II in der Hand. Nach dem Bittgang Angela Merkels und François Hollandes nach Moskau am 6. Februar 2015 ist es – nicht zuletzt über die Internationalisierung der Vereinbarung mittels UNO-Resolution 2202 – gelungen, zumindest einen Teil der Europäischen Union in die Pflicht zu nehmen. Ein Scheitern von Minsk II wäre auch ein Scheitern der deutschen und französischen Außenpolitik.

Dieses Moskauer Szenario wird vor allem von den USA, aber auch von einer Reihe osteuropäischer und skandinavischer Staaten sowie von Großbritannien mit großem Missfallen beäugt. In Minsk standen die USA abseits. Sie reagierten mit dem Weiterdrehen der Sanktionsspirale und schafften es sogar, Länder wie Deutschland und Frankreich, die gleichzeitig auf Dialog und Frieden setzten, mit ins Boot zu holen. Wie es sich anfühlt, deeskalierend und eskalierend zeitgleich in derselben Sache aufzutreten, darüber wird in ein paar Jahren gegebenenfalls in den Memoiren der deutschen Kanzlerin nachzulesen sein. Die Parallelität von Friedensbemühungen und verschärften Sanktionen zeigt indes, dass der Westen eine Doppelstrategie fährt und die Ukrainekrise ihm bzw. der führenden Kraft USA nur als Transmissionsriemen für vorerst wirtschaftliche und politische Attacken gegen Russland dient. Eine propagandistisch gut begleitete Aktion unter »falscher Flagge« könnte in so einer angespannten Lage auch über die Ukraine hinausgehende militärische Reaktionen auslösen, die unabsehbar für Europa wären.

Ob die Vereinbarung von Minsk hält, hängt sehr wesentlich von einem daran weitgehend Unbeteiligten ab. Wenn die USA entscheiden, die nach Minsk II leise tretenden Nationalisten in Kiew weiter zu bewaffnen, wäre das Papier bald Makulatur. Schon einmal war es Washington gelungen – damals mit politischem Druck –, die Lösung einer Krise im Osten in einer ähnlichen Situation zu torpedieren. Man schrieb das Jahr 2003 und in langwierigen Verhandlungen zwischen Chişinău, Tiraspol und Moskau hatten sich alle drei Seiten auf das sogenannte Kosak-Memorandum, benannt nach dem russischen Delegationsleiter, geeinigt. Es ging um die Wiederannäherung von Moldawien und dem abtrünnigen Transnistrien, direkt an der ukrainischen Grenze gelegen. Vereinbart war eine asymmetrische Föderation innerhalb des moldawischen Staatsgebietes mit einer weitreichenden transnistrischen (und einer gagausischen) Autonomie. Russische Truppen wären für eine bestimmte Frist als Vermittler im Land geblieben, die moldawische Staatlichkeit in den Grenzen von 1991 akzeptiert worden. Wladimir Putins Tross samt Staatskarosse und Leibwächtern waren schon in Chişinău gelandet, der Präsident am 23. November 2003 in Moskau auf dem Weg zum Flughafen, da tauchte der US-amerikanische Botschafter beim moldawischen Präsidenten Wladimir Woronin auf; und obwohl dieser dem Kosak-Memorandum bereits zugestimmt hatte, verweigerte er unter Washingtons Einfluss die Unterschrift. Putin brach die Reise ab und das moldawisch-transnistrische Problem ist bis heute nicht gelöst.[501]

Minsk II führte einem wieder einmal den Interessensunterschied zwischen Brüssel und Washington vor Augen. Während die Europäische Union, allen voran Deutschland, schon aus ökonomischen Gründen mittelfristig auf eine Stabilisierung der Ukraine setzt, liegt den USA – vor dem Hintergrund weit geringerer wirtschaftlicher Beziehungen – eher an der Aufrechterhaltung einer Strategie der Spannung mit Russland. Die Ukraine dient ihnen dabei geostrategisch als Vorfeld. Ähnlich sieht dies auch der linke Politikwissenschaftler Erhard Crome, der Washington unterstellt, »den Konflikt nicht zur Ruhe kommen zu lassen, weil dann sowohl die EU als auch Russland damit beschäftigt sind, während die USA von außen den Konflikt nach Belieben anheizen können, um (...) einen Keil zwischen beide zu treiben.«[502] Ökonomische und geopolitische Rationalität treffen dabei aufeinander. Wir kennen dies auch aus anderen Konflikten um die Neuordnung Europas nach dem Zerfall der drei multinationalen Staaten Sowjetunion, Tschechoslowakei und Jugoslawien.

Wirtschaftlich am Ende

Als einheitlicher Staat hat die Ukraine zu existieren aufgehört. Im März 2014 erklärte sich die Krim von Kiew unabhängig und schloss sich kurz darauf der Russländischen Föderation an; der Donbass mit seinen zwei Volksrepubliken in Donezk und Luhansk scheint – mit oder ohne Erfüllung von Minsk II – auf dem Weg zu einem »eingefrorenen Konflikt«, wie es an den Rändern Westeuropas mittlerweile mehrere gibt, die seit Jahren bzw. Jahrzehnten bestehen.[503] In einer solchen Situation sind Wirtschaftsdaten nur schwer erhebbar, die Statistik stößt an ihre Grenzen.

Schon von Anbeginn ihres Bestehens im Unabhängigkeitsjahr 1991 an befand sich die Ukraine auf ökonomischer Talfahrt. Retrospektiv betrachtet kann das Auseinanderbrechen des Staates, neben den historischen und kulturellen Bruchlinien, auch der katastrophalen wirtschaftlichen Lage zugeschrieben werden. Die makroökonomischen Zahlen weisen der Ukraine – neben Moldawien – den letzten Platz in Europa zu; und das seit 25 Jahren. Anfang März 2014 publizierte

---

501 Siehe ausführlich: Hannes Hofbauer, Niemandsland am Dnjestr. Europas inexistente Republik an der Schnittstelle zwischen Ost und West. In: *junge Welt* vom 8. November 2005
502 Erhard Crome, Geopolitisches um die Ukraine. In: Peter Strutynski (Hg.), *Ein Spiel mit dem Feuer. Die Ukraine, Russland und der Westen.* Köln 2014, S. 116
503 Zu nennen wären Ende 2015 eine Reihe von Ländern, bei denen ihr territorialer Anspruch nicht mit der Wirklichkeit am Boden übereinstimmt. Einseitig erklärte Unabhängigkeiten sind nicht allgemein anerkannt in Moldawien (Prednjestrowskaja Moldawskaja Respublika/Transnistrien) seit 1991; Serbien (Kosovo) seit 1999, Georgien (Abchasien und Südossetien) seit 2008 und Zypern (Türkische Republik Nordzypern) seit 1974.

die englische Wochenschrift *The Economist*[504] eine Statistik, aus der hervorgeht, dass das ukrainische Bruttoinlandsprodukt (BIP) im Jahr 2013, wenn man es mit 1992, dem ersten Jahr der Unabhängigkeit, vergleicht, kaufkraftbereinigt um mehr als die Hälfte geschrumpft ist. Indexiert man 1992 mit 100, dann erreicht das BIP im Jahr 2013 nicht einmal die Zahl 50. Eine Studie des »Wiener Instituts für Internationale Wirtschaftsvergleiche« kommt zu einem ähnlich verheerenden Befund. Ein Blick über die Grenze nach Weißrussland macht deutlich, dass es auch unter widrigen Umständen besser geht. Die entsprechenden Indexzahlen für Belarus lauten 265 (bei 1992=100). Und in Russland hat sich das Bruttoinlandsprodukt von 100 (für 1992) auf zumindest 130 (für 2013) leicht erhöht.

Durch den Krieg, den Kiew seit Frühjahr 2014 gegen die eigene Bevölkerung im Donbass führt, hat sich die wirtschaftliche Lage nochmals extrem verschlechtert. Die Zerstörungen im Osten sind nahezu flächendeckend, und auch in den Landesteilen, die von Artilleriefeuer und Bombenabwürfen nicht betroffen sind, sinkt die Produktion und fliehen Menschen und Investoren. Wie dramatisch die Lage Ende 2015 ist, zeigt ein Blick auf die Prognosen des »Wiener Instituts für Internationale Wirtschaftsvergleiche«.[505] Anfang März 2015 sagten die Ökonomen der Ukraine für das laufende Jahr 2015 einen Einbruch des BIP (im Vergleich mit 2014) von 5 % voraus; nur vier Monate später, Anfang Juli 2015, revidierten sie die Zahlen, und prognostizierten einen BIP-Rückgang von 10,5 %. Dasselbe passierte mit der Vorschau auf die Verbraucherpreise. Noch im März 2015 meinten die Spezialisten, UkrainerInnen müssten im laufenden Jahr mit durchschnittlichen Preiserhöhungen von 25 % rechnen, vier Monate später sagten dieselben Statistiker einen allgemeinen 50-prozentigen Preisanstieg voraus.

Die Bedeutung der abtrünnigen Gebiete Krim und Donbass für die ukrainische Wirtschaft kann man in Statistiken über die Jahre 2012 und 2013 nachlesen. Dort geht man davon aus, dass 15,7 % des Bruttoinlandsproduktes im Donbass und 3,8 % auf der Krim erwirtschaftet wurden. Für den Außenhandel wirkt der Verlust der beiden Gebiete noch schwerer: 25,2 % des ukrainischen Außenhandels stammten – vor dem Krieg – aus den Regionen Donezk und Luhansk, 1,6 % aus der Krim.[506] Der Krieg hat ein ohnedies ökonomisch schon am Boden liegendes Land nicht nur im Wortsinn verheert (im Donbass) und zerrissen (Krim, Donbass), sondern die Krise weiter vertieft.

Der mehr als 20jährige ukrainische Niedergang kommt auch in den Einkommensvergleichen zum Ausdruck. Das Pro-Kopf-Einkommen – eine Größe, die

---

504 Why is Ukraine's economy in such a mess? In: *The Economist* vom 5. März 2014
505 Wiener Institut für Internationale Wirtschaftsvergleiche, Pressekonferenzen am 12.3.2015 und am 2.7.2015 (Presseaussendungen)
506 Amat Adarov u. a., *How to Stabilise the Economy of Ukraine* (Background Study des Wiener Instituts für Internationale Wirtschaftsvergleiche), Wien, 15.4.2015, S. 13

zwar nichts über die soziale Verteilung aussagt, aber im Vergleich mit anderen Ländern eine gewisse Orientierung gibt – betrug zu Beginn des Krieges 5900 Euro pro Jahr. In Russland lag es bei 14 000 Euro, im EU-Durchschnitt (EU-28) bei 25 000 Euro.

Die Ukraine hat sich auch mehr als 20 Jahre nach dem Ende der Sowjetunion nicht vom Schock des Zerfalls erholt. Schon an der demografischen Entwicklung ist die Misere ersichtlich. Seit 1990 verlor das Land ein Achtel seiner Bevölkerung. Lebten am Ende der Ära Gorbatschow noch 52 Mio. Menschen in der Ukraine, so waren es vor dem Zerfallsprozess nur noch 45,5 Mio. Der Krieg hat dann nochmals 2 Mio. Menschen zur Flucht getrieben, die meisten davon sind aus ihrer Donbasser Heimat in Richtung Russland aufgebrochen.

Doch auch im Westen und im Zentrum des Landes geht der Exodus weiter. Die Jungen laufen vor Zwangseinberufungen davon; auch Frauen und Ältere verlassen das Land. Das ist kein Wunder, wenn man sich die Situation auf dem Arbeitsmarkt ansieht. Der durchschnittliche Bruttolohn ist der niedrigste in ganz Europa. Magere 295 Euro landen pro Monat auf dem Konto eines Beschäftigten. In Russland sind es immerhin brutto 667 Euro und auch in Bulgarien verdient der statistische Durchschnittsverdiener mit 397 Euro etwas mehr.

Was steigt, sind die Auslandsschulden, die 2014 103 % des BIP oder 103 Mrd. Euro betragen;[507] im Jahr 2000 waren es erst 37 % des BIP oder 12 Mrd. Euro.

Im April 2014, unmittelbar nach dem putschartigen Machtwechsel in Kiew, gewährte der IWF der neuen Führung einen Standby-Kredit in der Höhe von 16,9 Mrd. US-Dollar. Alle bereits oftmals zuvor eingemahnten Bedingungen dafür – Energiepreiserhöhung, Anhebung des Rentenalters, Erhöhung der Mehrwertsteuer sowie andere übliche Austeritätsmaßnahmen – erfüllten Poroschenko und Jazenjuk ohne Widerspruch. Die erste Kredittranche von 3,2 Mrd. US-Dollar wurde bereits am 14. Mai 2014 überwiesen. Damit war das Land – besser gesagt: ein großer Teil des Landes – auf jenem Kurs, den Brüssel mit der Lancierung seiner Initiative »Ostpartnerschaft« schon 2008/2009 eingeleitet hatte, der aber von Janukowytsch – nicht zuletzt auf Druck des Kreml – torpediert wurde.

Neben den bereits weiter oben genannten oligarchischen Profiteuren, deren bekanntester in der Zwischenzeit das Präsidentenamt erklommen hatte, geht es seit dem Machtwechsel in Kiew auch darum, Staatsbesitz in die für westliche Geldgeber »richtigen« Hände zu legen. Nicht überall gelang das so meisterhaft und ungeschminkt wie bei einem der größten Gasunternehmen der Ukraine, der Burisma Holding. Das 2006 gegründete Unternehmen besitzt profitversprechende Lizenzen für Schiefergas- und Ölfelder und handelt mit Erdgas in der Ukraine, auf Zypern und in London. Unmittelbar nach dem Machtwechsel

---

507 Ebd., S. 11

in Kiew wurden der polnische Ex-Präsident Aleksander Kwaśniewski und der Sohn des US-amerikanischen Vizepräsidenten, Hunter Biden, in den Aufsichtsrat berufen. Auch ein Vertrauter von US-Außenminister John Kerry, Devon Archer, nahm die Chance auf schnelles Geld in der Ukraine wahr.[508]

Ein guter Teil der Industrie und insbesondere der Bergwerke liegt allerdings außerhalb der Verfügungsgewalt der Werchowna Rada. Für den Donbass ist das mit großem Pomp von Premierminister Arsenij Jazenjuk verkündete »Support-for-Ukraine«-Programm irrelevant. Mit einer eigens einberufenen »Geberkonferenz« Ende April 2014 wollte die Regierung westliche Investoren anlocken. Privatisierungsangebote oder Greenfield-Investitionen wurden diskutiert. »Die bunten Broschüren, in denen das Kabinett den Fortschritt in Sachen Antikorruption, Privatisierungen und Investitionsklima beschreibt, sehen professionell aus – und müssen einiges gekostet haben. Doch die Lage am Boden ist denkbar schwierig«, beschreibt die Ukraine-Korrespondentin der Tageszeitung *Die Presse*, Jutta Sommerbauer, ihre Eindrücke von der Suche nach Auslandskapital.[509] Jazenjuk macht es außerdem möglichen Investoren zusätzlich schwierig. Er will russische Unternehmer vom Bieterprozess ausschließen.

Die außerhalb des für Kiew unerreichbaren Donbass wirtschaftlich wertvollste Ressource ist das Land selbst, genauer: die fruchtbaren Böden vor allem im Süden der Ukraine. Die ukrainische Schwarzerde zählte schon in zaristischen Zeiten zu den wichtigsten Kornkammern des Reiches. Noch während des Ersten Weltkriegs kam es zum sogenannten »Brotfrieden« um die Ernte dieser Böden, der der österreichisch-ungarischen Monarchie das Überleben ihrer Untertanen sichern sollte; und in den frühen 1940er Jahren trieb die Schwarzerde die Wehrmacht ins Land, um Nahrungsmittel für die deutsche Herrenrasse anzubauen. In der Sowjetzeit wurde hier Getreide für die ArbeiterInnen der großen Industriezentren produziert. Heute gilt die Ukraine als der Welt drittgrößter Exporteur von Roggen und fünftgrößter Exporteur von Weizen.[510]

Der Wettlauf um die Schwarzerde ist eine der wesentlichen, vielfach unterschätzten Triebkräfte der geopolitischen Auseinandersetzung um die Ukraine. Vom Waldsteppengebiet am mittleren Dnepr in Richtung Süden liegen 32 Mio. Hektar ertragreiche, nirgendwo sonst so fruchtbare Tschernosem-Böden,[511] 56 % der Fläche des Landes ist mit dieser dicken, fruchtbaren Erdschicht bedeckt. Ein bis zu Redaktionsschluss bestehendes gesetzliches Verbot zum freien Verkauf von

---

508 http://burisma.com/ (7.12.2015)
509 *Die Presse* vom 29. April 2015
510 Anuradha Mittal/Melissa Moore (Hg.), *Walking on the West Side. The World Bank and the IMF in the Ukraine Conflict* (Oakland Institute). Oakland 2014, S. 3
511 vgl. Alexandra Endres, Wettlauf um die ukrainische Schwarzerde. In: *Die Zeit* vom 16. März 2015, siehe: http://www.zeit.de/wirtschaft/2015-03/ukraine-landwirtschaft-schwarzerde-monsanto (7.11.2015)

Grund und Boden kann in- oder ausländische Investoren nicht abschrecken, seit Pachtverträge über einen Zeitraum von 49 Jahren legal sind.[512]

Mächtige Investoren aus Luxemburg, Zypern, den USA, Frankreich und Saudi-Arabien haben mit dem Land Grabbing begonnen. Mit über 400 000 Hektar hat sich die in Luxemburg registrierte Kernel Holding Agrarflächen von nahezu der doppelten Größe des Saarlandes gesichert. Hinter Kernel steht der ukrainische Oligarch und Geflügel-Tycoon sowie Speiseölhersteller Andrej Werewskyj, der den politischen Frontenwechsel in der Ukraine wie kaum ein anderer beherrscht; im Aufsichtsrat von Kernel sitzt – sicher ist sicher – ein früherer Manager von Cargill, einem der weltgrößten Agrarmultis, Ton Schurink.[513] Der US-amerikanische Rentenfonds NCH Capital, die französische Agro-Generation, die in Zypern gemeldete Sintal Agriculture sowie die österreichische MCB Agricole haben je über 100 000 Hektar an fruchtbarem Ackerland unter die Pflüge genommen.[514]

Schon länger vor Ort sind die großen Drei des Agrobusiness aus den USA: Monsanto, Cargill und DuPont. Sie versorgen die Agrarriesen mit Pestiziden, Düngemittel und Saatgut. In dem von Poroschenko und Jazenjuk im März 2014 unterzeichneten Assoziierungsabkommen schreibt Brüssel der Ukraine in Bezug auf die Landwirtschaft vor, zukünftig den Gebrauch von Biotechnologien voranzutreiben.[515] Die Branche schwelgt im Hochgefühl eines wachsenden Absatzmarktes für landwirtschaftliche Güter.

Bis Ende 2015 sind 1,8 Mio. Hektar,[516] das entspricht in etwa der Größe von Sachsen oder Niederösterreich, von im Ausland registrierten Firmen übernommen worden. Das allergrößte Investment in Ackerfläche, nämlich jenes von China aus dem Jahr 2013, dürfte indes politisch rückgängig gemacht werden. Die neuen Machthaber verstehen sich als Administratoren westlicher oder westkompatibler Investoren. Im September 2013 unterschrieben chinesische und ukrainische Offizielle einen Pachtvertrag für 3 Mio. Hektar Agrarland, das sind mehr als 5 % der gesamten landwirtschaftlich nutzbaren Fläche in der Ukraine und entspricht etwa der Größe Belgiens. Weil dieser Vertrag jedoch mit dem geschassten Präsidenten Wiktor Janukowytsch unterfertigt worden war, will die neue Regierung davon nichts mehr wissen. In der Statistik von *landmatrix.org*,

---

512 David X. Noack, *Die Ukraine-Krise 2013/2014. Versuch einer historischen, politökonomischen und geopolitischen Erklärung*. O.O. o.J., S. 23
513 Endres, Die Zeit vom 16. März 2015
514 Anuradha Mittal/Melissa Moore (Hg.), *Walking on the West Side. The World Bank and the IMF in the Ukraine Conflict* (Oakland Institute). Oakland 2014, S. 4
515 Artikel 404 des Assoziierungsabkommens, siehe: http://eeas-europa.eu/ukraine/pdf/6_ua_title_v_economic_and_sector_cooperation_en.pdf (30.6.2014)
516 http://www.landmatrix.org/en/get-the-idea/web-transnational-deals/ (6.11.2015)

einer weltweit geführten Datenbank zu Bodennutzung und Landkauf, taucht der China-Deal Ende 2015 gar nicht mehr auf.

Der Ausverkauf des fruchtbaren Bodens, wenngleich er (vorläufig?) nur in Form von Pachtverträgen vorstatten geht, bringt ein Dutzend Großunternehmen auf einen exportorientierten Agrarmarkt. Diesen fragwürdigen Investitionen in die ukrainische Schwarzerde stehen auf dem industriellen Sektor Zerstörungen durch Krieg und unterbrochene Wirtschaftsbeziehungen mit Russland, Weißrussland und Kasachstan gegenüber. Die 2014 wirtschaftlich, politisch und militärisch neu orientierte Ukraine startet denkbar schlecht in Richtung Westen.

Sanktionsregime gegen Moskau

Zeitgeschichtlich gesehen waren es nur Sekunden, in denen Russland zur »freien Welt« mit ihrem »freien Weltmarkt« zählte. Exakt zwischen dem 22. August 2012 und dem 6. März 2014 durften die Apologeten des Freihandels das größte Land der Welt als ihren Spielregeln unterworfen betrachten. Nach eineinhalb Jahren strauchelte der Versuch einer Einbindung Moskaus. Die Freihändler brachen mit ihrer eigenen Idee und führten damit der Welt vor Augen, wie sehr sie liberale Ideologie als geopolitisches Herrschaftsinstrument verstehen.

Jahrelang hatten sich die Verhandlungen hingezogen, bis die Russländische Föderation am 22. August 2012 der Welthandelsorganisation (WTO) beitrat. Dieses aus dem Allgemeinen Zoll- und Handelsabkommen (GATT) hervorgegangene, weltweit mächtigste Kontrollinstrument des Wirtschaftsliberalismus sorgt seit Mitte der 1990er Jahre dafür, dass den jeweils stärksten, flexibelsten und profitabelsten Unternehmen einer Branche die Märkte aller Teilnehmerstaaten offen stehen und politische Hindernisse tunlichst beseitigt werden. Seine als religiöses Mantra vorgetragenen vier Todsünden heißen staatliche Handelsbeschränkung, Zollhürde, nichttarifäres Handelshemmnis und regionale oder soziale Vorzugsregel. Der Abbau von Zöllen, zuletzt auf IT-Produkte, steht ganz oben auf der Agenda der Welthandelsorganisation. Im Sündenfall wird vom Dispute Settlement Body Buße in Form wirtschaftlicher Strafmaßnahmen verhängt. Die Zusammenarbeit mit den Gottheiten der Währungs- und Finanzwelt, dem IWF und der Weltbank, ist eng. Ende 2015 gehören 161 Staaten der WTO an. Mit Ausnahme von Weißrussland, Serbien und Bosnien-Herzegowina sind alle Staaten Europas in das Regelwerk der Freihändler eingebunden.

Der Beitritt Russlands zur WTO im Jahre 2012 wurde politisch sowohl im Kreml wie im Weißen Haus in Washington als Erfolg gefeiert. Wirtschaftlich brachte er vor allem Exporteuren aus dem Westen und ausländischen Handelsketten Vorteile auf dem russischen Markt. Wenig verwunderlich, profitierten die kapitalstarken Unternehmen von der Marktöffnung. Eine Studie der Ratingagentur Moody's, die ein Jahr nach der Aufnahme Russlands in die WTO gemacht wurde, bestätigte den Trend: Ausländische Konsumketten legten deutlich zu, wodurch auch die russische Landwirtschaft, die Lebensmittelbranche und die Bekleidungsindustrie durch massenhafte, billige Importe in arge Bedrängnis gerieten. Die Einfuhren aus dem Ausland nahmen in den betreffenden Sektoren zwischen 5 % und 12,5 % zu.[517] Eine Reaktion Moskaus blieb nicht aus. So antwortete beispielsweise die Gesundheitsbehörde auf die für die eigene Landwirtschaft ruinöse Einfuhr von Billigschweinen aus den USA und Brasilien mit einem Einfuhrverbot wegen hoher Antibiotika-Werte. Dies führte wiederum zu heftigen Komplikationen innerhalb der WTO. Die Einhebung einer Abwrackprämie auf den Import von ausländischen PKW widersprach dann dem zweiten Freihandelsgebot: Du sollst keine Handelshemmnisse aufbauen! Mit einem Satz: Die Position Russlands in der Welthandelsorganisation war von Anfang an prekär.

Doch nicht Russland, sondern die USA und die EU ließen die Illusion des freien, ungehinderten wirtschaftlichen Austausches platzen. Am 6. März 2014 verhängten Washington und Brüssel unisono Sanktionen und Strafmaßnahmen gegen StaatsbürgerInnen aus Russland und der Ukraine, Einreiseverbote und Kontosperren inklusive. Kurz darauf folgten Import- und Exportverbote, Einschränkungen bei Bankgeschäften und Kreditsperren für russische Unternehmen. Die international gültigen Spielregeln für den Personen- und Warenverkehr waren aufgehoben.

Mit ihrer Sanktionspolitik holten die Vertreter der westlichen Wertegemeinschaft wieder einmal ihre stärkste Knute aus dem Reservoir politischer und wirtschaftlicher Strafmaßnahmen. Sanktionsregime und Embargos begleiten den Liberalismus seit dem Ende des Zweiten Weltkrieges; sie stellen sein zweites Gesicht dar. Zeitgleich zum Marshall-Plan für Westeuropa (außer Spanien) trat schon 1948 das von Washington betriebene »Coordinating Committee« (COCOM) auf den Plan. Es erstellte schwarze Listen für jene Produkte, die nicht in die Sphäre kommunistisch regierter Länder geraten durften. Das Embargo betraf so gut wie alle technisch hochwertigen und/oder militärisch sensiblen Geräte, wurde jahrzehntelang auf den neuesten Stand gebracht und erst lange nach dem Ende der Sowjetunion aufgehoben.

Seit den 1990er Jahren erließen vornehmlich Washington und Brüssel – manchmal mit und manchmal ohne Unterstützung der UNO – Wirtschaftssanktionen gegen Länder mit missliebigen Regierungen sonder Zahl; hier ein Blick auf die Liste in chronologischer Reihenfolge: gegen den Irak (1990), Haiti (1991), Libyen (1992), Jugoslawien (1992), Kambodscha (1992, 2013) Serbisch-Bosnien (1994), Myanmar (1988, 1996), Sierra Leone (1997), Angola (1998), Afghanistan (1999), Liberia (2001), Simbabwe (2002, 2008), Nord-Korea (2006), Iran (2006, 2012), Belarus (2006), den Sudan (2008), Somalia (2010), Eritrea (2011), Syrien (2011), Mali (2012), Guinea-Bissau (2012), Belize (2013), Guinea (2013), Burundi (2015) und den Jemen (2015). Die schiere, hier nur

---

517 Studie von Moody's, zitiert in: *Russia beyond the Headlines* (deutsche Ausgabe) vom 26. August 2013, siehe: http://de.rbth.com/wirtschaft/2013/08/26/ein_jahr_wto-beitritt_russlands_bilanz_25611 (2.11.2015)

unvollständig aufgelistete Anzahl der betroffenen Länder zeigt bereits: Personensanktionen und Wirtschaftsembargos sind im Westen ein gängiges Instrument zur Abstrafung von Regierungen, deren politische oder wirtschaftliche Maßnahmen in Washington oder Brüssel größeres Missfallen auslösen. Die Sowjetunion und die Russländische Föderation waren davon das ganze 20. Jahrhundert hindurch betroffen; einzig in der Phase der Regierung Jelzin lockerten sich antirussische Embargos, weil Moskau keine eigenen Interessen erkennen ließ, die denen des Westens entgegenstanden.

Man mag einwenden, WTO und Wirtschaftssanktionen seien zwei verschiedene Angelegenheiten, immerhin blieb ja die Mitgliedschaft Russlands in der Welthandelsorganisation – vorläufig zumindest – bestehen. Rein formal betrachtet, mag das stimmen, und wird auch von den USA und EU-Europa so argumentiert. Aber für wie seriös soll man das Theorem des Freihandels halten, wenn gleichzeitig zu seiner Postulierung und Durchsetzung nicht nur im Falle Moskaus Sanktionsregimes gepflegt werden? Diese setzen alle an anderer Stelle (der WTO) für unumstößlich erklärten Direktiven außer Kraft und machen Handelsströme zu Instrumenten (geo)politischer Erpressung. Dies passiert nicht, wie immer wieder betont, wenn Demokratie und Frieden in Gefahr sind, sondern ganz gezielt und ausschließlich gegen Länder und ihre BürgerInnen, deren Regierungen Washington oder Brüssel in die Quere kommen. Wäre die Einhaltung von Menschenrechten jenes Maß, das über Sanktionen entscheidet, müsste Washington gegen einen Gutteil seiner eigenen engsten Verbündeten, und nicht nur im Nahen Osten, einen Wirtschaftskrieg führen. Daran ist selbstverständlich nicht gedacht.

Prophylaxe gegen den Anschluss der Krim

Am 6. März 2014 funktionierte die transatlantische Kommunikation perfekt. In Washington unterzeichnete Präsident Barack Obama einen Befehl zum Erlass von Sanktionen gegen anfangs geheim gehaltene ukrainische und russische Staatsbürger, indem er sich auf den National Emergencies Act aus dem Jahr 1976 berief. Zeitgleich verhängte Brüssel unter dem Beschluss 2014/119/GASP Sanktionen gegen 18 ukrainische und kurz darauf drei russische Staatsbürger.[518] Die Maßnahmen umfassten Einreiseverbote, Kontosperren und Vermögensentzug. Argumentiert wurden sie zum einen mit der schlichten Unterstellung, die vom Majdan mit Hilfe des Westens geschassten alten Machthaber um Wiktor Janukowytsch wären undemokratisch und für das Land gefährlich (gewesen). Zum anderen nahmen die beiden Machtpole der westlichen Welt den Kreml in

---

[518] http://eur-lex.europa.eu/legal-content/DE/TXT/PDF/?uri=CELEX:32014D0119&rid=6 (12.10.205), später ergänzt durch Beschluss 2014/145/GASP und Verordnung 269/2014.

Moskau ins Visier, dem sie die Unterstützung der Sezessionisten auf der Krim vorwarfen. Als Gründe für die Eröffnung der ersten Runde im Wirtschaftskrieg gegen Russland wurden die Torpedierung des demokratischen Prozesses in der Ukraine, die Negierung jener politischen Institutionen, die sich nach dem Majdan herausbildeten, und ganz allgemein die Bedrohung des Weltfriedens sowie der territorialen Integrität der Ukraine genannt. In der US-Gesetzessprache liest sich die Einschätzung der ersten Zielpersonen, die mit Sanktionen belegt werden, folgendermaßen: Sie kommen deshalb auf die Liste, weil sie »den demokratischen Prozess und die Institutionen der Ukraine untergraben.«[519]

Wer sind nun die ersten Russen und Ukrainer, die Einreiseverbote nach Westeuropa und Nordamerika erhalten haben? Es handelt sich übrigens um eine Maßnahme, die bislang auch in den schlimmsten Zeiten des Kalten Krieges nicht ergriffen wurde. Ganz oben auf der hierarchisch und nicht alphabetisch geführten Liste stehen die zwei wichtigsten Berater von Wladimir Putin: Wladislaw Surkow und Sergej Glasjew. Mit Demokratieverachtung oder Verletzung der ukrainischen territorialen Souveränität haben die beiden nichts zu tun. Sie sind einfach die Stichwortgeber des Kreml für das osteuropäische Glacis. Insbesondere Glasjew tourte in den Jahren 2012 und 2013 durch die sechs ehemals sowjetischen Republiken, die Brüssel mittels Assoziierungsabkommen an sich binden und damit gleichzeitig von Moskau fernhalten wollte. Seine Aufgabe bestand darin, dies mit »carrots and sticks«, wie der Amerikaner sagt, also mit Zuckerbrot und Peitsche möglichst zu verhindern. Als quasi natürlicher Feind westlicher Interessen landete sein Name als zweiter auf der Sanktionsliste. Nicht hinter allen Gelisteten stehen auf den ersten Blick ähnlich »natürliche Feinde« des Westens. So verwundert z. B. die Nennung von Jelena Misulina, ihres Zeichens Abgeordnete der Staatsduma und Mitautorin des Gesetzes zum Verbot homosexueller Propaganda. Angesprochen darauf, warum sie als persona non grata der westlichen Welt aufscheint, antwortete sie irritiert: »Die Entscheidung, warum ich auf der Liste bin, ist rätselhaft – obwohl wir Sanktionen erwartet haben –, weil ich keinerlei Konten und kein Haus im Ausland habe, auch lebt kein Mitglied meiner Familie außerhalb Russlands.«[520] Die Abgeordnete kann sich keinen Reim auf den Sinn der Maßnahme machen.

In verquerer Weise logisch sind dann die Namen von Wiktor Janukowytsch, seinem Berater Wiktor Medwedtschuk und seinem Ministerpräsidenten Mykola Asarow. Dazu kommen noch die politischen Spitzen der Krim wie Ministerpräsident Sergej Aksjonow und Parlamentsvorsitzender Wladimir Konstaninow.

519 Executive Order, Blocking Property of Certain Persons Contributing to the Situation in Ukraine. Siehe: https://www.whitehouse.gov/the-press-office/2014/03/06/executive-order-blocking-property-certain-persons-contributing-situation (3.11.2015)
520 zit. in: www.rt.com/news/sanctions-russia-eu-us-338/ (17.8.2015)

Auch missliebige russische Oligarchen (Gennadi Timtschenko und Juri Kowaltschuk) tauchen auf der Sanktionsliste auf.

Sowohl die EU wie die USA erweiterten in der Folge ihre Sanktionsliste beträchtlich und mehrfach, und zwar im April, Mai, Juli, September, November, Dezember 2014 sowie im Februar 2015. Ende 2014 standen auf der Brüsseler Liste 132 Personen, Anfang 2015 kamen weitere 19 hinzu, die alle mit Einreiseverboten, Kontosperren und Vermögenskonfiskation belegt wurden. Auch politisch wurde es immer bunter. Funktionsträger der Volksrepublik Donezk wie die MinisterInnen Jekaterina Gubarewa, Aleksandr Karaman oder Serhij Sdryljuk fanden sich geächtet und enteignet, wiewohl zweiteres mangels Eigentums im Ausland eher symbolischen Charakter hatte.

Die Terminwahl für die jeweiligen Ergänzungen bzw. Verschärfungen gegenüber immer mehr russischen Personen zeugt vom Willen zur unbedingten Eskalation, obwohl gerade die bundesdeutsche Kanzlerin immer das Gegenteil behauptete. So fanden z. B. am 15. Februar 2015 19 weitere Funktionsträger aus Russland ihre Namen auf den Einreiseverbots- und Kontosperrlisten der Europäischen Union, darunter insbesondere hohe Beamte und Militärs aus dem Verteidigungsressort. Dass dies ausgerechnet drei Tage nach den hoffnungsvollen Gesprächen in Minsk zur Durchsetzung eines Waffenstillstandes geschah, lässt an der Ernsthaftigkeit des deutschen und französischen Engagements in Sachen Minsk II zweifeln.

Genauso erhellend ist auch das von den Sanktionsregimen verhängte Einreiseverbot gegen Intellektuelle, die Washington und Brüssel politisch nicht in den Kram passen. Insbesondere die eurasische Idee gilt den Vertretern einer liberalen Demokratie aus dem Westen als großes Feindbild. Deshalb darf der führende Kopf der Eurasier, Aleksander Dugin, nicht nach EU-Europa und in die USA einreisen; und deshalb wird die Eurasische Jugendunion als Ganzes vom Austausch mit der westlichen Welt ferngehalten.[521]

Washington ist sich auch nicht zu schade dafür, das selbst erlassene Sanktionsregime für internationale Organisationen zu missbrauchen und deren Funktionsfähigkeit damit zu behindern. So geschehen beispielsweise mit Walentina Matwijenko, der Parlamentssprecherin des russländischen Föderationsrates, der zweiten, föderal zusammengesetzten Kammer des Parlaments. Die protokollarisch höchstrangige Frau in der Moskauer Politszene fand sich bald wegen »ihres Status als Vorsitzende des Föderationsrates« auf der US-Sanktionsliste. Praktische Auswirkungen spürte die Politikerin erst, als sie Ende August 2015 zum vierten Weltkongress der Parlamentssprecher – was es alles gibt! – nach New York fliegen wollte. Die einladende Plattform der Interparlamentarischen

---

521 Vgl. https://en.wikipedia.org/wiki/List_of_individuals_sanctioned_during_the_Ukrainian_crisis (3.11.2015)

Union (IPU) ist beim UN-Hauptquartier angesiedelt. Es lässt sich völkerrechtlich darüber streiten, ob die IPU formell eine Unterorganisation der UNO ist oder eine ihr angegliederte Organisation. Als Matwijenko ihr Visum zur Reise nach New York überprüfte, musste sie feststellen, dass ihr ein solches nur für die Teilnahme an UN-Sitzungen ausgestellt wurde und ihr darin explizit jeder andere Aufenthaltsort verboten war, auch einer bei der Interparlamentarischen Union. Matwijenko protestierte (ergebnislos), und das russische Außenministerium brachte die Sachlage mit einer Erklärung auf den Punkt: »Diese Aktionen aus Washington, das für sich die Rolle der Verteidigung der Meinungsfreiheit in Anspruch nimmt, machen es unmöglich, auch nur irgendeine Stimme zu erheben, die sich gegen die Vorstellungen der USA richtet.«[522] Zur unmittelbaren politischen Demütigung Russlands, die wohl der Zweck der Übung war, kam noch die Anmaßung Washingtons, sich der UNO und ihr angegliederter internationaler Organisationen zu bedienen, um ihr eigenes geopolitisches Spiel zu treiben. Das UN-Hauptquartier in New York hat, wie andere UN-Einrichtungen in Wien oder Genf, exterritorialen Status. Wenn nun die USA diesen Standort in Geiselhaft beispielsweise für ihre Vorstellungen einer Ukraine-Politik nehmen, schädigt das die internationalen Organisationen enorm. Doch das ist, wie aus vielen anderen Fällen bekannt, nicht die Sorge Washingtons.

Zur Lösung der Krise in der Ukraine tragen weder solche Spielchen noch die modernen Pranger aus den Werkstätten der Europäischen Kommission und dem Weißen Haus in Washington etwas bei. Dafür zementieren sie ein Feindbild in Gestalt von russischen Meinungsführern (und Verbänden, wenig später auch Unternehmen), das von den westlichen Medien begierig aufgenommen und reproduziert wurde. Der asiatisch dreinblickende Russe erscheint wieder mit vorstehenden Backenknochen auf den Titelbildern und Trailern auch angeblich seriöser Print- und TV-Magazine. Die von höchsten offiziellen Stellen abgesegneten Sanktionslisten provozieren ein gesellschaftliches Klima, in dem Hass und Rassismus weitgehend unbehindert gedeihen können. »Der Russe« taucht sprachlich wieder im dämonisierenden Singular auf.

Die erste Reaktion Moskaus auf die Eskalationsspirale aus dem Westen wirkte hilflos. In der Logik diplomatischer Reziprozität erließ der Kreml seinerseits Listen mit unerwünschten Personen, die nicht mehr nach Russland einreisen dürfen.[523] Von Kontosperren ist dort allerdings realistischer Weise nicht die Rede, weil wohl niemand auf diesen russischen Sanktionslisten Geld in Russland bunkert. Dementsprechend politisch – und nicht ökonomisch – liest sich die No-Go-Liste des Kreml. Als US-Amerikaner werden u. a. Präsidentenberater Daniel

---

522 zit. in: *Moscow Times* vom 28. August 2015
523 https://de.wikipedia.org/Liste_von_Sanktionen_in_der_Krimkrise (12.10.205)

Pfeifer, der damalige Sprecher des Repräsentantenhauses John Boehner sowie der Kreml-Hasser und Senator John McCain genannt. Mit 13 (von insgesamt 29) Gelisteten sind kanadische Politiker am zahlreichsten vertreten, was der besonders Kreml-feindlichen Rhetorik der damaligen dortigen Regierung geschuldet sein mag. Zweieinhalb Deutsche, ein Pole sowie je eine Lettin und eine Schwedin schließen den Reigen der in Russland Unerwünschten. Dass sich darunter zwei Grüne – Rebecca Harms und Daniel Cohn-Bendit – befinden, zeigt, wie tief hinein in die politische Bedeutungslosigkeit russische Behörden graben mussten, um der diplomatischen Reziprozität Genüge zu tun.

Von Personensanktionen zum Wirtschaftskrieg

Am 28. April 2014 wurde aus dem Sanktionsregime ein Wirtschaftskrieg. Erstmals seit der Aufhebung antikommunistischer Embargo-Bestimmungen, die vom COCOM seit 1948 bis in die 1990er Jahre kontrolliert wurden, sah sich Moskau wieder mit direkten wirtschaftlichen Strafmaßnahmen belegt. Diesmal war es Washington, das zum Vormarsch blies. 17 russischen Unternehmen wurde jede Geschäftstätigkeit in den USA verboten, zeitgleich belegte man den Chef des wichtigsten dieser Betriebe, Igor Setschin, CEO des Energieriesen Rosneft, mit einem umfassenden Einreiseverbot.[524] EU-Europa, Kanada, Australien und Norwegen zogen nach.

Brüssel verabschiedete mit der Verordnung Nr. 833/2014[525] am 31. Juli 2014 ein selektives Wirtschaftsembargo gegen die Russländische Föderation. Es enthält Handelsverbote mit russischen Unternehmen und Einschränkungen im Finanzsektor und im Zahlungsverkehr. Am 22. Juni 2015 wurden die Maßnahmen bis 31. Jänner 2016 verlängert, anschließen daran nochmals um ein halbes Jahr.

Die Sanktionen betreffen hauptsächlich drei Sektoren: Militärgüter, die Ölindustrie und den Bankenbereich. Handelsverbände und Wirtschaftskammern in den einzelnen Staaten der Europäischen Union (sowie in allen anderen Embargo-führenden Ländern) sind seither damit beschäftigt, ihren Mitgliedsunternehmen eine Übersicht über die Strafmaßnahmen bereitzustellen, um sie vor Gesetzesbrüchen zu bewahren. Im österreichischen Fall liest sich das dann beispielsweise unter der Überschrift »Embargo Öl-Ausrüstung« folgendermaßen: »Anhang II der VO 833/2014 listet bestimmte Ausrüstungsgegenstände für den Öl- und Gassektor. Es gilt ein direktes und indirektes Verbot des Exports, des Verkaufs, der Lieferung dieser Güter nach Russland oder zur Verwendung in Russland, wenn begründete Annahme besteht, dass die Güter in der Exploration,

---

524 http://www.treasury.gov/press-center/press-releases/Pages/jl2369.aspx (3.11.2015)
525 siehe: http://eur-lex.europa.eu/legal-content/DE/TXT/?uri=CELEX:32014R0833 (3.11.2015). Aktueller Stand der Sanktionen gegen Russland und die Ukraine auf: https://www.wko.at/Content.Node/service/aussenwirtschaft/fhp/Embargos/Aktueller_Stand_der_Sanktionen_gegen_Russland_und_die_Ukrai.html (3.11.2015)

Förderung von Tiefsee-Öl, arktischem Öl, Schieferöl verwendet werden. (...) Für den Einsatz in anderen Sektoren gilt für im Anhang II gelisteten Ausrüstungsgegenstände eine vorherige Genehmigungspflicht, wobei auf Antrag auch das Instrument einer Globalgenehmigung grundsätzlich zur Verfügung steht.«[526] Artikel 3a der Brüsseler Verordnung nennt neben Industrieerzeugnissen auch noch Dienstleistungen, die im Öl- und Gassektor verboten sind, und zwar penibel aufgezählt: »Bohrungen, Bohrlochprüfungen, Bohrlochmessungen und Komplettierungsdienste, Lieferung spezialisierter schwimmender Plattformen ...«.[527]

Der allgemeine Sinn solcher auf den ersten Blick verwirrender Gesetzestexte ist rasch durchschaut: Es geht um die Schwächung der russischen Wirtschaft in wichtigen Sektoren. Neben dem Öl- und Gasbereich ist insbesondere die Rüstungsindustrie betroffen. Diese stand allerdings als einzige Branche schon immer unter besonderer Beobachtung der Gegenseite. Russische Waffen sind am Weltmarkt stark nachgefragt, weshalb hier, anders als in der Ölbranche, auch die Exporte aus Russland verboten werden, um einen lästigen Konkurrenten loszuwerden.

Am 2. September 2015 erweiterten die USA ihre Wirtschaftssanktionen ein weiteres Mal. Diesmal traf es insbesondere Hightech- und Fluggerätehersteller. Die russische Firma Katod z. B. war in den vergangenen Jahren mit ihren Nachtsichtgeräten auf dem US-Markt auffallend erfolgreich gewesen. »Bevor wir in den USA punkten konnten«, meinte ihr Vorstandsvorsitzender Wladimir Loktionow, »hatte die USA ein Monopol auf diese Produkte.« Das Aufscheinen von Katod auf der Sanktionsliste kommentiert Loktionow trocken: »Die haben Sanktionen gegen uns verhängt, weil sie die russische Konkurrenz fürchten.«[528]

Etwas anders liegt der Fall bei der Firma Rosoboronexport. Sie vertreibt weltweit den Militärhubschrauber M-17. Dass der Name des Unternehmens erst relativ spät, Anfang September 2015, auf die Sanktionsliste kam, obwohl das Produkt – anders als bei Nachtsichtgeräten – eindeutig militärischen Charakter aufweist, erklärt der Rüstungsexperte Juri Barmin in einem Interview mit der *Moscow Times*: Rosoboronexport exportierte in den vergangenen Monaten M-17-Hubschrauber nach Afghanistan. Erst nachdem die vom Pentagon bestellten 30 Stück an die afghanische Armee geliefert waren, wurden die Sanktionen gegen Rosoboronexport erlassen, so Barmin.[529] Die Ausrüstung ihrer afghanischen Verbündeten war den USA also in diesem Fall wichtiger als hehre Embargogründe zur Sanktionierung der russischen Ukraine-Politik.

---

526 https://www.wko.at/Content.Node/service/aussenwirtschaft/fhp/Embargos/Aktueller_Stand_der_Sanktionen_gegen_Russland_und_die_Ukrai.html (3.11.2015)
527 Ebd.
528 *The Moscow Times* am 3. September 2015
529 Ebd.

In umgekehrte Richtung platzte ein Megadeal im Angesicht des Embargos, ohne dass er unmittelbar davon betroffen gewesen wäre. Die Rede ist von zwei Hubschrauberträgern, die die russische Marine beim französischen Hersteller Direction des Constructions Navales (DCNS), einem Staatsunternehmen, in Saint-Nazaire in Auftrag gegeben hatte. Kurz vor der Auslieferung des ersten Schiffes der Mistral-Klasse – dem Träger »Wladiwostok« – eröffnete der Westen den Wirtschaftskrieg mit Russland. Wochenlang stritten französische Regierung und Opposition, Befürworter und Gegner des Embargos, wie man sich angesichts der EU-weit beschlossenen Sanktionen verhalten sollte. Formal hätte vieles dafür gesprochen, das Geschäft mit Moskau durchzuführen und korrekt abzuschließen, befanden sich doch in allen nationalen Verordnungen Klauseln, die alte Aufträge vom Sanktionsregime ausnahmen oder dafür eine spezielle nationale Genehmigung erforderlich machten. Der französische Präsident jedoch gab klein bei. Er war – im Gegensatz zum oben beschriebenen Beispiel Rosoboronexport – atlantischer als Washington. Frankreich stornierte die Lieferung der Hubschrauberträger und damit einen bereits fertig gebauten Auftrag in Höhe von 1,2 Mrd. Euro. Die Strafzahlung nahm man in Kauf. Innenpolitisch überließ Paris das Feld der Opposition; diese punktete von rechts in Person der Front-National-Chefin Marine Le Pen: »Die Entscheidung (zur Stornierung des Auftrages, d. A.) ist schwerwiegend, erstens weil sie gegen die Interessen unseres Landes getroffen wurde, und zweitens, weil sie zeigt, wie gehorsam wir der amerikanischen Diplomatie gegenüber sind«,[530] meinte sie und sprach damit den Franzosen aus der Seele. Auch die französischen Gewerkschaften empörten sich; Arbeitervertreter Jean-Marc Perez von der Schiffswerft in Saint-Nazaire nannte die Entscheidung in Paris skandalös und schockierend.

Unterhalb der Bedeutung von Großprojekten, die durch das Embargo torpediert werden, treffen die Sanktionen im Militärbereich auch kleinere und mittlere Unternehmen im Westen, die keine klassischen Rüstungsproduzenten sind. Verantwortlich dafür ist ein wichtiges Beiwort zum Militärgüterembargo, und zwar der Begriff »*dual use*«. Dieser beschreibt bzw. soll die Zweischneidigkeit beschreiben, dass Produkte sowohl für militärische als auch für zivile Zwecke einsetzbar sind. Dies liegt zwar seit der Erfindung der Klinge in der Natur der Dinge, muss aber unter Embargobedingungen erläutert werden. Um (vermeintlich) sicher zu gehen, dass die Klinge nur zum Zwiebelschneiden und nicht zum Zustechen verwendet wird, heißt es dann in der Anleitung für Unternehmer: »Mit dem Inkrafttreten des Militärgüterembargos ist auch die sog. ›catch-all‹-Klausel der Dual Use-Exportkontrolle wirksam, wonach die Ausfuhr aller Waren, auch nicht gelisteter, melde- und genehmigungspflichtig ist, wenn der Ausführer Kenntnis

---

530 zit. in: http://rt.com/news/184971-france-mistral-delivery-russia/ (4.9.2015)

hat, dass die Waren in Russland eine militärische Endverwertung erfahren.«[531] Als kleine Hilfestellung veröffentlicht dann die Wirtschaftskammer noch eine Liste mit »gemischten« russischen Abnehmern, soll heißen, Unternehmen, die sowohl eine militärische wie eine zivile Sparte bedienen. Der Zeigefinger mahnt: Lieber nichts nach Russland liefern, es könnte ja verboten sein. Ob sich Unternehmen in der Krise daran halten, steht allerdings auf einem anderen Blatt.

Als dritter Bereich, den USA und EU mit Wirtschaftsembargo belegten, ist der Banken- und Finanzsektor zu nennen. Hier trafen die Maßnahmen unmittelbar am härtesten. Russische Banken verloren von einem Tag auf den anderen Zugang zu den westlichen Kapitalmärkten. Auch vom Wertpapiermarkt und anderen finanziellen Dienstleistungen schloss man russische Unternehmen aus. Betroffen sind unter anderen die fünf größten Geldinstitute des Landes: Sberbank, VTB-Bank, Gazprombank, Vnesheconombank und Rosselchosbank. Im Jahr 2013 hatten russische Banken 11 Mrd. Euro an Kapital auf den Anleihemärkten im Westen aufgenommen, 70 % davon entfielen auf die nun sanktionierten Institute.[532] Dieses Volumen musste nun ersetzt werden. Das konnte man einerseits auf dem Binnenmarkt versuchen, andererseits trieb es die russische Wirtschaft in die Arme Chinas, wo Kapital zu entsprechenden Konditionen zu haben war.

Das Bankenembargo zielt auf Geldinstitute, deren staatlicher Eigentümeranteil 50 % übersteigt. Damit versuchen die Sanktionen explizit staatliche Unternehmen bzw. solche mit wesentlichem Staatsanteil zu schwächen, unabhängig davon, wie die einzelnen Konzerne mit ihrer konkreten Geschäftspolitik in der Frage des eigentlichen Embargogrundes – dem Umgang Russlands mit der Ukraine und der Krim – positioniert sind. Im Vordergrund steht die Schädigung russischer, insbesondere vom Staat kontrollierter Wirtschaftsstrukturen. Dies ist im Fall der Sberbank auch eine Frage des Kampfs um Weltmarktanteile. Mit einem Kapital von 14,1 Mrd. US-Dollar (2013) liegt diese immerhin an 63. Stelle in der Weltrangliste der Geldinstitute. Vor allem in Europa gilt sie nach den Übernahmen der türkischen Deniz-Bank und der Volksbank-International im Jahr 2012 als Global Player; dies mag auch erklären, warum die Sberbank auf der EU-Embargoliste der Banken an erster Stelle steht, während sie auf die US-Liste erst später kam.[533]

Abschließend sei noch der Fall der russischen Billig-Fluglinie Dobrolet erzählt. Sie fiel den Sanktionen schon nach wenigen Monaten zum Opfer und erklärte bereits am 4. August 2014 ihre Zahlungsunfähigkeit. Dobrolet bediente

---

531 https://www.wko.at/Content.Node/service/aussenwirtschaft/fhp/Embargos/Aktueller_Stand_der_Sanktionen_gegen_Russland_und_die_Ukrai.html (3.11.2015)
532 Anton Sweschnikow, Russlands Wirtschaft unter Strafe. In: *Russia Beyond the Headlines* (deutsche Ausgabe) vom 5. November 2014.
533 http://rt.com/business/177088-eu-sanctions-banks-sberbank/ (5.8.2014)

großteils von Moskau aus Flugstrecken nach Jekaterinburg, Perm, Ufa, Kasan, Samara, Wolgograd, Surgut und in andere russische Städte, und begann im Mai 2014, Simferopol auf der Krim anzufliegen. Daraufhin erließen Washington und Brüssel ein Wirtschaftsembargo gegen die Airline, weil sie Handelsbeziehungen mit der nun russländischen Krim als etwas Verbotenes betrachten. Das Embargo zwang westeuropäische und US-Unternehmen, Leasingverträge mit Dobrolet zu kündigen, Sicherheitschecks für Boeing-737-Maschinen zu verweigern und eine Reihe anderer Dienstleistungen zu blockieren. Die Konzernmutter von Dobrolet, Aeroflot, verlor dadurch einen dreistelligen Euro-Millionenbetrag.[534] Ironischer Weise sponsert Aeroflot ausgerechnet ab der Saison, in der seine Tochter Dobrolet von dem Westembargo ruiniert wurde, das Flaggschiff des britischen Fußballs, Manchester United.

Ein bisher noch nicht genannter Aspekt der Wirtschaftssanktionen darf nicht außer Acht gelassen werden. Konträr zum gängigen liberalen Credo, demzufolge der Staat dazu da sei, die Rahmenbedingungen für möglichst staatsfreies Wirtschaften zu garantieren, melden sich staatliche Organe mit Sanktionslisten und Embargoerlässen interventionistisch zu Wort. Plötzlich hat geopolitische Rationalität Vorrang vor wirtschaftsliberaler Vernunft. Dahinter steckt allerdings auch ein ökonomisches Kalkül, wenn man sich in Erinnerung ruft, dass vor allem die wirtschaftlichen Zwangsmaßnahmen von Washington ausgegangen sind. Der damit vom Zaun gebrochene Wirtschaftskrieg trifft indes – neben Russland, das als Ziel offen genannt wird – auch die Europäische Union und insbesondere Deutschland. Deutsche Unternehmen haben auf dem russischen Markt heftig investiert, während aus den USA vergleichsweise wenige Top-Firmen dort aktiv sind. Brüssel und Berlin nehmen also die Rolle des gezwungenen Trittbrettfahrers auf einer US-Lokomotive ein, die nicht viel zu verlieren hat, wenn sie gegen Russland dampft.

Diese ungleiche Partnerschaft zwischen Washington und Brüssel/Berlin spiegelt sich auch in der unterschiedlichen Handhabung von Personensanktionen und Wirtschaftsembargo. Die schwarze Liste der EU, welcher Russe hier nichts verloren hat und wessen Konto gesperrt wird, ist dreimal so lang wie jene der USA. In diesem Bereich eingefrorener Guthaben und Vermögenswerte ist nicht viel zu holen, wie wir weiter unten sehen werden. Demgegenüber preschen die USA bei Import- und Exportverboten vor, während insbesondere Berlin in dieser Frage auf der Bremse steht. Abgesehen von dieser grundsätzlichen Differenz ist es dennoch für geübte Wirtschaftsliberale ein Schock, wie Geopolitik ohne Vorwarnung Geschäfte boykottiert. Dieser Schock stand vielen (beispielsweise) deutschen Managern und Unternehmern ins Gesicht geschrieben, als sie sich

---

534 vgl. http://rt.com/business/177748-dobrolet-aeroflot-suspends-flights-crimea/ (5.8.2014)

plötzlich mit einem politischen Primat konfrontiert sahen. Manche ließen sich von symbolischen prorussischen Gesten nicht abhalten, wie der Vorstandvorsitzende von Siemens, Joe Kaeser, als er am 26. März 2014 nach Moskau reiste, um dort seinem Geschäftsvermittler Wladimir Putin und dem Chef der russischen Eisenbahn, Wladimir Jakunin, der schon damals auf der US-Sanktionsliste stand, die Hand zu schütteln. Zurück in der Heimat musste Kaeser einbekennen, dass es stärkere Interessen als diejenigen von Siemens in Russland gab. Im ZDF-Interview[535] mit Claus Kleber wurde er vom Sprachrohr des Staatsfernsehens vorgeführt und mit Fragen eingedeckt, die ihn als unpatriotischen, antieuropäisch eingestellten Profitmacher brandmarkten. »Ihnen kann ja wohl nicht entgangen sein«, fauchte der Interviewer, »dass Sie mit ihrem heutigen Besuch konterkarieren, was die gesamte westliche Politik versucht aufzubauen, nämlich eine Kulisse, die Russland sagt, es gibt ein internationales Verhalten, das nicht toleriert wird, für das ein Preis bezahlt werden muss.« Der Siemenschef verfiel im Laufe des Gesprächs zusehends, nahm die Miene eines reuigen Sünders an und bekannte zweimal ausdrücklich, dass er das Primat der Politik respektieren wolle. Auch Daimler-Chef Dieter Zetsche stand im Angesicht des ausgerufenen Wirtschaftskrieges Gewehr bei Fuß und bekannte: »Es gilt ganz klar das Primat der Politik. Die Wirtschaft hat sich auf die Bedingungen einzustellen, die die Politik setzt – unabhängig von den direkten Konsequenzen.«[536]

Vier Monate, nachdem die USA, gefolgt von der EU, die Russländische Föderation mit Wirtschaftssanktionen belegt hatten, antwortete Moskau seinerseits mit Einfuhrverboten. Anfang August 2014 veröffentlichte der Kreml eine Liste von Lebensmitteln und Agrarprodukten, die nicht mehr importiert werden dürfen, wenn sie aus einem der Länder stammen, die den Wirtschaftskrieg gegen Russland eröffnet haben. Fleisch, Milch und Milchprodukte, Fisch, Obst und Gemüse aus Nordamerika und Westeuropa (mit Ausnahme der Schweiz) sind vom russischen Markt ausgeschlossen. Schon zuvor, Mitte Juni 2014, hatte Putin ein Gesetz durch die Duma gebracht, das es Staatsangestellten verbietet, Bankkonten im Ausland zu unterhalten; damit will er die Personensanktionen der EU und der USA unterlaufen.

Olympia-Boykott

Im Februar 2014 fanden die Olympischen Winterspiele im russischen Sotschi statt. Keine andere Reaktion als die Washingtons und Berlins auf diese Spiele zeigt so deutlich, wie sehr die immer wieder argumentativ hervorgekramten

---

535 *ZDF Heute Journal* vom 26. März 2014. Siehe: https://www.youtube.com/watch?v=67-GXT8ampg (28.10.2014)
536 Zit. in: Format vom 2. August 2014. Siehe: http://www.format.at/news/international/russland-sanktionen-es-primat-politik-377148 (9.11.2015)

Gründe, Russland wegen seiner Ukraine-Politik und insbesondere der Eingliederung der Krim mit Strafmaßnahmen zu belegen, ein Vorwand sind. Die Annexion der Schwarzmeerhalbinsel stellte einen Völkerrechtsbruch dar, lautet der gängige Vorwurf aus dem Westen, dem wir im Kapitel über die Ukraine nachgehen. Doch der Umgang westlicher Staatskanzleien mit Sotschi zeigt, dass es um die Krim gar nicht ging, und auch nicht um die Ukraine.

Am 30. Jänner 2014 verlautete der deutsche Regierungssprecher Georg Streiter, dass Bundeskanzlerin Angela Merkel definitiv nicht zur Eröffnung der Winterolympiade ins russische Sotschi fahren werde. Bereits einen Monat vorher, im Dezember 2013, schloss Bundespräsident Joachim Gauck eine Reise in die Schwarzmeerstadt aus. Zur selben Zeit gab es auch schon Stellungnahmen von Barack Obama und François Hollande, Putin zur Eröffnung der ersten Winterolympiade in Russland keinesfalls die Ehre geben zu wollen. Das war an der Jahreswende 2013/2014.[537] Auf der Krim wusste noch niemand, dass es demnächst um territoriale Fragen gehen würde, in Moskau und Washington ebenso wenig. Und in Kiew froren sich gerade ein paar Tausend Demonstranten Nase und Arsch in der Kälte ab und hofften damit, ihre Führung in Richtung EU und NATO treiben zu können.

Womit argumentierten also Obama, Merkel und die übliche Wertegemeinschaft den Russland-Boykott drei Monate vor dem Regimewechsel in Kiew? Mit Völkerrechtsbruch? Mit geopolitischer Destabilisierung? Noch mussten die Hüter der Wertegemeinschaft auf andere Schubladen zugreifen, um in Moskau das Böse zu brandmarken. Im Fall des Sotschi-Boykotts war es in erster Linie ein russisches Gesetz zur Verbreitung von Homosexualität, das Merkel und Obama als so schrecklich diskriminierend empfanden, dass sie den Kreml durch ihre Nichtanwesenheit bestrafen mussten. Das beanstandete Gesetz bedroht die Werbung für Homosexualität, nicht aber die homosexuelle Partnerschaft oder den entsprechenden Geschlechtsakt.

Drei Winterolympiaden zuvor, im US-amerikanischen Salt Lake City, waren die Athleten aus der ganzen Welt noch mit Piktogrammen in ihren Zimmern darauf hingewiesen worden, welche Sexualpraktiken im Staate Utah verboten sind und mit Strafverfahren geahndet werden: Neben der streng verbotenen Homosexualität sah man auch durchgestrichene Symbolmännchen und -weibchen, die Anal- und Oralverkehr miteinander hatten, denn diese Praktiken waren 2002 in Utah auch für Heterosexuelle strafbar. Soweit dem Autor in Erinnerung ist, sahen die russischen und andere Delegierte damals über solche Menschenrechtsverletzungen hinweg und nahmen dennoch an den Winterspielen in Salt

---

537 http://www.welt.de/politik/deutschland/article124417580/Gerhard-Schroeder-reist-nach-Sotschi-Merkel-nicht.html (1.11.2015)

Lake City teil. Nicht einmal bundesdeutsche Politiker aus den obersten Reihen stießen sich am Homosexuellenverbot und an der Strafwürdigkeit des Oralverkehrs in den USA. Mit so viel Entgegenkommen konnte Russland zwölf Jahre später nicht rechnen. Zwar durften in Sotschi sämtliche bekannten Sexualpraktiken ausgeübt werden, Männchen und Weibchen mit- und gegeneinander verkehren, aber über das Verbot der Werbung für Homosexualität erregten sich Obama, Merkel und Hollande dermaßen, dass sie die Spiele in Sotschi boykottierten.

Auch das nächste große weltweite Sportereignis wirft Schatten eines sich verfestigenden Feindbildes voraus. Im Vorfeld der für 2018 von Russland ausgerichteten Fußball-Weltmeisterschaft gerieten die höchsten Funktionäre des Welt- und europäischen Fußballs ins Visier US-amerikanischer Fahnder. Diesmal geht es nicht um diskriminierte Homosexuelle, sondern um den Vorwurf der Korruption.

Mobbing und Russen-Bashing

Auch jenseits der großen Politik sind die Auswirkungen des vom Westen betriebenen Russen-Bashings beträchtlich. Die Sanktionsfront hat längst die Kultur erreicht. Wenn es sich dabei beim ersten Augenschein auch oft nur um unbedeutende Meldungen handelt, so entpuppen sich Dämonisierungen im kulturellen Bereich bei näherer Betrachtung als tiefgehend und nachhaltig. Ein paar Beispiele mögen genügen, um die Härte des antirussischen Kulturkampfes zu illustrieren.

Paradigmatisch für den in die westlichen Gesellschaften gestreuten Hass gegenüber allem Russischen ist die Geschichte des russischen Opernstars Anna Netrebko. Auf den größten Bühnen der Welt feierte sie Erfolge und war der Liebling der Society-, Musik- und Feuilleton-Redaktionen. Und dann tat sie in den Augen der sie eben noch überschwänglich bewundernden Medien einen Fehltritt: Es war in vorweihnachtlicher Stimmung Anfang Dezember 2014, als sie in Sankt-Petersburg dem Parlamentspräsidenten der Volksrepubliken Donezk und Luhansk, Oleg Zarjow, eine Spende von umgerechnet 15 000 Euro übergab, um damit die im Bombenhagel stehende Donezker Oper und ihre KünstlerInnen zu unterstützen. Am Rande der Pressekonferenz stellte sich die Operndiva dann noch an die Seite des Sezessionistenführers, Rosen in der einen und den Zipfel der Fahne Neurusslands in der anderen Hand. Das war für die Journaille – und auch die Politik – zuviel. »Opernstar wirbt für ›Neurussland‹«,[538] titelte *Die Zeit* ihre entsprechende Geschichte und setzte als Aufmacher hinzu: »Anna Netrebko hat einem ostukrainischen Separatistenführer eine Spende für

---

538 *Die Zeit* vom 8. Dezember 2014

das Opernhaus Donezk überreicht. Anschließend posierte sie mit der Fahne der Aufständischen.«

»Neurussland«, das war der Inbegriff des Feindes. Unter seiner Flagge versammeln sich die mit der nationalistischen Politik in Kiew Unzufriedenen, Aufständischen. Der Bezug auf diese historische Region der russischen Landnahme am Schwarzen Meer ruft in Erinnerung, dass es weite Teile in der Ukraine gibt, die mit dem Westen (historisch gereiht: mit Rom, Warschau oder Wien) nie etwas zu tun hatten. Daran soll niemand hier im Westen erinnert werden, weshalb dem Begriff seine historische Dimension abgesprochen wird. Wenn sich jetzt eine allseits beliebte Sopranistin hinstellt und diese Symbolik nicht nur nicht verachtet, sondern ein Zipfelchen davon sogar in die Hand nimmt, dann wird aus vollen Rohren auf sie geschossen. Die Transformation vom Star zum Feindbild braucht nur wenige Leitartikel und Kommentare. Und die waren schnell zur Hand. Nicht eine einzige meinungsbildende deutschsprachige Zeitung machte sich die Mühe, die Hintergründe für Netrobkos Auftritt mit Zarjow zu erklären. Niemand in den Redaktionen zwischen Hamburg und Wien wies auf die Bedingungen in Donezk hin, wo bereits mehr als neun Monate Angriff auf Angriff gegen die Stadt rollte. Eine Millionenstadt, die vom Westen zusätzlich unter Sanktionen stand, in die weder staatliche noch kirchliche Hilfe gelangte. Dieser Stadt in dieser Situation eine Spende für das Opernhaus zu überreichen, hätte eigentlich als kulturelle Wohltat gelten können, hätte, wenn man nicht in ganz EU-Europa und Amerika mit ihr im Krieg gestanden wäre. Es galt die unausgesprochene Losung: Feinde brauchen keine Oper. Und wer das anders sieht, gehört zu ihnen, den Feinden.

Um die Tat Netrebkos in einen größeren Zusammenhang zu stellen und Netrebko – post festum – bereits als Wiederholungstäterin in Sachen Russland zu outen, schloss *Die Zeit* ihren Bericht mit dem Hinweis, die Sopranistin hätte schon früher Wladimir Putin öffentlich unterstützt. Dem nicht genug, wurde ihr zuallerletzt noch das größte zuvor begangene Vergehen an den Kopf geworfen: »Auch bei der Eröffnungsfeier der Olympischen Spiele in Sotschi trat die Opernsängerin auf«, heißt es im letzten Satz.[539] Wenn das nicht nach Vergeltung schreit …

Schließlich meldete sich auch noch der österreichische Außenminister, getrieben offensichtlich von der Auffassung, etwas sagen zu müssen, weil Netrebko die österreichische Staatsbürgerschaft besitzt. Sebastian Kurz, so sein Name, vermeldete kurz, aber prägnant: Netrebkos Auftritt in Sankt-Petersburg sei »absolut problematisch«.[540] Es ist anzunehmen, dass der Herr Minister zuvor noch nie

---

539 *Die Zeit* vom 8. Dezember 2014
540 *Der Standard* vom 9. Dezember 2014

etwas von der Donezker Oper gehört hatte und auch die Fahne Neurusslands nicht erkannt hätte.

Auch Netrebkos musikalischer Kollege, Waleri Gergijew, machte mit der deutschsprachigen Medienmeute Bekanntschaft, die auf ihrer Suche nach Russland- oder – noch schlimmer – Putin-Freunden ihr schreiberisches Kriegsarsenal öffnete. Der bekannte russisch-ossetische Dirigent, der lange Jahre das Sanktpeterburger Mariinski-Theater geleitet hatte, äußerte Mitte März 2014 seine Unterstützung für das Vorgehen Moskaus auf der Krim. Damit stand er im diametralen Gegensatz zu Politik und Medien in Deutschland. Fast hätte ihn das seine Bestellung zum Chefdirigenten der Münchner Philharmonie gekostet, die bereits zuvor ausverhandelt worden war. Wochenlang diskutierten Berufene und weniger Berufene der deutschen Kulturszene, ob es denn anginge, jemandem das berühmte Münchner Orchester anzuvertrauen, der die russische Annexion der Krim gutheiße. Vor allem die bayerischen Grünen warfen sich ins Zeug, diesmal nicht für die Meinungsfreiheit, sondern dagegen; immerhin, es war ja die »falsche« Meinung geäußert worden. Ihre Forderung: Gergijew müsse sich »erklären«, bevor er den Job antreten könne. Und wenn er sein Vorgehen weiterhin für richtig halte, »ist er als Chefdirigent unserer Philharmonie untragbar geworden«.[541] Die Wochenzeitschrift *Die Zeit* recherchierte den »Fall Gergijew« und legte dem 60jährigen Musiker noch andere »Untaten« zur Last. Gergijew hatte, so unglaublich dies für deutsche Ohren auch klingen mag, 2008 ein Konzert in der von den georgischen Truppen zerstörten südossetischen Hauptstadt Zchinwali gegeben; gespielt wurde Schostakowitschs Leningrader Symphonie. Nicht einmal die Tatsache, dass der Dirigent südossetischer Herkunft ist und sich vielleicht deshalb seiner Heimat besonders solidarisch verbunden fühlt, verschwieg die *Die Zeit*. Verständnis sollte das aber nicht suggerieren, sondern das Gegenteil. »Für die Philharmoniker (in München, d. A.) ist das keine schöne Situation«, schrieb das Blatt abschließend. Die Direktion der Philharmonie ließ sich, das sei hier betont, von der antirussischen Hysterie nicht anstecken und erfüllte ihren Vertrag mit Gergijew.

Einem anderen russischen Künstler erging es weniger gut. Der als »russischer Frank Sinatra« bezeichnete Sänger Iosif Kobson landete auf den Sanktionslisten der westlichen Werteverteidiger. Sein »Verbrechen«: Er hatte im Oktober 2014 ein Konzert in Donezk gegeben. Brüssel beschloss deshalb, den Mann als Gefahr für Demokratie und Frieden einzuschätzen und erließ ein Einreiseverbot und sperrte seine Konten. Der aus einer jüdisch-russischen Familie stammende Kobson ist im Donbass geboren. Als einer der populärsten Sänger Russlands erhielt er viele Auszeichnungen und wurde 1997 in die Duma gewählt. Seine

---

541 Zit. in: *Die Zeit* vom 19. März 2014

auch persönliche Nähe zu Putin dürfte mit ein Grund dafür gewesen sein, ihn in Brüssel als Persona non grata zu behandeln. Die nationalistischen Machthaber in der Ukraine sehen in Kobson einen russisch-patriotischen Künstler und deshalb einen Staatsfeind. Er darf nicht ins Land. Als der ukrainische Fernsehsender *Inter* zum Jahreswechsel 2014/2015 den Auftritt des Sängers in Donezk ausstrahlte, stürmte ein Dutzend Personen aus der rechtsradikalen Szene das Gebäude des Studios und schlug die Fenster ein. Der ukrainische Informationsminister Juri Stez, der vor seiner Funktion im Kabinett von Poroschenko zehn Jahre lang dessen Fernsehsender *Kanal 5* geleitet hatte, ergriff daraufhin das Wort und plädierte für einen Lizenzentzug für den Sender *Inter*.[542] Mit dieser Maßnahme, so dachte er wohl als Praktiker, könnten in Zukunft nationalistische Angriffe auf un-ukrainische Einrichtungen unterbunden werden. Die dahinter steckende, einfache Logik: Wenn es nichts mehr Un-ukrainisches gibt, braucht man auch nicht darauf einzuschlagen.

Politisch weitreichender als der kulturelle Kleinkrieg, den Kiew und die Westmächte gemeinsam gegen Proponenten der russischen Kunst- und Kulturszene führen, waren die Boykottmaßnahmen und Störfeuer rund um die 70-Jahr-Feier zum Sieg der Sowjetunion über Hitler-Deutschland. Es muss als Schande für EU-Europa und die USA bezeichnet werden, dass sich nur ein einziger hoher Staatsmann dieser Wertegemeinschaft bereitfand, am denkwürdigen 9. Mai 2015 nach Moskau zu fahren und dort zusammen mit der russländischen Führung die Parade abzunehmen. Von Obama abwärts bis hinunter zu Österreichs Präsident Heinz Fischer glaubten alle, das Gedenken an den Sieg über die Nationalsozialisten mit den aktuellen Ereignissen rund um die Ukraine verbinden zu müssen. Das kleingläubige Motto lautete: Ihr habt zwar die Welt vom größten Tyrannen befreit, aber wir verachten euch dafür, dass ihr heute nicht nach unserer, der US-amerikanischen und EU-europäischen Pfeife tanzt. Nicht einmal Angela Merkel, Vertreterin eines erst zeithistorisch kürzlich mit russischer Hilfe vereinigten Deutschlands, fand es der Mühe wert, über die unheilvolle Verstrickung von antifaschistischer und antirussischer Haltung nachzudenken. Ihr Besuch in Moskau am Tag darauf, dem falschen Tag, kann von Moskau nicht anders als eine Beleidigung aufgefasst werden. Der einzige Staatsmann aus der EU, der den Mut aufbrachte, den es dafür nicht einmal hätte geben müssen, zeitgerecht nach Moskau zu fahren, war der slowakische Ministerpräsident Robert Fico.

Auch im Kleinen spiegelte sich die große Demütigung Moskaus vom 9. Mai 2015. So ließen sich beispielsweise die drei Alliierten anlässlich der Feier zur Befreiung Wiens nicht blicken. Beim Lokalaugenschein am Wiener Schwarzenbergplatz glänzten nicht nur die Botschafter Frankreichs, der USA und

542 *Die Presse* vom 4. Januar 2015

Großbritanniens durch Abwesenheit, auch österreichische Offizielle fehlten. Der russische Botschafter in Wien legte den Kranz am Befreiungsdenkmal alleine nieder. Die 70-Jahr-Feier fand in kleinem Rahmen statt. Das österreichische Außenministerium hatte zudem noch seine Botschaften angewiesen, keine Visa für eine Gruppe russischer Motorradfahrer auszustellen, die an der Veranstaltung teilnehmen wollten.

Die Geschichte über die antifaschistische Biker-Tour des Motorradklubs »Nachtwölfe« ging durch die gesamte deutschsprachige Presse – und darüber hinaus. In Moskau und anderen russischen Städten fanden sich nämlich im Vorfeld der 70-Jahr-Feier ein paar Hundert Motorradfahrer zusammen, um aus Anlass des Sieges über Hitler entlang des Weges der Roten Armee vom Baltikum über Weißrussland, die Slowakei, Ungarn und Österreich bis nach Berlin zu fahren. 6000 Kilometer wollten die russischen Lederjacken auf ihren schweren Maschinen zurücklegen und mit Kranzniederlegungen in den Hauptstädten der befreiten Länder ein Zeichen setzen. In den Ländern des früheren »Tausendjährigen Reiches« und so manchem ehemaligen Vasallenstaat tobten Politiker und Medien. Soll man sich so etwas gefallen lassen? Antifaschistische Lehrstunde aus Moskau? Noch dazu von Rockern in Ledermontur auf Motorrädern? Es wäre alles gütlich verlaufen, hätte es da nicht die Sanktionen gegen Russland gegeben. Zwar haben diese – aus der Distanz betrachtet – nicht das Geringste mit der Biker-Fahrt der »Nachtwölfe« zu tun, aber es war gerade eine solche Distanz, die den Verantwortlichen fehlte. Also gab man die Devise aus: Einreiseverbote. Das Problem dabei: Keiner der Biker stand auf der EU-Sanktionsliste, weil ja auch keiner in der Ukraine auf der »falschen« Seite gekämpft oder sich mit missliebigen Vertretern aus Donezk oder Luhansk gezeigt hatte. Also schoben die diplomatischen Vertretungen von Litauen bis Deutschland ungelöste Sicherheitsfragen vor, um die Einreise des Motorradklubs zu verhindern. Wer will schon viele Motorräder auf der Straße sehen? Noch dazu wenn die Gefahr besteht, dass darauf russische oder – genauso schlimm – sowjetische Fahnen aufgesteckt sein könnten. Im Übrigen galt der russische Präsident Putin als Freund der »Nachtwölfe«.

Die Westmedien gaben die diplomatische Blockade argumentativ an ihre LeserInnen weiter. Zur Begründung der Einreiseverbote hieß es unisono: »Umstritten ist der Trip deswegen, weil die Biker Kreml-Chef Putin sehr nahe stehen«, meldete z. B. der Wiener Kurier.[543] Ansonsten hagelte es Unterstellungen und Diffamierungen, wie es im Kampagnen-Journalismus üblich ist. Da war die Rede vom »Rockerkrieg zum Kriegsende«, der gescheiterten »Triumphfahrt der Stalin-Nostalgiker«, »Macho-Gehabe« und anderem mehr. Die polnische

---

543 *Kurier* vom 26. April 2015

Ministerpräsidentin fasste die Meinung zur verhinderten Tour der »Nachtwölfe« zusammen. Sie sei eine »einzige Provokation«.[544]

Sanktions- und Embargofolgen für den Westen

Eineinhalb Jahre nach dem Beginn des Wirtschaftskrieges werden Ende 2015 erste Resümees gezogen. Die Einschätzungen sind auf beiden Seiten der Front sehr unterschiedlich und reichen von »katastrophal« bis »unbedeutend« bzw. »theatralisch aufgeblasen«. Zu beachten ist jedoch auch, dass die Glaubwürdigkeit einzelner Wortmeldungen vor dem Hintergrund politischer und wirtschaftlicher Interessen in besonderer Weise überprüft werden muss. Gemeint ist nicht nur eine übliche Quellenkritik, sondern der Hinweis auf die spezielle historische Situation. Gegenseitiges Misstrauen ist weitgehend durch Feindschaft abgelöst worden. Und wie im Schießkrieg, der auf Stellvertreterniveau in der Ukraine und in Syrien ohnehin geführt wird, stirbt auch im Wirtschaftskrieg die Wahrheit zuallererst. Soviel nur als kurze Vorbemerkung zu den Hintergründen der unübersichtlichen Quellenlage.

Eine der radikalsten Bilanzen der Sanktionspolitik mit ihren schwarzen Listen zog die bürgerlich-konservative Zeitung *Die Welt*. Am 19. Juni 2015 titelt sie: »Katastrophale Sanktionspolitik der EU gegen Russland«. In ihrer Bilanz kommt sie zu dem Schluss, dass Russland die »mit viel Getöse« eingeführten Kontosperren und Vermögenskonfiskationen weitgehend unbeschadet überstanden hat, während umgekehrt die EU-Zone von Embargo und Gegenembargo arg in Mitleidenschaft gezogen wurde. Der Beitrag ist Ausfluss einer Studie, in der der Wirtschaftsjournalist Jörg Eigendorf und andere Autoren Finanzministerien sowie Zentralbanken verschiedener EU-Länder anfragten und sie um konkrete Zahlen zum Embargo baten. Die Antworten sind überraschend. So nennt das zypriotische Außenministerium unglaubwürdig niedrige 120 000 Euro, die auf Basis der EU-Sanktionen auf Konten der Insel eingefroren worden wären. Die irische Zentralbank wiederum hat keine Ahnung, ob es überhaupt Beschlagnahmungen gegeben hat, aus Finnland kommt die Antwort: »No assets are frozen«. Null Euro sind es auch in Malta, Kroatien, Slowenien, Spanien und der Slowakei, während »Luxemburgs Außenminister der ›Welt‹ (sagt), ein Komitee mehrerer Ministerien analysiere noch die Umsetzung der Sanktionen im Land« und »die Analyse der Daten ist noch nicht abgeschlossen.«[545]

Die Antwort aus Berlin sollte auch Menschen mit Buchhalter-Gemüt zum Lachen bringen: »124 346 Euro habe man eingefroren – und zwei Pferde«.[546]

---

544 APA vom 29. April 2015
545 Jörg Eigendorf u. a., Katastrophale Sanktionspolitik der EU gegen Russland. In: *Die Welt* vom 19. Juni 2015
546 Ebd.

Die zwei Pferde, die auf die Namen »Zazou« und »Dashing Home« hören, befinden sich im Besitz des tschetschenischen Präsidenten Ramsan Kadyrow; und der steht auf der Sanktionsliste, weil er Putins Mann in Grosny ist, Kämpfer in den Donbass schickt und überhaupt als böser Bube auftritt. Kadyrows Rennpferde, die gerade in Deutschland im Einsatz waren, gehören offensichtlich zu den erfolgreichsten Beschlagnahmungen, die das Sanktionsregime durchführen konnte. Auch in Tschechien hat man Kadyrow-Pferde »als wirtschaftliche Ressource eingefroren«, wie *Die Welt* die tschechische Behördensprache ins Deutsche übersetzt. »Angesichts dieser mageren Bilanz kann es nicht verwundern, dass man auf europäischer Seite den fehlenden Erfolg nicht dokumentiert haben will«, fasst das Blatt zusammen.

Erfolgreicher schätzt der polnische Think-Tank PISM (Polski Instytut Spraw Międzynarodowych) die US- und EU-Sanktionen gegen Russland ein. Genaue Zahlen will er in seiner Anfang 2015 veröffentlichten Studie nicht direkt nennen, spricht aber von einer Art Umwegrentabilität. Es sind weniger die eingefrorenen Konten oder das Embargo gegen ganze Branchen, die die russische Wirtschaft ins Wanken bringen, so PISM, sondern die zunehmende Kapitalflucht aus Russland. Die hat ihre Ursachen in der schrumpfenden Wirtschaft des Landes, die – neben dem Ölpreisverfall – auch den Sanktionen gutgeschrieben werden kann. Die Europäische Bank für Wiederaufbau und Entwicklung (EBRD) schätzt, dass die russische Wirtschaft im Jahr 2015 um 5 % einbrechen wird. Das treibt laut polnischem Think-Tank die Kapitalflucht in die Höhe und kreative Menschen aus dem Land. Allein von 2013 auf 2014 haben Oligarchen 150 Mrd. US-Dollar aus Russland abgezogen, mehr als doppelt so viel wie im Jahr zuvor.

Der Kreml wird gezwungen sein, als Reaktion auf die Auswirkungen der Sanktionen »Steuern anzuheben oder die eigenen Finanzreserven zu plündern, um die Krise abzufedern«, schreibt die Wiener Tageszeitung *Die Presse*, den PISM-Bericht zitierend. Und weiter: »Beides Maßnahmen, die die sozialen Spannungen in Russland verschärfen werden.«[547] Zum Schluss raten die polnischen Prognostiker dann noch den EU-Verantwortlichen, sich auf eine Welle gut ausgebildeter junger Russinnen und Russen vorzubereiten, die demnächst aus ihrer Heimat fliehen werden.

Die Diskussion um die Sanktionsfolgen für den Westen hat hier naturgemäß breiteren Raum eingenommen. Viele Menschen spüren Auswirkungen an ihrem Arbeitsplatz, insbesondere jene, die im Agrar- oder Lebensmittelbereich, aber auch in Hightech-Betrieben tätig sind, denen Exporte nach Russland verboten wurden. Das »Österreichische Institut für Wirtschaftsforschung« (WIFO) errechnete, dass »die europäischen Volkswirtschaften mit Blick auf die

---

547 *Die Presse* vom 20. Jänner 2015

Russlandkrise auf ein Worst-Case-Szenario (zusteuern), das mehr als zwei Millionen Arbeitsplätze und rund 100 Milliarden Euro an Wertschöpfung kosten könnte«.[548]

Besonders dramatisch ist die Situation für die Bauern. Der Präsident des Deutschen Bauernverbandes, Joachim Rukwied, teilte Anfang Dezember 2015 auf einer Pressekonferenz mit, dass die durchschnittlichen Gewinne bei deutschen Agrarbetrieben im Wirtschaftsjahr zwischen Juli 2014 und Juni 2015 um 30 % (gegenüber dem Jahr zuvor) gesunken seien. Wesentlich mitverantwortlich dafür seien, so der oberste Bauernvertreter, die Russlandsanktionen.[549]

Das »Wiener Institut für Internationale Wirtschaftsvergleiche« (WIIW) hat auf der Basis der Vorkriegsdaten aus dem Jahr 2013 eine Rechnung versucht, in welchem Ausmaß die Sanktionen einzelne EU-Länder tangieren könnten. Die schwachen Volkswirtschaften trifft es – wenig verwunderlich – am stärksten, auch deshalb, weil viele neue EU-Mitgliedstaaten mit Russland ökonomisch stark verbunden sind. Die drei baltischen Republiken haben die intensivsten Wirtschaftskontakte mit Russland, zwischen 11 % (Estland) und 19 % (Litauen) ihrer Exporte gingen vor dem Krieg in den Osten. Demgegenüber sind Länder wie Frankreich, Großbritannien, Spanien, Luxemburg, Belgien und die Niederlande mit jeweils unter 2 % ihrer Ausfuhren nach Russland kaum tangiert. Aus Deutschland und Österreich wurden 2013 je 3,3 % der Gesamtausfuhren auf den russischen Markt geliefert.[550]

Die Prognose stimmte. So brachen die Exporte Estlands im ersten Quartal 2015 – verglichen mit 2014 – um die Hälfte ein, Polen verlor einen Großteil seines Absatzmarktes für Obst, insbesondere Äpfel. Auch Finnland als traditionellen Exporteur von Milch und Milchprodukten trifft vor allem das russische Gegenembargo; ebenso die griechischen Obst- und Gemüsebauern, die schon 2014 laut dem Sprecher des Verbandes der Exporteure, Giorgos Polychronakis, auf 600 000 Tonnen Obst und Gemüse sitzenblieben.[551]

Dass der Umgang mit Russland auch in krisenhaften Zeiten anders geht, zeigt die Schweiz. Sie beteiligt sich nicht am US- und EU-Wirtschaftskrieg und ist umgekehrt auch nicht von den russischen Gegensanktionen betroffen. Die schweizerische Landwirtschaft und vor allem die milchverarbeitenden Betriebe profitieren davon. Die Zusage aus Bern, russische Sanktionen nicht mit Re-Exporten aus EU-Ländern zu umgehen, hat Moskau genügt, um mit der Schweiz

---

548 zit. in: *Die Welt* vom 19. Juni 2015; siehe auch: http://sputniknews.com/politics/20150619/1023555472.html (3.11.2015)
549 *junge Welt* vom 9. Dezember 2015
550 Wiener Institut für Internationale Wirtschaftsvergleiche, Wirtschaftliche Auswirkungen des Konflikts in der Ukraine. Pressekonferenz vom 13.10.2014
551 *Der Standard* vom 7. August 2014

im Geschäft zu bleiben.[552] *Die Welt* lässt einen Käser der Züger Frischkäse AG aus St. Gallen zu Wort kommen. Dieser schwelgt in einer Produktions-Hausse. Tonnenweise verlassen Mozzarella, Mascarpone und andere Sorten die Westschweiz in Richtung Russland, »eine schöne Menge«,[553] wie er im typisch schweizerischen Understatement meint. Weiter südlich, in den italienischen Provinzen Mantua und Parma, leiden Bauern und Käsereien. »Die Sanktionen haben einen doppelten Effekt«, sagt der Präsident des dortigen Käsereiverbandes, Giuseppe Alai, »Wir können unseren Parmesan nicht mehr nach Russland exportieren. Und andere Länder wie Deutschland, die Niederlande oder Frankreich verkaufen nun ihre Milch und ihren Käse nach Italien statt nach Russland.«[554] Mit einfacheren Worten kann man eine lose-lose-Situation nicht beschreiben.

Im großen Stil profitieren chinesische, brasilianische und indische Unternehmen vom Embargo des Westens. So ging z. B. der Zuschlag nach einer Ausschreibung über den Bau der Bahnstrecke Moskau–Kasan nicht an die deutsche oder die französische Industrie, die sich schon auf fette Aufträge gefreut hatten, sondern an ein russisch-chinesisches Konsortium unter Beteiligung der China Railway Eryuan Engineering Group.[555]

Moskau reagiert

Für das offizielle Moskau ist die Sache klar. USA und EU nehmen die Ukrainekrise als Vorwand für ihre Sanktionen. Dahinter steht neben dem Willen zur Schwächung der russischen Wirtschaft auch eine direkte Attacke auf die politischen Funktionsträger. Außenminister Sergej Lawrow bringt die Position des Kreml bereits Ende November 2014 auf den Punkt: »Westliche Führer erklären öffentlich, dass die Sanktionen der (russischen) Ökonomie schaden und gesellschaftliche Proteste auslösen sollen. Der Westen will nicht, dass Russlands Politik reformiert wird, sie wollen einen Regimewechsel.«[556] Im selben Interview mit dem russischen Fernsehsender RT wundert sich Lawrow darüber, wie die Europäische Union, die er als Russlands größten Handelspartner beschreibt, sich selbst mit dem Embargo schädigt. Für Moskau jedenfalls gilt – so Lawrow – dass sich »niemand selbst ins Knie schießen und eine Kooperation mit Europa zurückweisen wird. Aber jeder muss verstehen: ein ›business as usual‹ wird es nicht mehr geben.« Was der russländische Außenminister darunter versteht? »Wir brauchen nicht mehr die Art von Geschäften, die es bislang gegeben hat, nach dem Motto

---

552 http://rt.com/business/181540-switzerland-rejects-russia-embargo/ (1.11.2015)
553 *Die Welt* vom 19. Juni 2015
554 Ebd.
555 Siehe Wirtschaftsportal für Außenwirtschaft: https://owc.de/2015/05/04/chinesen-an-bahnstrecke-moskau-kasan-beteiligt/ (3.11.2015)
556 http://rt.com/news/207927-russia-business-usual/ (22.11.2014)

›Russland muss dies tun und muss das tun‹. Wir wollen als Gleichberechtigte kooperieren«.[557] Damit spricht Lawrow (indirekt) den wahrscheinlich wichtigsten Sanktionsgrund an. Denn hinter all den Formeln von Menschenrechtsverletzungen, Homosexuellen-Diskriminierung und Völkerrechtsbruch steht die für Washington (und Brüssel) intolerable innen- und außenpolitische Selbstermächtigung Russlands. Sie stellt eine seit dem Zusammenbruch der Sowjetunion bestehende wirtschafts- und geopolitische Landschaft in Frage, in der sich westliche Konzerne und ihre politischen Administrationen profitabel eingerichtet haben. Das Sanktions- und Embargoregime will diesen Zustand als irreversibel erhalten. Das »Njet« des Kreml zur Erweiterung des ökonomischen, politischen und militärischen Einflusses auf die Ukraine war nur der Auslöser, nicht der wirkliche Grund für das Sanktionsregime. Die politische Elite in Moskau hat dies verstanden und handelt entsprechend.

Russländische Think-Tanks nützen derweil die Zeit für Planspiele und Studien zu geopolitischen und wirtschaftlichen Neuordnungen. Der Begriff »Importsubstitution« spielt dabei eine wichtige Rolle. Substituiert müssen eine ganze Reihe von Gütern werden, deren Einfuhr durch das West-Embargo verboten ist. Von Putin abwärts ging monatelang die Losung aus, sich wirtschaftlich auf die eigenen Beine zu stellen. Die Sanktionen böten eine unheimlich große Chance dafür, so der Tenor. Nun sei man gezwungen, die viel zu einseitig auf Rohstoff- und Energieexporte ausgerichtete Wirtschaft zu reformieren. Wiewohl darin nur die halbe Wahrheit steckt – denn gerade die Ausfuhr von Erdgas und Erdöl blieb ja von allen Embargomaßnahmen unberührt –, ist der Anstoß für eine importsubstituierende eigene Produktion gegeben. In der Landwirtschaft, wo vor den Sanktionen EU-europäische Fleisch-, Milch-, Gemüse- und Obstwaren den heimischen Produzenten große Konkurrenz gemacht hatten, musste man sich schon aus Gründen des unmittelbaren Überlebens schnell andere Gedanken machen. Immerhin betreffen die EU- und US-Sanktionen 10 % der russischen Agrarimporte, wie der russische Ökonom Dmitri Polewoj errechnet hat.[558] Diese müssen rasch ersetzt werden.

Ein Lokalaugenschein in Moskau im Spätsommer 2015, ein Jahr nach der Verhängung der ersten Sanktionen, deutet darauf hin, dass es an Lebensmitteln keinen Mangel gibt. Wir besuchen die französische Supermarktkette Auchan an der Metrostation Bratislawskaja an der Linie 10 im Südosten der Hauptstadt. Hier ist man von endlos sich aneinander reihenden Plattenbauten umgeben. Der Hypermarkt Auchan versorgt ein riesiges Einzugsgebiet. Das vom Kreml erlassene Importverbot für Lebensmittel aus Ländern, die Sanktionen gegen

---

557 Ebd.
558 Vgl. *Der Standard* vom 7. August 2014

Russland beschlossen haben, hinterlässt zwar Spuren im Sortiment; von einem wirklichen Mangel ist allerdings nichts zu bemerken. Die kleinen Äpfel und Birnen aus heimischer Ernte auf dem Marktplatz nebenan sind erschwinglich und erinnern nicht nur den ausländischen Besucher an Zeiten, in denen Obst kein Weltmarktprodukt und »Sortenreinheit« ein Fremdwort war.

Auch außerhalb Moskaus, beispielsweise in der Industriestadt Jaroslawl, ist die Versorgungslage gut. Auf dem größten Platz der Stadt treffen wir auf eine Mischung aus Erntedankfest und Agrarmesse. Hunderte genossenschaftliche und private Aussteller verkaufen alles, was im Umkreis von 50 Kilometern an Lebensmitteln erzeugt wird. Die einzelnen Regionen sind offensichtlich angehalten, mit solchen großen Märkten der Bevölkerung zu demonstrieren: Wir versorgen uns selbst.

Viele Spezialisten in den Denkfabriken der Hauptstadt vermitteln einen ähnlichen Eindruck, wie man ihn auf den Straßen erleben kann.[559] Aleksej Kusnezow, Direktor des Zentrums für Europastudien am »Institut für Weltwirtschaft und Internationale Beziehungen« (IMEMO) prognostiziert ein Scheitern des westlichen Sanktionsregimes. Er sieht darin auch den Ausdruck einer völligen Fehleinschätzung, was die russischen Kapazitäten betrifft. Seiner Meinung nach stimmt das ganze Russlandbild im Westen nicht. »Sie glauben, Russland sei keine Marktwirtschaft und völlig vom Energieexport abhängig. Doch das ist falsch. Öl und Gas nehmen im russischen Bruttoinlandsprodukt nur 10 % ein.« Beim Export allerdings dominieren die Energierohstoffe mit zwei Dritteln, räumt Kusnezow ein. Die Größe des Binnenmarktes wird seiner Meinung nach im Westen völlig unterschätzt: »Russische Produkte mögen zwar in vielen Fällen im Westen nicht konkurrenzfähig sein, aber zu Hause und auf anderen Märkten sind sie es sehr wohl.« Dementsprechend ist er sich sicher, dass Russland schon seiner schieren Größe wegen ökonomisch nicht in die Knie gezwungen werden kann. Was die Versorgung mit Lebensmitteln betrifft, wurden binnen Jahresfrist so gut wie alle Produkte aus der EU und den USA substituiert. »Wir importieren nun Lebensmittel aus China, aus afrikanischen Ländern wie Marokko und entwickeln nachhaltige Lieferketten auch mit Lateinamerika«, zweifelt der Ökonom, der auch korrespondierendes Mitglied der Russischen Akademie der Wissenschaften ist, nicht an der Überlebenskunst seines Landes. Dass es beim viel zitierten Käse mit der Substitution nicht klappt, gibt Kusnezow zu, will aber daraus nicht auf die gesamte Landwirtschaft schließen.[560]

---

559 Die folgende Passage ist eine überarbeitete Version von: Hannes Hofbauer, Nicht ohne Putin. In: *junge Welt* vom 6. Oktober 2015
560 Gespräch mit Aleksej Kusnezow am 28. August in Moskau

Wesentlich skeptischer gibt sich Andrej Kortunow,[561] Leiter des erst 2012 von staatlicher Seite gegründeten Think-Tanks »Russischer Rat für Internationale Beziehungen« (RSMD), der sich als (junges) Gegenstück zum US-amerikanischen Council on Foreign Affairs versteht. Im noblen Alexander-Haus – benannt nach Aleksander Smolenski, dem ersten Privatbanker der postsowjetischen Epoche, dessen Wirtschaftsimperium in der Finanzkrise 1998 kollabiert ist – empfängt uns der 50jährige Kortunow zum Gespräch. »Ich bezweifle, dass Asien Europa für uns ersetzen kann«, gibt er sich zur neuen Linie Putins sehr reserviert. »Wir wissen nicht, wie lange die Embargosituation bestehen bleibt. Ja, Russland versucht westliche Ausfälle zu substituieren, aber am Ende kommt es nicht so sehr auf uns an, sondern darauf, ob das europäische Projekt erfolgreich ist oder scheitert.« Andrej Kortunow entpuppt sich als glühender Europäer; Europa war und ist für ihn die »Inkarnation von Reife und Modernität«, wie er sagt, »und diesem Modell sind wir seit Beginn der 1990er Jahre gefolgt«. Unser Gesprächspartner leidet nicht nur unter der plötzlich fehlenden Liebe Brüssels und Berlins, sondern auch daran, dass – wie er meint – »die EU eine antiquierte Struktur aufweist, mit der wir wenig anfangen können.« Trotzdem: Die Antworten auf die russischen Herausforderungen können nur in Europa gefunden werden, da ist er sicher. Nach dem gut eineinhalbstündigen Gespräch wundert man sich, wie es möglich ist, dass ein eben erst unter Putin gegründeter und mit ausreichenden Mitteln ausgestatteter Think-Tank einem europäischen Wirtschaftsmodell huldigt, das gleichzeitig als »antiquiert«, sprich: zu wenig liberal, dargestellt wird. Die Frage, ob man sich von aufgewärmten Perestrojka-Forderungen etwas erhoffen kann, quittiert Kortunow abschließend ernüchtert: »Ja, man mag diese Position als ›Perestrojka II‹ identifizieren. Aber wir sind weniger idealistisch und noch weniger enthusiastisch als vor 25 Jahren.«

Die vordergründig gänzlich konträren Positionen von Kusnezow und Kortunow spiegeln auf geradezu idealtypische Weise die Spannbreite jener wirtschafts- und geopolitischen Debatte wider, die in und um den Kreml geführt wird. Beide verstehen sich in unterschiedlicher Weise als putinistisch, sind der Macht nahe, wiewohl der Pragmatiker Kortunow neben dieser eine Stärkung der Institutionen verlangt. Die Frage der weiteren Orientierung Russlands nach der historischen Zäsur der Ukrainekrise wird breit und offen diskutiert, das steht nach den beiden Gesprächen mit Köpfen staatlicher Denkschmieden fest.

So unterschiedlich staatsnahe Institute die Lage diskutieren, die eigene Stärke des Landes betonen und damit eher eurasisch denken oder eine enge – wenn auch periphere – Anbindung an den Westen befürworten und damit eine europäische Zukunft herbeisehnen, so differenziert stellt sich auch die Opposition in

---

561 Gespräch mit Andrej Kortunow am 28. August in Moskau

Russland dar. Gemeint sind damit nicht jene ultraliberalen oder rechtsnationalen Kreise, die mit Namen wie Garri Kasparow, dem ermordeten Boris Nemzow oder Aleksej Nawalny verbunden sind; diese repräsentieren eine dünne Schicht von besser gestellten Mittelständlern, die die soziale Frage von jener der Demokratie entkoppeln und sich auf einen Personalwechsel im Kreml konzentrieren, der für westliche Investoren und Politiker pflegeleichter zu handhaben wäre. Wir haben uns hingegen unter Kritikern Putins umgehört, die über die Person hinaus Machtstrukturen gesellschaftspolitisch analysieren.

Die Kommunistische Partei der Russländischen Föderation (KPRF) ist eindeutig die stärkste linke Kraft im Lande. Mit 92 (von 450 Abgeordneten) zur Staatsduma stellt sie Mitte 2015 – nach der Staatspartei »Einiges Russland« – die meisten Abgeordneten. *Prawda*-Chefredakteur Boris Komotski empfängt uns in seinem Büro in der nach der Zeitung benannten Straße. Blauer Pullover, kurzer Haarschnitt, so sitzt der 61-Jährige vor einem Leninportrait am Arbeitstisch, neben ihm acht bis zehn riesige, bis zu einem Meter hohe Vasen, deren kommunistische Ikonografie vergangene Zeiten in Erinnerung ruft. Hinter einer Büste von Karl Marx lugt Väterchen Stalin hervor, der auch sonst in den zwei Stockwerken der Tageszeitung an mehreren Stellen präsent ist. Gedruckt wird die *Prawda* in Moskau, Sankt-Petersburg, Krasnodar, Irkutsk und demnächst auch der Krim, damit sie möglichst überall im großen Russland ihre LeserInnen tagesaktuell erreicht.

»Seit Gajdar hat sich hier nichts geändert«, überrascht Komotski mit einer fundamentalen Kritik an Putin, der nach seinem Amtsantritt im Jahr 2000 dem wilden Jelzin'schen Kapitalismus abgeschworen hat. Jegor Gajdar war der Exekutor der Hayek'schen »unsichtbaren Hand des Marktes« in der Phase der krudesten neoliberalen Epoche, die Russland in den 1990er Jahren durchmachte. Seine Schocktherapie hat sich über die verheerenden sozialen Auswirkungen hinaus ins kollektive Gedächtnis des einfachen russischen Bürgers als eine Ausdrucksform jener »demokratischen westlichen Errungenschaften« eingefräst, mit denen die Mehrheit der Russen heute nichts mehr zu tun haben wollen. Als Wirtschaftsminister Jelzins verkündete Gajdar ein einfaches Credo: »Wozu selbst produzieren? Wir stützen uns auf Energie- und Edelmetalle, den Rest kaufen wir zu.« Der Kommunist Komotski stellt schlicht in Abrede, dass sich seit dieser in der ersten Hälfte der 1990er Jahre getätigten Aussage strukturell etwas geändert hätte. »Heute spricht das niemand mehr so offen aus, aber die Gajdar-Philosophie ist immer noch in Kraft«, gibt er sich überzeugt. Einzig in der Landwirtschaft sieht der auch dem ZK der KPRF angehörende *Prawda*-Chef gewisse importsubstituierende Maßnahmen, die zu greifen beginnen, »überall sonst ist gar nichts geschehen«.[562]

Diesem Befund stimmt auch Jewgeni Koschokin vom Moskauer Staatlichen Institut für Internationale Beziehungen zu, das dem Außenministerium untersteht. »Ökonomisch hat sich nichts geändert. Wir haben mit liberalen Reformen begonnen und machen damit weiter. Es gab diesbezüglich keinen Bruch, und das ist Teil unseres Problems«, meint er. »Alle für wirtschaftliche Fragen zuständigen Minister sind Liberale«, fügt der ehemalige Vorsitzende des Staatskomitees für nationale und föderale Angelegenheiten, der unter Jewgeni Primakow auch hochrangiger politischer Berater war, noch hinzu.[563]

Der über die Grenzen Russlands hinaus bekannte linke Wissenschaftler und Aktivist Boris Kagarlizki wird noch konkreter. Wir treffen ihn in einem kleinen Büro fern der nächsten Metro-Station nach langem Anmarsch. »Die russischen Eliten sind vollkommen entideologisiert, sie sind auf eine Konfrontation mit dem Westen überhaupt nicht vorbereitet. Ihre Kinder studieren in Deutschland, ihr Geld bunkern sie in London und ihre Villen stehen in Frankreich. Jetzt heißt es im Kreml plötzlich: Das westliche Modell ist schlecht. Und das Verrückte ist, die Menschen glauben, dass sich dieser Widerspruch in der Person Putins auflösen lässt. Putin gilt ihnen als das letzte Bollwerk gegen die neoliberale Welle. Und in gewissem Sinne ist das sogar richtig, denn ohne Putin«, so Kagarlizki weiter, »würden die Auswirkungen der Krise früher und härter kommen«.[564]

Diese Auswirkungen sind seit dem Ende der sogenannten »fetten Jahre«, in denen Erdöl- und Erdgaseinnahmen nur so sprudelten und – dank Putin – konsumtechnisch auch bis in die unteren Schichten durchgereicht wurden, von Jahr zu Jahr spürbarer. Gesundheits- und Erziehungswesen leiden besonders unter den Sparmaßnahmen. In ganz Russland wurden tausende Krankenhäuser geschlossen oder zusammengelegt, alleine in Moskau fielen 70 000 Ärzte und Krankenschwestern Einsparungen zum Opfer. »Optimierung« lautet diesbezüglich das Schlagwort. Es beschreibt die Zusammenlegung von Posten nach dem Motto »aus zwei mach einen und den bezahle um 20 % besser«. In Schulen, Universitäten und wissenschaftlichen Instituten wird mit demselben Prinzip verfahren. Und in der Regierung sind Stimmen zu vernehmen, die einer Kommerzialisierung des höheren Bildungswesens das Wort reden. Trotzdem: Putins Beliebtheitswerte steigen. Zuletzt im Juni 2015 lag die Zustimmungsrate zu seiner Person bei 89 %, wie das unabhängige Meinungsforschungsinstitut Lewada erhob.[565]

---

562 Gespräch mit Boris Komotskij am 2. September 2015 in Moskau
563 Gespräch mit Jewgenij Koschokin am 31. August 2015 in Moskau
564 Gespräch mit Boris Kagarlizki am 1. September 2015 in Moskau
565 http://www.levada.ru/eng/ (27.9.2015)

Widersprüchlich gestaltet sich auch die Wirtschaftspolitik in Hinblick auf Privatisierungen und Verstaatlichungen. Beides wird – in unterschiedlichen Sektoren – vorangetrieben. Während im Verkehrs- und Gesundheitswesen weitere Privatisierungen angedacht werden, geht die Tendenz in als strategisch wichtig eingeschätzten Bereichen wie dem Öl- und Gasgeschäft in die entgegengesetzte Richtung. »Hier wird seit 2008 konstant der staatliche Anteil erhöht«, weiß Aleksej Kusnezow von IMEMO, und fügt hinzu: »Auch im Maschinenbau stärkt der Staat seinen Einfluss.«

Dass die allseits diskutierte Krise nicht nur auf das westliche Embargo zurückzuführen ist, sondern zum guten Teil auch hausgemacht ist, darüber wird inbrünstig diskutiert. *Prawda*-Chefredakteur Komotski bringt die Lage auf den Punkt: »Das Embargo verschärft die Lage, aber die Hauptgründe für die schlechte Wirtschaftslage sind hausgemacht.« Für den geschulten Marxisten ist der extreme Klassengegensatz zwischen wenigen reichen Oligarchen und den Volksmassen für das wirtschaftliche und soziale »Debakel«, wie er es nennt, verantwortlich. Seit Jelzin leide Russland unter einer »Kompradorenbourgeoisie, die Kapital aus dem Land schafft und hier nichts investiert«. Unter Putin gäbe es nun Ansätze einer national denkenden bürgerlichen Klasse, so Komozki weiter und nennt Namen wie den Agrarmaschinenhersteller Konstantin Babkin und den von den USA und der EU besonders gehassten Putin-Berater Sergej Glasjew, der als einer der ersten auf die Sanktionsliste kam. Diese würden im Land investieren bzw. dafür bessere Voraussetzungen schaffen, was jedoch fehle, seien staatliche Investitionen. Solche fänden nur im militärischen Bereich statt. Dies bestätigt auch der Ökonom Wiktor Krasilschtschikow vom »Institut für Weltwirtschaft und Internationale Beziehungen«. Er beklagt insbesondere, dass der Kreml es verabsäumt, Forschung und Entwicklung sowie Ausbildung von Fachkräften Priorität einzuräumen. Im Vergleich mit anderen Schwellenländern, so Krasilschtschikow, hinkt Russland diesbezüglich hinterher.[566]

Der Befund linker Kritiker gegenüber den Reaktionen Russlands auf die westlichen Sanktionen ist um vieles kritischer als jener der Putinisten verschiedener Schattierungen. Das verwundert keineswegs. Manche ihrer Analysen stellen sogar in Abrede, dass es sich bei den Sanktionen um mehr als Theaterdonner handelt. Wenn man die russische Wirtschaft wirklich treffen wollte, so der Kommunist Komotski, dann müsste man bei den gängigen Hightech-Produkten ansetzen, wie sie in jedem Büro stehen. »Die Computerindustrie ist vollständig in ausländischer Hand, wir hängen total davon ab«, meint er – und schließt daraus, dass die US-Sanktionen nur ein Spiel seien und nicht todernst gemeint. Dem ist allerdings entgegenzuhalten, dass der russische Markt gerade im Bereich der

---

566 Gespräch mit Wiktor Krasilschtschikow am 2. September 2015 in Moskau

Computertechnologie auch für US-Unternehmen äußerst lukrativ und damit wichtig ist. In dieser Branche täten Exportverbote großen US-Konzernen weh. Vorsicht für die heimische Industrie ist aber nicht zu verwechseln mit mangelndem Willen, Russland wirtschaftlich und politisch zu schaden. Das Halten dieser Balance gehört zur Kunst imperialistischer Politik.

Die große Schlacht um Öl und Gas

Sanktionen kommen und gehen, die Auseinandersetzung um Energiereserven, deren Ausbeutung und Nutzung, bleibt bestehen. Russland weist mit nachgewiesenen 46 000 Mrd. Kubikmetern Gas (und 87 Mrd. Barrel Öl) die weltweit ergiebigsten Lagerstätten fossiler Energieträger auf.[567] 2013 betrug die jährliche Förderung 687 Mrd. Kubikmeter. Über den mehrheitlich in Staatsbesitz befindlichen Energieriese Gasprom (50 % plus eine Aktie) werden 18 % der gesamten Erdgasgeschäfte dieser Welt abgewickelt, er ist damit das weitaus größte Unternehmen dieser für alle übrigen Sektoren lebenswichtigen Branche. Wie man ob solcher Dimensionen unschwer erkennen kann, ist die Kontrolle von Gasprom nicht nur von wirtschaftspolitischer, sondern auch von geopolitischer Bedeutung.

Fast ganz Europa hängt existenziell am russischen Erdgas. Die drei baltischen Republiken sowie Finnland, aber auch Bulgarien, beziehen zwischen 98 % und 100 % ihres Erdgases aus Russland, die Slowakei und Tschechien zwischen 80 % und 88 %, Polen, Ungarn und Slowenien je 60 %, Italien und Deutschland 35 %[568] und Österreich 42 %. Das in EU-Europa verbrauchte Gas stammt zu mehr als einem Drittel aus Russland. Auf Selbstversorgung können nur die Niederlande, Dänemark und das Nicht-EU-Land Norwegen verweisen, während Großbritannien, Spanien und Portugal ohne Importe wirtschaftlich nicht überleben könnten, diese jedoch aus Nordafrika, Norwegen, den Niederlanden oder anderswoher beziehen, jedenfalls nicht aus Russland. Deutschlands Grad an Selbstversorgung mit Erdgas beträgt 14 %, derjenige Österreichs 21 %.

Zum Zeitpunkt der Drucklegung dieses Buches Anfang 2016 wird russisches Gas über drei Leitungen in Richtung Westeuropa gepumpt: durch die bereits in den späten 1960er Jahren gebauten Druschba-Pipeline, die über die Ukraine und die Slowakei bis Baumgarten ins östliche Österreich führt, wo sie große unterirdische Lager füllt; durch die über Belarus kommende Jamal-Pipeline und die erst 2011 fertiggestellte sogenannte Nord-Stream-Pipeline, die bei Greifswald

---

567 http://de.statista.com/statistik/daten/studie/37383/umfrage/laender-nach-erdgasfoerderung/ (2.12.2015), sowie: http://www.welt-auf-einen-blick.de/energie/erdgas-reserven.php (2.12.2015)
568 zit. in: *Frankfurter Allgemeine Zeitung* vom 31. März 2014

deutschen Boden berührt, nachdem sie Gas vom russischen Hafen Wyborg direkt durch die Ostsee heranführt.

Hinter so manchem politischen Streit steht der Kampf um die Energieversorgung, wie auch umgekehrt die Energiesicherheit (geo)politische Rivalitäten befeuert. Die ersten heftigen, in weiten Teilen Europas spürbaren Auseinandersetzungen um die Kontrolle russischen Erdgases fanden nach der Machtübernahme sogenannter oranger Revolutionäre in Kiew statt. Im Winter 2005/2006 weigerte sich der damalige ukrainische Präsident Wiktor Juschtschenko, den von Gasprom ein halbes Jahr zuvor angekündigten erhöhten Gaspreis zu bezahlen. Moskau sah nach der Machtübernahme der »Orangen« keinen Grund mehr, der Ukraine einen extrem günstigen Vorzugspreis zu gewähren und wollte ab 2005 in zwei Schritten Weltmarktpreise in Rechnung stellen. Tatsächlich hatte Gasprom den slawischen Bruderstaat noch im Jahr 2004 1000 Kubikmeter für 50 US-Dollar geliefert, während westeuropäische Weltmarkt-Kunden 250 Euro für dieselbe Menge bezahlten. Juschtschenko forderte ultimativ die Beibehaltung des niedrigen Gaspreises und verlieh seinem Ansinnen Nachdruck, indem er aus dem für Westeuropa bestimmten (und dort bezahlten) Transitgas einfach Gas abzapfen ließ, um es auf dem heimischen Markt zu verteilen. Moskau stoppte daraufhin die Zufuhr, und von Bulgarien bis in die Slowakei begannen die Menschen zu frieren. Ein ähnliches Spiel wiederholte sich im Winter 2008/2009. Wieder war es die westorientierte ukrainische Führung, die Moskau – diesmal mit der Weigerung, offene Rechnungen zu begleichen – solange provozierte, bis vereinbarte Gaslieferungen in die EU unterbrochen wurden. Kiew hatte damals allerdings sein Erpressungspotenzial über Gebühr beansprucht. Innenpolitisch jagten die WählerInnen das orange Duo Juschtschenko-Tymoschenko aus den Ämtern und außenpolitisch gelang es Moskau, die SPD-geführte deutsche Bundesregierung von der Notwendigkeit einer Umgehung der Ukraine als Transitland zu überzeugen. Der Bau der Nord Stream war unmittelbare Folge des ukrainisch-russischen Streits um Gaspreise und Transitgebühren. Seit dem 8. November 2011 sind die ersten zwei Röhren in Betrieb.

Doch nicht nur im Osten Europas tobte der Kampf um russischen Einfluss auf die europäische Energiesituation. Auch der NATO-Krieg gegen Libyen im Frühling 2011 kann letztlich als eine militärische Antwort auf den Versuch Moskaus und Gasproms interpretiert werden, EU-Europa auch vom Süden her energetisch in die Zange zu nehmen.[569] Den monatelangen Bombardements französischer, britischer und katarischer Flugstaffeln in Libyen gingen nämlich Gespräche der alten, mittlerweile eliminierten Führung in Tripolis mit Moskau voraus. In den Jahren 2007 und 2008 machten hintereinander in aufsteigender Hierar-

---

569 Vgl. Hannes Hofbauer, Brüsseler Despotie. In: *junge Welt* vom 10. April 2012

chie Außenminister Sergej Lawrow, Ministerpräsident Wladimir Putin und Gasprom-Chef Aleksej Miller dem Revolutionsführer Muammar Gaddafi ihre Aufwartung. Dabei ging es vor allem um ein Projekt, von dem sich EU-Europa bedroht fühlte: eine Mittelmeerpipeline, in der – analog zur Nord-Stream-Leitung – Gas von der nordafrikanischen Küste nach Italien verbracht werden sollte. Wie die russische Nachrichtenagentur *Interfax* am 9. Juli 2008[570] berichtete, war Gasprom daran interessiert, sämtliches libysches Gas für den Export nach Europa vor seiner Einspeisung in die Pipeline auf Jahre hinaus zu noch zu verhandelnden Preisen zu kaufen. Damit wäre Europa von Osten, Nordosten und Süden mit »russischem«, genauer: Gasprom-Gas beliefert worden und energiepolitisch unter enormen Druck geraten. Diese ökonomische Offensive Moskaus war wohl einer der Gründe für die militärische Intervention des Westens in Libyen.

Zur selben Zeit, als Tripolis nach monatelangen Bombardements von islamisch-oppositionellen Gruppen eingenommen wurde, sandte Brüssel Dutzendschaften von Untersuchungsbeamten aus, um Gasprom auf den Zahn zu fühlen. Am 27. September 2011 stürmten Sonderkommandos einer Anti-Kartell-Einheit Büros des russischen Energieriesen in zehn EU-Ländern und schleppten Tonnen von Material weg. »Auf ihren Schultern trugen sie die Geheimnisse des russischen Exportmonopols«, schrieb die *Financial Times*.[571] Es ging vor allem um die Preisbildungspolitik des Konzerns, aber auch um die Abkopplung der Pipeline-Infrastruktur von der Gaslieferung und den sogenannten Reverse-Flow russischen Gases zurück in den Osten. Putin, damals in der Funktion des russischen Ministerpräsidenten, reagierte bitter: »Ich hoffe, dass niemand verhaftet wurde«, kabelte er zu Gasprom-Chef Miller. Und dieser antwortete: »Noch nicht.«[572]

Die Kontrolleure aus Brüssel suchten nach Beweisen für »politische Preise«, die sie zu unterbinden trachteten, um den hehren Weltmarktpreisen zum Durchbruch zu verhelfen. Baltische Länder hatten diesbezüglich geklagt, unter dem Druck Moskaus zu stehen. Wer allerdings weiß, wie der Weltmarktpreis für Energie zustande kommt und welche geopolitischen Fäden dafür im Hintergrund gezogen werden, der spürt die Ironie jener von Brüssel gegen Gasprom gesetzten Maßnahmen direkt körperlich. Weiter unten wollen wir uns aus diesem Blickwinkel mit dem massiven Ölpreisverfall von Ende 2014 beschäftigen.

Der Wirtschaftskrieg um die europäische Energieversorgung war also schon lange vor den Sanktionen des Jahres 2014, die im Zuge der Ukrainekrise von Brüssel und Washington erlassen worden waren, in vollem Gange. Einer seiner Höhepunkte war die Schlacht um South Stream.

---

570 *Interfax* vom 9. Juli 2008
571 *Financial Times* vom 16. März 2015
572 Ebd.

Der Plan, mit South Stream eine Gasleitung von Südrussland durch das Schwarze Meer nach Bulgarien zu verlegen und von dort weiter über Serbien und Ungarn bis zur österreichischen Verteilerdrehscheibe Baumgarten, führte im Februar 2009 zu einem entsprechenden Abkommen. Neben Gasprom und dem bulgarischen Energieversorger waren die italienische ENI und die österreichische OMV mit an Bord. Für Moskau bedeutete South Stream eine Diversifizierung der Lieferwege und eine entsprechend geringere Abhängigkeit von den Transitländern Ukraine und Belarus. Diese Stärkung der russischen Position auf dem europäischen Energiemarkt wollte Brüssel nicht hinnehmen, und selbst die USA schalteten sich ein, um South Stream zu Fall zu bringen.

Bereits im August 2009 errichtete die Europäische Kommission das größte Hindernis für die russisch-bulgarisch-ungarisch-österreichisch-italienische Kooperation. Mit dem sogenannten »Dritten Energiepaket« attackierte sie den Gasprom-Plan frontal. Mittels drei Verordnungen und zwei Richtlinien[573] wollte man den russischen Gaskonzern dazu zwingen, die Pipeline auch für Konkurrenten zu öffnen, oder – wie es im EU-Sprech heißt – »den Mitbewerbern diskriminierungsfreien Zugang zur Pipeline zu gewähren«. Ähnlich wie bei den Zerschlagungsrichtlinien der Eisenbahnen sollten Gas und Infrastruktur getrennt werden. Gasproduktion und Netzbetreiber durften nicht in einer Hand liegen; das unter russischer Führung stehende Konsortium für den Pipelinebau hätte veräußert werden müssen. Darauf wollte sich Gasprom nicht einlassen. Zu dem vorgeblich antimonopolitisch argumentierten Dritten Energiepaket der EU gesellten sich bald handfeste geopolitische Aussagen, die offen gegen South Stream argumentierten. Die EU-Vorschriften dienten nur als Vorwand; im Hintergrund tobte ein Wirtschaftskrieg gegen Russland und dessen zunehmenden Einfluss in Südosteuropa. Für Brüssel (und Washington) galt es, Länder wie Bulgarien, Serbien und Ungarn von allzu enger Kooperation mit Moskau fernzuhalten.

Den Anfang machte EU-Energiekommissar Günther Oettinger. Er nahm die Ukrainekrise zum Anlass, um bereits im März 2014 offen eine »Verzögerung«[574] des Projektes South Stream zu fordern. Den Todesstoß erhielt South Stream dann über Sofia. Nach intensiven »Beratungen« mit Brüssel, die man sich durchaus als schnörkellose Erpressung vorstellen darf, zog sich Bulgarien im Juni 2014 aus dem Projekt zurück; zuvor war auf Basis des Dritten Energiepaketes ein EU-Vertragsverletzungsverfahren gegen Sofia eingeleitet worden. Eine Vorladung zur US-Botschaft in Sofia, bei der auch der einflussreiche Russland-Hasser, Senator John McCain, anwesend war, dürfte Plamen Orescharski, dem

---

573 Verordnungen (EG) Nr. 713/2009, 714/2009, 715/2009 und Richtlinien 2009/72/EG und 2009/73/EG, in: *Amtsblatt der Europäischen Union*
574 *Die Welt* vom 9. März 2014

Kurzzeit-Ministerpräsidenten Bulgariens, die Entscheidung erleichtert haben. Drei Wochen nach dem Aus für South Stream trat Orescharski zurück.

Der Chef des österreichischen Energieriesen OMV, Gerhard Roiss, reagierte auf das Ende von South Stream mit den Worten: »Mich überrascht schon lange nichts mehr.« Und er ergänzte, Klartext sprechend: »Ich habe Brüssel immer davor gewarnt, Gas als politische Waffe einzusetzen.« Der OMV-Manager warf der Brüsseler Politik auch vor, geopolitisches Machtgehabe über ökonomische Vernunft zu stellen: »Die Frage ist doch nicht, ob die Russen das bauen dürfen«, meinte er in Anspielung auf die von der EU geforderte Trennung von Gaslieferant und Infrastrukturbetreiber, »die Frage ist: Wer ist überhaupt noch bereit, in europäische Infrastruktur zu investieren?«[575]

Die Russen waren es unter den gegebenen Bedingungen nicht. Wladimir Putin verkündete den Ausstieg aus dem Projekt South Stream, aus dem Moskau de facto hinausgeworden wurde, ausgerechnet in Ankara. »Wenn Europa die Pipeline nicht will, dann wird sie nicht umgesetzt«,[576] meinte der russische Präsident am 1. Dezember 2014 und reichte im selben Moment dem türkischen Staatschef Recep Erdoğan die Hand. Die symbolische Geste war an Brüssel gerichtet und sollte wohl bedeuten: Wenn die EU nicht will, dann machen wir das Gasgeschäft eben mit der Türkei. Ein Jahr später warf der Abschuss eines russischen Kampfjets durch die türkische Luftwaffe über Syrien am 24. November 2015 einen dunklen Schatten über die Beziehungen der beiden Staaten.

Mit China gelang Gasprom hingegen ein Megadeal. Mitte Mai 2015 unterzeichneten Moskau und Beijing einen Liefervertrag über Erdgas, der ab 2018 China mit jährlich 38 Mrd. Kubikmeter Gas versorgen soll. Die dafür gegründete Allianz zwischen Gasprom und dem chinesischen Energiekonzern CNPC wird das Geschäft nicht in US-Dollar sondern mit einem Währungskorb aus Rubel und Yuan abwickeln, was Washington extrem verärgert.[577] Ein erster großer Schritt zur Entmachtung des Dollars ist damit getan.

Anfang 2016 sind erste zaghafte Versuche einer neuerlichen wirtschaftlichen Zusammenarbeit zwischen der Europäischen Union und Russland zu vermelden. Wien spielt dabei – nicht zuletzt über den halbstaatlichen Energiekonzern OMV – eine maßgebliche Rolle. Ein sogenannter Asset-Swap, bei dem Vermögenswerte zwischen OMV und Gasprom getauscht werden sollen, ist in Vorbereitung. Und ein von der EU-Kommission abgesegneter Besuch des österreichischen Wirtschaftsministers Reinhold Mitterlehner am 2. Februar 2016 in Moskau durchbricht indirekt das Sanktionsregime. Im Rahmen der Gemischten

---

575 *Die Presse* vom 3. Dezember 2014
576 *Der Standard* vom 1. Dezember 2014
577 http://deutsche-wirtschafts-nachrichten.de/2014/08/29/abschied-vom-petro-dollar-russland-steigt-auf-rubel-und-yuan-um/ (7.12.2015). Vgl. auch: Rainer Rupp, Rußland wehrt sich. In: *junge Welt* vom 17./18./19. Mai 2014

Kommission für Handel und wirtschaftliche Zusammenarbeit trifft Mitterlehner den russischen Vizepräsidenten und Putin-Intimus Dmitri Kosak, einen jener Männer, die zuoberst auf der EU-Sanktionsliste stehen. Parallel zu derlei Wiederannäherungsversuchen geht das Ringen im Energiesektor weiter.

Ein entscheidendes Feld, auf dem die große Energieschlacht geführt wird, ist der Preis. Wie er zustande kommt und wer ihn bestimmt, darüber gehen die Meinungen weit auseinander und kursieren allerlei Gerüchte.

Zwischen September und Dezember 2014 halbierte sich der Erdölpreis auf dem Weltmarkt von 110 US-Dollar pro Barrel (der Marke Brent) auf 55 US-Dollar pro Barrel, um bis Anfang 2016 auf 30 US-Dollar einzubrechen. Russlands wirtschaftlicher Höhenflug, der überwiegend auf Export von Energieträgern basierte, war damit vorüber. Als unmittelbarer Grund für den extremen Preisverfall ist die Entscheidung des saudischen Königshauses zu nennen, die Förderung von Rohöl bei ohnedies schon vollen Lagern und gedämpften Abnahmeerwartungen anzukurbeln. Die Märkte reagierten erwartungsgemäß, der Preis rasselte in den Keller. Als unmittelbare Folge des um die Hälfte gesunkenen Öl- und Gaspreises vermeldete Gasprom für das Jahr 2014 einen um (unvorstellbare) 86 % eingebrochenen Gewinn (verglichen mit 2013).[578]

Nun muss man vorausschicken, dass eine seit den 1970er Jahren im Zuge von Kartellabsprachen zwischen Exxon und Royal Dutch Shell eingeführte Preisbindung von Gas an den Ölmarkt die beiden wichtigsten Energieträger (neben Kohle und Uran) auf dem europäischen Markt preislich gemeinsam – wenn auch für Erdgas zeitverzögert – auftreten lässt. Der Gaspreis hinkt dem Ölpreis hinterher, spiegelt aber seine Entwicklung wider. Jüngste Versuche Brüssels, diesen Preisbindungsmechanismus zu Fall zu bringen und als EU-Einkaufskartell den Gaspreis im Sinne der Käufer zu regulieren (und zu verbilligen), stoßen bei Gasprom naturgemäß auf Widerstand. Der Streit darum, wer letztlich den Preis bestimmt, wird auf allen Ebenen geführt.

Ende 2014 brach für Moskau und seinen marktbeherrschenden Energieriesen Gasprom mit dem Ölpreis auch die darauf aufgebaute Zukunft zusammen. Dies war keineswegs vorhersehbar, wie der Energie- und Verkehrsexperte Winfried Wolf in seinem Beitrag »Öl als Waffe«[579] hervorhebt. Die Preisprognosen zeigten noch im Sommer 2014 nach oben. Der Internationale Währungsfonds und das Kieler Institut für Weltwirtschaft rechneten zu diesem Zeitpunkt mit gleichbleibend hohen respektive leicht steigenden Preisen. Immerhin sprach auch das geopolitische Umfeld auf den ersten Blick für einen angespannten Energiemarkt

---

578 *Die Presse* vom 30. April 2015
579 Winfried Wolf, Öl als Waffe. Mit dem Ölpreisverfall wird eine zweite Front gegen Russland errichtet. In: *Lunapark21*, Nr. 28. Michendorf 2014/2015, S. 6f.

und damit gegen sinkende Preise. Das Projekt South Stream wurde eben zu Grabe getragen, nahe Kerneuropa tobten Kriege in Syrien und der Ukraine und der Islamische Staat schien auch nicht gerade Sicherheitsfaktor in einer für die Weltenergieversorgung entscheidenden Region. Dazu stand ein Winter bevor, in dem üblicherweise mehr Öl und Gas verbraucht wird als im sommerlichen Halbjahr.

Umso erstaunter verfolgten Marktbeobachter nicht nur in Moskau den Verfall des Rohölpreises, der zu Jahresende 2014 unter jene Marke fiel, die nach der Weltwirtschaftskrise 2008 die Märkte erzittern lassen hatte. Mögliche Erklärungen für das Phänomen des Preissturzes müssen sowohl auf wirtschaftlicher als auch auf geopolitischer Ebene gesucht werden. Immer wieder wurde das steigende Angebot durch gefracktes Gas aus den USA ins Treffen geführt und von künftigen Überangeboten gesprochen, auf die der Markt reagiert hätte. Auch die in der zweiten Hälfte des Jahres 2014 immer konkreter werdende Rücknahme der Iran-Sanktionen wäre ein Argument in Richtung erhöhtem Angebot von Öl und Gas. Immerhin sitzt Teheran – nach Moskau – auf den ergiebigsten Erdgasfeldern weltweit. Beide Erklärungen, die auf dem Angebots- und Nachfrageparadigma beruhen, entbehren zwar nicht einer gewissen Logik, sind für den raschen Einbruch des Preises allerdings nicht ausreichend.

Die Idee, dass die Saud-Dynastie ihre Ölschleusen weiter öffnete und damit den Preisverfall mutwillig herbeiführte, gerade um die größte potenziellen Konkurrenz, das gefrackte Erdgas, unprofitabel zu machen, klingt nicht unvernünftig. Umso mehr, als dass Saudi-Arabien aufgrund seiner schieren Vormachtstellung bei der Erdölförderung als einziges Förderland in der Lage ist, im Alleingang Angebotseffekte zu erzielen. Die sogenannte »Swing Capacity« erlaubt es Riad, durch reduzierte Förderung den Preis steigen oder durch hochgefahrene Förderung den Preis fallen zu lassen. Die Erklärung, die Saudis würden sich mit der Angebotserhöhung einen missliebigen Konkurrenten vom Leib halten, hat allerdings einen Haken. Dieser Konkurrent sind in erster Linie US-Firmen, die auf der Basis liberalisierter Energieexportgesetze seit Kurzem auf den Weltmarkt vordringen. Washington befehligt zudem die militärische Schutzmacht, die die Dynastie der Sauds am Leben erhält. Vor diesem Hintergrund ist es nur schwer vorstellbar, dass sich Riad gegen die USA stellt.

Trotzdem: Die Halbierung der Energiepreise schmerzt die US-amerikanische (sowie auch die an anderen Orten beheimatete) Fracking-Industrie. Winfried Wolf sieht darin aber keine saudische Frontalattacke gegen das Fracking in den USA, sondern argumentiert, dass »in Wirklichkeit der Ölpreisverfall nicht zur Einstellung von Fracking, sondern zur Neuordnung dieser Branche (führt).«[580] Zwar wird der niedrige Ölpreis eine Reihe von Fracking-Unternehmen in den

---

[580] Ebd., S. 7

Konkurs treiben, die großen allerdings werden diese Preiskrise überleben und gestärkt daraus hervorgehen, ein klassischer Fall von »Marktbereinigung und Kapitalkonzentration«.

Neben der Preisbildung über den Markt stecken gerade in den Energiepreisen geopolitische Interessen. Darauf wies Putins Sicherheitsberater Nikolaj Patruschew bereits Mitte Oktober 2014 hin, als der Erdölpreis von 110 US-Dollar auf unter 90 US-Dollar zu sinken begann. Er erinnerte an ein ähnliches Szenario Mitte der 1980er Jahre, als die Weltmarktpreise für Öl und Gas ins Bodenlose trudelten. Jahre später verkündete der damalige US-Präsident Ronald Reagan – wie im Kapitel »Vom heißen zum Kalten Krieg« ausführlich dargestellt –, dass die Achse Washington-Riad Öl als Waffe gegen die Kommunisten eingesetzt hätte. »Man muss zugestehen«, so Patruschew, dass es den Amerikanern damals gelungen sei, ihr Ziel zu erreichen.[581] Auch Thomas Friedman, der Kolumnist der *New York Times*, erinnerte Ende 2014 an den Reagan'schen Ölpreis-Krieg gegen Moskau und räumte ein, dass Saudi-Arabien und die USA heute mit Russland und dem Iran das Gleiche versuchen würden wie Washington damals mit der Sowjetunion.[582]

Vieles spricht dafür, dass Washington auch 2014 die Ölpreiswaffe zog. Immerhin befand man sich mit dem Sanktionsregime ohnedies bereits in einem Wirtschaftskrieg mit Russland, die Heranführung der Ukraine an NATO und EU schien gescheitert und im Nahen Osten agierte die russische Armee selbstbewusst. Moskau unter Putin war kein Partner mehr, auf den man sich verlassen wollte. Eine kurze Begegnung von US-Außenminister John Kerry mit seinem Amtskollegen in Saudi-Arabien wirft ein Schlaglicht auf den geopolitischen Aspekt der Ölpreisbildung. Kerry forderte die Saudis im September 2014 ziemlich direkt auf, die Ölpreiswaffe in Angriff zu nehmen. Der Berliner *Tagespiegel* berichtet über diese Begegnung folgendermaßen: »Befeuert wurde die Russland/Iran-Theorie von einem Statement, das US-Außenminister John Kerry kürzlich nach einem Besuch in Riad der amerikanischen Presse in den Notizblock diktierte. Die Saudis seien sich ›sehr sehr bewusst‹ darüber, welchen Einfluss sie auf die Entwicklung des Ölpreises hätten, sagte Kerry – und lächelte. Saudi-Arabien selbst kann einen niedrigen Ölpreis vergleichsweise gut wegstecken: Das Wüstenland sitzt auf Reserven in Höhe von 900 Milliarden Dollar.«[583] Die Erhöhung der Förderquote durch Riad reiht sich so gesehen in eine Front gegen Moskau ein, die aus vielen Abschnitten besteht.

---

581 *Rossijskaja Gaseta* vom 15. Oktober 2014; zit. in: *Frankfurter Allgemeine Zeitung* vom 16. Oktober 2014
582 Thomas Friedman, A Pump War? In: *New York Times* vom 14. Oktober 2014
583 http://www.reuters.com/article/opec-idUSL6N0T73VG20141118. Siehe auch: *Der Tagesspiegel* vom 13. Dezember 2014

Einer dieser Abschnitte findet auf demselben Feld statt: Dabei geht es um die Verflüssigung von Erdgas und seine Verschiffung auf dem Weltmarkt. Dieses im Fachjargon »Liquified Natural Gas« (LNG) genannte Verfahren wird seit den 2000er Jahren praktiziert und erlebte insbesondere vor der Weltwirtschaftskrise 2008 einen Boom. Gereinigtes Erdgas wird auf eine Temperatur von minus 162 Grad Celsius heruntergekühlt, was das Volumen des Gases um das sechshundertfache reduziert. Die Verflüssigung selbst verbraucht energiemäßig ca. 20 % bis 25 % des Gases. In den vergangenen Jahren ist man davon ausgegangen, dass eine rentable Verflüssigung – im Verhältnis zum Transport per Pipeline – einen Preis von ca. 75 US-Dollar pro Erdöl-Barrel benötigt.

Im Zuge der Ukrainekrise hat Washington seine Politik in Bezug auf den Export von Erdöl und Erdgas vollständig geändert. Seit der Ölkrise 1973 war es US-Unternehmen nämlich verboten gewesen, die strategisch wichtigen Energieträger zu exportieren. Dies änderte sich am 18. Juni 2014, als ein Gesetz durch das US-Repräsentantenhaus ging, das den Export von verflüssigtem Erdgas ermöglichte.[584] Zugleich gab die US-Regierung bekannt, den Bau von Flüssiggas-Terminals neben den zwei bis dahin bestehenden in Nikiski (Alaska) und Freeport (Texas) voranzutreiben und dies finanziell unterstützen zu wollen

Exportiert wird insbesondere gefracktes Gas, das mit Spezialschiffen um den Globus gebracht werden kann. Im Visier dieser politisch forcierten Liberalisierung steht das russische Pipeline-Netz. Wenn an zahlreichen Häfen Ost- und Südosteuropas sogenannte Regasifizierungsanlagen gebaut werden, kann US-Gas dem russischen Gas überall Konkurrenz machen. Schon existiert z. B. eine solche Anlage zur Regasifizierung im polnischen Świnoujście/Swinemünde an der Ostsee. Der Einspeisung dieses Gases in konventionelle Pipeline-Systeme steht damit technisch nichts mehr im Weg.[585]

Moskaus Antwort ließ nicht lange auf sich warten. Gasprom baut seinerseits an einem LNG-Hafen in Sabetta auf der Halbinsel Jamal. Von dort aus soll verflüssigtes russisches Gas in die Welt verschifft werden. Der Klimawandel, so das Kalkül Moskaus, könnte dabei helfen, die Nordostpassage über das Polarmeer einen guten Teil des Jahres offen zu halten. Die Auswirkungen des Wirtschaftskrieges haben längst auch ökologisch äußerst bedenkliche Dimensionen erreicht: Die Fracking-Felder in den USA und die Verschiffung durch die Arktis zeugen davon.

---

584 https://www.rt.com/usa/168496-house-expedite-natural-gas-exports/ (11.12.2015)
585 vgl. Thomas Steinberg, Kurz vor Rohresschluß. Der Erdgasstreit bringt die Ukraine, Rußland und die EU in Bedrängnis. In: *junge Welt* vom 20. August 2014

Zäsuren westlicher Russophobie (ab 1999)

Der besoffene, wild tanzende Russe muss im Westen nicht unbedingt negativ konnotiert sein, wie das Beispiel des langjährigen russischen Präsidenten Boris Jelzin in den 1990er Jahren zeigt. Er konnte saufen und tanzen, so viel er wollte, solange er nur nach der Pfeife des Westens tanzte. Mit dem Anspruch auf eine eigenständige Konsolidierung einer postsowjetischen Staatlichkeit, symbolisiert durch die Person Wladimir Putin, wandelte sich die Einschätzung gegenüber Russland, den Russen und dem Kreml. Sie tat es in kleinen, anfangs kaum merkbaren Schritten, und auch diese waren unterbrochen von Annäherungen und gegenseitigen Sympathiebekundungen, wann immer es geopolitisch notwendig schien oder wirtschaftlich Vorteile versprach. Doch die russophobe Spirale war mit dem Abgang Jelzins in Gang gesetzt. In unterschiedlicher Intensität kehrten politische Führer in den USA und EU-Europa mit entsprechender medialer Begleitung zum Feindbild Russland zurück, wie es das 20. Jahrhundert bis zum Ende der Sowjetunion geprägt hatte.

Die Moskauer Soziologin Irina Semenenko vom »Institut für Weltwirtschaft und Internationale Beziehungen« (IMEMO) fasst die Etappen des sich wandelnden Russlandbildes in famoser Kürze zusammen:[586] In der Ära Gorbatschow-Jelzin lautete die Devise im Westen, sich mit Russland zu engagieren; während der ersten Putin-Jahre bis 2008 hieß es, sich mit Russland zu arrangieren; und seit 2008, sich gegen Russland zu engagieren. Wir wollen versuchen, dieses grobe Beziehungsraster chronologisch zu verfeinern und den jeweils welthistorischen Ereignissen zuzuordnen.

Der erste tiefe Riss in den Beziehungen des Westens mit Russland tat sich am 24. März 1999 auf, also noch zur Regierungszeit Boris Jelzins. An diesem Mittwoch überfiel die eben erst um einige Länder Osteuropas erweiterte NATO Jugoslawien. Moskau war ob des Völkerrechtsbruchs und der Dreistigkeit dieses ersten NATO-Krieges schockiert. Der damalige Regierungschef Jewgeni Primakow brach, wie bereits weiter oben beschrieben, aus Protest einen Staatsbesuch in den USA ab. Auch Jelzin, der Primakow u. a. wegen dessen Distanzlosigkeit zu den Kommunisten misstrauisch beäugte, stellte sich gegen den Krieg. In einem *Spiegel*-Interview warf er der NATO Steinzeitmethoden vor und meinte: »Wir dürfen nicht zulassen, daß eine offene Nato-Aggression gegen einen souveränen

---

586 Gespräch mit Irina Semenenko am 28. August 2015 in Moskau

Staat als Präzedenzfall akzeptiert wird.«[587] Die russische Öffentlichkeit empfand den NATO-Angriff auf das traditionell befreundete Serbien als Affront.

Als nach Kriegsende ausgerechnet russische Truppen, von einer internationalen Mission in Bosnien kommend, den Flughafen Priština-Slatina unter Kontrolle nahmen, währte die Genugtuung über diesen genialen Schachzug nur kurz. Jelzin und sein Verteidigungsminister Igor Iwanow hatten mit diesem Streich die gesamte Kriegsallianz düpiert. NATO-Oberbefehlshaber für das Kosovo, Wesley Clark, außer sich vor Wut, drohte Moskau offen mit Krieg, sollte es sein Militär nicht sogleich vom Flughafen abziehen.[588] Daraufhin setzte hinter den Kulissen hektische Diplomatie ein. Russischerseits prüfte man eventuelle Nachschubwege, um feststellen zu müssen, dass zwar die Ukraine Überflugrechte gewährt hätte, Bulgarien und Rumänien – beide damals noch nicht in der NATO – solche aber verweigerten. Der Kommandant der britischen KFOR-Truppe, General Michael Jackson, bewahrte kühlen Kopf und wies Wesley Clark in die Schranken. Wegen einer solchen Aktion (gemeint war der russische Vorstoß auf den Flughafen des Kosovo) riskiere er keinen dritten Weltkrieg, so Jackson. Nach drei Tagen zogen sich die Russen vom Flugfeld in Priština zurück, Treibstoff- und Lebensmittelreserven waren aufgebraucht. Seit diesen Erfahrungen, so Jewgeni Koschokin vom »Institut für Internationale Beziehungen« (MGIMO), grub sich ein gewisser Antiamerikanismus in das kollektive Gedächtnis der Russen ein. »In den 1990er Jahren war die politische Elite in allererster Linie auf gute Beziehungen zu den USA bedacht. In den oberen Etagen gab es nur NATO- und USA-Befürworter«, so Koschokin.[589] Er war Ende Juni 1999 als eine Art »eingebetteter Journalist und Berater« mit den russischen Truppen am Flughafen von Priština gewesen und weiß aus erster Hand, wovon er spricht. Jelzin und Iwanow handelten in Übereinstimmung; vor allem die Verweigerung der Überflugrechte durch Bulgarien und Rumänien sowie natürlich die höchst angespannte Lage nach der Clark'schen Kriegsdrohung gegen Moskau führten zum Rückzug des russischen Militärs, ist Koschokin sicher. Geblieben ist ein gegenseitiges Misstrauen. Seit damals kann Washington nicht mehr mit vorbehaltloser Bewunderung durch die politische Elite in Moskau rechnen. Und mit dem Rückzug Jelzins ein halbes Jahr danach tauchten wieder negative Russlandbilder im Westen auf.

Anfang September 2001 schien sich erneut eine Annäherung zwischen Moskau und Washington anzubahnen. Der 11. September, Tag der Anschläge auf das World Trade Center und das Pentagon in New York bzw. Washington, schweißte die beiden Machtzentren der Welt kurzfristig zusammen. Unmittelbar zuvor

---

587 *Spiegel* vom 21. Juni 1999; siehe: http://www.spiegel.de/spiegel/print/d-13850481.html (15.11.2015)
588 http://news.bbc.co.uk/2/hi/europe/671495.stm (15.11.2015)
589 Gespräch mit Jewgeni Koschokin am 31. August 2015 in Moskau

hatte Bushs Sicherheitsberaterin Condoleeza Rice Moskau noch als »Bedrohung für Amerika und seine europäischen Verbündeten«[590] bezeichnet. Nun, nachdem mitten im Big Apple ein tiefes Loch an jener Stelle klaffte, an der zuvor einer der eindrücklichsten Gebäudekomplexe der US-amerikanischen Kapitalherrschaft gestanden war, glaubte Putin in Bush einen Komplizen gegen den Terror gefunden zu haben. Moskau und andere russische Städte litten bereits einige Jahre unter Anschlägen von radikalen Tschetschenen. Ähnlich wie im Westen wurde auch im Kreml dieser Terror als islamischer imaginiert und war doch nichts Anderes als die Rückkehr von Gewalt in die Zentren jener Mächte, von denen sie ausging.

Putin versicherte Bush seine Unterstützung im Kampf gegen das Böse und Bush nahm diese verbal an. Der gemeinsame Feind stand in Tschetschenien, Afghanistan und überall dort, wo radikale Islamisten Waffen mit sich führten. Seit Juni 1996, als in der Moskauer Metro eine Bombe hochging und vier Menschen tötete, hatte der Krieg die Grenzen Tschetscheniens überschritten. Im September 1999 starben bei zwei Anschlägen auf Wohnhäuser in der russischen Hauptstadt mehr als 200 Menschen. Nach der Machtübernahme Putins explodierten Sprengsätze in zwei weiteren Metro-Stationen (Belorusskaja und Puschkinskaja). Insgesamt listet die Statistik 15 Anschläge mutmaßlicher Tschetschenien-Kämpfer außerhalb des Kaukasus auf, die alle vor dem 11. September 2001 geschehen sind.[591] Im Westen, insbesondere in den USA nahm man davon wenig Notiz, und wenn es doch geschah, dann hießen die Terroristen »Rebellen« und Moskau wurde aufgefordert, mit diesen in einen politischen Dialog zu treten.

Im Fall der beiden verheerenden Attentate auf zwei neunstöckige Moskauer Wohnhäuser spekuliert man bis heute in westlichen Medien (und oppositionellen Kreisen in Russland) darüber, dass es sich um eine sogenannte »Falsche-Flagge«-Aktion des russischen Geheimdienstes gehandelt haben könnte, um eine Rechtfertigung für ein noch brutaleres Vorgehen in Tschetschenien zu haben. Dem Wahrheitsgehalt solcher Mutmaßungen kann in dieser Publikation nicht nachgegangen werden; eines allerdings ist festzustellen: In umgekehrte Richtung verbittet sich das US-amerikanische Establishment jeden Zweifel an der Urheberschaft am Anschlag auf das World Trade Center.

Kurzfristig brachte »Nine Eleven« jedenfalls eine Entspannung zwischen den USA und Russland. Moskau half den Amerikanern beim Krieg gegen Afghanistan, indem es z. B. den Luftraum und die Eisenbahnverbindungen für US-Militärtransporte öffnete und Waffen an die von Washington aufgestellte afghanische

---

590 Andrei Tsygankov, *Russophobia. Anti-Russian Lobby and American Foreign Policy*. New York 2009, S. 3
591 http://www.aktuell.ru/russland/hintergrund_information/die_terroranschlaege_33print.html (13.11.2015)

Marionettenregierung lieferte.[592] Die Sympathiewerte Putins im Westen stiegen. Schon 2003 war das politische Tauwetter allerdings wieder vorüber; diesmal für lange Zeit. Zwei Ereignisse prägten dieses Jahr in Bezug auf die russisch-amerikanische Beziehung. Der US-geführte Krieg gegen den Irak (ab 20. März 2003) und die Verhaftung von Michail Chodorkowski (am 25. Oktober 2003). Das eine war geopolitisch bedeutsam, das andere eine wirtschaftspolitische Zäsur.

Der Kreml stellte sich von Anfang an gegen den völkerrechtswidrigen Angriff auf den Irak und sah sich damit in bester Gesellschaft. Deutschland und Frankreich verweigerten die Teilnahme, Hunderttausende gingen in ganz Europa gegen die US-Intervention auf die Straße. »Der Irak-Krieg war der Wendepunkt«, meint der Leiter des »Russischen Rates für Internationale Beziehungen«, Andrej Kortunow.[593] »Putin glaubte bis zuletzt nicht daran, dass die USA ohne Rückendeckung der UNO im Irak intervenieren würden.« Und als sie es – gemeinsam mit dem Vereinigten Königreich – doch taten, stellte er sich in eine Reihe mit Gerhard Schröder und Jacques Chirac. Gut aufgehoben war er dort indes nicht; denn die NATO-Staaten fanden bald wieder zusammen, während sich Russland trotz der zwischenzeitlich erfolgten Einrichtung des NATO-Russland-Rates isoliert sah.

Die Verhaftung des Tycoons Chodorkowski spielte dabei eine wesentliche Rolle. Wie weiter oben beschrieben, wurde mit seinem Freiheitsentzug auch die Freiheit des US-Multis Exxon beschnitten, den damals größten privaten russischen Energiekonzern zu übernehmen. Der einflussreichste amerikanische Think-Tank, der Council on Foreign Relations (CFR), bezeichnete die sogenannte Chodorkowski-Affäre in dem programmatischen Aufsatz *Russia's Wrong Direction* als »nachhaltigste einzelne Episode in der Neuausrichtung des russischen Staates an der Schnittstelle zwischen Politik und Ökonomie in diesem Jahrzehnt«.[594] Washington schaltete auf Eiszeit.

Immer lauter und immer prominenter wurden die Stimmen, die Moskau feindselig gesonnen waren. In den USA forderte der republikanische Senator John McCain den Ausschluss Russlands aus den G-8, einem informellen Zusammenschluss selbst ernannter Weltführungsmächte. Erst 1998 war das Land, damals unter Boris Jelzins wilden Privatisierungsjahren stehend, zur Teilnahme an den G-7-Treffen kooptiert worden. Im Frühjahr 2006, als McCain zum Ausschluss aufrief, befand sich Putin gerade mitten in den Vorbereitungen für die Organisation des G-8-Gipfels in Sankt-Petersburg, der dann Mitte Juli stattfand.

---

592 Niall Green, Russland erweitert militärische Hilfe für US-Besatzung in Afghanistan. Siehe: https://www.wsws.org/de/articles/2010/08/russ-a04.html (8.12.2015)
593 Gespräch mit Andrej Kortunow am 28. August 2015 in Moskau
594 John Edwards/Jack Kemp, *Russia's wrong Direction: What the United States can and should do*. Washington/New York 2006, S. 18

Vizepräsident Dick Cheney reiste zur selben Zeit nach Vilnius und wetterte heftig gegen das durch den Kreml betriebene demokratische Rollback und seine energiepolitische Erpressungstaktik. Und in der März/April-Ausgabe 2006 der CFR-Zeitschrift *Foreign Affairs* stellten die Autoren Kier Lieber und Daryl Press Russland als »schwer gehandikapten Nukleargegner« dar, der einen »möglichen atomaren Angriff der USA nicht überleben würde.«[595] Der in dieser Wortwahl versteckte, indirekte Aufruf, Russland auch militärisch ins Visier zu nehmen, und womöglich sogar mit Atomwaffen, löste bei den westlichen Alliierten keine Empörung aus. Die Wende hin zur Rezeption Russlands als gefährlich und böse fand in Deutschland und Frankreich im Gefolge von Regierungswechseln statt. Angela Merkel (seit 2005) und Nicolas Sarkozy (seit 2007) gaben sich dezidiert US-freundlicher als ihre Vorgänger.

Die Jahresmarke 2008 verbinden Menschen in Russland weniger mit der Weltwirtschaftskrise, die in den USA als Kredit- und Finanzkrise begonnen hat, sondern mit dem zweiten Krieg im Kaukasus. Mit dem Einmarsch russischer Truppen in Georgien und dem Auslaufen der Schwarzmeer-Flotte Anfang August 2008 reagierte der Kreml auf eine georgische Militärintervention in Südossetien, das sich bereits Ende 1990 für unabhängig erklärt hatte, ohne dass dies von Tiflis anerkannt worden wäre. Das Eingreifen von russischer Armee und russischer Marine löste im Westen einen Schock aus. Erstmals seit Bestehen der post-sowjetischen Russländischen Föderation schickte diese Soldaten mit einem Kampfauftrag über die eigene Grenze. Vom Krim-Hafen Sewastopol und über den Nord- mit Südossetien verbindenden Roki-Tunnel hatte sich russisches Militär in Bewegung gesetzt und unterstrich damit seine Unterstützung für die südossetischen und abchasischen Sezessionisten. Moskau gelang es damit, eigene geopolitische Ansprüche durchzusetzen – noch dazu in Konfrontation mit den USA. Diese standen hinter der nationalistischen Regierung von Präsident Saakaschwili in Tiflis, konnten aber nichts gegen die Abspaltungen der beiden Provinzen unternehmen. Zudem hatte Washington kurz zuvor, am 17. Februar 2008, die einseitig von Prishtinë ausgerufene kosovarische Unabhängigkeit (von Serbien) anerkannt und damit die Blaupause für das russische Vorgehen geliefert. Mit dem georgischen Abenteuer war Moskau erstmals seit langem wieder auch direkt militärisch zum Feind der NATO geworden.

Im Konflikt um die Ukraine wiederholte sich dieses Szenario auf viel höherem Niveau. Der 29. November 2013 machte klar, dass sich mit der Weigerung des ukrainischen Präsidenten, das EU-Assoziierungsabkommen zu unterzeichnen, auch russische Interessen artikulierten. Washington und Brüssel reagierten

---

595 Vgl. https://www.foreignaffairs.com/articles/united-states/2006-03-01/rise-us-nuclear-primacy, zit. nach: Tsygankov 2009, Vorwort

panisch, unterstützten einen putschartigen Machtwechsel in Kiew und machten rechtsradikale Gewalttäter salonfähig. Diese in einem eigenen Kapitel dieses Buches erzählte Geschichte hinterließ einen territorialen Trümmerhaufen aus abgespaltener Krim und permanentem Konfliktpotenzial im Osten und Süden der Ukraine. De facto standen hinter den sich seit April/Mai 2014 bekämpfenden Kriegsparteien die NATO auf der Seite Kiews und Russland auf der Seite des Donbass. Aus dem Kampf um die Ukraine wurde ein Stellvertreterkrieg, die Feindbild-Produktion entsprechend aufgerüstet.

Gegen Putin, die Inkarnation des Bösen

Im Fünfjahresrhythmus verschlechterten sich die Beziehungen des Westens zu Russland. Den jeweiligen Zäsuren 1999 (NATO-Krieg gegen Jugoslawien), 2003 (Festnahme von Michail Chodorkowski), 2008 (Georgien-Krieg) und 2013/14 (Ukraine-Krise) folgte eine politisch und medial immer aufgeladenere Stimmung, die Schritt für Schritt in Hetze umschlug. Je nach Qualität des Russland-Bashing galt seinen Betreibern das Land als Ganzes, die Russen als Ethnie oder ihr Führer, Wladimir Putin, als verachtenswerte Gegner, den man in die Schranken weisen müsse. Am meisten Gehör fand die antirussische Lobby in den USA, wo sie im kurzen 20. Jahrhundert auf eine lange Tradition zurückblicken konnte. Russische Medien nahmen die Feindparolen begierig auf und beteiligten sich ihrerseits am immer rauer werdenden Diskurs, in ihrem Falle am EU- und US-Bashing.

Der russisch-stämmige Politologe Andrei Tsygankov ortet seit den 1970er Jahren drei historische Lobbygruppen, deren Gegnerschaft zu Russland sich aus unterschiedlichen Motiven speist: die »militärischen Falken«, denen Moskau bei der Verwirklichung der amerikanischen Hegemoniebestrebungen im Wege steht; die »liberalen Falken«, die ihr Bild von Freiheit und Menschenrechten in Russland durchsetzen wollen und dabei auf Hindernisse stoßen; und als dritte Lobby »osteuropäische Nationalisten«, die aus der Sowjetunion geflohen sind und deren politische Triebkraft der Antikommunismus ist.[596] Ihr gemeinsames Konzentrat fanden die drei Gruppen im Glauben an eine US-amerikanische Überlegenheit, mit deren Hilfe sie zum Ziel, dem Zusammenbruch der Sowjetunion, gelangen wollten. Nach dem Ende des kommunistischen Systems war zwar für die dritte Gruppe das Ziel vordergründig erreicht, sie blieb jedoch aktiv. Mehr noch: der Einfluss der osteuropäischen Nationalisten nahm zu. In den von Washington geförderten Farbrevolutionen verstärkten sich die Bande zwischen »liberalen Falken« und Nationalisten auch in der Praxis.

---

596 Tsygankov 2009, S. 14

»Die USA und ihre Alliierten versuchen das Experiment der 1980er Jahre zu wiederholen«, als Ronald Reagan Moskau in die Knie zwingen konnte, meint Aleksej Kusnezow, Leiter des Zentrums für Europäische Studien am Moskauer Institut für Weltwirtschaft und Internationale Beziehungen auf die Frage, was denn hinter der neuen Russophobie stecken würde. »Im Kern werfen sie Russland vor, dass es keine Marktwirtschaft sei«.[597] Ähnlich, wenn auch von einer ganz anderen Seite kommend, argumentiert auch der US-amerikanische Council on Foreign Relations (CFR). In der Studie mit dem anmaßenden Titel *Russia's Wrong Direction* geben zwei Autoren Putin am Anfang seiner Präsidentschaft noch gute Zensuren: »Während seiner ersten Amtszeit«, so die beiden, »erreichte die ökonomische Liberalisierung ein beachtenswertes Moment«.[598] Doch das Lob wird nur ausgestreut, um mit dem späteren Putin umso härter ins Gericht gehen zu können: »Fünf Jahre später«, schreiben die beiden im Jahr 2006, »ist die politische Bilanz extrem negativ.« Der Schutz des Eigentums sei nicht gewährleistet und Russland von der »venezolanischen Krankheit« bedroht. Damit sind Verstaatlichungen nicht nur im Energiesektor gemeint, die das Wachstum verlangsamen würden. Diese Prognose war im Jahr 2006, als der CFR die Studie veröffentlichte, nicht nur gewagt, sondern schlicht falsch. Damals boomte die russische Wirtschaft, wiewohl ihr Wachstum fast ausschließlich auf Rohstoffexporten beruhte. Was allerdings stimmte, war die Tatsache, dass der Kreml Mitte der 2000er Jahre dazu überging, strategische Wirtschaftssektoren an den Staat zu binden. Dagegen anzuschreiben, war die eigentliche Aufgabe der US-Studie.

Kurz zuvor, am 6. Oktober 2004, veröffentlichten 115 prominente Politiker und Intellektuelle aus dem Westen einen offenen Brief »an die Staats- und Regierungschefs der Europäischen Union und der NATO«.[599] Er wurde in so gut wie allen großen Medien dies- und jenseits des Atlantiks abgedruckt oder breit rezipiert. Diesen Brief kann man getrost als den Auftakt zum offiziellen Niedermachen von Wladimir Putin betrachten. Schon die Selbstdefinition der Unterzeichner zeugt von deren Größenwahn. »Als Bürger der euro-atlantischen Gemeinschaft der Demokratien«, steht da ganz zu Beginn in Abgrenzung zur übrigen, als minderwertiger betrachteten Welt mit ebenso minderwertigeren Menschen bzw. zweifelhafteren Demokraten. Als Anlass des »Offenen Briefes« schützten die euro-atlantischen Demokraten »Sympathie und Solidarität mit den Menschen der Russischen Föderation in ihrem Kampf gegen den Terrorismus« vor. Russland stand gerade unter dem Schock eines Anschlages in der nordossetischen Stadt Beslan, in der tschetschenische Kämpfer mehr als 1100

---

597 Gespräch mit Aleksej Kusnezow am 28. August 2015 in Moskau
598 Edwards/Kemp, 2006, S. 16
599 http://www.freerepublic.com/focus/f-news/1237222/posts (13.11.2015)

SchülerInnen und Erwachsene einer Schule als Geiseln genommen hatten; über 300 von ihnen starben bei der Erstürmung der Gebäude durch russische Sondereinheiten. Diese Tragödie nahmen also die 115 Politiker und Intellektuellen als Aufhänger, um zum einen ihrer Sorge Ausdruck zu verleihen, dass der Kreml »dieses tragische Ereignis dazu nützen könnte, die Demokratie in Russland weiter auszuhöhlen.« Zum anderen und wesentlichen Punkt kommt der »Offene Brief« dann ohne Umschweife: »Seit Putin im Januar 2000 Präsident wurde, schwächt er die demokratischen Institutionen. (...) Er unterhöhlte die Pressefreiheit, zerstörte die föderale Balance des Landes, sperrte wirkliche und imaginierte Feinde ein (...) und verfolgt NGO-Führer.« Es kommt noch schlimmer: »Putin«, so die euro-atlantischen Unterzeichner weiter, »betreibt eine Außenpolitik, die Russlands Nachbarn und Europas Energiesicherheit bedroht. (...) Wir glauben, dass dieses Verhalten nicht als Grundlage einer wirklichen Partnerschaft zwischen Russland und den Demokratien der NATO und der EU akzeptiert werden kann.« Anschließend werfen die liberalen Demokratiewächter dem russischen Präsidenten noch vor, »sich von den wichtigsten demokratischen Werten der euro-atlantischen Gemeinschaft zu entfernen.« Der Atlantik ist weit weg, wenn man irgendwo zwischen Moskau und Wladiwostok sitzt, möchte man den Herrschaften zurufen, deren Denken vom NATO-Zentrismus vollkommen in Beschlag genommen ist. Doch sie meinen es ernst und würden solch einen Einwand ohne nachzudenken von sich weisen. »Wir müssen die Wahrheit über das aussprechen, was in Russland passiert«, enden die Unterzeichner pathetisch und nehmen die Geiseln von Beslan dann nochmals als Geiseln ihrer imperialistischen, orientalisierenden Gedankenwelt: »Das sind wir den Opfern von Beslan und den tausenden russischen Demokraten schuldig, die für Demokratie und Menschenrechte in ihrem Land kämpfen.« Die Kinder von Beslan wussten davon freilich nichts.

Wer sind nun diese 115 Euro-Atlantiker, die in dermaßen überheblicher Art indirekt zum Sturz Putins aufrufen und damit dem Publikum impliziert eine Demokratisierung Russlands versprechen? Alphabetisch gereiht, sei hier eine Auswahl genannt: Madeleine Albright, Timothy Garten Ash, Joseph Biden, Carl Bildt, Pascal Bruckner, Reinhard Buetikofer, Massimo D'Alema, Francis Fukuyama, Bronisław Geremek, André Glucksmann, Karl-Theodor von und zu Gutenberg (der als einziger eine ganze Zeile für seinen Namen beansprucht), Vacláv Havel, Richard Holbrooke, Robert Kagan, Bernard Kouchner, Vytautas Landsbergis, John McCain, Adam Michnik, Cem Özdemir, Radek Sikorski und James Woolsey. Hinter dem Aufruf stand das »Projekt für ein Neues Amerikanisches Jahrhundert« (PNAC), das schon im Namen die Identität »militärischer Falken« führt und der Welt eine Besserung durch US-Hegemonie verspricht.

Dick Cheney und Donald Rumsfeld, die radikalsten und militantesten Politrandalierer unter George Bush senior waren ebenso Mitglieder des PNAC wie ihr Kumpel Paul Wolfowitz, der sowohl für Kriege der US-Armee zuständig (2001–2005) war wie anschließend daran für die zivilen Angriffe der Weltbank, deren Chefposten er zwischen 2005 und 2007 innehatte.

Russland eindämmen

Mit der Ukrainekrise zum Jahreswechsel 2013/2014 schlug eine neue antirussische Welle über den USA und EU-Europa zusammen. NATO und gesetzgeberische Körperschaften der USA trieben die Wogen hoch. Wochen vor dem Gipfel der nordatlantischen Allianz Anfang September 2014 in Wales gab ihr Generalsekretär Anders Fogh Rasmussen die Linie vor. Er sprach in Hinblick auf die Lage in der Ukraine von »russischer Aggression« und einem »Alarmsignal«, auf das mit der Ausarbeitung »neuer Verteidigungspläne« geantwortet werden müsse.[600] Um die Notwendigkeit zur Erhöhung von Militärausgaben zu unterstreichen, verwies der liberal-konservative Däne darauf, dass Russland seine Rüstungsausgaben in den vergangenen fünf Jahren um 50 % gesteigert habe, während das NATO-Budget im selben Zeitraum um 20 % geschrumpft sei. Ein vergleichender Blick rückt diese Aussage allerdings wieder zurecht. Laut dem Stockholmer Forschungsinstitut SIPRI haben allein die USA zuletzt jährlich 610 Mrd. US-Dollar für ihr Militär ausgegeben, Russland nicht einmal ein Siebentel davon (84 Mrd. US-Dollar).[601]

Am 4. Dezember 2014 verabschiedete das US-Repräsentantenhaus in Washington (mit 411 gegen 10 Stimmen)[602] die Resolution 758.[603] Mit ihr wird der Präsident aufgerufen, sich auf einen Krieg mit Russland vorzubereiten. Gleich im ersten Satz des 15-seitigen Dokuments unterstellen die Abgeordneten dem Kreml eine »Kampagne politischer, wirtschaftlicher und militärischer Aggression« gegen die Ukraine, die das Ziel habe, deren Unabhängigkeit zu untergraben. Desgleichen werfen die amerikanischen Abgeordneten Moskau vor, auch gegen Georgien und Moldawien militärisch aggressiv zu sein. Weiter unten ist dann von einer »russischen Invasion« die Rede, die so nicht hingenommen werden dürfe. Präsident Obama wird aufgefordert, alle erdenklichen Maßnahmen zu ergreifen, um diese russische Bedrohung abzuwehren und dafür die NATO zu stärken. Dazu gehört, »die Einsatzbereitschaft der US-Streitkräfte und der Streitkräfte anderer NATO-Länder zu überprüfen« sowie »dafür zu sorgen, dass die

---

600 Zit. in: *Neues Deutschland* vom 5. August 2014
601 Vgl auch: http://de.statista.com/statistik/daten/studie/157935/umfrage/laender-mit-den-hoechsten-militaerausgaben/ (16.11.2015)
602 http://clerk.house.gov/evs/2014/roll548.xml (14.11.2015)
603 https://www.congress.gov/113/bills/hres758/BILLS-113hres758eh.pdf (14.11.2015)

sich aus dem Artikel 5 des NATO-Vertrages (Beistandsklausel, d. A.) ergebende Verpflichtung zur kollektiven Verteidigung ernst genommen wird«. Am Ende der 35 Forderungen wird Obama dann noch dazu gedrängt, eine »Informationsoffensive in allen Ländern mit signifikanter russischsprachiger Bevölkerung zu starten, (...) inklusive der Nutzung vorhandener Plattformen wie Radio Free Europe / Radio Liberty« sowie den »politischen, ökonomischen und kulturellen Einfluss russischer Staatsmedien« in der Welt prüfen zu lassen.

Die Resolution 758 listet insgesamt 34 »Verbrechen« (Völkerrechtsbrüche, Brüche internationaler Vereinbarungen und Menschenrechtsverstöße) des Kreml auf und schlägt Gegenmaßnahmen wie Waffenlieferungen an Kiew, die Aufstockung des NATO-Budgets und die Unterstützung der Opposition in Russland vor. Russische Intellektuelle wie der frühere sowjetische Dissident und heutige Präsident der American University in Moscow, Eduard Losanski, sehen in der – nicht bindenden – Resolution des Repräsentantenhauses einen »Blankoscheck für einen Krieg gegen Russland«. Losanski zitiert in einem Beitrag in der *Nesawisimaja Gaseta* vom 9. Dezember 2014 den früheren Kongress-Abgeordneten der Demokraten, Dennis Kucinich, der die Resolution 758 als eine auf Vorrat angelegte Legitimation für einen Krieg gegen Russland einschätzt, die der US-Präsident jederzeit nutzen könnte. Kucinich dazu: »Die Einkesselung Russlands durch die Nato-Kräfte, der von den USA unterstützte Staatsstreich in der Ukraine, die Versuche, das EU-Assoziierungsabkommen für einen Nato-Beitritt der Ukraine und für eine Nato-Annäherung an die russische Grenze zu instrumentalisieren, sowie die US-Militärdoktrin, die einen nuklearen Erstschlag ermöglicht – all dies zeugt davon, dass man nicht auf Diplomatie, sondern auf Gewalt setzt.«[604]

Im US-Senat gab es nur zehn Abgeordnete, die sich gegen die Eskalation aussprachen. Einer davon, der querdenkende Republikaner Ron Paul, sah darin reine Kriegspropaganda und verglich die Resolution 758 mit der Verabschiedung des Iraq Liberation Act 1998. Schon damals hatte Paul dieses Gesetz als Gefahr für den Frieden im Mittleren Osten bezeichnet und vor seiner Inkraftsetzung gewarnt. »Diesmal geht es um weitaus mehr«, so der Irakkriegsgegner in Bezug auf die Resolution 758 vom Dezember 2014, »es geht um das Provozieren eines Krieges gegen Russland, der in einer totalen Zerstörung der Welt enden könnte.«[605] Die antirussische Hetze hatte an der Jahreswende 2014/2015 einen neuen Höhepunkt erreicht.

---

604 *Nesawisimaja Gaseta* vom 9. Dezember 2014, zit. in: http://de.sputniknews.com/german.ruvr.ru/2014_12_09/Kritik-am-US-Kongress-Blankoscheck-fur-Krieg-gegen-Russland-1592/ (16.11.2015)
605 http://www.anderweltonline.com/politik/politik-2014/us-resolution-758-an-russland-stellt-ultimatum-an-serbien-von-1914-in-den-schatten/ (16.11.2015)

Medienmeute losgelassen

»Wie man einen Feind bastelt, bekommen wir derzeit lehrbuchmäßig vorgeführt«, schreibt die Kommunikationswissenschaftlerin Sabine Schiffer,[606] die mit ihrem Institut für Medienverantwortung seit Jahren vor allem den deutschen Journalismus kritisch durchleuchtet. Schiffer ruft einfache Lehrsätze der Feindbildkonstruktion in Erinnerung. Im alltäglichen Gebrauch der Medien fällt gar nicht mehr auf, wie das scheinbar zufällige Setzen negativ konnotierter Adjektive oder Wortzusammensetzungen die Wahrnehmung von Gut und Böse beeinflussen. Subtil und stereotyp verwendete Begriffe gehen Holzhammermethoden voraus. Wer würde sich z. B. nicht wundern, wenn plötzlich Zeitungen und Fernsehnachrichten vom »Kapitol-Chef« berichteten und damit US-Präsident Barack Obama meinen. Auf der anderen Seite, in Richtung Russland und Moskau, ist dieses Begriffspaar üblich. »Kreml-Chef« haftet Wladimir Putin weit häufiger an als die Bezeichnung »Präsident der Russischen Föderation«. Die Zuordnung »Chef« vermittelt etwas Despektierliches, Abwertendes; und sie erinnert den Leser oder die Zuhörerin an ihren eigenen Chef im Berufsleben, über den die Belegschaft meist nicht viel Gutes zu sagen hat.

Zum Repertoire jeder Feindbildproduktion gehört laut Sabine Schiffer dann noch das »Hinzudichten kleiner und größerer Lügen«, wie im Ukraine-Krieg hundertfach passiert, das »Messen mit zweierlei Maß«, die »Dämonisierung und Dehumanisierung des ausgemachten Gegners« und die »Personifizierung eines Konflikts«. An Letzteres haben sich die westlichen Medienkonsumenten seit Jahren gewöhnen müssen. Putin wird ihnen als die Inkarnation des Bösen vorgeführt, während Obama, Merkel oder Hollande zwar fallweise heftig kritisiert werden, ohne sie allerdings zu dämonisieren. Der Vollständigkeit halber sei an dieser Stelle hinzugefügt, dass die Produktion des Feindbildes auch in umgekehrte Richtung reibungslos funktioniert. Der »Westen« gilt russischen Medien als moralisch verkommen und dekadent, als Gesellschaft, in der kleine Minderheiten über die Interessen und Bedürfnisse der Mehrheit dominieren.

Die Dämonisierung Russlands in der Person seines Präsidenten ist seit 2013/21014 zum Tagesgeschäft meinungsbildender Medien im Westen geworden. Wochenzeitschriften weisen damit auf ihren farbig-kräftigen Coverseite den Weg der Diffamierung und Verleumdung. »The Pariah« titelte zum Beispiel das britische Magazin *Newsweek* am 1. August 2014. Ein als Totenkopf gestaltetes Gesicht zeigt Wladimir Putin mit schwarzen Brillen, hinter denen anstatt Augen zwei kleine Feuerkugeln zu sehen sind. Der Betrachter kann sie wahlweise mit Hölleneingängen oder Bombenexplosionen assoziieren. »The Pariah«, auf

---

606 Sabine Schiffer, Feindbildkonstruktion: Russland und Putin in den westlichen Medien. Vortragsmanuskript vom 6. September 2014 (o.O.).

Deutsch: »der Ausgestoßene«, steht in Großbuchstaben über Nase und Kinn des damit zum Feind Erklärten. In der Unterzeile heißt es dann noch für jene, die sich dem Schaufenster des Kiosks nähern: »West's Public Enemy Number One«. In Deutschland führt *Der Spiegel* in puncto Russland-Bashing die Kategorie Wochenschriften an. Schon die Nr. 10/2007 zeigt ein digital bearbeitetes Konterfei des russischen Präsidenten, der mit leicht asiatischem Blick hinter einem Dutzend Pipeline-Rohren hervorsieht, die ihm gleichsam aus dem Mund wachsen. Seinen Kopf ziert eine Mütze, auf der ein roter Stern mit ins Unkenntliche verwischtem Hammer-und-Sichel-Emblem prangt. Bohrtürme links und rechts unterstreichen die Schlagzeile: »Der Staat Gasprom« wird als Putins persönliches Waffenarsenal inszeniert und für Zweifelnde zur Sicherheit hinzugefügt: »Putins Energie-Imperium«. Im Jahr darauf klassifiziert *Der Spiegel* in seiner Ausgabe Nr. 34/2008 Russland als »gefährlichen Nachbarn«, wie es in der Überschrift heißt. Über einer im Staub vorwärts preschenden Panzerkolonne, die den kurzen Krieg mit Georgien um Südossetien als russische Aggression darstellen soll, wächst der Kopf Wladimir Putins fast aus dem Coverbild hinaus. Sein drohender Blick korrespondiert mit der Unterzeile. »Wladimir Putin und die Ohnmacht der Westens«, heißt es in Anspielung auf die Tatsache, dass die NATO dem damaligen georgischen Präsidenten Saakaschwili militärisch nicht zu Hilfe kam.

Den Prozess gegen die Frauenband »Pussy Riot« nimmt *Der Spiegel* in seiner Nr. 33/2012 zum Anlass und titelt einfach nur »Putins Russland«. Zu sehen ist eine junge Frau mit Schmollmund, offensichtlich eines der drei Bandmitglieder, im Gerichtssaal. Weil der Fotograf keine Handschellen an der Frau finden konnte oder weil sie solche gar nicht angelegt bekommen hat, baumeln im Vordergrund des Covers riesige Fesselzangen, um den Eindruck einer brutalen Justiz zu vermitteln. In der Unterzeile wird dann klar, wozu *Der Spiegel* den Pussy-Riot-Prozess als Titel nimmt: »Auf dem Weg in die lupenreine Diktatur« steht da geschrieben. Man kann schon gespannt auf das Titelbild des *Spiegel* sein, wenn Rockerinnen demnächst im Kölner oder Wiener Dom eine ähnliche Performance bieten.

Ende 2014 taucht Putins Konterfei erneut auf Seite eins des *Spiegel* auf. Die Nr. 51/2014 nennt ihn »Der Halbstarke« und erklärt im Untertitel, »Wie Putin die Demokratie und den Westen attackiert«. Um sich das als Medienkonsument besser vorstellen zu können, steht der mit spitzen Ohren auf teuflisch getrimmte Staatschef breitbeinig auf einer zerrissenen EU-Fahne, die offensichtlich »Demokratie« und »Westen« symbolisieren soll. Im nebeligen Hintergrund nimmt man die Basilius-Kathedrale am Roten Platz aus.

Heft 11/2014 zeigt auf dem Cover einen arrogant dreinblickenden russischen Präsidenten in feinem Zwirn, der einen großen dunklen Schatten wirft. Ihm nur bis zur Hüfte reichende zwei kleine Männer und eine gebückte kleine Frau stellen Barack Obama, David Cameron und Angela Merkel dar. »Der Brandstifter« nennt die Redaktion des Hamburger Magazins die Ausgabe und beantwortet damit die Schuldfrage der Ukrainekrise eindeutig. Dass die von weit unten zu Putin aufblickende deutsche Kanzlerin eine weiße Fahne in der Hand hält, wirkt auf den ersten Moment lächerlich, kann aber auch – in kritischer Rezeption des Geschehens am Cover – als Aufforderung zum militärischen Eingreifen in der Ukraine verstanden werden, nach der Maxime: Die Friedensfahne hilft nicht, da müssen Kampfflugzeuge her.

Ohne jede Ironie kommt dann die *Spiegel*-Ausgabe Nr. 31/2014 aus: »Stoppt Putin jetzt!«, lautet die Überschrift. Der in Rot gehaltene Titel überschreibt mehr als 50 meist lachende Gesichter von Männern und Frauen, die dem Betrachter unbekannt sind. Erst die in winzigen Lettern gehaltene Schrift unter den Portraitfotos gibt dem Cover Sinn. Neben den Namen der Personen steht das immer selbe Todesdatum: 17. Juli 2014. Das war jener Tag, an dem die Boeing 777 der malaysischen Fluggesellschaft über der Ostukraine abgeschossen worden ist. Es gab keine Überlebenden. Die 50 fröhlich dargestellten Menschen sind Opfer dieses Absturzes. Und *Der Spiegel* kannte am Erscheinungstag der Ausgabe, dem 28. Juli 2014, den Täter. »Stoppt Putin jetzt!« suggeriert: Wladimir Putin war's. Er hatte den Finger am Abzug jener Lenkwaffe des Typs »Buk-M 1«, die ein niederländischer Bericht 15 Monate später als Ursache der Katastrophe bestätigte. Derselbe Bericht der niederländischen Sicherheitsbehörde nennt keine Täter und kritisiert, dass Kiew den Luftraum über der Ostukraine, in dem damals ukrainische Militärjets Kampfeinsätze gegen Donezk und Luhansk flogen, nicht sperren lassen hatte. Wer tatsächlich die Lenkwaffe in Richtung Flug MH-17 gesteuert hat, bleibt unklar. Als Schützen kommen ukrainische Militärs oder Rebellen aus dem Donbass in Frage. Wer immer die tödliche Lenkwaffe bediente, Absicht ist bislang niemandem seriös unterstellt worden. Den *Spiegel* kümmerte dies nicht. Er machte – wie viele andere westliche Medien auch – den russischen Präsidenten persönlich zum Täter, der im Hintergrund »prorussische Mörderbanden« befehligt. Wer immer noch nicht glauben wollte, wie tief der Russenhass in den Redaktionsräumen des Magazins verankert ist, der konnte in der Titelgeschichte des *Spiegel* Folgendes nachlesen: »Es waren die Bilder«, steht da einleitend zur Beschreibung der Situation an der Absturzstelle im Osten der Ukraine, »Tumb tätowierte Kämpfer, Zigarette im Mund, Kalaschnikow unter dem Arm, stapfen im Leichen- und Trümmerfeld der Absturzstelle herum, als gingen sie die toten Kinder aus der abgeschossenen Boeing nichts an. Experten halten sich die Nase zu, als sie einen Eisenbahnwaggon voller toter Körper öffnen. Die schier endlose Kolonne von Leichenwagen verlässt den Flughafen

Eindhoven. Wladimir Putin, der russische Präsident, verzieht keine Miene.«[607] Will heißen: die Toten des Fluges MH-17 vom 17. Juni 2014 kümmern ihren Mörder nicht.

Am *Spiegel*-Cover der Nr. 42/2015 sitzt Putin am Steuer eines Kampfjets, der sich im Anflug auf den das Bild betrachtenden Leser befindet. »Putin greift an«, lautet die Überschrift, zu der noch die Zeile »Russlands Weltmachtspiele« montiert ist. Der *Spiegel* repliziert damit auf den Befehl des Kreml, militärisch in den Syrienkonflikt einzugreifen. Der rote Stern am Helm des Piloten ruft Ängste in Erinnerung, als die Rote Armee im Westen als Gefahr für den Weltfrieden eingeschätzt wurde. Ihr einziger Auslandseinsatz außerhalb des RGW blieb gleichwohl jener in Afghanistan. Einen Monat später hätte *Der Spiegel* denselben Putin in derselben Pose wohl nicht als Gefahr, sondern als möglichen zukünftigen Verbündeten im »Kampf gegen den Terror« – sprich: das Kalifat des Islamischen Staates – gesehen. Dazwischen lagen die Anschläge von Paris am 13. November 2015 und das Angebot des russischen Präsidenten, gegen die Dschihadisten gemeinsame Sache zu machen. Am 10. Oktober jedoch war Putin der Wiedergänger sowjetischer Führer – und wird es immer dann sein, wenn er westlichen Interessen und der *Spiegel*-Redaktion in die Quere kommt.

Auch außerhalb der *Spiegel*-Redaktion herrschte dieselbe Russland-feindliche Grundstimmung. Der Kommunikationswissenschaftler Jonas Gnändiger hat sich in seiner universitären Abschlussarbeit die Mühe gemacht, die politische Tendenz in der Berichterstattung deutscher Leitmedien zu Russland im Jahr 2014 aufzuarbeiten. Untersucht hat er die *Süddeutsche Zeitung*, *Die Welt*, *Bild* und *Spiegel Online*. Von den 306 Überschriften zu Russland im untersuchten Zeitraum waren 13 % positiv, 37 % neutral und 50 % negativ. Das Moskau gegenüber am feindlichsten gesinnte Presseorgan war *Bild*, die relativ freundlichsten Überschriften waren bei *Spiegel Online* zu finden. Bei den Berichten und Kommentaren überwog die negative Einstellung gegenüber Russland noch viel deutlicher. So ordnet Gnändiger von 68 untersuchten Kommentaren in besagten Medien 61 einem negativen Russlandbild zu; das heißt 90 % aller Gast- oder redaktionellen Kommentare vermittelten ein Moskau-feindliches Bild.[608] Neutrale oder gar positive Berichterstattung über Russland und seine Politik während der Ukrainekrise kam nicht vor.

---

607 *Der Spiegel* Nr. 31/2014
608 Jonas Gnändiger, *Das Russlandbild deutscher Medien in der Krim-Krise: Am Beispiel von Süddeutscher Zeitung, Welt, Bild und Spiegel Online*. Berlin 2014, S. 60

»Medizinische Diagnose« statt politischer Analyse

Wo die politische Analyse schwächelt, tauchen zuweilen Bilder von Krankheiten auf, die missliebigen Proponenten zugeschrieben werden. Besonders beliebt ist diese Art der »Erkenntnis«, wenn es um Feindbeschreibung geht. Mit moralischen Zuordnungen wie gefährlich, böse und hassenswert ist es oft nicht mehr getan, um die Hintergründe der ganzen herbeigeredeten Niedertracht des Feindes zu erklären. Medizinische Vokabel, vorzugsweise aus der Sprache der Psychiatrie, helfen in solch schwierigen Fällen einer (Vor-)Urteilsbildung.

Schon das historische Russlandbild blieb nicht von psychologisierenden Einschätzungen verschont. Geistig labile oder abnorme Führerfiguren und dumpfe Volksmassen tauchen immer dann in der westlichen Wahrnehmung auf, wenn der Kreml und die Russen auf der falschen Seite stehen. Das entsprechende Überlegenheitsgefühl der Kultur des Römischen Rechtes mit ihrem lateinischen Glauben identifiziert dann Russland und die Russen als rückständig, vormodern und unterentwickelt und dichtet diesem Befund noch das Pathologische an. Daraus entsteht »eine asymmetrische Beziehung nach dem Muster Eltern-Kind, Lehrer-Schüler oder Therapeut-Patient«,[609] wie es der Wikipedia-Eintrag zum Begriff »Russlandbild« ausdrückt. Diese Asymmetrie bestimmt auch im 21. Jahrhundert die Wahrnehmung Russlands. Die »Therapeuten« sind zahlreich ... und in vielen Zeitungsredaktionen zu finden. So widmet sich z. B. ein ganzes Heft der Zeitschrift *Kulturaustausch* dem Thema Russland aus dieser Perspektive. Das vom deutschen Institut für Auslandsbeziehungen herausgegebene Blatt lässt unter anderen die russische Psychologin Ludmila Petranowskaja zu Wort kommen, die gleich mit der Überschrift ihres Beitrages zeigt, was sie von ihren Landsleuten hält: »Das geblendete Volk« steht ihrer Meinung nach unter der Knute seiner Führung, die einen Informationskrieg führt, gegen den sich niemand zur Wehr setzt. Diese Apathie beschreibt sie als krankhaften Zustand, aus dem sie indes keinen Ausweg weiß. In der Ukraine allerdings konnte diese Volkskrankheit mit der Majdan-Revolution des Jahres 2014 geheilt werden, meint die Autorin: »Die antikriminelle Revolution siegte«, interpretiert Petranowskaja das für sie nicht hinterfragbare Gute in die Vorgänge des ukrainischen Umsturzes hinein; und ergänzt: »Sie brachte wahre Wunder eines gesunden zivilgesellschaftlichen Engagements hervor, dessen bloßer Klang in Russland schon längst unter Zynismus und Apathie begraben liegt.«[610] Das gesunde Westliche trifft hier auf das kranke Östliche. Eine solche Sicht lässt als Kur nur Eingriffe zu, zu denen sich die Autorin allerdings nicht konkret äußern mag.

609 Vgl. http://de.wikipedia.org/wiki/Russlandbild (23.11.2015)
610 Ludmilla Petrowskaja, Das geblendete Volk. In: *Kulturaustausch* Nr. 3/2015, S. 21

Als »Terrorismusexperte« wird uns in selbiger Zeitschrift *Kulturaustausch*, die vom deutschen Außenministerium finanziert wird, der 1921 im schlesischen Breslau geborene Walter Laqueur vorgestellt. »Die Auserwählten des Ostens«[611] titelt er seinen Beitrag und fragt gleich in der ersten Unterüberschrift sorgenvoll: »Wie weit wird Putin gehen?« Das aus seiner Sicht gefährliche am neuen Russland ist der »Eurasianismus«, wie er ihn nennt. Historisch verwurzelt, von der orthodoxen Kirche gestärkt und mit »Blick nach Asien« würde diese Ideologie »von einigen Mitgliedern der neuen Führungsschicht mit großer Begeisterung« propagiert. »In den letzten Jahren«, so Laqueur mahnend, »wurden (diese Gedankengänge) in überspitzter und abgeänderter Form Teil der neuen Staatsdoktrin«, die der Autor wie folgt charakterisiert: »Russland habe wenig bis gar nichts mit Europa gemeinsam, Europa war Russland immer feindlich gesinnt.« So weit, so gut bzw. so schlecht, möchte man meinen. Russlands Identität muss ja nicht notwendiger Weise vom westlichen Kanon bestimmt sein. Doch für Laqueur ist ein solcher Gedanke unannehmbar, er will ihn mit der Diagnose »schwer krank« vertreiben. »Eurasiasismus« sei eine Mischung aus Geopolitik und Konfabulation. Ersterem kann noch mit entsprechenden Gegenmaßnahmen militärischer oder wirtschaftlicher Natur beggegnet werden, letzteres ist eine unheilbare Krankheit, oder in den Worten Laqueurs: »Konfabulation ist ein abnormaler Zustand« und in einem solchen befände sich Russland. Im Lexikon wird Konfabulation als Fehlfunktion des Gedächtnisses beschrieben, mit anderen Worten: Das ganze Konstrukt »Russland« basiert, so der Terrorismusexperte, auf krankhafter, falscher historischer Grundlage. Vernichtender kann man ein Land nicht darstellen. Dass eine solche, ans Rassistische grenzende Sichtweise im Sommer 2015 von einer Zeitschrift verbreitet wird, die mit deutschen Steuergeldern finanziert und über das Institut für Auslandsbeziehungen an diplomatische Vertretungen, Schulen und Kultureinrichtungen verteilt sowie am Kiosk verkauft wird, zeigt, wie dramatisch feindselig die offizielle Beziehung Berlins zu Moskau nach der Ukrainekrise geworden ist.

»Wir brauchen einen Ausweg für Wladimir Putin«.[612] Mit dieser Überschrift ruft der Chefredakteur der Wiener *Presse*, Rainer Nowak, nach einem Regime Change in Moskau. Um seine Forderung zu unterstreichen, pathologisiert auch er den russländischen Präsidenten. Die Sanktionen gegen Moskau seien »in den Grundzügen richtig«, doziert Nowak, »nur wären nun Signale wichtig, die eine Wende Moskaus irgendwann wieder möglich machen«. Und dann wird der Befund der angeblichen Qualitätszeitung subtil: »Es ist nie schwer, einen Schläger zu provozieren«, setzt der Chefredakteur Putin mit einem kriminellen Halb-

611 Walter Laqueur, Die Auserwählten des Ostens. In: *Kulturaustausch* Nr. 3/2015, S. 18
612 Rainer Nowak, Wir brauchen einen Ausweg für Wladimir Putin, in: *Die Presse* vom 31. Dezember 2014

starken gleich, »ihm das Gefühl zu geben, er sei groß und stark, und ihn dann in den Hof zum Holzhacken zu schicken, ist viel komplizierter – aber sozial verträglicher.« Nowaks Gedankengang dahinter ist recht unkompliziert. Es geht ihm nicht nur darum, einen Gewalttäter unschädlich zu machen, sondern dessen Kraft noch für die eigenen Interessen einzusetzen – damit können sich Zeitungsmacher wie er körperliche Arbeit ersparen. Diesen eigenen Vorteil als soziale Verträglichkeit darzustellen, entspricht dann schon wieder der hochmütig zur Schau gestellten Diskurshegemonie einer meinungsbildenden Journaille.

Mit ähnlichen Beispielen wie den oben erwähnten aus *Spiegel*, *Kulturaustausch* und *Die Presse* ließen sich ganze Bücher voll Russland-Hass füllen. Und sie beschränken sich nicht auf die deutschsprachigen Medien. Der *Economist*,[613] der beim transatlantisch denkenden Publikum besonders beliebt ist und aufmerksam gelesen wird, stellt im Februar 2015 unter der Überschrift »Putin's war on the West« den russischen Präsidenten als »verlogen« und seine Umgebung als »kleptomanische Freunde« dar, »die wegen der internationalen Sanktionen nun ihre verrottenden mediterranen Villen« nicht mehr bewohnen können. Derlei Beschimpfungen kennzeichneten die »seriöse Berichterstattung« der westlichen Medien während der Jahre 2014 und 2015.

Mit noch größerem Kaliber in puncto Russland-Bashing fuhr übrigens die Ukraine unter ihrem Präsidenten Petro Poroschenko auf. Dieser verbot schlichter Hand per Dekret die Verbreitung eines positiven Russlandbildes. Am 2. April 2015 ging das entsprechende Gesetz durch die Werchowna Rada. Filme, die nach dem Ende der Sowjetunion hergestellt wurden, dürfen Russland und seinen Präsidenten seither nur mehr als Feinde zeichnen. Die »positive Darstellung von Angestellten des Aggressorstaates«, wie es im Gesetz heißt, wird bestraft. Zuvor waren von Kiew bereits russische Fernsehstationen geschlossen, die Ausstrahlung russischer Programme verboten und gut einem Dutzend russischer KünstlerInnen die Einreise verweigert worden. *Der Spiegel* schrieb in diesem Zusammenhang von einem »kulturpolitisch umstrittenen Gesetz«.[614] Das Adjektiv »umstritten« soll wohl die klammheimliche Freude kaschieren, die den Schreiber dieser Zeilen bei der Nachrichtenübermittlung gepackt hat. In (fast) jedem anderen Land der Welt, das ähnliche Zensurmaßnahmen verhängt hätte, wäre ihm das Beiwort »umstritten« nicht in den Sinn gekommen.

---

613 *The Economist* vom 14. Februar 2015, S. 9
614 *Der Spiegel* vom 2. August 2015, siehe: http://www.spiegel.de/politik/ausland/ukraine-verbietet-filme-mit-positivem-russlandbild-a-1026924.html (24.11.2015)

Feind-Freund-Wahrnehmung

Pro- wie antirussische Stimmungen folgen den weiter oben beschriebenen politischen Zäsuren, die ihrerseits durch Medienkampagnen verstärkt werden. Regelmäßig stattfindende Umfragen des Gallup-Institutes zur Wahrnehmung Russlands und der Russen bilden die zeithistorischen Ereignisse ziemlich exakt ab. Auf die Frage, ob man Russland wohlwollend oder ablehnend gegenüberstehe, antworteten die AmerikanerInnen im Zeitenlauf sehr volatil. Von 1994 bis 1999 hatte die Mehrheit der Befragten eine positive Meinung (bis zu 56 %) zu Russland, mit dem NATO-Krieg gegen Jugoslawien und der harten Kritik daran aus Moskau drehte sich die Wahrnehmung. 1999 sahen 59 % Russland negativ. Nach den Anschlägen vom 11. September 2001 erfolgte wieder ein Meinungsumschwung. Die 66 % Amerikaner, die Gallup im Jahr 2002 positiv gegenüber Russland gestimmt fand, hofften wohl auf eine gemeinsame Allianz gegen den radikal-islamischen Feind. Schon ein Jahr später gab eine knappe Mehrheit (52 %) wiederum ihr Missfallen gegenüber Moskau zum Besten, was mit der Verhaftung von Michail Chodorkowski und der entsprechenden medialen Begleitung zu tun haben dürfte. Bis zum Georgienkrieg 2008 kletterte die prorussische Stimmung wieder über die 50-Prozent-Marke, um sich 2009 neuerlich mit 53 % antirussisch zu äußern. Die Ukrainekrise 2014 sah dann die höchste negative Einstellung zu Russland, die seit dem Ende der Sowjetunion erhoben wurde: 60 % nahmen Russland missbilligend wahr.[615]

Ähnlich, wiewohl weniger stark schwankend, antworteten die AmerikanerInnen auf die Frage, ob sie in Russland einen Alliierten oder einen Feind sähen. Eine mehrheitliche Feind-Wahrnehmung wird erstmals 2014 erhoben, am Höhepunkt der Ukrainekrise.[616] Die gegenseitige Zuneigung von Amerikanern und Russen folgt demselben Muster; seit 2010 verschlechtert sich das jeweilige Bild vom anderen. Hatten laut einer Studie des Pew Research Center im Jahr 2010 noch 49 % der US-Amerikaner ein positives Bild von Russland, so sank deren Begeisterung im Jahr 2015 auf 22 %. Spiegelbildlich bzw. noch schneller ins Negative kippte die Stimmung auf der anderen Seite: 2010 sahen 57 % der Russen die USA wohlwollend, 2015 nur mehr 15 %.[617] Die Rasanz dieser Entwicklung ist ebenso beeindruckend wir beunruhigend. Auch gegenüber Deutschland und seiner politischen Führung verschlechterte sich die Einstellung der Russinnen und Russen. So assoziierten Anfang Oktober 2015 die Befragten laut einer Umfrage des Lewada-Center mit Angela Merkel Begriffe wie »Misstrauen« (21 %), »Enttäuschung« (20 %) und »Abneigung« (14 %), während nur 1 % beim Wort »Begeisterung« zustimm-

---

615 http://www.gallup.com/poll/167402/americans-views-russia-putin-worst-years.aspx (26.11.2015)
616 http://www.gallup.com/poll/164438/first-time-americans-views-russia-turn-negative.aspx (26.11.2015)
617 Pew Research Center, *Global Attitudes and Trends* vom 2. August 2015, siehe: http://www.pewglobal.org/2015/08/05/russia-putin-held-in-low-regard-around-the-world/ (26.11.2015)

ten. Zwei Drittel der befragten Russen sehen zudem Deutschland nicht als souveränen Akteur, sondern »auf Befehl der USA« handelnd. Generell verschlechterte sich das Deutschland-Bild in Russland zwischen 2010 und 2015 rapide. 2010 sahen noch 75 % der Russen die Bundesrepublik positiv, 2015 waren es nur mehr 35 %.[618] Und umgekehrt nahmen 2010 noch 50 % der Deutschen Russland positiv wahr, während dies 2015 nur mehr 27 % taten.[619]

Das Pew Reseach Center erhob in derselben Studie aus 2015 auch die Weltmeinung zu Russland. Sie ist deutlich besser als jene in den USA, dennoch in ihrer Mehrheit negativ, wobei methodisch zu berücksichtigen ist, dass es eine Erhebung der Anzahl der Staaten war und gerade in den bevölkerungsreichsten Staaten eine prorussische Stimmung vorherrscht. Würde man die Pew-Studienergebnisse auf Menschen (und nicht Länder) umlegen, käme ein mehrheitlich positives Russlandbild zum Vorschein. In China (mit 51 % zu 37 %) und in Indien (mit 43 % zu 17 %) dominiert ein prorussisches Gefühl, während in Ländern wie Polen mit 80 % und der Ukraine mit 73 % ein absolut negatives Russlandbild vorherrscht. Klar negativ ist das Bild Russlands Mitte 2015 auch in Deutschland (70 % zu 27 %), Frankreich (70 % zu 30 %), Italien (69 % zu 27 %) und den USA (67 % zu 22 %).

Die überwiegend feindselige Haltung gegenüber Russland im Westen ist geopolitisch begründet. In Washington und den mit den USA verbündeten Staaten tauchen zunehmend Ängste vor einem Hegemonieverlust auf. Dieser hat zwar mit der Politik des Kreml nur wenig bis gar nichts zu tun, das alte Feindbild Russland erspart allerdings manchen westlichen Strategen eine Beschäftigung mit tiefer liegenden Ursachen des eigenen zunehmenden Bedeutungsverlustes. Und antirussisch eingestellte Eliten wissen diese Vermischung zu nutzen. Der weiter oben zitierte offene Brief von 115 transatlantischen Intellektuellen vom Oktober 2004 ist ein Paradebeispiel dafür. Präsident Putin wird darin eine Außenpolitik vorgeworfen, die Russlands Nachbarn und ganz Europa bedrohe. Vom »Projekt für das amerikanische Jahrhundert« (PNAC) über staatlich finanzierte, sogenannte »Nichtregierungsorganisationen« wie das National Endowment for Development, das Freedom House, die Jamestown Foundation und viele andere wird viel Kraft und Geld aufgewandt, um eine »russische Gefahr« heraufzubeschwören. Russland wird als »von Natur aus imperialistisch, autokratisch und antiwestlich«[620] dargestellt. Diese Eigenschaften bedrohten das westliche Wertesystem, soll heißen: die wirtschaftlichen und geopolitischen Interessen der US-

---

618 Umfrage des Lewada-Centers, zit. in: http://www.spiegel.de/politik/ausland/russland-deutsche-laut-umfrage-nicht-mehr-beliebt-a-1056709.html (26.11.2015)
619 Pew Research Center, *Global Attitudes and Trends* vom 2. August 2015, siehe: http://www.pewglobal.org/2015/08/05/russia-putin-held-in-low-regard-around-the-world/ (26.11.2015)
620 Tsygankov 2009, S. 23

geführten NATO-Allianz. Dem einfachen Blick auf Außenhandelsstatistiken, weltwirtschaftliche Verflechtungen, Rüstungsbudgets und der Landkarte zum Trotz wiederholen politische Führer im Westen und ihre medialen Begleiter den Vorwurf, Moskau agiere expansionistisch. Wenn – wie im Fall Georgiens 2008, der Ukraine 2014 oder Syriens 2015 – russisches Militär aktiv wird, potenziert sich der Vorwurf des Expansionismus zur Anklage, der Kreml bedrohe den Weltfrieden. Da tut es nichts zur Sache, dass im selben Moment, in dem russische Kriegsschiffe Abchasien anlaufen oder russische Bomber im Auftrag des syrischen Präsidenten Bashar al-Assad Stellungen oppositioneller Gruppen bombardieren, US-geführte Allianzen weltweit militärisch in vielfacher Quantität im Einsatz sind – Russland gilt im Westen als Bedrohung.

Wie tief verwurzelt (und an den realen Kräfteverhältnissen vorbei) dieses (Vor)Urteil, Russland bedrohe den Westen, ist, zeigt ein Interview mit Wladimir Putin, das *Die Welt* am 7. Juni 2015 abgedruckt hat. Nach zwei Seiten voll mit Fragen und Antworten, in denen der Kreml-Chef die Nutzlosigkeit der Sanktionen, das zehnfach höhere Militärbudget der NATO, die Osterweiterung der westlichen Allianz, den einseitigen Ausstieg der USA aus dem Abkommen zur Raketenabwehr (ABM-Vertrag) und vieles andere angesprochen hat, fragen doch die Interviewer tatsächlich: »Russland bedroht also die Nato nicht?« Der nicht hirngewaschene Leser ist ob solcher Realitätsverweigerung geneigt, die Zeitung an dieser Stelle zuzuschlagen. Und Putin antwortet spürbar genervt: »Nur jemand, der keinen gesunden Menschenverstand besitzt oder träumt, kann sich vorstellen, dass Russland eines Tages die Nato angreifen könnte. Dieser Gedanke ist sinnlos und vollkommen unbegründet.«[621] Gesunder Menschenverstand konnte einem zu dieser Zeit leicht die Zuordnung »Putin-Versteher« einbringen, die absurder Weise negativ gemeint war und auch medial so transportiert wurde.

Die Putin-Versteher

Bevor das unsägliche Wort vom »Putin-Versteher« im Westen – und nur dort wurde es verwendet und machte seinen (Un)Sinn – in Gebrauch kam, gab es schon einen sehr prominenten Vertreter dieser Spezies. Gérard Depardieu war »Putin-Versteher« der ersten Stunde. Lange vor der Ukrainekrise outete sich der französische Schauspieler und Winzer als Freund des russischen Präsidenten. Die beiden Männer mögen einander. Am 3. Januar 2013 erhielt Depardieu die russische Staatsbürgerschaft aus der Hand des russischen Präsidenten. Seither ist sein offizieller Wohnsitz Saransk, wo der Schauspieler auch ein Restaurant betreibt.

Nun ist klar, dass der Terminus »Putin-Versteher« nicht für Charakterdarsteller wie Depardieu erfunden wurde. Dessen positiver Bezug zu Putin wurzelt

621 *Die Welt* am 7. Juni 2015

neben der persönlichen Beziehung in einem französischen Steuergesetz, das einen Sondersteuersatz von 75 % für einen gewissen Betrag bei höchsten Einkommen eingeführt hat, wenn diese über 1,2 Mio. Euro liegen. So symbolisch dieser Spitzensteuersatz ist, weil er nie zur Gesamtbesteuerung in der Höhe von 75 % führt, so symbolisch war auch die Emigration Gerard Depardieus. Und doch stellt sie einen Wendepunkt in der Beziehung des Westens mit Russland dar.

Dem Steuerflüchtling Depardieu folgte der prominente politische Flüchtling Edward Snowden. Der US-amerikanische Aufdecker weltweiter Schnüffel- und Abhöraktionen der National Security Agency (NSA), für die er gearbeitet hatte, floh vor drohender politischer Repression in seiner Heimat nach Russland. Dort erhielt er zeitlich beschränktes Asyl. Washington will Snowden wegen Spionage anklagen; seine Tat hat jedoch nichts mit Spionieren für ausländische Mächte wie China, Russland oder andere Staaten zu tun. Er deckte vielmehr illegale und unmoralische Praktiken des eigenen Geheimdienstes gegen das eigene Volk (und nicht nur dieses) auf. Deshalb stellt er den klassischen Fall eines politischen Flüchtlings dar.

Depardieu und Snowden stehen für ein Bild von Russland, das die Herrschenden im Westen nicht nur nicht wahrhaben wollen, sondern dessen Existenz sie schlichtweg leugnen. Russland ist ihrer Meinung nach ein Land, mit dem man (eingeschränkt durch fallweise Embargos) Geschäfte machen oder in das man auf Urlaub fahren kann. Eine Flucht dorthin kam seit der kommunistischen Emigration der 1930er Jahre nicht mehr vor. Wenn dann der eine aus steuerlichen Gründen und jemand anderer aus politischen Motiven in dieses Land fliehen, wird das schon fast als feindlicher Akt wahrgenommen.

Der Begriff »Putin-Versteher«, der von Anfang an diffamierend gemeint war, obwohl doch das Verstehen jedem Urteil und jeder Analyse vorausgehen sollte, kam parallel mit Wortmeldungen auf, in denen sich Personen des öffentlichen Interesses nicht vorbehaltlos feindselig zur Politik Moskaus gegenüber den Ereignissen in der Ukraine äußerten. Paradigmatisch für die Hetze, die gegen jene betrieben wurde, die die Vorbehalte des Kreml im Angesicht des putschartigen Machtwechsels von Kiew im Februar 2014 verstanden, liest sich z. B. ein Artikel im Schweizer *Tages-Anzeiger* vom 20. März 2014.[622] Dessen Deutschland-Korrespondent beschreibt unter der Überschrift »Die Putin-Versteher« selbige mit höchster Verachtung. Diese sind »eine seltsame Allianz aus Putin-Fans, EU-Kritikern und antiamerikanischen Wutbürgern«, die »seit Wochen ihr Unwesen treibt« und »sogar im Bundestag ihre Grundthese« verbreite, wonach »Russland in der Ukraine nur seine Interessen verteidige.« Die Linke-Abgeordnete und damalige

---

622 *Tages-Anzeiger* vom 20. März 2014

stellvertretende Parteichefin Sarah Wagenknecht bezeichnet der Korrespondent des *Tages-Anzeigers* gar als »Speerspitze von Putins fünfter Kolonne« und brandmarkt sie mithin als Verräterin. Auch der Publizist Jakob Augstein bekommt sein Fett vom korrespondierenden Russenhasser David Nauer ab, weil er es wagte, auf *Spiegel Online* zu kommentieren: »Die Kalten Krieger sitzen nicht im Kreml, sondern in Washington, in Brüssel und in Berlin.« Und sogar die ehemalige Schweizer Außenministerin erhält die Punze »Putin-Versteherin«. Sie merkte in der *Aargauer Zeitung* leise an, »dass die EU eine gewisse Mitschuld an der Krise trägt«. Im Frühling 2014 herrschte Kriegsstimmung. In der Ukraine gingen Militärs und rechtsradikale Paramilitärs gegen russischstämmige Landsleute im Osten vor; in Deutschland, Österreich und der Schweiz assistierten meinungsbildende Medien diesem Vorgehen Legitimität und attackierten all jene, die sich dem herrschenden Bellizismus widersetzten.

Als eine weitere prominente Stimme der Putin-Versteher outete sich die ehemalige ARD-Moderatorin Gabriele Krone-Schmalz. Ihr Buch mit dem Titel »Russland verstehen«, 2015 erschienen, versuchte den negativ konnotierten Begriff ins notwendig Vernünftige zu drehen. »Wie ist es um eine politische Kultur eines Landes bestellt«, kritisiert sie im Vorwort die im Land herrschende dumpfe Russophobie, »in der ein Begriff wie ›Russlandversteher‹ zur Stigmatisierung und Ausgrenzung taugt? Muss man nicht erst einmal etwas verstehen, bevor man es beurteilen kann?«[623] So selbstverständlich ihr Einwand klingt, die diffamierende Punze blieb an ihr haften.

Am 3. Dezember 2014 erschien dann ein offener Brief von knapp 70 ehemals hochrangigen deutschen Politikern und Künstlern, die davor warnten, sich über die Ukrainekrise in einen Krieg hineinziehen zu lassen. Obwohl darin mit keinem Wort Verständnis für Putins Vorgehen auf der Krim oder im Donbass geäußert wird, haftete den Unterzeichnern sogleich das Stigma der »Putin-Versteher« an.

»Wieder Krieg in Europa? Nicht in unserem Namen!«, titelte der von Horst Teltschik (CDU), Walther Stützle (SPD) und Antje Vollmer (Grüne) initiierte Appell. »Wir dürfen Russland nicht aus Europa hinausdrängen«, stand da geschrieben. »Das wäre unvernünftig und gefährlich für den Frieden.«[624] Unterschrieben wurde der Brief u. a. von Roman Herzog, Gerhard Schröder, Manfred Stolpe, Otto Schily, Christoph Hein und Wim Wenders. Das Selbstverständliche erforderte in jenen Tagen schon Mut, auch wenn die Initiatoren penibel darauf achteten, nur ja niemanden aus dem Lager der Linkspartei, die als einzige

---

623 Gabriele Krone-Schmalz, *Russland verstehen. Der Kampf um die Ukraine und die Arroganz des Westens*. München 2015, S. 7
624 Zit. in: *Die Zeit* vom 5. Dezember 2014

klar gegen westliche Einmischung und NATO-Eskalation in der Ukraine auftrat, mit ins Boot des Appells zu holen.

Selbst dieser sich jeder Aussage zum Kreml enthaltende offene Brief rief sofort eine Gegenreaktion russophober Kräfte hervor. Zirka 150 OsteuropaexpertInnen forderten nur wenige Tage später eine »realitätsbasierte statt illusionsgeleitete Russlandpolitik«, wie sie ihren Appell nannten. Sie grenzten sich damit bewusst von der Friedensforderung ab, die den Aufruf der Ex-Politiker kennzeichnete. Stattdessen setzten die eine Gegenreaktion russophober Kräfte hervor. Zirka 150 OsteuropaexpertInnen auf »die territoriale Integrität der Ukraine, Georgiens und Moldawiens«, was angesichts der ein halbes Jahr zuvor erfolgten Abspaltung der Krim sowie der umstrittenen Grenzen Georgiens und Moldawiens gerade jene Gefahr heraufbeschwor, die Roman Herzog & Co. eindämmen wollten. Die ukrainische, georgische und moldawische Territorialität dürfe, wurden die Feinde Moskaus noch deutlicher und aggressiver, »nicht der ›Besonnenheit‹ deutscher (und österreichischer) Russlandpolitik geopfert werden.« Und: »Dem Export der illiberalen Gesellschaftsvorstellungen des Kremls in die EU sollte in unserem eigenen Interesse entgegengewirkt werden«.[625] Die klaren Worte der Unbesonnenen reden den Krieg herbei. Und sie unterscheiden scharf zwischen einem »illiberalen«, mithin illegitimen Regime in Moskau und ihrer Meinung nach liberal-demokratischen Zuständen in der Ukraine Poroschenkos und Jazenjuks, in Georgien oder Moldawien. Ihre Feindschaft zu Russland ist manifest, sie speist sich aus jenen Vorurteilen, die die Zunft der Osteuropa-Historiker seit Jahrzehnten aufgebaut hat und bei der es nun darum geht, sie von antikommunistisch auf antirussisch zu trimmen. Den Namen der 150 UnterzeichnerInnen mangelt zwar die Prominenz auf dem Feld der Politik; in den Hörsälen und Zeitungsspalten sind sie aber führend präsent. Die Liste reicht von Martin Aust (Universität München) und Klaus Bednarz (ARD-Büro Moskau) über Ulf Brunnbauer (Universität Regensburg) und Rebecca Harms (Europäisches Parlament) zu Andreas Kappeler (Universität Wien) und Markus Merkel bis Karl Schlögel (Universität Frankfurt/Oder), Jens Siegert (Heinrich-Böll-Stiftung Moskau) und Stefan Troebst (Universität Leipzig). Der russophobe Appell versammelt, ähnlich wie damalige kriegstreiberische Stellungnahmen vor dem NATO-Angriff auf Jugoslawien – will man es parteipolitisch fassen, was vielen einzelnen UnterzeichnerInnen jedoch nicht gerecht wird – eher CDU- und Grünen-affine Menschen. Das Bild von der sogenannten »nationalen Selbstbestimmung«, das Südosteuropa schon 1991 bis 1999 in einen schrecklichen Krieg geführt hat, wiederholt sich hier in – wie die Unterzeichner indirekt selbst zugeben – unbesonnener Weise.

---

625 Zit. in: https://www.change.org/p/the-interested-german-public-friedenssicherung-statt-expansionsbelohnung-aufruf-von-%C3%BCber-100-deutschsprachigen-osteuropaexpertinnen-zu-einer-realit%C3%A4tsbasierten-statt-illusionsgeleiteten-russlandpolitik (2.12.2015)

Russland-Deutung: national, etatistisch, eurasisch

»Krym nasch« – »Die Krim ist unser«, lautete im Sommer 2014 ein eingängiger Spruch in Russland, der über national denkende Kreise hinaus populär war. Der Anschluss der Krim an die Russländische Föderation galt (und gilt) in der EU und den USA als Aggression Moskaus. Die große Mehrheit der Russen sehen in ihm die Heimholung eines traditionell russischen Gebietes und damit auch eine Rettung russischer Brüder und Schwestern vor dem ukrainischen Nationalismus.

Wie steht es nun angesichts der an den Rändern der zerfallenen Sowjetunion Platz greifenden Nationalismen um den russischen? In welcher Form existiert er und woraus speist er sich? Der Zerfall der multiethnischen sowjetischen Staatlichkeit ging mit nationalistischer Rhetorik vonstatten. Begonnen hat diese in den drei baltischen Republiken, deren Abtrennung von Moskau von heftigen antirussischen Parolen und Emotionen begleitet war. Westeuropäische Intellektuelle dichteten diese mit rassistischen Untertönen operierenden Bemühungen um Unabhängigkeit in die Formel von einer »nationalen Selbstbestimmung« um. Die Träger der im Baltikum aber auch in der Ukraine vorherrschenden Nationalismen waren oft Sprösslinge vor-sowjetischer Eliten, unterstützt von aus Übersee heimkehrenden Emigrantenkreisen. Auch mischten sich von Anfang an Stimmen von Wiedergängern der faschistischen Vergangenheit in den Chor der »nationalen Selbstbestimmung«. Dies war insbesondere auch in der Westukraine zu beobachten, wie weiter oben beschrieben.

Im Krieg gegen die Abspaltung des Donbass nahm der ukrainische Nationalismus eine neue Form an. Neben offen zur Schau gestellter ukrainisch-faschistischer Symbolik aus den 1940er Jahren, die vor allem bei Freiwilligen-Bataillonen beliebt war, weitete Kiew seine antirussische Politik von ökonomischen und militärischen Maßnahmen auf den kulturellen Bereich aus, was im Verbot von russischen Filmen und russischer Literatur gipfelte.

Die nicht nur in der Ukraine weit verbreitete Russland- und Russenfeindschaft löste in Russland – wenig verwunderlich – eine Gegenbewegung aus. Boulevardpresse und staatliche TV-Sender beklagten den Tod *russischer* Frauen und das Leiden *russischer* Kinder, wenn von Folgen ukrainischer Angriffe auf Donezk und Luhansk die Rede war. Russen litten mit ihren Landsleuten im Donbass. Das mag auf den ersten Blick – für westliche Beobachter – selbstverständlich sein, ist es aber im russländischen Kontext nicht unbedingt. Dort war die russische Mehrheitsbevölkerung über Jahrzehnte der Sowjetunion in einer »russländischen« Umgebung aufgewachsen. Natürlich man verstand sich ethnisch als Russe, aber die Föderation war eben »russländisch«. Die Vokabel »russki« und »rossijski« bringen diesen Unterschied zwischen ethnischer und Staatsnation zum Ausdruck. Während die nach 1991 unabhängig gewordenen baltischen, ukrainischen und andere Republiken das Ethnische zur Landesidentität erhoben, blieb die postsowjetische Föderation russländisch, was all ihre Völkerschaften von den Komi im Westen bis zu den Tschuktschen im Osten inkludiert. Nationalismus tauchte bei Minderheiten wie den Tataren auf; die russische Bevölkerung blieb davon weitgehend unberührt.

Mit dem Krieg in der Ukraine begann sich das zu ändern. Freiwillige zogen mit einem russisch-nationalen Selbstverständnis in den Kampf um den Donbass, neben dem russländischen Staat ging es nun auch um die russische Nation. Doch die Stärke des Staates stand über dem Nationalen. Dementsprechend konnte sich auch kein von oben – vom Kreml, von der »Macht« – geförderter Nationalismus entfalten. »Der russische Chauvinismus speist sich aus dem Großmachtdenken«, meint dazu der Moskauer Intellektuelle Aleksandr Busgalin. Der krude Nationalismus bleibt ein Programm für rechte radikale Minderheiten. »Es ist paradox, aber der russische Faschismus hat seit der Ukraine an Anziehungskraft verloren. Vor dem Krieg um den Donbass gab es mehr Faschisten als heute. Die ukrainische Bandera-Hysterie hat den Faschismus für sich gepachtet. Seither will in Russland kaum mehr jemand faschistisch sein«, meint Busgalin.[626] Der starke Staat ist es, den die Menschen herbeisehnen, nicht die russische Nation, wobei jedoch hinzugefügt werden muss, dass über das Russische als Staatssprache Nationales mitschwingt. Eine solche, über die russische Sprache vermittelte nationale Identität wird auch von höchsten Stellen gefördert. So wurde mit Erlass des Präsidenten Putin im Juli 2007 die Stiftung »Russkij Mir« gegründet, die sich die Popularisierung des Russischen im Inland und im (nahen) Ausland zur Aufgabe gestellt hat. Die mit Geldern des Außen- und Bildungsministeriums finanzierte Stiftung begreift die russische Sprache als »nationales Eigentum Russlands« und als »wichtigen Bestandteil der Russland- und Weltkultur«, wie es auf ihrer Homepage heißt.[627]

Busgalin untersuchte auch, was die Menschen meinen, wenn sie sich als »Patrioten« bezeichnen, was seit der Ukrainekrise verstärkt stattfindet. In erster Linie bedeutet ihnen Patriotismus ein positives Gefühl zum Staat, in weiterer Folge sind es der Führer – also Putin –, das Territorium, die Geschichte und die Kultur, zu der sich ein »Patriot« positiv bekennt. Die Nation spielt eine untergeordnete Rolle.

Mit »Nation« können auch die vom Westen vielfach gescholtenen und ins rechte Eck abgeschobenen Eurasier nichts anfangen. Tatsächlich entwickelte sich der Eurasismus als ideologisches Gegenstück zur Sowjetunion, seine ersten Vertreter standen den »Weißen« nahe, sie waren explizit antikommunistisch.

---

626 Gespräch mit Aleksandr Busgalin am 2. September 2015 in Moskau
627 http://www.russkiymir.ru/languages/germany/index.htm (20.12.2015)

Während die Sowjets sich als ein Projekt der Moderne verstanden, dem Westen nicht nur in technologischer Hinsicht nacheiferten und sich mit ihm auch kulturell eng verbunden sahen, entwickelten die Eurasier dazu die Antithese. Das Herzstück ihrer Philosophie ist der »Raum«, der Menschen und Kulturen präge. Eurasien symbolisiert in ihrer Sicht den Gegensatz zur westeuropäisch-amerikanischen Welt. Eurasismus ist ein geopolitisches Projekt, in dem ein russländisches Reich als Kontinentalmacht gegen die »angelsächsische« Welt steht. Die Parallelität zur Formel von Halford Mackinder, der etwa zur selben Zeit sein »Heartland«-Modell vorstellte, ist auffällig. Während die Anhänger Mackinders – wie Zbigniew Brzeziński – das russische »Heartland« als Dreh- und Angelpunkt der Weltherrschaft sehen, das es zu erobern gilt, sehen die Eurasier in selbigem einen Kulturkreis, der gegen die angelsächsischen Aggressoren verteidigt werden muss.

Dieser eurasische Kulturkreis umfasst – ganz gegensätzlich zu den eurozentrischen Vorstellungen von ihm im Westen – neben dem Russischen auch das Mongolisch-Tatarische und das Türkische.

Eurasier träumen vom Fünften Imperium und von der Vierten Politischen Theorie. Nach der Kiewer Rus, dem Moskauer Zarentum, der Romanow-Dynastie und den Sowjets sieht einer ihrer wichtigen Vertreter, der Publizist Aleksandr Prochanow,[628] das Fünfte Imperium heraufdämmern. »Heute erleben wir Symptome dieses Fünften Imperiums«, meint Prochanow, das seiner Meinung nach eine Reaktion auf die völlige Zerstörung Russlands in den 1990er Jahren darstellt. »Die Schläge (unter Jelzin, d. A.) waren so vernichtend, dass sie die Grundlagen der Staatlichkeit in Frage gestellt haben. Auf rätselhafte Weise gelingt es, das organische Wesen der Staatlichkeit wieder herzustellen«. So rätselhaft nimmt sich die 2006 geäußerte Wiederherstellung der Staatlichkeit zehn Jahre später nicht mehr aus. Das Interregnum scheint überwunden. Und die russisch-imperiale Idee geht Schritt für Schritt in eine neo-eurasische über. Ihre ideologische Speerspitze ist der Moskauer Philosoph Aleksandr Dugin. Als Antikommunist in den 1980er Jahren von der Universität exmatrikuliert, durchlief er eine schillernde Polit-Karriere vom Nationalbolschewisten über den Rechtsradikalismus zur Annäherung an die Kommunistische Partei bis zum Eurasier. Seine Vierte Politische Theorie betrachtet er als Weiterentwicklung nationalbolschewistischer Ideen. »Das Hauptmerkmal der Vierten Politischen Theorie«, so Dulgin in einem Interview, »ist die absolute Ablehnung der Moderne in ihrer Gesamtheit.«[629] Das umfasst auch die drei bisherigen von ihm als solche identifizierten politischen

---

628 Gespräch mit Aleksandr Prochanow am 30. Mai 2006 in Moskau
629 Interview mit Aleksandr Dugin, siehe: http://www.identitaere-generation.info/interview-alexander-dugin/ (20.9.2015)

Theorien: Liberalismus, Kommunismus und Faschismus. Für Dugin ist der Westen »kulturell rassistisch«, weil er mit seinem Universalismus die eigene Überlegenheit gegenüber anderen Räumen und Kulturen argumentiert. In Dugins Welt existieren keine universellen Werte, sondern unterschiedliche Zivilisationen. Er bezeichnet sich als antiindividualistisch, antiamerikanisch, antiglobalistisch, antiegalitaristisch und antikapitalistisch. »Ich bin gegen die Nationalstaatsbürgerschaft als bourgeoise Schöpfung, gegen eine eurozentrische Sicht der Welt, gegen Rassismus, gegen die USA und ihre Hegemonie, gegen den Liberalismus und gegen den Kapitalismus als Form des Sozialen.«[630]

Dugins Vorstellung eines eurasischen Raumes reicht von der Türkei im Westen bis zur Mongolei im Osten. China ist für ihn – wie Indien – darin nicht inkludiert.

Viel ist im Westen darüber spekuliert worden, ob Dugins eurasische Ideen Einzug in den Kreml gehalten haben. Er selbst nimmt das für sich in Anspruch, bestreitet aber, Wladimir Putin je persönlich getroffen zu haben. Die von Moskau Anfang 2015 aus der Taufe gehobene Eurasische Wirtschaftsunion ist bestimmt kein Ausfluss einer ideologischen Orientierung, sondern der Versuch, pragmatisch auf den Vormarsch des Westens zu reagieren, der militärisch mit der NATO- und wirtschaftlich mit der EU-Osterweiterung seit den 2000er Jahren betrieben wird und im Ukrainekonflikt seine Fortsetzung fand. Doch jede wirtschaftliche und politische Ausrichtung braucht eine geistige Grundlage. Insofern ergänzen einander politische Notwendigkeiten und eurasische Philosophie; ihre Protagonisten repräsentieren jedoch unterschiedliche politische Lager und kulturelle Milieus.

Der Eurasischen Wirtschaftsunion gehören neben Russland Weißrussland, Kasachstan, Kirgistan und Armenien an. Der am 1. Januar 2015 gegründete Zusammenschluss dieser fünf Staaten soll – ähnlich der Europäischen Union – ein gemeinsamer Wirtschaftsraum werden, in dem sich Waren, Dienstleistungen, Kapital und Arbeitskraft von Grenzen unbehindert frei bewegen können. Er steht unter der wirtschaftlichen, politischen und wohl auch militärischen Dominanz Moskaus, das damit einen Integrationsraum zwischen EU-Europa und China zustande bringen will. Hervorgegangen aus der russisch-weißrussisch-kasachischen Zollunion, die 2010 ihre Arbeit aufnahm, zielten die Integrationsbemühungen von Anfang an auch auf die Teilnahme der Ukraine. Als industrielles Kernland galt sie dem Kreml als »Schlüsselpartner«, wie Wladimir Putin noch Anfang März 2014 meinte.[631]

Umgekehrt zielte die »Ostpartnerschaft« der Europäischen Union mit sechs ex-sowjetischen Republiken (u. a. der Ukraine und Armenien) darauf ab, genau

---

630 Ebd.
631 zit. in: *Frankfurter Allgemeine Zeitung* vom 6. März 2014

diesen geplanten Integrationsprozess unter russischer Führung zu behindern. Im Vorfeld der für 2013 geplanten Assoziierungsabkommen kam es deshalb zu einer Reihe von wirtschaftlichen und politischen Scharmützeln zwischen Russland auf der einen und drei im Visier der EU stehenden Ländern auf der anderen Seite. Die Ukraine, Moldawien und Armenien spürten das Erpressungspotenzial Moskaus, das – wohl nicht zu Unrecht – um den Bestand der damals noch »Zollunion« genannten Wirtschaftsgemeinschaft bangte. Der Politikwissenschaftler David Noack erinnert in seiner Studie »Die Ukraine-Krise 2103/2014« an die punktuell verhängten Sanktionen der russischen Regierung gegen die Ukraine, um dieser die Notwendigkeit einer Integration in die Zollunion vor Augen zu führen. Er zitiert ein Dokument, das angeblich der liberalen ukrainischen Wochenzeitung *Zerkalo Nedeli* zugespielt wurde und aus dem hervorgeht, dass sich die nadelstichartigen russischen Wirtschaftssanktionen schwerpunktmäßig gegen west-orientierte Oligarchen wie Petro Poroschenko richteten. Der Kreml betrieb – nicht nur im Fall der Ukraine – »eine Politik des Zuckerbrotes (Kredite, Gaspreisrabatte, Ankauf von ukrainischen Staatsanleihen) und der Peitsche (oligarchenbezogene Sanktionen)«.[632] Tatsächlich beantragte Kiew im August 2013 Beobachterstatus in der in Gründung befindlichen Eurasischen Wirtschaftsunion. Sein gleichzeitiger Versuch, ein Assoziierungsabkommen mit der EU zu unterzeichnen, endete im Fiasko.

Armenien ließ sich von Moskaus Zuckerbrot und Peitsche überzeugen und trat am 2. Januar 2015 der Eurasischen Wirtschaftsunion bei.

Der Westen sieht in den wirtschaftlichen Integrationsbestrebungen Russlands eine Gefahr. Politiker aus der ersten Reihe äußern sich nur selten offen in dieser Hinsicht, gelten doch wirtschaftliche Zusammenschlüsse prinzipiell als anstrebenswert, allerdings nicht, wenn es um solche geht, die man nicht selbst kontrolliert. Meist indirekt wird dann ausgedrückt, wofür man politisch und wirtschaftlich mit allen Mitteln kämpft. Als die Präsidenten von Russland, Belarus und Kasachstan am 28. Mai 2014 den Vertrag für die bevorstehende Gründung der Eurasischen Wirtschaftsgemeinschaft unterzeichneten, antwortete EU-Erweiterungskommissar Stefan Füle schon fast panisch mit einem Angebot zur EU-Mitgliedschaft für die Ukraine und Georgien.[633] »Wenn wir ernst damit machen wollen, die Länder in Osteuropa zu transformieren, dann müssen wir auch ernsthaft das mächtigste Instrument, das wir zur Umgestaltung haben, nutzen: die Erweiterung«, sagte er.

---

632 David X. Noack, *Die Ukraine-Krise 2013/2014. Versuch einer historischen, politökonomischen und geopolitischen Erklärung*. o.O. o.J., S. 27
633 *Die Welt* vom 29. Mai 2014

Offener (und ehrlicher) stellen die meinungsmachenden Medien ihre Sicht auf die Moskauer Versuche zur Schau, jenseits der EU eine wirtschaftliche – und demnächst vielleicht auch politische – Gemeinschaft aufzubauen. »Putins Großmachtfantasie hat keine Zukunft«,[634] kommentierte *Die Welt* die eurasischen Bemühungen im Osten; um gleich nachzulegen und »Putins neues Imperium« als »kollektiven Krisenherd« darzustellen. Über das nicht zuletzt durch westliches Zutun gelungene Herausschälen der Ukraine und die antirussischen Sanktionen der EU und der USA freut man sich klammheimlich.

Wie auch immer unzulänglich und fehlerhaft Moskaus Integrationsversuche ausfallen sollten, ob sie auf nationaler, etatistischer oder eurasischer Grundlage stehen, im Westen werden sie mehrheitlich unter der Brille der Feindwahrnehmung betrachtet, abgelehnt, lächerlich gemacht oder als Gefahr für die eigenen Interessen dargestellt. Integration, so die einfache Botschaft aus transatlantischen Polit- und Medienkreisen, ist eine gute Sache, aber bitte nicht außerhalb der eigenen Einflusssphäre.

---

634 *Die Welt* vom 26. Februar 2015

Literaturverzeichnis

Bücher, Beiträge und Quellen (gedruckt)

Abkommen von Minsk vom 12. Februar 2015 in der Übersetzung von Andreas Stein (www.ukraine-nachrichten.de)

Amat ADAROV u. a., *How to Stabilise the Economy of Ukraine* (Background Study des »Wiener Instituts für internationale Wirtschaftsvergleiche). Wien, 15.4.2015

Amtsblatt der Europäischen Union, Verordnungen (EG) Nr. 713/2009, 714/2009, 715/2009 und Richtlinien 2009/72/EG und 2009/73/EG

Manfred ALEXANDER, *Kleine Geschichte Polens*. Bonn 2005

Tariq ALI, *Fundamentalismus im Kampf um die Weltordnung. Die Krisenherde unserer Zeit und ihre historischen Wurzeln*. München 2003

Gar ALPEROVITZ, *Atomic Diplomacy: Hiroshima and Potsdam*. New York 1965

Franz-Lothar ALTMANN, *Südosteuropa und die Sicherung der Energieversorgung der EU*. Studie der Stiftung Wissenschaft und Politik. Berlin, Januar 2007

Stephen AMBROSE, *Rise to Globalism. American Foreign Policy since 1938*.

Georgij A. ARBATOV/Wilhelm OLTMANS, *Der sowjetische Standpunkt – Über die Westpolitik der UdSSR*. München 1981

Paul BAIROCH, International industrialization levels from 1750 to 1980, in: *Journal of European Economic History*, Vol. 11, Nos 1 & 2, Fall 1982

Matin BARAKI, *Kampffeld Naher und Mittlerer Osten*. Heilbronn 2004

Gustav BAUCH, Deutsche Scholaren in Krakau in der Zeit der Renaissance, 1460-1520, in: 78. *Jahresbericht der schlesischen Gesellschaft für vaterländische Cultur*. Breslau 1901

Joachim BECKER/Andrea KOMLOSY (Hg.), *Grenzen weltweit. Zonen, Linien, Mauern im historischen Vergleich*. Wien 2004

Russ BELLANT, *Old Nazis, the New Right, and the Republican Party*. Boston 1991,

Vadim BELOTSERKOVSKY, *Was geschieht mit Rußland? Demokraten gegen Kreml-Diktatur, Krieg und Chaos*. Bergisch Gladbach 1996

Friedrich VON BERNHARDI, *Deutschland und der nächste Krieg*. Stuttgart 1912

Klaus VON BEYME, *Die Sowjetunion in der Weltpolitik*. München 1985

Günter BISCHOF/Dieter STIEFEL (Hg.), *80 Dollar. 50 Jahre ERP-Fonds und Marshall-Plan in Österreich 1948-1998*. Wien 1999

Michael BRIE, Gorbatschow, Held der Demontage. In: Michael Brie/Dieter Klein, *Der Engel der Geschichte*. Berlin 1993

Michael BRIE/Ewald BÖHLKE, *Rußland wieder im Dunkeln. Ein Jahrhundertstück wird besichtigt*. Berlin 1992

Michael BRIE/Dieter KLEIN, *Der Engel der Geschichte*. Berlin 1993

Mathias BRÖCKERS/Paul SCHREYER, *Wir sind die Guten. Ansichten eines Putinverstehers oder wie uns die Medien manipulieren*. Frankfurt/Main 2014

Jürgen BRUHN, *Der Kalte Krieg oder die Totrüstung der Sowjetunion. Der US-militärisch-industrielle Komplex und seine Bedrohung durch den Frieden*. Gießen 1995

Zbigniew BRZEZINSKI, *Die einzige Weltmacht: Amerikas Strategie der Vorherrschaft*. Frankfurt/Main 1999

Ulrich BUSCH/Günter KRAUSE (Hg.), *Theorieentwicklung im Kontext der Krise* (Abhandlungen der Leibniz-Sozietät der Wissenschaften, Band 35), Berlin 2013

Alexander BUSGALIN/Andrej KOLGANOV, *Rußland – die neue Gefahr aus dem Osten?* Berlin 1996

Central Intelligence Agency, *USSR: Facing the Dilemma of Hard Currency Shortages* (CIA-Study 1984)

Michel CHOSSUDOWSKY, *Global brutal. Der entfesselte Weltmarkt, die Armut und der Krieg*. Frankfurt/Main 2002

Erhard CROME, Geopolitisches um die Ukraine. In: Peter Strutynski (Hg.), *Ein Spiel mit dem Feuer. Die Ukraine, Russland und der Westen*. Köln 2014

Erhard CROME, Die Welt, Europa und Deutschland. In: Peter Strutynski (Hg.), *Ein Spiel mit dem Feuer. Die Ukraine, Russland und der Westen*. Köln 2014

Darstellung der denkwürdigsten europäischen Weltereignisse vom Jahr 1789 bis auf unsere gegenwärtigen Tage. Memmingen 1824/25

Denkschrift von August Thyssen. Zentrales Staatsarchiv Potsdam

Stefan DONECKER, Konfessionalisierung und religiöse Begegnungen im Ostseeraum. In: Komlosy/Nolte/Sooman 2008
Wolfram DORNIK, Die wirtschaftliche Ausbeutung Osteuropas durch die Mittelmächte im Ersten Weltkrieg. Vortrag bei den Zeitgeschichtetagen, Wien 2010
Robert DREYFUSS, *Devil's Game. How the United States helped unleash Fundamenalist Islam.* New York 2005
William DROZDIAK/Thomas LIPPMAN, NATO Summit Ends With Restoration Vow. In: *Washington Post* vom 26. April 1999
John EDWARDS/Jack KEMP, *Russia's wrong Direction: What the United States can and should do* (Independent Task force Report Nr. 57 Council on Foreign Relation) New York 2006
Jörg EIGENDORF u. a., Katastrophale Sanktionspolitik der EU gegen Russland. In: *Die Welt* vom 19. Juni 2015
Jürgen ELSÄSSER, *Der deutsche Sonderweg.* München 2003
Alexandra ENDRES, Wettlauf um die ukrainische Schwarzerde. In: *Die Zeit* vom 16. März 2015
William ENGDAHL, *Mit der Ölwaffe zur Weltmacht. Der Weg zur neuen Weltordnung.* Wiesbaden 1992
Friedrich ENGELS, *Deutschland und der Panslawismus.* Marx-Engels-Werke, Bd. 11
Thomas ERTL/Andrea KOMLOSY/Hans-Jürgen PUHLE (Hg.), *Europa als Weltregion. Zentrum, Modell oder Provinz?* Wien 2014
EU-Ukraine Association Agenda to prepare and facilitate the implementation of the Association Agreement vom 24. Juni 2013
Valentin FALIN, *Zweite Front. Die Interessenkonflikte in der Anti-Hitler-Koalition.* München 1995
Oleh FEDYSHYN: *Germany's Drive to the East and the Ukrainian Revolution 1917–1918.* New Brunswick/New Jersey 1971
Bert FRAGNER/Andreas KAPPELER (Hg.), *Zentralasien. 13. bis 20. Jahrhundert. Geschichte und Gesellschaft.* Wien 2006
Thomas FRIEDMAN, A Pump War? In: *New York Times* vom 14. Oktober 2014
Stefan FRÖHLICH, *Amerikanische Geopolitik – Von den Anfängen bis zum Zweiten Weltkrieg.* Landsberg am Lech 1998
Gemeinsame Denkschrift von Hermann Schumacher und Hugo Stinnes. Zentrales Staatsarchiv Potsdam
Wolfgang GEIER, *Europabilder. Begriffe, Ideen, Projekte aus 2500 Jahren.* Wien 2009
Immanuel GEISS, Identität Europas. In: *Universitas. Zeitschrift für Wissenschaft und Kultur,* Nr. 9/2004 (Stuttgart)
Tom GERVASI, *The Myth of Soviet Military Supremacy.* New York 1986
Gesetz der Union der Sozialistischen Sowjetrepubliken über das Genossenschaftswesen (gezeichnet A. Gromyko u. a.), Moskau, am 26. Mai 1988
Jonas GNÄNDIGER, *Das Russlandbild deutscher Medien in der Krim-Krise: Am Beispiel von Süddeutscher Zeitung, Welt, Bild und Spiegel Online.* Berlin 2014
Michail GORBATSCHOW, *Erinnerungen.* Berlin 1995
Bernd GREINER/Kurt STEINHAUS, *Auf dem Weg zum 3. Weltkrieg.* Köln 1980
Hans GRIMM, *Volk ohne Raum.* München 1926
Andrei GROMYKO, *Memoirs.* New York 1989
Alfred GROSSER, *Das Bündnis – Die westeuropäischen Länder und die USA seit dem Krieg.* München 1978
Waldemar GUERRIER, *Leibniz in seinen Beziehungen zu Russland und Peter dem Großen.* St. Petersburg/Leipzig 1873 (Nachdruck: Hildesheim 1975)
Guide of the Museum of the History of Zaporozhzhyan Cossaks. The national reserve »Khortitsya«. Saporoschschje o.J. (2004)
Peter HANDKE, *Die Fahrt im Einbaum,* Berlin 1999
Wolfgang HARICH, *Keine Schwierigkeiten mit der Wahrheit. Zur nationalkommunistischen Opposition 1956 in der DDR.* Berlin 1993
Florian HASSLER, Countdown zum Krieg. Wie Putin und Saakaschwili den Kampf um Ossetien vorbereiten. In: *Frankfurter Rundschau* vom 11. September 2008
Peter HAVLIK, *Vilnius Eastern Partnership Summit: A Milestone in EU-Russia Relations – not just for Ukraine* (WIIW Policy Notes and Reports No. 11), 25 Nov 2013
Theodor HEUSS, *Hitlers Weg. Eine historisch-politische Studie über den Nationalsozialismus.* Stuttgart-Berlin-Leipzig 1932
Ulrich HEYDEN, Das Schweigen der Ermittler in Odessa. In: *Neues Deutschland* vom 8. September 2014
Manfred HILDERHEIMER, *Geschichte Russlands: Vom Mittelalter bis zur Oktoberrevolution.* München 2013
Jochen HIPPLER, *Die neue Weltordnung.* Hamburg 1991
Adolf HITLER, *Mein Kampf,* 2. Bd., 1927
Richard HOLBROOKE, *Meine Mission. Vom Krieg zum Frieden in Bosnien.* München 1998
Edgar HÖSCH, Das sogenannte »griechische Projekt« Katharinas II. Ideologie und Wirklichkeit der russischen Orientpolitik in der zweiten Hälfte des 18. Jahrhunderts. In: *Jahrbücher für Geschichte Osteuropas,* Band 12 (Neue Folge), München 1964
Hannes HOFBAUER, *Balkankrieg. Zehn Jahre Zerstörung Jugoslawiens.* Wien 2001
Hannes HOFBAUER, Brüsseler Despotie. In: *junge Welt* vom 10. April 2012

Hannes HOFBAUER, *Die Diktatur des Kapitals. Souveränitätsverlust im postdemokratischen Zeitalter.* Wien 2014
Hannes HOFBAUER, *EU-Osterweiterung. Historische Basis – ökonomische Treibkräfte – soziale Folgen.* Wien 2008
Hannes HOFBAUER, Nicht ohne Putin. In: *junge Welt* vom 6. Oktober 2015
Hannes HOFBAUER, Niemandsland am Dnjestr. Europas inexistente Republik an der Schnittstelle zwischen Ost und West. In: *junge Welt* vom 8. November 2005
Hannes HOFBAUER, Minsk II und die Folgen. In: *Volksstimme* Nr. 4/2015
Hannes HOFBAUER, *Mitten in Europa. Politische Reiseberichte aus Bosnien-Herzegowina, Belarus, der Ukraine, Transnistrien/Moldawien und Albanien.* Wien 2006
Hannes HOFBAUER, Neue sowjetische Ökonomie: Alle lieben Perestroijka. In: *MOZ – Alternative Monatszeitschrift für Politik, Wirtschaft und Kultur.* Nr. 34/ Oktober 1988. Wien
Hannes HOFBAUER, »Orange Revolution«. Kurswechsel Richtung Atlantik (2004-2005). In: Ronald Thoden/Sabine Schiffer (Hg.), *Ukraine im Visier. Russlands Nachbar als Zielscheibe geostrategischer Interessen.* Frankfurt/Main 2014
Hannes HOFBAUER, »Ostpartnerschaft« endet am Dnjestr. Das Scheitern von Brüssels neuer Erweiterungsoffensive. In: *Lunapark 21*, Heft 24, Winter 2013/2014
Hannes HOFBAUER, Transnistrien. Niemandsland am Dnjestr. In: ders., *Mitten in Europa. Politische Reiseberichte aus Bosnien-Herzegowina, Belarus, der Ukraine, Transnistrien/Moldawien und Albanien.* Wien 2006
Hannes HOFBAUER, Ukraine orange: neue Orientierung, alte Verhältnisse. In: ders., *Mitten in Europa. Politische Reiseberichte aus Bosnien-Herzegowina, Belarus, der Ukraine, Transnistrien/Moldawien und Albanien.* Wien 2006
Hannes HOFBAUER, Washingtons Strategie für Tbilissi. Wenn ein pensionierter General aus der Schule plaudert. In: *Neues Deutschland* vom 21. Dezember 2009
Hannes HOFBAUER, *Westwärts. Österreichs Wirtschaft im Wiederaufbau.* Wien 1992
Hannes HOFBAUER/Viorel ROMAN, *Bukowina, Bessarabien, Moldawien. Vergessenes Land zwischen Westeuropa, Rußland und der Türkei.* Wien 1993
Mária HUBER, Demokratieexport nach Osteuropa: US-Strategien in der Ukraine. In: *Blätter für deutsche und internationale Politik*, Bonn 12/2005
Mária HUBER, *Moskau, 11. März 1985. Die Auflösung des sowjetischen Imperiums.* München 2002
Samuel HUNTINGTON, How Countries Democratize. In: *Political Science Quarterly*, 4/1991
Peter JAHN, Befreier und halbasiatische Horden. Deutsche Russenbilder zwischen Napoleonischen Kriegen und Erstem Weltkrieg. In: *Unsere Russen, unsere Deutschen. Bilder vom Anderen 1800 bis 2000.* Berlin 2007
Felix JAITNER, *Einführung des Kapitalismus in Russland. Von Gorbatschow bis Putin.* Hamburg 2014
Andreas KAPPELER, Die deutschen Flugschriften über die Moskowier und Iwan den Schrecklichen im Rahmen der Rußlandliteratur des 16. Jahrhunderts. In: Mechthild Keller (Hg.), *Russen und Rußland aus deutscher Sicht. 9.–17. Jahrhundert.* München 1985
Andreas KAPPELER, *Ivan Groznyj im Spiegel der ausländischen Druckschriften seiner Zeit. Ein Beitrag zur Geschichte des westlichen Rußlandbildes.* Bern/Frankfurt am Main 1972
Andreas KAPPELER, *Kleine Geschichte der Ukraine.* München 1994
Andreas KAPPELER (Hg.), *Die Russen. Ihr Nationalbewußtsein in Geschichte und Gegenwart.* Köln 1990
Andreas KAPPELER, Russland und Europa – Russland in Europa; in: Thomas Ertl/Andrea Komlosy/Hans-Jürgen Puhle (Hg.), *Europa als Weltregion. Zentrum, Modell oder Provinz?* Wien 2014
Andreas KAPPELER, Russlands zentralasiatische Kolonien. In: Bert Fragner/Andreas Kappeler (Hg.), *Zentralasien. 13. bis 20. Jahrhundert. Geschichte und Gesellschaft.* Wien 2006
Mechthild KELLER (Hg.), *Russen und Rußland aus deutscher Sicht. 9.–17. Jahrhundert.* München 1985
Paul KENNEDY, *Aufstieg und Fall der großen Mächte. Ökonomischer Wandel und militärischer Konflikt von 1500 bis 2000.* Frankfurt/Main 1991
Stephen KINZER, *The Brothers. John Foster Dulles, Allen Dulles and their Secret World War.* New York 2013
Henry KISSINGER, *Die Vernunft der Nationen. Über das Wesen der Außenpolitik.* Berlin 1994
Paul KLEBNIKOW, *Der Pate des Kreml – Boris Beresowski und die Macht der Oligarchen.* München 2001
Ekkehard KLUG, Das »asiatische« Russland. Über die Entstehung eines europäischen Vorurteils. Nach einem Gastvortrag am Seminar für osteuropäische Geschichte der Universität Köln, gehalten am 12. Dezember 1986
Franz KLÜHS, *August Bebel. Der Mann und sein Werk.* Hamburg 2013
Uwe KLUSSMANN/Dietmar PIEPER (Hg.), *Die Herrschaft der Zaren. Russlands Aufstieg zur Weltmacht.* München 2013
Alexej KLUTSCHEWSKY, Vorschläge für eine andere Welt. Tschetschenien im Krieg um das autonome Subjekt. In: Leo Gabriel/Latautonomy (Hg.), *Politik der Eigenständigkeit. Lateinamerikanische Vorschläge für eine neue Demokratie.* Wien 2005
Gerd KOENEN, *Der Russland-Komplex. Die Deutschen und der Osten 1900–1945.* München 2005
Andrea KOMLOSY, Der Marshall-Plan und der »Eiserne Vorhang« in Österreich. In: Günter Bischof/Dieter Stiefel (Hg.), *80 Dollar. 50 Jahre ERP-Fonds und Marshall-Plan in Österreich 1948–1998.* Wien 1999

Andrea KOMLOSY, Reziprozität. Zur gesellschaftlichen Einbettung der Ökonomie. In: Ulrich Busch/Günter Krause (Hg.), *Theorieentwicklung im Kontext der Krise* (Abhandlungen der Leibniz-Sozietät der Wissenschaften, Band 35), Berlin 2013

Andrea KOMLOSY/Hans-Heinrich NOLTE/Imbi SOOMAN (Hg.); *Ostsee 700– 2000. Gesellschaft, Wirtschaft, Kultur.* Wien 2008

Piotr KOŚCIŃSKI/Ievgen VOROBIOV, Do oligarchs in Ukraine gain or lose with the EU Association Agreement? In: *Pism-Bulletin* Nr. 85 (539), Warschau

Serhij KOWTUN, Der ukrainische Präsident setzt in den aufständischen Gebieten die Renten aus – bis zum Sieg. In: *Hintergrund* vom 16. Dezember 2014

Viktor KRASILSHCHIKOW, Brasilien und Russland. Ähnlichkeiten und Unterschiede der Entwicklungslinien? In: *Zeitschrift für Weltgeschichte*, 13. Jg., Heft 2 (2012). Frankfurt/Main 2012

Helmut KRAUSNICK/Harold DEUTSCH (Hg.), *Tagebücher eines Abwehroffiziers 1938–1940*. Stuttgart 1970

Eugenius C. KRÓL, Besatzungsherrschaft in Polen im Ersten und Zweiten Weltkrieg. Charakteristik und Wahrnehmung. In: Bruno Thoß/Hans-Erich Volkmann (Hg.), *Erster Weltkrieg – Zweiter Weltkrieg. Ein Vergleich. Krieg, Kriegserlebnis, Kriegserfahrung in Deutschland*. Paderborn-München-Wien-Zürich 2002

Gabriele KRONE-SCHMALZ, *Russland verstehen. Der Kampf um die Ukraine und die Arroganz des Westens*. München 2015

Sabine KUNESCH, *Blat – Informelles Versorgungssystem in der UdSSR*. Wien 2013 (Diplomarbeit)

Dalia KUODYTÉ/Rokas TRACEVSKIS, *The unknown War. Armed anti-Soviet resistance in Lithuania in 1944–1953*. Vilnius 2004

Walter LAQUEUR, Die Auserwählten des Ostens. In: *Kulturaustausch* Nr. 3/2015

Reinhard LAUTERBACH, Keine Einigung in Kiew. Ukraine: Anschlag auf KPU-Generalsekretär Simonenko. Krimtataren-Emir droht Rußland mit Dschihad. In: *junge Welt* vom 20. Mai 2014

Keir LIEBER/Dary PRESS, The Rise von U.S. Nuclear Primacy. In: *Foreign Affairs*, March 2006

Vejas G. LIULEVICIUS, *Kriegsland im Osten. Eroberung, Kolonisierung und Militärherrschaft im Ersten Weltkrieg*. Frankfurt/Main-Wien 2009

Halford John MACKINDER, *Democratic Ideals and Reality. A Study in the Politics of Reconstruction*. Washington 1942

Halford John MACKINDER, The Geographical Pivot auf History, in: *The Geographical Journal*, London, April 1904

Angus MADDISON, *Economic Policy and Performance in Europe 1913–1970*. London 1973

Angus MADDISON, *The World Economy. A Millenium Perspective* (Development Centre Studies), Paris 2001

Gerhard MANGOTT, *Der russische Phönix. Das Erbe aus der Asche*. Wien 2009

Herbert MARCUSE u. a. (Hg.), *Aggression und Anpassung in der Industriegesellschaft*. Frankfurt/Main 1968

Jacques MARGERET, *Estat de L'Empire de Russie es Grande Duché de Moscovie*. Paris 1669, VI. Zit in: Klug 1986

Myroslaw MARYNOWITSCH, Die Rolle der Kirchen in der postkommunistischen Gesellschaft. In: Gerhard Simon (Hg.), *Die neue Ukraine. Gesellschaft, Wirtschaft, Politik (1991–2001)*, Köln-Weimar-Wien 2002

Walter MAYR, Triumph der Doppelmoral. In: *Spiegel* Nr. 46 vom 10. November 2003

Thomas MITSCH/Jürgen WAGNER, *Erstschlag und Raketenabwehr. Die nukleare Dimension des Neuen Kalten Krieges und die Rolle der NATO*. IMI-Analyse Nr. 2007/19

Anuradha MITTAL/Melissa MOORE (Hg.), *Walking on the West Side. The World Bank and the IMF in the Ukraine Conflict* (Oakland Institute). Oakland 2014

Imad MUSTAFA, *Feindbild Islam. Die politische Instrumentierung »orientalischer Feindbilder« in den Medien*, Frankfurt/Main 2008 (Magisterarbeit)

Friedrich NAUMANN, *Mitteleuropa*. Berlin 1915

Hans NICKLAS, Die politische Funktion von Feindbildern. Thesen zum subjektiven Faktor in der Politik. In: Gert Sommer/Johannes Becker (Hg.), *Feindbilder im Dienste der Aufrüstung. Beiträge aus Psychologie und anderen Humanwissenschaften*. Marburg 1992

Niederschrift Heinrich Himmlers »Einige Gedanken über die Behandlung der Fremdvölkischen im Osten«

David X. NOACK, *Die Ukraine-Krise 2013/2014. Versuch einer historischen, politökonomischen und geopolitischen Erklärung*. O. O. o. J.

Hans-Heinrich NOLTE, Deutsche Ostgrenze, russische Südgrenze, amerikanische Westgrenze. Zur Radikalisierung der Grenzen in der Neuzeit. In: Joachim Becker/Andrea Komlosy (Hg.), *Grenzen weltweit. Zonen, Linien, Mauern im historischen Vergleich*. Wien 2004

Hans-Heinrich NOLTE, *»Drang nach Osten«. Sowjetische Geschichtsschreibung der deutschen Ostexpansion*. Köln/Frankfurt a.M. 1976

Hans-Heinrich NOLTE, *Kleine Geschichte Rußlands*. Stuttgart 2003

Hans-Heinrich NOLTE/Bernhard SCHALHORN/Bern BONWETSCH (Hg.), *Quellen zur Geschichte Russlands*. Stuttgart 2014

Notes from the Communist Party of the Soviet Union Central Committee Session

Reinhard OPITZ (Hg.), *Europastrategien des deutschen Kapitals 1900–1945*. Bonn 1994
Norman PAECH, Wem gehört die Krim? Die Krimkrise und das Völkerrecht. In: Peter Strutynski (Hg.), *Ein Spiel mit dem Feuer. Die Ukraine, Russland und der Westen*. Köln 2014
Alfons PAQUET, Nach Osten! In: *Der Deutsche Krieg. Politische Flugschriften*, hg. von Ernst Jäckh, 23. Heft. Stuttgart-Berlin 1915
Alexander PENKIN, Zehn Jahre Wirtschaftsreform – der Reformspielraum wird enger. In: Werner Pirker, *Die Rache der Sowjets. Politisches System im postkommunistischen Rußland*. Wien 1994
Ludmilla PETROWSKAJA, Das geblendete Volk. In: *Kulturaustausch* Nr. 3/2015
Ingo PIES/Martin LESCHKE (Hrsg.), *F. A. von Hayeks konstitutioneller Liberalismus*, Tübingen 2003
Richard PIPES, Détente and Reciprocity, in: George Urban (Hg.), *Détente*. New York 1976
Werner PIRKER, *Die Rache der Sowjets. Politisches System im postkommunistischen Rußland*. Wien 1994
Werner PIRKER, Am Wendepunkt. Jahresrückblick 2011. In: *junge Welt* vom 2. Januar 2012
Fritz PLATTEN, *Lenins Reise durch Deutschland im plombierten Wagen*. Frankfurt/Main 1985
Pro Oriente, 89. Ökumenisches Symposion der Stiftung »Pro Oriente« zum Thema »Orthodoxe und Griechisch-Unierte in der Westukraine«, Mitschrift vom 30. Juni 1998
Alexander RAHR, *Waldimir Putin – der »Deutsche« im Kreml*. München 2000
Walther RATHENAU, Deutsche Gefahren und neue Ziele (1913). In: Ders., *Gesammelte Schriften in fünf Bänden*, Bd. 1 1918
Peter REHDER (Hg.), *Das neue Osteuropa von A bis Z*. München 1993
Erich REITER, Die zweite NATO-Osterweiterung. In: *Österreichische Militärzeitschrift* Nr. 1/2003
Boris REITSCHUSTER, *Wladimir Putin. Wohin steuert er Rußland?* Berlin 2004
Gerhard RITTER (Hg.), *Hitlers Tischgespräche im Führerhauptquartier 1941–1942*. Bonn 1951
Bernhard RODE, *Das Eurasische Schachbrett. Amerikas neuer Kalter Krieg gegen Rußland*. Tübingen 2012
Paul ROHRBACH/Axel SCHMIDT, *Die russische Revolution*, Bd. 7. Stuttgart 1917
David Alan ROSENBERG, The Origins of Overkill. Nuclear Weapons and American Strategy, 1945-1960, in: *International Security* 4/1983
Alfred ROSENBERG, *Der Mythus des 20. Jahrhunderts*. München 1930
Karl Heinz ROTH, Atombomben auf Moskau, Taschkent, Leningrad ... Zur Vorgeschichte eines präventiven amerikanischen Atomkriegsplans gegen die Sowjetunion vom November 1945. In: *Mitteilungen der Dokumentationsstelle zur NS-Sozialpolitik*, Heft 9/10, Nov./Dez. 1985
Karl Heinz ROTH/Jan-Peter ABRAHAM, *Reemtsma auf der Krim. Tabakproduktion und Zwangsarbeit unter der deutschen Besatzungsherrschaft 1941–1944*. Hamburg 2011
Karl-Heinz RUFFMANN, *Das Rußlandbild im England Shakespeares*. Göttingen 1952
Rainer RUPP, Rußland wehrt sich. In: *junge Welt* vom 17./18./19. Mai 2014
Nikolai RYSCHKOW, *Mein Chef Gorbatschow. Die wahre Geschichte des Untergangs*. Berlin 2013
Sabine SCHIFFER, Feindbildkonstruktion: Russland und Putin in den westlichen Medien. Vortragsmanuskript vom 6. September 2014
Alex Peter SCHMID, *Churchills privater Krieg – Intervention und Konterrevolution im russischen Bürgerkrieg November 1918 – März 1920*. Zürich/Freiburg i. Br. 1974
Christoph SCHMIDT, Bäuerliche Freiheit gegen Schollenpflicht. Schweden und Polen als konträre Muster auf dem Weg in die Neuzeit. In: Andrea Komlosy/Hans-Heinrich Nolte/Imbi Sooman (Hg.); *Ostsee 700–2000. Gesellschaft, Wirtschaft, Kultur*. Wien 2008
Peter SCHOLL-LATOUR, *Russland im Zangengriff. Putins Imperium zwischen Nato, China und Islam*. Berlin 2007 (2014)
Wolfgang SCHUMANN/Ludwig NESTLER (Hg.), *Weltherrschaft im Visier, Dokumente zu den Europa- und Herrschaftsplänen des deutschen Imperialismus von der Jahrhundertwende bis Mai 1945*. Berlin 1975
Helga SCHULTZ (Hg.), *Grenzen im Ostblock und ihre Überwindung*. Berlin 2001
Andrej SCHUTOW, *Na ruinach welikoj derschawy ili agonije wlasti* (Auf den Ruinen einer Großmacht). Moskau 2004
Theodor SCHWEISFURTH, *Vom Einheitsstaat (UdSSR) zum Staatenbund (GUS). Juristische Stationen eines Staatszerfalls und einer Staatenbundentstehung*. Heidelberg 1992
Peter SCHWEIZER, *Reagan's War. The Epic Story of His Forty-Year Struggle and Final Triumph Over Communism*. New York, London, Toronto, Sydney, Auckland 2002
Dieter SENGHAAS, Aggressivität und Gewalt. Thesen zur Abschreckung. In: Herbert Marcuse u. a. (Hg.), *Aggression und Anpassung in der Industriegesellschaft*. Frankfurt/Main 1968
Dieter SENGHAAS, Zur Analyse von Drohpolitik in den Internationalen Beziehungen. In: ders. (Hg.), *Rüstung und Militarismus*. Frankfurt/Main 1972
E. VON SEYDLITZ, *Geographie. Ausgabe B, Kleines Lehrbuch*. Breslau 1908
Gene SHARP, *Von der Diktatur zur Demokratie. Ein Leitfaden für die Befreiung*. München 2008
Gene SHARP, *The Politics of nonviolent Action* (3 Bände). Boston 1973/1985

Gerhard SIMON (Hg.), *Die neue Ukraine. Gesellschaft, Wirtschaft, Politik (1991–2001)*, Köln-Weimar-Wien 2002
Christopher SIMPSON, *Der amerikanische Bumerang – NS-Kriegsverbrecher im Solde der USA*. Wien 1988
Gert SOMMER/Johannes BECKER (Hg.), *Feindbilder im Dienste der Aufrüstung. Beiträge aus Psychologie und anderen Humanwissenschaften*. Marburg 1992
Nicholas SPYKMAN, *America's Strategy in World Politics. The United States and the Balance of Power*. New York 1942 (2007)
Thomas STEINBERG, Kurz vor Rohrsschluß. Der Erdgasstreit bringt die Ukraine, Rußland und die EU in Bedrängnis. In: *junge Welt* vom 20. August 2014
Josepf STIGLITZ, *Die Schatten der Globalisierung*. Berlin 2002
Peter STRUTYNSKI (Hg.), *Ein Spiel mit dem Feuer. Die Ukraine, Russland und der Westen*. Köln 2014
Petra STYKOW, Slawophile und Westler – die unendliche Diskussion. In: Michael Brie/Ewald Böhlke, *Rußland wieder im Dunkeln. Ein Jahrhundertstück wird besichtigt*. Berlin 1992
Christoph SYDOW, Brennan in der Ukraine: Was machte der CIA-Chef in Kiew? In: *Der Spiegel* am 15. April 2014
Ronald THODEN/Sabine SCHIFFER (Hg.), *Ukraine im Visier. Russlands Nachbar als Zielscheibe geostrategischer Interessen*. Frankfurt/Main 2014
Bruno THOSS/Hans-Erich VOLKMANN (Hg.), *Erster Weltkrieg – Zweiter Weltkrieg. Ein Vergleich. Krieg, Kriegserlebnis, Kriegserfahrung in Deutschland*. Paderborn-München-Wien-Zürich 2002
Michael THUMANN, *Das Lied von der Russischen Erde – Moskaus Ringen um Einheit und Größe*. Stuttgart-München 2002
Viktor TIMTSCHENKO, *Putin und das neue Rußland*. München 2003
Lew TOLSTOI, *Hadschi Murat*, geschrieben um 1900, posthum 1912 erstmals veröffentlicht. Berlin 2000
Dmitrij TSCHISCHEWSKI/Dieter GROH (Hg.), *Europa und Russland. Texte zum Problem des westeuropäischen und russischen Selbstverständnisses*. Darmstadt 1959
Andrei TSYGANKOV, *Russophobia. Anti-Russian Lobby and American Foreign Policy*. New York 2009
UNICEF (Hg.), *Crisis in Mortality, Health and Nutrition* (Economies in Transition Studies. Regional Monitoring Report) Nr. 2, August 1994. Florenz 1994
UN Monetary and Financial Conference. Washington 1944
Unsere Russen, unsere Deutschen. Bilder vom Anderen 1800 bis 2000. Berlin 2007
George URBAN (Hg.), *Détente*. New York 1976
Verhandlungen des Reichstags. XIII. Legislaturperiode. 11. Session. Stenographische Berichte. Bd. 306, Berlin 1916
Julien VERCUEIL, Die Ukraine im Schraubstock. In: *Le monde diplomatique* vom Juli 2014
Jürgen WAGNER, Expansion durch Assoziierung: Die Ukraine und Europas neoliberale Erweiterungsstrategie auf dem Weg zur Weltmacht. In: Peter Strutynski (Hg.), *Ein Spiel mit dem Feuer. Die Ukraine, Russland und der Westen*. Köln 2014
Immanuel WALLERSTEIN, *Der Siegeszug des Liberalismus (1789–1914). Das moderne Weltsystem IV*. Wien 2012
Christian WEHRSCHÜTZ, *Die Ukraine und die NATO. Gedanken zu einer komplexen Partnerschaft*. Siehe: www.bmlv.gv.at/pdf_pool/publikationen/14_sr2_11.wehr.pdf
Manfred WEISSBECKER, Der Feind im Osten. In: *junge Welt* vom 20. April 2015
Christian WERNICKE, Schmach der Supermacht. In: *Süddeutsche Zeitung* vom 17. Mai 2010
Wiener Institut für internationale Wirtschaftsvergleiche (Hg.), *WIIW-Handbook of statistics. Countries in Transition 1995*. Wien 1995
Wiener Institut für internationale Wirtschaftsvergleiche (Hg.), *Wirtschaftliche Auswirkungen des Konflikts in der Ukraine*. Pressekonferenz vom 13.10.2014
William WILLIAMS, *Die Tragödie der amerikanischen Diplomatie*. Frankfurt/Main 1973
Rolf WINTER, *Die amerikanische Zumutung*. München 1991
Winfried WOLF, *Bombengeschäfte – Zur politischen Ökonomie des Kosovo-Krieges*. Hamburg 1999
Winfried WOLF, Öl als Waffe. Mit dem Ölpreisverfall wird eine zweite Front gegen Russland errichtet. In: *Lunapark21*, Nr. 28. Michendorf 2014/2015
Fareed ZAKARIA, The Rise of Illiberal Democracy, in: *Foreign Affairs* 76 (1997), Heft 6
Konstanty ZANTUAN, The Discovery of Modern Russia: Tractatus de duabus Sarmatiis. In: *Russian Review* 27 (1968)
Philip ZELIKOW/Condoleeza RICE, *Sternstunden der Diplomatie*. Berlin 1997
Zentrales Staatsarchiv Potsdam
Jean ZIEGLER, *Die neuen Herrscher der Welt und ihre globalen Widersacher*. München 2005
Nikolaj ZIMBAJEW, Zur Entwicklung des russischen Nationalbewußtseins vom Aufstand der Dekabristen bis zur Bauernbefreiung. In: Andreas Kappeler (Hg.), *Die Russen. Ihr Nationalbewußtsein in Geschichte und Gegenwart*. Köln 1990
Howard ZINN, *A People's History of the United States*. New York 2005 (1999)
Andreas ZUMACH, Washington gab grünes Licht. In: *Die Tageszeitung* vom 13. August 2008

Internet

http://2004.kremlin.ru
https://www.3sat.de
http://www.ag-friedensforschung.de
http://www.aktuell.ru
http://www.anderweltonline.com
http://archive.kremlin.ru
http://www.bbc.com
http://www.bloomberg.com
http://www.bmlv.gv.at
http://www.bpb.de
http://www.brandeins.de
http://burisma.com
http://www.businessinsider.com
https://www.change.org
http://clerk.house.gov
https://www.congress.gov
http://de.rbth.com
http://de.sputniknews.com
http://de.statista.com
http://deutsche-wirtschafts-nachrichten.de
http://www.deutschlandradio.de
https://de.wikipedia.org
http://dif.org.ua
http://digitalarchive.wilsoncenter.org
http://echo.msk.ru
http://eeas-europa.eu
http://en.svoboda.org.ua
https://en.wikipedia.org
http://eur-lex.europa.eu
http://europa.eu
http://fas.org
http://www.format.at
https://www.foreignaffairs.com
http://www.freerepublic.com
http://www.gallup.com
http://www.heise.de
http://www.hintergrund.de
http://www.hist-chron.com
http://www.identitaere-generation.info
http://www.infoplease.com
http://judicial-discipline-reform.org
http://www.kas.de
http://lenta.ru
http://live-ned.pantheon.io
http://www.marxist.com
http://www.nato.diplo.de
http://www.navy.mil
http://www.ned.org
http://news.bbc.co.uk
http://www.nikolaus-brauns.de
http://nsarchive.gwu.edu
http://orf.at
https://owc.de

http://www.pewglobal.org
http://www.reagan.utexas.edu
https://www.reuters.com
http://www.rferl.org
https://www.rt.com
http://sachedesvolkes.wordpress.com
https://www.sirene.at
http://www.strategic-culture.org
http://www.theguardian.com
http://www.treasury.gov
http://www.truth-out.org
http://ukraine-human-rights.org
http://ukraine-nachrichten.de
http://ukraineunderattack.org
http://www.verfassungen.net
http://vineyardsaker.de
http://www.voltairenet.org
http://vz.ru/
http://wakeupfromyourslumber.com
https://www.whitehouse.gov
http://www.wilhelm-der-zweite.de
https://www.wko.at
http://www.wsj.com
https://www.wsws.org
http://www.zdf.de
http://www.zeitschrift.com

Filme

Ulrich Heyden/Marco Benson, *Lauffeuer* (2015)
https://www.youtube.com/watch?v=ombzmu_HcIU
https://www.youtube.com/watch?v=3EXToQnI75g
https://www.youtube.com/watch?v=LWfuRcm1Rkc
https://www.youtube.com/watch?v=8tVITa8wegQ
https://www.youtube.com/watch?v=HeFMyrWlZ68
https://www.youtube.com/watch?v=G7BJUsxNtlI
https://www.youtube.com/watch?v=vf9onezYKwY
https://www.youtube.com/watch?v=IpiZw1R8w-c
https://www.youtube.com/watch?v=Iopmpe5g5og
https://www.youtube.com/watch?v=nO2Ae3Nw-Kg
https://www.youtube.com/watch?v=IJbCid7wxsI
https://www.youtube.com/watch?v=67-GXT8ampg

Zeitschriften/Zeitungen/Agenturen

APA, Wien
Associated Press, New York
Bergarbeiter-Zeitung, o.O.
Blätter für deutsche und internationale Politik, Bonn
Botschaft der Russischen Föderation, Wien
CNN, Atlanta
Compact, Werder
Der deutsche Handel, o.O.
Economist, London
Financial Times, London
Foreign Affairs, New York

Frankfurter Allgemeine Zeitung, Frankfurt
Frankfurter Rundschau, Frankfurt
The Geographical Journal, London
Haaretz, Tel Aviv
Handelsblatt, Düsseldorf
IMI-Analyse, Tübingen
Interfax, Moskau
Interfax-Ukraine, Kiew
International Security, Cambridge/MA, USA
Jahrbücher für Geschichte Osteuropas (Neue Folge), München
Journal of European Economic History, Michigan
Junge Welt, Berlin
Kommersant-Ukraine, Kiew
Komsomolskaja Prawda, Moskau
Kulturaustausch, Berlin
Kurier, Wien
Kyiv Post, Kiew
Lewada Center, Moskau
Lunapark21, Michendorf
Marx21, Berlin
Mitteilungen der Dokumentationsstelle zur NS-Sozialpolitik, Hamburg
Le Monde, Paris
Le Monde diplomatique, Berlin
Moscow Times, Moskau
Moskauer Deutsche Zeitung, Moskau
MOZ, Wien
Nesawissimaja Gazeta, Moskau
Neues Deutschland, Berlin
New York Times, New York
Österreichische Militärzeitschrift, Wien
Political Science Quarterly, New York
Die Presse, Wien
Rossiskaja Gaseta, Moskau
Russia Beyond the Headlines, Moskau
Russian Review, Lawrence/Kansas
SIPRI-Jahrbücher, Solna, Schweden
Der Spiegel, Hamburg
Der Standard, Wien
Süddeutsche Zeitung, München
Statistisches Jahrbuch. Volkswirtschaft der UdSSR 1984, Moskau
Tages-Anzeiger, Zürich
Tagesspiegel, Berlin
Tageszeitung, Berlin
Telegraph, Berlin
The Times, London
Universitas. Zeitschrift für Wissenschaft und Kultur, Stuttgart
Wall Street Journal, New York
Washington Post, Washington
Washington Times, Washington
Die Welt, Berlin
Welt am Sonntag, Berlin

Die Zeit, Hamburg
Zeitschrift für Weltgeschichte, Frankfurt/Main

Gesprächspartner

Aleksandr Busgalin am 2. September 2015 in Moskau
Augustín Húska am 12. November 2002 in Bratislava
Wiktor K. am 4. September 2015 in Wladimir
Boris Kagarlizki am 1. September 2015 in Moskau
Alexej Klutschewski am 30. September 2015 in Wien
Boris Komotski am 2. September 2015 in Moskau
Andrej Kortunow am 28. August in Moskau
Jewgenij Koschokin am 31. August 2015 in Moskau
Wiktor Krasilschtschikow am 2. September 2015 in Moskau
Aleksej Kusnezow am 28. August 2015 in Moskau
Aleksandr Prochanow am 30. Mai 2006 in Moskau
Irina Semenenko am 28. August 2015 in Moskau
Michajlo Swistowitsch am 27. April 2005 in Kiew
Yassen Zassoursky am 2. September 2015 in Moskau

Hannes Hofbauer
Die Diktatur des Kapitals
Souveränitätsverlust im
postdemokratischen Zeitalter

ISBN 978-3-85371-376-1, br.,
240 Seiten, 17,90 €
E-Book: ISBN 978-3-85371-825-4, 14,99 €